CLASSIQUES JAUNES

Littératures francophones

Louis Jouvet

L'Art du théâtre

Tome I

Louis Jouvet

L'Art du théâtre

Tome I

Le métier de comédien

Édition critique par Marc Véron et Jean-Louis Besson

PARIS
CLASSIQUES GARNIER
2025

Marc Véron allie dans ses travaux de recherche son expertise et sa passion pour le monde du théâtre et celui de l'entreprise. Il s'intéresse plus particulièrement aux œuvres de Louis Jouvet et de Jean Giraudoux. De formation juridique et économique, il a éclairé d'un jour nouveau le fonctionnement économique des théâtres. Nous lui devons *Louis Jouvet ou le grand art de plaire. Histoire d'une société théâtrale.*

Jean-Louis Besson est spécialiste du théâtre allemand du XIXe au XXIe siècle. Ses travaux portent sur la mise en scène, le jeu de l'acteur et la traduction théâtrale. Nous lui devons aussi des ouvrages sur la poétique et la pratique du théâtre, dont *Le Théâtre de Georg Büchner : un jeu de masques*. Également dramaturge, il a traduit pour le théâtre de nombreuses œuvres classiques et contemporaines allemandes

ISBN 978-2-406-17998-6
ISSN 2417-6400

À Dominique Blanchar, inoubliable interprète
de l'Agnès de L'École des femmes.

À Marthe Herlin, directrice de scène
de Louis Jouvet, qui a tant œuvré
pour sa mémoire.

PRÉFACE DES ÉDITEURS

Sa vie durant, Jouvet a écrit sur le théâtre. Parfois furtivement, à l'issue des représentations, sous le coup des impressions reçues pendant le jeu, parfois plus longuement en préparation d'une conférence ou d'un article. Aujourd'hui, on le connaît surtout pour ses rôles au cinéma, auxquels il n'attachait pourtant qu'un intérêt relatif – il avoue lui-même qu'il allait rarement voir les films dans lesquels il avait tourné. Sa passion, c'était le théâtre, tout le théâtre : de l'écriture dramatique au jeu de l'acteur, à la machinerie et aux lumières.

Quand il est régisseur et acteur auprès de Jacques Copeau au Vieux-Colombier de 1913 à 1922 (avec une interruption de 1914 à 1916, où il s'est engagé comme infirmier brancardier), il apprend les rudiments du métier, auxquels ses études de pharmacie ne l'avaient pas préparé. Puis il vole de ses propres ailes, prend la direction de la Comédie des Champs-Élysées en 1924 et, dix ans plus tard, celle du Théâtre de l'Athénée, alors qu'il devient aussi professeur au Conservatoire, là même où il s'était vainement présenté comme élève à trois reprises.

Durant l'occupation allemande, alors qu'il ne supporte pas de vivre sous la férule nazie, il prend la décision de quitter la France – non pas seul, comme d'autres l'ont fait pour tenter leur chance à Hollywood ou ailleurs – mais avec toute sa troupe, ce qui était un pari insensé. Il part en Suisse en janvier 1941, puis joue en zone non occupée, et enfin s'embarque en mai pour l'Amérique du Sud ; il ne reviendra en France qu'en février 1945. Ce périple dans des pays non francophones, mais encore ouverts à la culture française, est très éprouvant, placé sous le signe de l'instabilité, tant morale que financière. Mais Jouvet est un obstiné. Faute de pouvoir jouer tous les soirs, il écrit – et une grande part des notes rassemblées dans les deux volumes de *L'Art du théâtre* datent de cette époque. L'ensemble de ces notes auxquelles s'ajoutent les textes rédigés avant et après le Seconde Guerre mondiale ne délivrent pas simplement les impressions d'un acteur sur son métier, mais constituent une véritable réflexion sur l'art dramatique, sous toutes ses facettes.

Mais qu'est-ce qui poussait Jouvet à coucher ses pensées sur le papier, lui qui pratiquait le théâtre comme acteur, metteur en scène et chef de troupe et ne se sentait pas théoricien ?

Très tôt, Jouvet a saisi que sa profession était marquée du sceau de l'éphémère. Si éclatantes que pouvaient être ses dispositions à s'imprégner d'un personnage au point que les traits sensibles de celui-ci se substituaient aux siens, ou à tirer le meilleur d'une œuvre, il ne fallait guère en escompter que le suffrage et le souvenir ému de ceux qui, parmi ses contemporains, avaient eu le privilège d'assister à ses spectacles. Et puis l'inexorable se produirait. Les générations s'effaceraient les unes après les autres et les signes par lesquels Jouvet s'était illustré à la scène s'évanouiraient dans le lointain de la mémoire collective. Tout au plus subsisteraient, sans âme, des photographies qui figeraient des instants de la cérémonie dramatique et les critiques journalistiques, souvent contradictoires, dont le sel se serait perdu au fil du temps.

Par-delà sa mort, rien ne devait démentir ce sombre pressentiment. Que reste-t-il de son époque ? Des moments clés, drapés dans leur légende, des images furtives de réussite ou d'échec et en synthèse, pour soustraire à l'oubli tout ce qui peut l'être, et comme produit de l'infatigable travail des chercheurs, des colloques et des rapports, la plupart du temps promis à un public par essence restreint.

On pourrait croire que le cinéma a permis à Jouvet d'échapper au couperet du temps. Oui, dans une certaine mesure, pour peu que l'on se réfugie dans une salle d'art et d'essai, on s'imbibe de sa démarche, de son débit oratoire, des mots de ses auteurs et on noue une forme d'intimité avec le personnage. Il ne faut pourtant pas céder au ravissement et à l'illusion de la projection. Jouvet ne concède qu'une part infime de lui-même dans les œuvres cinématographiques auxquelles il s'associe. Le film est d'abord la création du réalisateur, qui progresse conformément à son plan, dispose les scènes à sa façon, donne ses instructions au tournage et retient au montage les séquences de ses préférences. Jouvet joue selon les indications qu'il reçoit.

À la lumière de ce constat sans appel, il ne demeurait à Jouvet que l'écrit pour transmettre ses observations, ses enseignements, son savoir à ses successeurs. Redoutable échéance pour un homme que ses années de jeunesse avaient tenu à distance de cette discipline. Ni son milieu d'origine – la classe moyenne forgée par la IIIe République – ni sa formation scientifique – celle des pharmaciens encore apothicaires – ni son dur apprentissage des techniques du théâtre ne l'avaient préparé à restituer ses analyses sous cette forme abstraite et néanmoins suggestive et précise.

Jouvet aurait pu s'abandonner à la pente facile du livre d'anecdotes croustillantes ou de l'autobiographie à la gloire des mérites de son auteur, usuellement empruntée par ses confrères. De ces modalités étrangères à son tempérament pudique et réservé, il n'était pas question.

Sous ce modeste intitulé de *Manuel du théâtre*[1] qu'à ses vingt ans il aurait aimé consulter, ce que Jouvet s'assigne pour mission de rédiger n'est rien moins qu'un guide pour l'action, un mémoire de ses pensées. Pas un ouvrage de doctrine. Il abhorre les théories. Il lui est même aisé, par comparaison avec ses années de faculté et d'exercice de la profession de pharmacien, de se ranger à cette évidence : le métier de comédien est dépourvu de la moindre science et il faut devant chaque rôle, chaque personnage, le remettre à plat.

À son époque, cette ambition littéraire est folle, démesurée – inconcevable. Ceux qui se sont arrogé le droit exclusif d'aborder le théâtre sous toutes ses matières relèvent de deux ordres : les critiques dramatiques qui tiennent le haut du pavé par les « feuilletons » de la presse à grand tirage et les experts, généralement universitaires, qui déversent leurs jugements sur les auteurs et leurs avis péremptoires sur les œuvres à grand renfort d'éditions successives. Pour se frayer un passage et tailler sa propre voie dans ce paysage encombré, Jouvet, on le verra, n'hésitera pas à frapper fort et à bousculer les idées reçues par une approche inédite, celle du praticien et des sentiments ressentis dans le jeu même.

Jouvet a donc placé la barre très haut, tant par le contenu de ce qu'il se propose de traiter que par le style de son argument. À l'origine, son viatique est réel, mais incomplet : un savoir-faire issu de sa fréquentation assidue des plateaux et de leurs techniciens et une expérience de comédien où se mêlent son itinéraire personnel et ses irremplaçables années au Vieux-Colombier.

1 Voir plus loin l'avant-propos du premier volume, p. 25.

Alors Jouvet met en mouvement la première de ses vertus, le travail, un travail acharné, patient, jamais satisfait de son résultat. Il lit trois cents pièces classiques et contemporaines au moins par an, tous les écrits qui pullulent sur certains auteurs classiques (Shakespeare, Molière, Marivaux), les rubriques théâtrales des grands titres de la presse, mais également des auteurs qui se situent aux marges ou en dehors du théâtre : Stendhal, Honoré de Balzac, Charles Dickens, Dostoïevski, Marcel Proust ou, plus près de nous, Julien Green et André Malraux (liste non limitative). Vingt-cinq années durant, il accumule note sur note, par instants se fixe sur certains sujets, les abandonne puis y revient pour compléter ou nuancer sa pensée, parfois se contredire (ainsi pour le cinéma).

Ses notes seraient toutefois demeurées inertes et sans portée si Jouvet n'en avait extrait la matière d'articles et de conférences au gré des opportunités.

Jouvet s'est vite rendu compte que les minutes lui étaient chichement octroyées pour mettre en forme un ouvrage complet, un temps résiduel en quelque sorte après soustraction du temps imparti aux représentations en matinées et soirées, à la répétition des pièces inscrites à son répertoire, aux tournées en France et à l'étranger, à la direction de son théâtre et aux tâches administratives et financières afférentes, sans compter par la suite ses mises en scène au Théâtre Pigalle ou à la Comédie-Française, ou ses participations cinématographiques. Pour parvenir à ses fins, il lui fallait décomposer l'ouvrage à paraître en briques constitutives. Les interviews, articles, causeries et conférences répondaient à cet impératif (nombre d'entre eux figurent au sommaire du volume II). Façonner ces briques obligeait à pétrir, malaxer, mettre en forme le matériau brut que constituaient ses notes. La difficulté n'était pas mince tant celles-ci paraissaient entachées de singuliers travers. Ainsi Jouvet écrivait-il à une cadence infernale au point que, par moments, un surcroît de nervosité ou de fatigue rendait sa graphie presque indéchiffrable, comme il en avait conscience.

Mettons-nous un instant dans la situation de Jouvet à la veille d'écrire ces articles et ces conférences (il détestait l'improvisation et s'obligeait à tout mettre noir sur blanc). Si fouillée qu'ait été son exploration, il n'était en rien sûr de lui.

Ses premières interventions fourmillent d'informations sur son métier jusqu'à risquer l'épuisement du lecteur ou de l'auditeur. Ce malaise éprouvé par le public, Jouvet le perçoit. Quelque peu déstabilisé, il cherche à s'entourer de conseils. Certes, il n'aurait eu aucun mal à solliciter tel ou tel du cercle intellectuel auquel il appartenait. Au Vieux-Colombier, puis à la Comédie des Champs-Élysées, il a constamment bénéficié de la bienveillante attention de Jean Schlumberger et d'André Gide, et il a œuvré aux côtés de Jules Romains. Mais il cherche le concours d'une amitié plus prononcée et il se porte au-devant de celle de Roger Martin du Gard, lui aussi connu chez Copeau.

Le 16 mai 1921, Jouvet publie dans le *Revue Rhénane* un article intitulé « La technique du Vieux-Colombier » que le lecteur trouvera dans le tome II de cette édition. Sans doute, un travail ample et documenté, qui suscite une réponse délicate mais sans ambiguïté de Roger Martin du Gard :

> Je trouve dans cet article un côté fuligineux, abstrait, qui m'a gâté quelquefois votre conversation, par endroits. Je l'attribuais jusqu'ici à une incompréhension de ma part et à la difficulté que j'ai à comprendre la terminologie scientifique. Aujourd'hui je pense que votre obscurité, en parlant comme en écrivant, a pour principale cause *un mauvais choix des mots*, une fréquente *impropriété des termes*, l'emploi d'un mot pour un autre, l'emploi de mots bizarres, cherchés, à allure technique et pris souvent dans un sens exceptionnel (qui vous est propre). Au fond, *ce que l'on conçoit bien s'exprime clairement* et je vous ferai la guerre là-dessus désormais[2].

Le 25 janvier 1926, Jouvet réitère ses explications sur « La technique du théâtre. Le métier théâtral » dans une conférence pour l'Institut Pelman, salle Gaveau à Paris. Une fois encore, on est frappé par la dispersion des items traités : les techniques du théâtre, bien sûr, mais aussi les conditions économiques de l'exploitation théâtrale, les conséquences de l'inflation, « le miracle du théâtre », sorte d'auberge-refuge pour les sujets pauvrement ou non élucidés.

Interrogé, Roger Martin du Gard répond le 12 février 1926 :

> Tu ne t'attends pas à ce que je t'envoie une dissertation critique sur ta conférence ? Je l'ai lue avec un piquant intérêt ; je t'y ai retrouvé en pleine ressemblance, qualités et défauts ! Je comprends à la fois qu'elle ait pu enchanter quelques-uns et décevoir beaucoup de tes auditeurs. Elle est vague, fumeuse,

2 BnF. AS. LJ-D-75 (14).

> métaphysique, mystique, avec de vives saillies, des pages intenses, émouvantes, directes, des mots à retenir, mais des maladresses, une absence émouvante de rouerie – tout ça est profondément sympathique et je t'aime bien !
>
> Je ressens une fois de plus, devant ces pages, ce que j'ai tant de fois éprouvé en tête à tête avec toi : le sentiment que tu vois quelque chose que je n'aperçois pas et que tu ne parviens pas à me montrer, et qui existe cependant, mais qui n'existe guère que pour toi. Tu as à un degré rare l'impossibilité de te faire comprendre, de t'expliquer. Un effort vers la clarté, la précision que toute ta nature voue au néant. Tu es un peu comme un slave, ces êtres au regard bleu, fixé ailleurs vers quelque chose qu'ils voient clairement et devant lesquels on demeure hésitant, inquiet, attiré, toujours insatisfait. On croit toujours qu'on va comprendre, on est à perpétuité au seuil de la révélation, mais le rideau ne se déchire jamais[3].

Ces critiques produisent leur plein effet dans l'esprit de Jouvet, infusent en quelque sorte. Son comportement est dicté par cette autre vertu, peut-être insoupçonnée par ceux qui ne le connaissent que superficiellement, l'humilité.

Il se réfugie dans le travail, s'emploie par des causeries confidentielles sur lesquelles nous ne disposons que de données éparses, à gommer ces défauts. Lorsqu'il émerge de ces tâches obscures et sans publicité, quelques années plus tard, il est sans nul doute maître de sa parole et de sa plume :

- cinq ans… avant que sa signature ne se lise au bas d'un article : le 15 juillet 1926, il endosse la paternité de « L'Avant-garde et les Théâtres d'Art[4]. » Désormais, la presse d'information publiera ses chroniques ponctuelles sans hésitation.
- neuf ans… avant que la première d'une série de brillantes conférences consacrées aux problèmes du théâtre contemporain ne soit assurée au Centre Rive Gauche, le 20 février 1935[5] (à laquelle le lecteur pourra se reporter dans le tome II du présent ouvrage).

Jouvet est-il au bout de ses peines pour prétendre à une pleine légitimité littéraire ? Pas vraiment.

Il a été approché par l'*Encyclopédie Française* et a conclu un contrat avec le président de cette œuvre vaste et ambitieuse, Anatole de Monzie, pour se commettre dans un article sur « Le métier de comédien ». S'est-il

3 BnF. AS. LJ Mn 130.
4 *Les Cahiers de la République des Lettres, des Sciences et des Arts*, n° 3, 15 juillet 1926 (p. 86-91).
5 In *La Revue Hebdomadaire, 44ᵉ année, n° 18 (p. 7-31).*

pénétré de l'exhaustivité, de la précision, de la rigueur que supposait une semblable contribution ? En tout cas, sa première version est refusée sans autre forme de procès par le directeur général de l'entreprise, Pierre Abraham qui, sans être un ami, compte au nombre de ses relations. Celui-ci ne mâche pas ses mots, ou plutôt le crayon de couleur bleue dont il se sert pour souligner les passages récusés sous l'un des trois motifs : littérature, abstraction, lieu commun.

> En outre, ajoute-t-il, et surtout, le titre de cet article, tel que je le tiens dans mes mains, ne serait pas « Le métier de comédien », mais « La philosophie du métier de comédien ». Je demande maintenant qu'on passe de la philosophie au concret, et du second article au premier. Où est-il question de la prononciation, de l'articulation, de la mimique faciale, de la mimique corporelle, de l'attitude, du maquillage, par exemple ? Avec leurs définitions concrètes, naturellement, et non pas théoriques, avec leurs utilisations actuelles, caractérisées par des exemples. Parmi les qualités natives du bon comédien, il est cité : le physique, la prestance, le port (rapport de ces trois substantifs ?), le masque, la voix, etc. Comment les dose-t-on dans une scène, dans une pièce, dans deux pièces, etc., etc.[6].

L'article expurgé de ses approximations buissonnières et conforme aux injonctions de Pierre Abraham, tel que le lecteur le découvrira, dans le volume premier, sous le titre « L'art du comédien[7] » est emblématique de l'œuvre écrite de Jouvet. Sans conteste possible, le comédien est désormais reconnaissable à son style d'écrivain, comme il l'est à la scène et sur l'écran.

Ses travaux d'alors, en partie publiés en 1938, sous le titre neutre des *Réflexions du comédien*[8] s'enrichissent d'une dimension nouvelle avec la guerre et l'exil volontaire en Amérique du Sud de juin 1941 à février 1945.

Sous l'effet des déplacements d'un pays à l'autre et de l'immanquable raréfaction d'un public apte à comprendre le français, les heures absorbées par les représentations fondent au soleil équatorial ou tropical. En trois an et demi, 286 matinées et soirées, pas même la valeur d'une année de travail à Paris. Jouvet recouvre un temps pour la réflexion et une sérénité qu'il avait perdus pour en consigner le fruit. Alors qu'il est plongé au plus profond de la communauté culturelle sud-américaine, plusieurs phénomènes mettent son imagination en éveil :

6 BnF. AS. LJ-D-58 (29).
7 *L'encyclopédie Française*, décembre 1935 (1764 – 10 à 12, chap. 4).
8 Édition de *La Nouvelle Revue Critique*, Paris, 1938.

– La France, militairement effondrée et, sous l'occupation, bâillonnée, est extraordinairement vivante par sa culture, par ses auteurs, par son verbe.
– La France existe et respire au sein d'un espace latin. Ses créateurs puisent aux sources mêlées de l'espagnol, du portugais, de l'italien (il en administre la preuve en recourant à des décorateurs, des costumiers, des musiciens de ces différentes appartenances).
– Le théâtre est un incomparable instrument pour hisser l'homme à des hauteurs insoupçonnées. Il en est ainsi parce que celui-ci se meut dans le champ du spirituel.
– Enfin, ses incessants tête-à-tête avec *Dom Juan* le conduisent par touches successives à se pencher sur les fins ultimes de l'homme.

On ne peut pas passer sous silence cette quête de Dieu qui nourrit pleinement son existence, à deux moments au moins : pendant la Première Guerre et dans ses dix dernières années.

À chaque fois il tutoie la mort.

Aux premières années des hostilités, de 1914 à 1916, pendant qu'il soigne les blessés les plus gravement atteints et qu'il sait condamnés, les brefs dialogues ou regards qui s'échangent, questionnent obstinément : et après[9] ? Lui-même n'échappe pas à cette lancinante énigme existentielle quand on lui intime l'ordre d'ôter son brassard d'infirmier brancardier et de se joindre aux troupes d'assaut.

Puis, à partir de 1941, quand il prépare les mises en scène des pièces religieuses de son répertoire, *L'Annonce faite à Marie*, *Dom Juan*, *Tartuffe*, *La Puissance et la Gloire*. Dans son huis-clos avec leurs personnages – à certaines heures impressionnant (il en traduit sur le papier la substance), il décortique chair et âme. Par une sorte d'effet boomerang, il n'échappe pas à ces interrogations. Plus tard, il se tournera vers les Dominicains et les amènera à se prononcer sur sa grille de lecture. Les deux parties n'en éprouveront qu'une satisfaction partielle[10].

9 *Cf.* lettre de Jouvet à Copeau écrite depuis Luzarches, le 2 novembre 1914.

10 Voir à ce propos la conférence du R.P. Ambroise-Marie Carré « *Tartuffe* hier et aujourd'hui », tenue à la chapelle du Calvaire de l'église Saint-Roch le lundi 16 octobre 1949 ; au cours d'un entretien avec Marc Véron, le 9 janvier 2002, le R.P. Jacques Laval, qui était alors le « référent ecclésiastique » de Jouvet, avoue avoir été beaucoup trop jeune et inexpérimenté pour soutenir, au nom de son ordre, un dialogue de fond sur les questions religieuses soulevées par Jouvet.

Dans les dernières années de sa vie, ses soucis de santé l'obsèdent tout au long de ses heures d'insomnie et le contrôle de son pouls attise ses craintes. Certains jours, il en arrive à consulter deux à trois médecins qui lui prescrivent des traitements contradictoires, qu'il se garde d'observer. On pourrait le croire hypocondriaque. Son mal, qui se heurte aux insuffisances de la médecine d'alors, a été parfaitement identifié par les services de santé aux armées, en février 1917 : son cœur est défaillant. La recommandation avait été qu'il s'astreigne à une vie ascétique et exerce une profession de tout repos : pharmacien, par exemple ! Il n'en avait eu cure. « Au Vieux-Colombier, on relève directement de Dieu », écrivait-il à Copeau[11].

À l'ultime étape de sa vie, en guise de provocation, il se jette dans le travail de manière étourdissante. Il s'en remet à Dieu du soin de rendre son verdict de fin de partie. Cette forme de défi rejoint celui de Dom Juan qui, par ses invectives et ses actes attentatoires aux bonnes mœurs et aux règles de vie en société, attend un signe. Sauf que, d'entrée, Jouvet se met dans la main de Dieu.

Le 6 février 1950, il note dans ses carnets : « Le rêve étrange fait cette nuit dernière. Cette personne qui me dit : "Il n'y a plus rien après". Alors, s'il n'y a plus rien, à plus forte raison faut-il s'accrocher à ce quelque chose qui peut donner un sens à notre vie, car s'il n'y a pas de sens, comment agir ici-bas ? »

En rien, le temps n'a affaibli la force et la portée de cette question, pas seulement pour les croyants. En ce qui le concerne, Jouvet a tranché : se rapprocher de Dieu suppose une absolue perfection dans son ordinaire de travail et, pour un comédien ou un metteur en scène, dans le choix et le jeu.

Après la mort de Louis Jouvet, le 16 août 1951, son fils, Jean-Paul et sa directrice de scène, Marthe Herlin, avaient hâté la publication de trois ouvrages : *Écoute mon ami* (1952), *Témoignages sur le théâtre* (1952), et *Le Comédien désincarné* (1954). Bien des années plus tard, ils ont fait paraître certains cours professés par Louis Jouvet au Conservatoire National d'Art Dramatique en 1939-1940, et sténographiés alors par Charlotte Delbo : *Molière et la comédie classique* (1965) et *Tragédie classique*

11 Lettre du mercredi 7 février 1917.

et théâtre du XIXe siècle (1968). D'autres cours, magistraux cette fois, et postérieurs à la Seconde guerre ont été édités par la revue *Histoire du théâtre* (en janvier-mars 1987).

À l'exception des articles et conférences réunis sous le titre *Témoignages sur le Théâtre*, dont Louis Jouvet avait approuvé un plan voisin de celui retenu en définitive, la composition de ces ouvrages résulte des décisions prises conjointement par Jean-Paul Jouvet et Marthe Herlin. Illustrative est à cet égard la structure du *Comédien désincarné* qui assemble, selon un ordre de leur choix, des notes sur le jeu de l'acteur prises par Louis Jouvet essentiellement dans la période 1939-1945. Le mérite de cette édition est d'avoir ouvert la pensée de Jouvet à des générations d'acteurs, dont certains actuellement se réclament de lui. Sa faiblesse est d'avoir restreint le corpus et surtout de n'avoir pas organisé les textes selon une progression qui restitue aux réflexions de Jouvet leur clarté et leur cohésion.

La présente édition se fonde donc sur un corpus beaucoup plus large. Forts de la transcription de l'ensemble de la production manuscrite (quelques milliers de feuillets), les éditeurs se sont appliqués à en extraire et mettre en ordre les textes essentiels.

Jouvet aurait voulu structurer et faire paraître ses notes. À cet effet, il avait établi différents plans qui ne se recoupent pas et demeurent inexploitables. Il ne pouvait être question de tenter de refaire ce que l'auteur n'avait pas eu le temps de réaliser. Notre propos a été de donner à l'ensemble une ossature qui facilite au lecteur l'accès à la pensée foisonnante et parfois complexe de ce comédien d'exception, avant tout penseur du théâtre.

L'ampleur des matériaux existants autorise la parution d'au moins deux volumes, sous le titre générique *L'Art du théâtre* : un premier consacré au métier de comédien, un second aux réflexions sur des questions qui relèvent du théâtre sous ses multiples composantes, de l'écriture dramatique à la pratique scénique[12].

Fondée avant tout sur sa propre expérience, la pensée de Louis Jouvet sur l'art du comédien se distingue des conceptions les plus marquantes élaborées au XXe siècle, de Stanislavski à Brecht. Elle

12 N'ont pas été retenus dans ce corpus les cours du Conservatoire, dont il faut espérer qu'ils feront bientôt l'objet d'une nouvelle édition critique.

les croise par instants, mais elle n'en est ni la synthèse, ni le « juste milieu ». Elle se situe sur un autre terrain. Échappant à l'alternative entre « incarnation » et « distance » qui alimente généralement le débat sur le jeu de l'acteur, Jouvet développe une voie originale dans la mesure où il envisage plusieurs modes de jeu en fonction de la nature des textes interprétés et du degré d'expérience de chaque comédien. À l'apogée de son métier, le comédien devrait accéder à ce « sentiment dramatique » qui lui permet de perdre tout contrôle sur scène et de rester (malgré tout) en pleine conscience de lui-même et de son personnage. C'est à la compréhension de ce processus pour le moins étrange que sont vouées les réflexions sur le comédien contenues dans le premier volume.

Le second volume est consacré aux réflexions de Jouvet sur les auteurs et sur les sujets qui relèvent plus largement du théâtre, qu'il s'agisse de l'institution, de la mise en scène, du décor ou de la machinerie, domaines dans lesquels il fut aussi un novateur. Un volet est dédié aux diatribes, parfois drôles, que Jouvet dirige contre les commentateurs littéraires auxquels il reproche d'ignorer la réalité profonde du théâtre. Ses réflexions sur le cinéma, la radio et la télévision – tout juste naissante –et sur leur réception par le public font, quant à elles, l'objet d'un chapitre spécifique.

Jouvet nous prévient : il est en recherche perpétuelle autour de sujets qui se rejoignent, se recoupent : le jeu de l'acteur est lié à la question de la destination du théâtre, de la mission de l'auteur, du regard du spectateur et de la disposition entière de chaque participant dans ce mensonge voulu et partagé qu'est la séance théâtrale. Ses écrits présentent de ce fait des répétitions, des reprises, qui sont autant d'approches du sujet central. Éditer ses notes aujourd'hui alors qu'il n'aurait pas manqué d'opérer entre elles un tri, ou de reprendre et d'améliorer certaines formulations, relève d'une gageure. Fallait-il ne garder que les textes en apparence les plus aboutis, les mieux rédigés et priver ainsi le lecteur des différents essais, ou fallait-il tout retenir au risque de donner l'impression d'une pensée qui se répète et se reprend inlassablement ?

Une fois mis de côté les simples notes de lecture, les nombreuses citations que Jouvet extrayait de celles-ci (Textes de Platon, Rilke,

Nietzsche, Valéry, Montaigne, Pascal et bien d'autres) et les passages obscurs ou inachevés, restaient un nombre considérable de feuillets épars, souvent non datés, qui traitaient de sujets variés ou reprenaient les mêmes questions sous des formulations différentes. Le caractère fragmentaire sous lequel la pensée de Jouvet nous est parvenue ne pouvait être gommé. Le lecteur trouvera donc dans certains chapitres où les réflexions sont particulièrement abondantes et parfois répétitives, tout d'abord un corps principal qui réunit les textes à nos yeux les plus représentatifs du champ abordé – ceux qui en constituent en quelque sorte le *thème* – un thème qui, comme en musique, est suivi de *variations*, imprimées en plus petits caractères. Ces dernières sont destinées aux lecteurs désireux de s'engager dans les méandres de la pensée de Jouvet et d'en suivre les multiples facettes.

Pour faciliter la consultation, un titre a été donné à tous les fragments rassemblés sous un même chapitre. Certains de ces titres sont de Jouvet lui-même, d'autres du cru des éditeurs, soit parce que Jouvet a omis d'en attribuer un, soit parce que ceux qu'il a mentionnés sont trop généraux (« l'action », « l'acteur ») ou ne correspondent pas au contenu réel du fragment. (Il arrive qu'au fil de son écriture Jouvet s'écarte de son intention première). Il est fréquent aussi qu'il aborde plusieurs sujets dans un même développement. Un choix devait être effectué : soit diviser le texte original et en répartir les différentes rubriques par thèmes – choix souscrit en de rares occasions – soit conserver au texte son unité – règle principale – quitte à le laisser parfois s'évader dans des domaines inattendus.

Enfin ont été supprimés les traits et astérisques par lesquels Jouvet marquait des interruptions dans ses textes. Ceux-ci ne constituent pas en effet un système cohérent. Parfois Jouvet suspend un raisonnement continu, parfois, à l'inverse, il traite en continu de sujets différents. Cela correspond sans doute à ses conditions de travail, il prend des notes et y revient plus tard – parfois beaucoup plus tard – indiquant ou non le saut dans le temps par une césure. Si bien qu'il laisse l'impression de procéder par assertions plus ou moins bien ordonnées. Une trop grande fidélité à la forme originale aurait brouillé la lecture : il a fallu revoir la mise en page. D'ailleurs, c'est ce à quoi procède Jouvet lui-même quand il reprend pour l'édition en articles et conférences des textes après de précédentes ébauches.

Jouvet utilise en outre de nombreuses parenthèses – parfois pour exprimer des choses qui lui paraissent pourtant essentielles. Elles ont été généralement supprimées.

Jouvet respectait peu la ponctuation. Privée de cet attribut et débitée à voix haute, sa phrase restitue son parler caractéristique. La ponctuation originale, voire son absence, ont été préservées quand elles ne rendaient pas trop ardue la compréhension du morceau proposé à la lecture[13].

Au fil du texte, Jouvet procède à de nombreuses citations qu'il place entre guillemets – c'était assurément un grand lecteur, et une partie de ses réflexions dérive de ses lectures, pas seulement de son expérience d'homme de théâtre. Comme il écrivait pour lui-même avec l'idée de reprendre l'ensemble pour le publier ultérieurement, il n'indique presque jamais l'origine de ses citations : ni l'ouvrage, ni même parfois l'auteur. Il était impossible d'identifier toutes les références, même avec les moyens informatiques actuels. Les choses ont donc été le plus souvent laissées en l'état.

Cette édition est accompagnée d'un appareil de notes, dès lors que celles-ci aident à la compréhension du texte ou de son contexte, ou quand Jouvet évoque des noms aujourd'hui oubliés. Si un événement ou un personnage est mentionné dans le volume I et dans le volume II, la note a été reprise pour permettre une lecture autonome de chacun d'eux. Cependant, pour ne pas surcharger le texte d'un appareil critique trop abondant, il a été supposé qu'un certain nombre de faits (la création du Théâtre-Libre par Antoine, du Vieux-Colombier par Copeau, par exemple) et de personnages (Frédérick Lemaître, Sarah Bernhardt…) étaient connus. Certes, ces notes auraient inspiré à Jouvet un froncement de sourcils tant il détestait les commentaires en bas de page qui lui semblaient gâter le bonheur de la lecture et distraire de l'attention réclamée par l'œuvre. Mais le temps a passé et certains faits, certains personnages, certaines allusions sont aujourd'hui mal connus, voire ignorés. L'unique objectif a été de dispenser le lecteur de recherches fastidieuses.

---

13 À longueur de ses cours au Conservatoire, Jouvet expliquait qu'appliquées au texte de théâtre, les ponctuations écrites et parlées n'avaient aucun rapport : « Puis les sons s'organisent en phrases qui prennent leur ponctuation d'orthographe, mais une ponctuation psychologique, de respiration, qui fait des enjambements audacieux, prolonge les périodes au-delà des lois de l'analyse, en dépit de la syntaxe. Ce texte prend un sens pour le comédien qui n'est ni le sens grammatical, ni le sens purement logique, ni le sens littéraire. » (Cours du 24 novembre 1937).

Soixante-dix ans se sont écoulés depuis la disparition de Jouvet, une période probatoire en quelque sorte pour ceux qui sont promis à la postérité. Le temps est venu de briser les derniers scellés qui pouvaient entraver le partage de son héritage. Au lecteur de découvrir celui-ci sous ces deux éclairages :
– Par son inlassable labeur, Jouvet s'est taillé une place éminente parmi les critiques, les érudits et les universitaires, comme analyste et praticien de la littérature dramatique. On peut dire qu'il a fait tomber le plafond de verre qui vouait l'acteur au rôle anecdotique de commentateur de l'actualité théâtrale (confidences, autobiographies, souvenirs savoureux, etc.).
– La force de ses propos tient à la liberté de ton, dont il ne se départit jamais, et à la rupture dans laquelle il se situe par rapport aux traditions, idées et codes dominants. C'est sans doute cette indépendance d'esprit qui confère à ses écrits une étonnante fraicheur dans le monde actuel.

Jean-Louis BESSON et Marc VÉRON

Notre gratitude à Pierre et Jean-François Jouvet pour leur soutien indéfectible. Nos remerciements empressés à Noëlle Guibert, Joël Huthwohl, Catherine Savev et Mileva Stupar du Département des Arts du Spectacle de la BnF, qui ont accompagné notre démarche avec attention et bienveillance. À Agnès de Gaudemar pour sa précieuse relecture. Et à Christian Biet pour son soutien à cette édition.

L'ART DU THÉÂTRE

LE MÉTIER DE COMÉDIEN

AVANT-PROPOS

Je souhaite écrire sur notre métier le livre que j'aurais voulu trouver quand j'avais vingt ans

Ceci n'est ni un plan ni une explication. C'est une façon de grouper les faits autour de deux ou trois affirmations ou constatations commodes, non dans la prétention d'expliquer l'acteur et sa nature, mais pour permettre à ceux qui veulent s'interroger d'avoir l'occasion de le faire.

Au fur et à mesure que j'amoncelle des notes sur ma table, que je remplis des carnets de réflexions personnelles ou de citations empruntées, l'impression que je ressens de l'inutilité de mon travail va parfois jusqu'au découragement.

Ce n'est pas que des contradictions me gênent. Tout me paraît s'ordonner avec clarté et j'éprouve même une grande satisfaction à ce travail. Je ne crains pas non plus qu'on argumente ou ironise sur ces fragments d'activité, ces sous-produits de sensations que je tâche d'agglomérer en forme de pensées. Je redoute seulement de paraître pédant. Je n'ai pour l'instant pas d'autre lecteur que moi-même, et cela me suffit, mais l'idée d'être lu me fait craindre d'être ennuyeux. Je m'effraye aussi de l'étendue que prend mon sujet, de toutes les questions qu'il soulève et la nécessité d'un plan nouveau m'apparaît tous les huit jours.

On croit les autres semblables à soi et ils sont différents – aussi diraije que c'est un tiers qui pense pour moi-même.

En m'interrogeant, je découvre ingénument que je souhaite écrire sur notre métier le livre que j'aurais voulu trouver quand j'avais vingt ans. Il n'est guère probable qu'à cet âge, un débutant puisse entendre ce que je cherche moi-même malaisément à expliquer, et je me demande si je n'aurais pas été le seul lecteur et partisan de cet ouvrage, mais je me plais à penser que mon travail pourra lui donner la curiosité de s'interroger à son tour : comprendre ce qu'est le sens dramatique, chercher une hygiène professionnelle, s'initier à la recherche du rôle et à l'exécution, enfin trouver quelques commodités personnelles pour lire et entendre une pièce. Ces idées ne m'ont pas coûté de longues réflexions. On n'a au théâtre ni disposition ni loisir pour méditer. Tout nous oblige à une exhortation, une effusion continuelle contraires à la pensée. Elles ont été rédigées sans souci de commentaire ou de postérité. C'est souvent à la fin d'une longue journée, encore costumé, dans la fatigue du spectacle, sous l'effet des sensations de la pièce jouée ou répétée, parfois même au cours d'un entracte, entre deux scènes ou après une conversation avec un auteur que ces vues éclairs, ces idées, un peu fulgurantes, ces atteintes d'idées m'ont pénétré et que je les ai hâtivement consignées. C'est dans l'éblouissement et le mirage du jeu que j'ai été saisi par ces curieux et étranges fantasmes, quand le personnage dont on est l'hôte et qui est le vôtre en vous-même étrangement, réfracte les idées et les impressions normales.

Écrites dans une espèce d'ivresse ou de divagation, griffonnées en désordre, ces remarques, observations, hypothèses ont cependant une vertu : elles sont à l'état brut le produit de l'exercice du métier ; ce sont des traces d'actions dramatiques plutôt que des idées véritables ou des déductions logiques.

C'est le tort, me semble-t-il, de tous les comédiens qui ont écrit sur leur métier, de l'avoir fait loin de leur travail ou dans leur retraite. Ils ne font alors que raconter des souvenirs déjà effacés, interprétant des sensations trop vieilles pour être encore vivantes. Les conseils et les préceptes qu'ils donnent, détachés d'eux-mêmes, ont perdu leur saveur ou leur efficacité, et les faits et gestes de leur carrière tournent en apologies, en justifications ou en péroraisons superflues. On éprouve à les lire la nostalgie que donnent les vieux almanachs. Il n'y a, grâce à Dieu, rien à prouver dans notre métier, rien à conclure. Tout y est journalier et éphémère. Je ne cherche ni conclusion, ni démonstration convaincante.

Quelle que soit la niaiserie que peuvent présenter ces notes, je crois nécessaire de les laisser telles qu'elles sont nées, dans la chaleur un peu haletante des coulisses. C'est peut-être en quoi elles pourront avoir quelque efficacité.

Car plus que dans n'importe quelle autre profession, nous sommes concernés, impliqués d'étrange façon dans notre métier. En effet, il n'y a guère d'exécutant dont les moyens d'exécution ou les instruments soient à ce point liés à lui, soient partie aussi intégrante de lui-même, que ne le sont ceux de l'acteur, en qui l'instrument et l'instrumentiste font corps[1].

J'emploie à dessein ces mots ; ils dépeignent bien le cas du comédien : supérieur ou inférieur aux autres exécutants, on constate tout à coup qu'*il est double*, dualité que seule une longue pratique du métier finit par lui faire acquérir et sentir en lui-même.

1 Ce n'est ni ma modestie ni mon honnêteté qui me font dire cela mais parce que *tout au théâtre est cas d'es*pèce et donc demande à être noté scrupuleusement, consciencieusement. Ces observations ne valent que par l'interprétation qu'on peut en faire. Les conclusions que j'en tire ne sont bonnes jusqu'ici que pour moi. Il est nécessaire qu'elles soient vraies pour que le lecteur en tire ses conclusions par rapport à ses observations ou études personnelles. (Ajout manuscrit de Jouvet).

À LA MÉMOIRE DE JEAN-LOUIS
(1940-1943)

Jouvet souhaitait placer en ouverture de l'ouvrage qu'il avait l'intention de publier ce texte resté inachevé. En s'adressant à un personnage fictif (inversées, les initiales de Jean-Louis sont celles de Louis Jouvet), il présente les grandes lignes de ses réflexions sur le jeu du comédien. Nous le reproduisons ici *in extenso*, précédé de ce qui apparaît comme des notes pour une première ébauche.

Je suis remonté dans mon bureau, dans ma loge, et j'ai commencé à écrire quelques notes après la représentation. Je suis encore maquillé et en costume. Cette manie de vouloir s'entendre ne me quitte pas ; et devant mon papier je ne sais jamais exactement qui parle, si c'est le personnage ou moi, ou cet autre entre nous deux qui est notre intermédiaire, notre valet plus ou moins docile et intelligent. Et toutes ces notes sont éparses dans leur sens, impossibles à additionner, à coudre par le moindre petit fil. C'est une autre illusion que je me donne sans doute, un prolongement de ma vie sur scène que je cherche à obtenir par ces divagations, car je n'en ai jamais rien tiré. J'écris une note ce soir sur le texte et le sentiment dramatique ; l'heure est agréable ; la représentation a été bonne à tous points de vue ; il fait bon être seul encore tout gras de fard dans l'entre-deux du théâtre et de la vie laïque.

Entrée de l'ami Jean-Louis qui curieusement se penche et voit que ce n'est pas du courrier que je signe et qui m'interroge si j'en aurai pour longtemps, si c'est pour une prochaine conférence. Bref, je lui dis ma manie et mon découragement. Il dit que ce ne peut être qu'un état intermédiaire entre la pensée et l'action, et il est logique que tout ce que je note ne puisse être précis. Ce sont des influences.

Justement, c'est cela que je voudrais fixer en pensées.

C'est impossible. Le cheval de course ne peut que raconter ce qu'il éprouve et ne peut pas conclure à quoi que ce soit. C'est toujours trop étroit et trop particulier.

Discussion sur l'inutilité de cette recherche, et cette manie de se raconter, en croyant qu'on réfléchit et de trouver quoi que ce soit de général sur un métier où tout est si confus. C'est une fausse biographie qu'on veut faire survivre et qui n'a point de vérité : c'est une simulation.

Il me dit que je ferais mieux de me raconter dans mes souvenirs. Je lui dis que tout ce qu'on a écrit à ce propos est, par un étrange sortilège ou une malédiction, particulièrement, proprement idiot.

– Dialogues vifs.

– Tout ce dont on fait usage en matière de littérature dramatique ne vaut rien.

– Il n'y a rien et je veux savoir si l'on peut acquérir dans ces questions une connaissance quelconque. Je n'en ai point trouvé.

– Et Diderot ?

– C'est l'inexplicable.

– Mais si j'ai fait comprendre que ce n'est pas si simple, c'est déjà un progrès.

– C'est alourdir l'esprit ; tout cela est mystique.

– C'est accabler l'esprit au détriment de l'imagination.

– Position exagérée de l'acteur dans son métier ; il n'a rien pour l'éclairer. Métier physique. Tout revient à ce point de départ et à cette fin.

– Mon cher, crois-tu que ce bâtiment est un théâtre ? Pas bon, mais c'en est un ! Crois-tu que les gens qui jouent là-dedans soient des acteurs ? Oui. Qu'ils aient du talent ? Certains. Qu'ils aient tous besoin de réfléchir à leur métier ? Peut-être. Et qu'il soit nécessaire de tant se « matagraboliser[1] » pour exprimer des sentiments et des sensations déjà écrits dans les œuvres ? Jouer, quoi jouer ? C'est un jeu, oui, pour tous les auteurs différents, pour tous, tous, et c'est si compliqué. Assez…

---

1 Tourner et retourner en vain des idées dans sa tête. (Sauf indication contraire, les notes sont des éditeurs).

Qu'est-ce que tu enseignes au Conservatoire ? Rien. Mais encore ? À respirer…

Écris-moi tes souvenirs. Ce que tu viens de me lire est confus, pédant et somnifère…

Quels souvenirs ? Sur ta vocation, ton enfance, tes émois, ton premier contact avec Molière…

Souvenirs. Pour mon ami Jean-Louis.

Jean-Louis n'a jamais lu ce premier chapitre, mais j'ai continué dans l'esprit où il m'a engagé, comme s'il était encore le lecteur et le confident de ces propos.

Je voudrais comprendre…
Comprendre quoi ?
Tout ce qu'on ne comprendra jamais.

Je voudrais expliquer…
Quoi ?
Défauts des explications.
Elles tuent et elles sont de mode.

C'est un mystère.
C'est ce que tu as dit de mieux.
Des vérités qu'il faut admettre sans vouloir les comprendre.

Qu'est-ce que tu peux enseigner ?
L'instrument.
C'est après l'avoir longtemps manié que tu commences à pouvoir parler avec connaissance. Le pinceau d'Hokusai et les couleurs de Renoir.

Voix – pose.
Respiration
Articulation

Ces deux ou trois morceaux,
avec lien différent chaque fois et incidents ;
ma loge ; les portraits d'acteurs ou d'actrices,
le café, le Palais-Royal, Carrousel.

Conclusion : fais des souvenirs, et tâche qu'ils soient amusants. N'attaque personne, ni les gens ni les institutions. Amuse-les. Tâche d'avoir un gros tirage. Si tous les comédiens étaient curieux de ton livre, et qu'il y eût, au surplus, des spectateurs, même de cinéma, qui l'achètent, tu aurais admirablement réussi ce que tu veux faire.

– JEAN-LOUIS –

Le rideau s'est baissé sur le dernier acte d'*Ondine*. La représentation vient de finir. Personne n'est venu me voir. Je suis remonté dans ma loge, et tout caparaçonné encore de ma cuirasse de carton, de ce harnais du Moyen-Âge que m'a fait Tchelitchev[2], soufflant et suant, tout ému encore physiquement et nerveusement, je me suis assis à mon bureau pour noter quelques impressions, quelques sensations particulières éprouvées durant le jeu. C'est une manie qui ne me quitte plus maintenant, depuis quelques années, et qui m'obsède. Mais je m'y livre pour me soulager et me calmer. Il me semble, quand je l'ai fait, m'être libéré de cet envoûtement incompréhensible, de cette possession gênante éprouvée durant l'exercice de la représentation, et aussi de cette dépossession de soi. J'ai l'impression d'être libéré de ce qui s'est introduit en moi et d'avoir retrouvé, en tâchant de les expliquer, mon identité.

Ce soir, j'ai noté dans mes observations cliniques, que l'attention du public a été croissante, d'une façon beaucoup plus rapide que d'habitude au IIIème acte, et beaucoup plus intense, au point que je me suis senti ému jusqu'à en être gêné – une perte d'identité – qui m'a fait peur. Ce silence était fait d'immobilité, d'une sorte d'anéantissement des spectateurs au point qu'ils semblaient inertes, ce qui avivait encore et rendait plus redoutable leur présence. La salle était un gouffre qui flambait, une réverbération. Je disais mon texte comme au bord d'un précipice, craignant de buter sur un mot, et ma respiration était gênée.

Peut-être est-ce moi qui étais physiquement dans des conditions d'infériorité, et qui ai manqué de contrôle et de sang-froid. Peut-être

2 Pavel Tchetlichev (1998-1957), peintre et décorateur d'origine russe, avait créé les décors et les costumes d'*Ondine* de Jean Giraudoux pour la mise en scène de Jouvet en 1939 au Théâtre de l'Athénée.

ai-je trop écouté la salle. C'est mon habitude, et je l'ai portée ce soir trop avant ou trop longtemps.

Cependant, dès le début de l'acte qui met comme une emprise sur tout le monde, gens de la scène et de la salle, il y avait ce soir un saisissement qui était plus sensible que d'habitude. Le groupe des serviteurs rangés en arc de cercle derrière Ondine écoutait avec une vérité de présence qui leur était facile. On aurait dit que c'était la première fois qu'ils représentaient. Il n'y avait aucun effort chez aucun d'entre eux, ni aucune de ces traces de fatigue qu'on aperçoit parfois sur l'un ou l'autre.

De quelle qualité de public, de quelles particulières sensibilités, la salle était-elle pleine ? Qu'est-ce qui a créé ce soir plus qu'à l'ordinaire cette audition plus rare et plus parfaite ? À quelles raisons l'attribuer ; une communication qui atteignait la communion, une attention où l'on sentait le public aussi dépossédé que soi-même, une sorte d'anéantissement dont j'ai eu du mal à me protéger, à me dégager ?

On se sentait enlisé dans du sensible, une pesanteur de rêve, un ralentissement de la vie autour de soi et en soi. Comme une fusion lente au-delà de la rampe, d'une masse qui, brusquement, s'égalise et dont les composants se soudent pour ne faire qu'un.

Cette dépossession, ce sentiment du dramatique qui dépasse l'appareil du théâtral, ce soir était exceptionnel. Par degrés, dépassant l'attention qui se faisait de plus en plus dense, on sentait le silence s'épaissir, la vie se ralentir, et une sorte de sublimation, d'évaporation sensible se faisait ; jusqu'à une dépossession, un anéantissement des corps, et cependant une vie spirituelle et sensible se sentait dans cet état physique stupéfiant, doux et terrible.

Connaissance pour le comédien :

Il ne faut pas que vos connaissances s'étendent plus loin que vos occupations.

Il faut être gueux dans ses connaissances et riche dans son métier.

Pour celui qui travaille et agit, la propension à vouloir penser le conduit trop souvent à des bobards, à une escrime inutile et dangereuse qui le fait trahir ses occupations. Agir, c'est penser activement.

Penser pour le comédien :

Penser par soi-même est rare. On pense avec ses traditions de famille, ses souvenirs de collège, des réminiscences demeurées d'une conversation de la veille ou des propos du journal du matin, avec des intérêts, des passions, sans en avoir conscience, fermement convaincu de son expérience personnelle et de sa sincérité, de son honnêteté, alors que tout n'est que mémoire, association d'idées, parti pris, influences, réactions, tendances ou emprunts. Et la méditation n'est qu'un remue-ménage dans ses souvenirs (déménagement).

Ce n'est pas vrai. Le souvenir apporte aussi, par la contemplation et l'examen, une méditation.

Mais la vraie méditation dont je me réclame, moi, est cette modification de soi-même par l'introduction, l'intrusion en soi d'idées et de sentiments que nous donne l'exercice de notre profession. C'est une modification de soi-même. Ce n'est pas de la pensée ; la pensée est fixe et dans le même sens et le même état tranquille.

De toutes les professions, elle est celle qui est la plus commode peut-être pour se renouveler, se modifier, si elle n'avait comme suprême inconvénient dans cette liberté et vacuité nécessaires à son exercice, d'interdire à l'esprit le sens et le goût de la méditation.

« Relevez, Messieurs, l'indignité du sujet par la noblesse de l'expression. »

« Il faut borner son désir d'apprendre, mais il faut faire un choix de ses lectures. »

« Trop de gens, Messieurs, dépassent leur pensée par l'expression. »

« Supporter et se supporter, est la plus sage des choses. »

« Il ne s'agit pas de lire pour s'instruire, mais pour s'élever. »

« Il s'agit de créer le débat. Citez, citez des noms, des vers, des phrases. »

Personne ne sait ce que c'est que le théâtre, sauf ceux qui en sont. Mais ce n'est pas si aisé. Il y a des auteurs qui ont écrit vingt pièces et qui ont été joués, et qui ne font pas partie du théâtre. Il y a des comédiens qui en vivent toute leur vie sans en être. Il y a même une foule de spectateurs qui y viennent périodiquement sans y avoir participé. La plupart des critiques, quoiqu'ils vivent en parasites de cette fonction sociale, n'en sont pas non plus.

Quand on est du théâtre, on sent qu'on en est englué, et le premier sentiment qu'on éprouve après cette confidence de début, c'est la difficulté, sinon l'impossibilité, d'en parler à ceux qui n'en sont pas. Mais c'est aussi difficile d'ailleurs d'en parler à ceux qui en sont. Les premiers parce qu'ils ne peuvent entendre, et les seconds parce que les choses du théâtre, les idées du théâtre, ont cette particularité de n'avoir pas de sens fixe, mais d'être mobiles, instables dans l'esprit et dans le sentiment, et que la sensation et l'idée sont intimement mêlées. Or, comme la sensation est l'élément essentiel de cette vie particulière, il se trouve qu'en se modifiant incessamment elle interdit aux idées la moindre fixité. Voilà le problème qui me paraît le plus important ici, et qui est, en même temps que l'explication du théâtre si l'on peut dire ainsi, la condamnation de mon entreprise, de mes écritures.

Et maintenant, il y a peut-être des raisons à cette abstention de l'écriture parmi les gens de théâtre ; car il n'y a sur notre profession rien d'écrit qui puisse aider la connaissance ; à part quelques ouvrages scientifiques dont l'encyclopédie a été l'origine, et la plupart techniques, personne n'a écrit sur le théâtre.

On a écrit des mémoires, des considérations, des traités ; chacun l'a fait de son point de vue : auteurs de leurs pièces et théories ; acteurs de leurs rôles et leur carrière ; critiques n'en parlons pas ; pères de l'Église du point de vue moral, spectateurs, souvenirs de fiançailles spirituelles ou d'admirations amoureuses. Tout est subjectivité ici.

Tout l'est aussi dans le théâtre. Rien n'est objectif et c'est là encore l'autre explication et l'autre difficulté du théâtre.

Tous les traités philosophiques ou autres sont insuffisants ; les œuvres sont considérées a posteriori ; l'action impossible à analyser quand elle se produit ; la préparation, équations oubliées, on ne voit généralement et on ne discourt que sur les résultats. L'examen, dans son entier, est impossible.

L'œuvre, fruit de la société ou du génie – œuf et tout ce qui en sort est poule de différents plumages – refait des œufs.

Étrange et monstrueuse implication de tout avec soi, et des autres ; sorte de vie à l'état de fusion constante à chaque fois que le rideau se lève, et chacun emporte et apporte dans cet exercice, chacun collabore, s'en vient avec des idées qu'il modifie comme ses sensations au contact d'autres sensations et d'autres idées. Étrange commerce.

Ce phénomène est ce qu'il faut considérer.

Par quel côté, par où partir sinon de soi, et en sachant qu'on n'atteindra pas au fond de l'explication, qu'on n'atteindra à rien de plus essentiel que le fragmentaire de tout ce qu'on a lu, à de l'épisodique ; disons que ce sera l'épisodique 1940. En partant de soi, on revient sur soi ; c'est le boomerang. Mais faire comprendre qu'il y a dans ce phénomène quelque chose qui tient à l'inexplicable en montrant soi-même son impuissance à le formuler, je n'en demande pas plus.

Mais c'est un inexplicable de qualité.
C'est l'inexplicable de tout ce qui est esprit, sensibilité.

Trouver peut-être ce qui est l'essentiel, ce qui est le fondamental, la mystique et la religion de ce métier.

Des vérités premières ou considérables.

On pense d'abord avec des souvenirs.
On pense ensuite avec des lectures.
On pense plus tard avec ses expériences.

Ce sont les trois phases qui me paraissent ordonner ce travail.

Les journaux sont nos Iliades, avec des myriades d'Homères.
Oserai-je hasarder une pensée qui vient de me tomber dans l'esprit ?

Medellin, 2 juin 1943[3]

En matière de documentation théâtrale, il n'y a eu jusqu'ici que de la spéculation. Mes opinions sont fondées sur mes expériences, dit-il[4]. Or, comme vos expériences sont comme toutes les autres le produit d'un certain nombre d'influences, que vous n'êtes dans ces opérations qu'un intermédiaire, que votre action se borne, comme n'importe quel spectateur et quelle que soit votre initiative, à subir ce qui vous influence, qu'à vous nourrir en parasite d'un autre, d'autres sentiments et d'autres idées, on ne voit pas bien l'avantage particulier ni la plus grande originalité qu'auront vos propos.

Ce sont des propos passés au feu de l'action. Peut-être ceux qui, plus prudemment, se sont contentés d'en parler, d'en discourir sur des sentiments éprouvés directement à distance et dans leur vraie finalité, ont-ils plus de justesse, et peut-être leurs propos sont-ils moins faussés que les vôtres, car vous aurez eu plus de mal à démêler dans ce que vous pensez la part qui est vôtre et celle qui vient d'autrui. Je veux dire vos propres influences.

Alors, que faire ?

La cérémonie dramatique est la même, à peu de chose près, depuis deux mille ans. Ce peu de chose suffirait cependant à écrire un ouvrage pour différencier et marquer les changements et les évolutions d'une époque sur une autre : différence des édifices, des habitudes, des comédiens, des procédés, des modes des auteurs, de la construction des ouvrages et des variétés du public.

Cette cérémonie sera-t-elle altérée par les apports modernes : radio, phonos, amplificateurs, par le cinéma ?

Déjà on voit Piscator[5], en 1920, faire des spectacles où il mêle les deux. Claudel écrit *Christophe Colomb* avec une participation de la musique, du

3 Toutes les dates figurant au début ou dans le corps des textes sont de Jouvet.

4 Jouvet reprend ici manifestement sa conversation fictive avec Jean-Louis.

5 Le metteur en scène allemand Erwin Piscator (1893-1966), fondateur du Théâtre Prolétarien en 1920, avait associé jeu sur la scène et projections sur écran pour la première fois en 1924 dans sa mise en scène de *Drapeaux* d'Alfons Paquet, qu'il considère comme une première manifestation de théâtre « épique », en raison de l'introduction de nouveaux moyens d'expression : « Sur un écran frontal, installé à mi-hauteur du proscenium, sont projetés successivement une introduction historique, les photographies des protagonistes

cinéma et du théâtre, œuvre qui rompt par ces apports avec les formes habituelles[6].

Quelles seront les modifications surtout dans le public ? C'est cela qui paraît le plus inquiétant. Le théâtre gardera-t-il son caractère de cérémonie et de célébration ?

La question est tout entière dans l'esprit. Y aura-t-il encore, dans la tradition que nous connaissons, des poètes ?

Quel est l'intérêt de vos propos ? Je vois bien leur originalité par rapport à tous ceux que vous citez avec dédain et que vous tenez en mépris puisque vous êtes acteur. Mais que pouvez-vous dire que ceux-là n'aient déjà dit ? Et puisque vous êtes acteur vous en parlerez avec partialité vous aussi. Ce sera une autre partialité que la leur, mais elle n'en sera pas plus objective ; elle ne touchera pas le fond. Car il n'y a pas de fond véritable dans ce moment dramatique qu'est le théâtre dans une représentation. C'est une sorte de collaboration faite avec des éléments très différents – texte, sensations restituées par un simulateur, créant de nouvelles sensations chez des dupés volontaires – Le public, la bonne volonté participante du spectateur est aussi importante que celle de l'acteur, aussi nécessaire ; il ne faut pas la négliger.

Si le comédien simule, il y prend plaisir. Le spectateur a aussi une bonne volonté moins bien récompensée souvent et d'autant plus importante qu'elle n'a pas tout de suite le plaisir que prend l'acteur d'abord.

---

qu'un bonimenteur présente au public, des titres brefs annonçant chaque séquence. Des extraits de journaux, des dépêches de presse, lient les faits à l'actualité de 1924 ; des photographies dévoilant les dessous du procès apparaissent sur deux autres écrans, à droite et à gauche de la scène, pendant tout le déroulement de la pièce. » (Jacqueline Jomaron, *La mise en scène contemporaine II*. 1914-1940, Bruxelles, La Renaissance du Livre, 1981, p. 21). Piscator perfectionnera le principe des projections dans ses mises en scène ultérieures. Avant lui, l'Autrichien Karl Kraus avait déjà imaginé la projection de films pour certaines scènes de sa pièce-fleuve *Les Derniers Jours de l'humanité*, (parue en 1919), qui traite de la Première Guerre mondiale.

6 *Le Livre de Christophe Colomb*, paru en 1935, associe musique, chœurs, théâtre et cinéma tout en mélangeant les tonalités dramatiques, du réalisme au lyrisme. À L'origine, l'œuvre avait été commandée par Max Reinhardt, metteur en scène de grands spectacles, puis après le renoncement de celui-ci, elle avait été créée sous forme d'opéra avec une musique de Darius Milhaud au Staatsoper de Berlin en 1930. En France, la première mise en scène marquante d'une version remaniée pour le théâtre a été celle de Jean-Louis Barrault en 1953 à Bordeaux, reprise au Théâtre de l'Odéon à Paris l'année suivante.

Ce moment dramatique où vous êtes plus mêlés, dont vous êtes plus responsable que les autres est rare, me direz-vous, unique, soit. Vous êtes provocateur du public et complice de l'auteur. Comment voulez-vous y démêler votre part et juger à la fois celui que vous parasitez et ce que vous êtes ? Que deviennent, à cet instant où votre personnalité est compromise dans sa bonne foi et absorbée, anéantie par son acte, vos possibilités de jugement ?

Dans le moment où vous êtes dédoublé, pouvez-vous, de surcroît, analyser ces sensations et les décrire ? Vous devez en perdre obligatoirement votre faculté de jouer ou alors vous ne nous donnerez que la description d'une sorte de sensation-idée, comme une irisation qui se ferait en vous, mais où peuvent venir les idées, impressions fugitives, étranges, et qui valent surtout par leur rapidité, leur instabilité.

L'analyse, le contrôle, l'introspection personnelle sont-ils devenus maintenant des facultés plus aisées qu'à l'époque de Descartes ? Je ne le pense pas ; mais je crois qu'elles sont devenues plus communes, plus visuelles.

Il y a plus de science aujourd'hui ; je veux dire plus d'habileté consciente, connue, surveillée, contrôlée, à notre époque pour faire du théâtre, qu'aux époques antérieures. Du moins la science du théâtre qui a perdu dans les questions matérielles a gagné du côté de l'acteur.

Il a fallu attendre la fin du XVIIIe siècle pour avoir sur le comédien un ouvrage qui ait quelque intérêt, qui soit psychologiquement vrai : *Le Paradoxe* de Diderot.

Techniquement on savait, on avait codifié l'art du décor, de la machinerie, de la mise en scène, depuis longtemps, et l'on avait sur ces questions des notions qui, de jour en jour d'ailleurs, se perdent, car leur intérêt diminue.

L'acteur, l'art de jouer, la psychologie de l'acteur, ont pris le pas sur ces points de vue, et l'on en est venu à faire aujourd'hui des pièces où le décor n'importe plus et où trois personnages suffisent, à la manière des héros de roman, à entretenir une salle qui aurait autrefois bâillé à ces considérations un peu trop personnelles et trop nuancées : pièces de Raynal[7], pièces psychologiques ; derrière tout Hervieu[8], Lavedan[9], Bourget[10], il n'y a qu'un pauvre mélodrame ; de Curel[11], etc.

L'acteur a pris le pas sur le reste du théâtre, parce que le cinéma lui-même a renouvelé les moyens du théâtre, c'est-à-dire, après que le réalisme eut réduit à néant l'art de la décoration, le cinéma a pris à son compte tout ce que le théâtre pouvait donner aux spectateurs. Et l'acteur a pris le pas aussi sur le cinéma d'une façon souveraine.

Le problème du théâtre futur me semble se poser par rapport à l'acteur. Je veux dire que dans la balance de tous les éléments du théâtre, l'auteur est placé en dehors du débat, car il y est et sera toujours souverain.

---

7 Paul Raynal (1885-1971) est un auteur dramatique dont les pièces sont fondées pour la plupart sur des événements historiques : *Le Tombeau sous l'Arc de triomphe* (1924), *Napoléon unique* (1937); elles ont suscité parfois la polémique dans l'entre-deux-guerres. Certaines furent représentées à la Comédie-Française. En 1936, Jouvet avait eu l'intention de monter sa pièce *Le Matériel humain* qui traite du problème des exécutions militaires pour indiscipline au cours de la Première Guerre mondiale (Cette pièce a inspiré en partie, à côté du livre d'Humphrey Cobb, le film de Stanley Kubrick, *Les Sentiers de la gloire* sorti en 1957 et interdit en France jusqu'en 1975). Jouvet a finalement renoncé à présenter cette pièce craignant qu'elle ne suscite des affrontement graves, à l'instar de ce qui s'était passé avec *Coriolan* de Shakespeare à la Comédie-Française en 1934, où la mise en scène d'Émile Fabre avait été reçue comme une arme contre le gouvernement et la Troisième République.

8 Paul Hervieu (1857-1915) est l'auteur de pièces de théâtre volontiers moralisatrices qui s'appuient sur les conventions sociales dans toute leur rigidité – *L'Énigme* (1901), *Le Dédale* (1903) – représentées à la Comédie-Française.

9 Henri Lavedan (1859-1940) a connu le succès comme auteur dramatique dès ses premières pièces – *Une famille* (1890) représentée à la Comédie-Française et *Le Prince d'Aurec* (1892) au Théâtre du Vaudeville – préludes à une série de comédies comme *Le Duel* (1905) et *Le Marquis de Priola* (1902) – une variation sur le thème de Don Juan, critiquée par Jouvet. Lavedan cesse d'écrire pour le théâtre après la Première Guerre mondiale, sentant que son œuvre est désormais en décalage avec l'évolution de la société, ce qu'il exprime dans un ouvrage publié peu avant sa mort *Avant l'oubli*, Paris, Plon, 4 tomes, 1933-1940.

10 Paul Bourget (1852-1935) est surtout connu comme romancier. Il s'est d'abord consacré au roman d'analyse expérimental puis, après sa conversion au catholicisme, au roman psychologique et social, où il se fait le défenseur du traditionalisme politique. Il est aussi l'auteur d'une douzaine de pièces de théâtre, souvent en collaboration, dans lesquelles il appelle à la perpétuation des valeurs bourgeoises au niveau politique, social et familial.

11 François de Curel (1854-1928) avait envoyé ses trois premières pièces à André Antoine qui les a toutes montées. Son œuvre dramatique est ensuite représentée sur les principales scènes parisiennes. Une de ses pièces *La Nouvelle Idole* a été montée par Copeau dans des décors de Jouvet en 1918 au Garrick Theatre de New York. Après les pièces à caractère social de ses débuts, de Curel se tourne vers les questions philosophiques et morales puis il écrit des drames inspirés par les événements tragiques de la Première Guerre mondiale.

C'est l'acteur qui me paraît l'élément dominant en ce moment, avec l'appréciation, l'étude d'un nouveau sens dramatique, d'un nouveau sentiment du dramatique, d'un dramatique, d'un art de dramatiser qui est tout à fait moderne et dont le vieillissement des formules précédentes et la nouveauté de la radio et du cinéma sont les causes.

Étudier le théâtre est fonction de l'acteur et du nouveau sentiment du dramatique – en 1943 – noter ses idées et ses prévisions pour l'an 2000 ; ça ne fait que 57 ans d'ici là.

Je me suis écarté de mon idée.

Quel est l'intérêt de vos propos ? De votre point de vue sur le théâtre par rapport aux autres participants ? De quelle originalité, de quelle supériorité, pouvez-vous vous prévaloir ?

Vous dites au critique que le texte n'est pas fait pour être commenté. Soit. Mais puisqu'il ne peut être accessible autrement lorsque vous ne lui faites pas l'honneur de l'animer de votre talent, laissez-moi en profiter, vous dira-t-il, et il n'aura pas tort. Ce texte écrit, laissez-moi en parler avec l'écriture. Fait pour être dit, il le sera par vous sans préjudice.

– Je vous arrête, car il y a préjudice par l'usage pédagogique qu'on en fait.

– J'en conviens. Je vous l'accorde. Mais il ne saurait être si grand que vous le dites, et il a bien des avantages en vous constituant une clientèle avertie et qui, malgré tout, par ce snobisme des lettres, vous aide autant sinon plus qu'elle ne vous gêne.

– Passons là-dessus ; nous y reviendrons un autre jour et j'en dirai ce qu'il y a d'anti-dramatique dans le fait, et que l'entendement au théâtre ne se fait pas que par le sens des idées et du style ou de la manière et que les critiques vont fausser par la sensation jusque dans l'âme et l'esprit du spectateur. C'est une phrase de Stendhal contre La Harpe[12] ; c'est beaucoup d'animosité. Mais je poursuis, si vous le permettez. Dites-moi en quoi votre étude, vos points de vue, vos explications et

12 Hostile à toute théorie, Stendhal préconisait de « délaharpiser » le goût, c'est-à-dire de se détourner des traités esthétiques qui, comme ceux de La Harpe, présenteraient des systèmes clos faisant obstacle aux idées nouvelles. Jean-François de La Harpe (1739-1803) est auteur dramatique et critique littéraire. Il a publié, en 1799, le *Lycée ou Cours de littérature*, un ouvrage en 18 volumes, où il traite de l'art dramatique en défendant des positions puristes et dogmatiques.

vos critiques peuvent être originaux, nouveaux et surtout efficaces sur la question du théâtre ?

– C'est un point de vue qui n'a jamais été dit.

– À peu près pas. Mais quelle en sera la nouveauté ? Si c'est pour augmenter les débats et les nourrir, vous vous combattez vous-même puisque vous partez en guerre contre les palabres et les rhapsodies de la critique et des autres commentateurs.

– Mais leur point de vue d'abord n'est jamais le nôtre. Nous ne considérons le théâtre que dans ce qu'il a d'actif, de vivant, d'efficace dans l'action ; et ils le considèrent dans ses effets, dans ce à quoi il tend par une sorte de vieillissement dans sa valeur littéraire et traditionnelle.

– C'est évidemment un point en votre faveur, mais pensez-vous que ce que vous en direz soit au bénéfice du théâtre ?

– Pas dans le sens où ils l'entendent, mais dans un esprit professionnel. Nous autres, acteurs, pouvons trouver dans ces études un bénéfice et par conséquent une amélioration du théâtre.

– J'en conviens volontiers, mais ceci ne servira donc qu'aux acteurs, car la vanité que vous attribuez aux critiques ne leur permettra jamais de se servir de ces dissertations. Et croyez-vous qu'il faille tant de science pour faire un acteur, et que ce rôle d'intermédiaire demande un tel savoir ? « N'étendez pas vos connaissances au-delà de vos besoins ». C'est un proverbe ancien. Un acteur n'a rien de stable en aucune façon dans son savoir. Sa science n'est faite que du talent de Corneille ou de Molière, de Victor Hugo ou de Giraudoux, selon les auteurs qu'il joue, et selon le public devant qui il les joue. C'est une science, si l'on peut ainsi l'appeler, transitoire, passagère, une sorte de mode dans un savoir-faire. Couturière ou acteur, il y a un fond de savoir, mais tout change dans le coup de main suivant l'inspiration de l'époque.

– Cette science, si faible soit-elle, est importante. Tel acteur a parfois révélé, si l'on peut dire, une œuvre ou un auteur par une interprétation, un sens, que d'autres n'avaient pas eus avant lui. Il y a dans notre tradition, faussée parfois par la critique – et de cela aussi je vous parlerai – des redressements qui s'imposent. Je suis hanté par Molière, par Marivaux, par dix autres auteurs, par une sensibilité à moi personnelle qui me fait contredire ce que disent les critiques sur ces œuvres, parce qu'ils en parlent du point de vue littéraire, qu'ils n'en devinent pas comme nous le sens d'exécution. Le ton n'est pas seulement dans l'écriture ; il est encore dans la diction.

– Alors votre ambition est aussi d'expliquer ces auteurs de votre point de vue à vous, comédien, en tant qu'exécutant ? Il serait plus simple, au lieu de tâcher d'écrire, c'est-à-dire faire un métier qui n'est point le vôtre, d'accomplir celui que vous avez choisi en montant ces auteurs et en donnant une démonstration bien plus efficace de vos idées que ce que vous pouvez dire.

– Cela est vrai ; mais on ne peut pas tout monter et il est difficile de le faire. Cela demande des rencontres, des circonstances, qui ne sont pas permises souvent, et je pense surtout à l'état du théâtre de demain, à ceux qui nous succèderont, et je voudrais les orienter vers ces œuvres de théâtre qui sont de pure littérature, où je crois que réside le mieux la perfection souhaitable, mais que les littérateurs nous ont gâchées.

Ceci n'est pas un livre de science, mais de conscience, et donc un livre de bonne foi. Aucun n'a fait pression affectueuse pour sa publication. Aucun esprit éclairé n'a insisté pour que je publie ces notes.

Je le fais en toute amitié, altruiste pour toi et par amour du métier qui est tien et que j'aime autant que toi.

Tout ce qui y est dit est aussi vrai et aussi faux que tout ce qui est de notre profession, et aussi vrai et aussi faux que tout au monde.

Mais entre ces deux extrêmes où oscille notre bonne volonté, j'ai tâché, pour vivre avec raison et dignité, de trouver des attitudes ou des points de vue qui justifient nos occupations et qui nous permettent de les orienter avec plus de certitude que par les idées vagues, les imaginations désordonnées ou les impulsions aveugles qui, d'ordinaire, nous poussent ou nous font agir.

L'embêtant, c'est qu'on ne quitte jamais tout à fait son métier et, en écrivant comme en jouant, on écrit pour les autres en un moment.

Tout est dans l'intention qu'on a. Les miennes sont pures, et ce n'est pas pour me survivre que j'écris.

COMMENT PARLER DU THÉÂTRE ET PAR OÙ COMMENCER ?

Tout en prenant régulièrement des notes sur son art et son métier, Jouvet s'est demandé toute sa vie quelle était sa légitimité à le faire, lui qui n'était « que comédien » et n'avait pas, pensait-il, la tête philosophique. Même si cette attitude ne va pas sans une certaine coquetterie, il s'interroge constamment – ou pourrait dire de manière quasi obsessionnelle – sur la possibilité de rendre compte d'un art aussi fluctuant que le théâtre et de faire partager une expérience aussi éphémère et instable que le jeu dramatique.

À QUOI BON ME DÉGUISER LES CHOSES[1] *?*
Medellin, 4 juin 1943

J'écris tous les jours des notes sur mon métier, je tâche de les lier, de les ordonner, et peu à peu je vois que je déborde les problèmes les plus simples, que la pratique m'a fait raisonner et que ma curiosité et mes investigations vont au-delà, au-dessus du métier pour tâcher d'atteindre à une compréhension.

C'est une illusion et c'est une vanité, mais je crois qu'elle est le fait de tous ceux qui exercent un métier ou une fonction avec goût.

Tantôt pour me justifier et pouvoir les proposer aux autres par une vanité plus grande encore, je cherche à toutes ces notes et réflexions un titre, une raison, un plan, pour qu'elles aient un sens. C'est bien la preuve que, dans ces recherches illimitées, il n'y a jamais de but atteint. Notre métier n'est qu'une perpétuelle illusion. Vivre dans l'illusion et en vouloir trouver les raisons, les causes, en expliquer les manifestations, n'est-ce pas une illusion ajoutée à celles dont nous vivons ? *Pléonasme d'illusion* serait peut-être le meilleur titre.

1 Les intertitres en italiques sont des éditeurs, ceux en caractères romains de Jouvet.

Tantôt j'imagine complaisamment qu'il serait profitable aux *débutants* de connaître ces recherches, tantôt, d'une humeur plus pétulante, je commence à les écrire en voulant *ridiculiser ceux qui ont écrit avant moi* et dont je veux montrer que les compétences sont dérisoires parce qu'elles ne sont pas professionnelles comme les nôtres. Tantôt je me plais à imaginer que la *situation actuelle du th*éâtre, par suite des *événements*[2] et du bouleversement qu'apporteront encore demain la *radio* et le *cinéma*, a besoin d'une *mise au point* où l'acteur, dans la carence actuelle des auteurs, doit prendre possession de ses devoirs, et de sa dignité, pour sauvegarder cet exercice et les intérêts qui s'y trouvent engagés. Il n'est pas de journée où je ne tourne dans ma tête le moyen de me défaire de ces notes, en les publiant sous une forme ou une autre, et c'est peut-être ce que je cherche, vainement.

Une sorte d'inquiétude et d'angoisse me vient à tout instant qui ne me laisse aucun repos, de savoir plus et de comprendre mieux, et de me délivrer de ces préoccupations absorbantes et tyrannisantes, afin d'avoir l'esprit libre et de travailler aux œuvres du théâtre classique.

C'est un esclavage auquel je suis condamné, je le sens, et je ne travaillerai plus guère à quoi que ce soit au théâtre si j'en étais libéré. Mais en ce moment où il m'est impossible de faire du nouveau, de monter de nouvelles pièces[3], je me laisse gagner par ces interrogations et approfondissements, le temps qui se limite devant moi, à cause de l'âge, augmente encore la fébrilité de toutes ces pensées, et j'ai peine même à ouvrir *Dom Juan* ou *Le Tartuffe* pour les lire. Mon imagination, mon sens dramatique travaillent à peine, paresseusement et sans appétit. Et comme je ne suis point pressé par la nécessité de les monter, je retourne à ces fermentations qui se traduisent par des monceaux de notes que j'accumule.

---

2 Jouvet écrit ces notes en 1943, alors qu'il est en tournée en Amérique du Sud dans un exil volontaire avec sa troupe.

3 Durant la tournée en Amérique du Sud Jouvet, faute de moyens, joue essentiellement les pièces de son répertoire. Il pourra toutefois faire un certain nombre de créations : *Je vivrai un grand amour* de Steve Passeur au Teatro Odeón de Buenos Aires en septembre 1941 ; *On ne badine pas avec l'amour* d'Alfred de Musset, *L'Apollon de Marsac* de Jean Giraudoux, *L'Annonce faite à* Marie de Paul Claudel, *L'Occasion* de Prosper Mérimée et *La Belle au bois* de Jules Supervielle au Theatro Municipal de Rio de Janeiro en juin 1942, grâce au soutien de mécènes et du gouvernement brésilien.

Dans la chaleur de ces méditations fumeuses et dont le feu couve sans jamais prendre, au hasard de mes méditations, je note hâtivement, sans les contrôler ni les relire, de vagues lueurs imprécises et dont la traduction ne doit pas être reconnaissable. Leur relecture – (j'écris si mal) – et leur ordonnancement me fatiguent. Je crains le découragement que j'aurai en les revoyant, et les mois avancent, et les jours passent et je continue à mener cette vie improductive où il entre aussi, je crois, beaucoup de vanité qui ne s'avoue pas, sous une grande tendresse pour tout ce qui a fait jusqu'ici l'exclusive compétition de ma vie.

Que faire ? Et que décider ? Ces notes sont-elles vraiment utiles ? Le seront-elles à quelqu'un et n'est-ce pas mon orgueil qui est le plus grand ouvrier de ces « écritures » – orgueil d'acteur qui veut en savoir plus qu'un autre ? Orgueil de celui qui veut se hausser plus haut que son métier ? Orgueil même de comprendre ce qu'aucun jusqu'ici n'a cherché à comprendre autrement qu'en accomplissant avec joie et excellence sa fonction.

Tout participant du théâtre qui écrit, brouille ce qu'il veut voir ou ce qu'il a vu. Tout est trouble en lui, il ne peut rien expliquer qu'il ne soit obligé de se mêler lui-même à ce qu'il dit, il s'y noie sans s'en rendre compte, et se retire lui-même de cette mare où il s'est plongé, et conclut triomphalement des raisonnements qui, commencés au bord de l'eau, changent de plan dès que l'auteur entre dans ces autres éléments que sont la pièce, le sentiment, le jeu, le public ou l'expression, et dont il ne saurait parler sans être tout entier absorbé et submergé par l'élément qu'il a touché, et où ses discours sont tout à coup faussés.

Il faut chercher l'évacuation et le calme, la libération de l'esprit pour pouvoir me remettre au travail des œuvres de théâtre ; voilà l'évidence.

N'ayant pas le talent pour les dire ni de temps pour m'y essayer, il me faut néanmoins mentionner les idées qui me semblent importantes, et laisser à l'imagination complaisante de l'auditeur et à ses investigations personnelles le soin et la liberté de les compléter ou de les amplifier. L'essentiel est de les faire tenir ici, même dans cet aspect de nomenclature, et pour mémoire ; et d'ailleurs, il est de bonne règle de ne pas tout dire sur un sujet.

Comment, dans cette constante excitation, continuellement diversifiée, dans cette dispersion obligée, cette dépossession de tous les instants, demander à un comédien de pouvoir rassembler des idées, les mûrir, les ordonner, et ensuite les écrire, et les exprimer ? Comment même le croire capable d'avoir des idées ? Lui qui ne vit que de sensation, qui n'est qu'une espèce de corridor pour les idées et les sentiments d'autrui ? C'est pourtant ce que j'ai la prétention de faire, et je m'en étonne moi-même tous les jours.

À supposer qu'on ait des idées, qu'elles soient claires, qu'elles soient intéressantes et qu'elles soient, de surplus, ordonnées en vue d'une intention, d'un but ; il faut encore pour les écrire, *trouver un ton*, *un mode*, *une façon* qui les rende attrayantes, et je n'en vois guère. Tout ce qui remue dans ma tête est sans ordre et se cristallise de temps en temps sur une façon de faire qui me paraît soudainement – (comme un air qu'on chante et qui tout à coup vous soulage de je ne sais quel fredon[4] qui vous entêtait) – l'Euréka, le plan, le biais, la présentation souhaitée, le canal et le conduit pour m'évacuer. Me voilà aussitôt la plume à la main, avec une nouvelle fiction, un ordre nouveau, tout heureux, puis trois jours ou quatre jours suffisent pour me montrer, pour que je ressente clairement que je me suis enthousiasmé trop vite, que ce n'est pas encore sous cette nouvelle forme que je pense m'accoucher, et je me demande si cette grossesse littéraire n'est pas uniquement nerveuse, c'est-à-dire de vanité.

J'écris tout ceci parce que je ne peux plus me contenter de mes pensées là-dessus, et il me semble qu'à les écrire je m'en débarrasse et me soulage du poids dont elles m'accablent.

Le dialogue que j'écrivais l'autre jour était assez coulant et facile, les idées venaient tout en allant et assez claires, ma foi, mais je ne puis me résoudre encore à ce parti qui me paraît trop pastiché du XVIIIe, et je suis hanté par cette manière à la Diderot et à la Pierre Lièvre[5] qui

---

4 Le fredon est un tremblement de voix dans le chant. Jouvet utilise ici le mot dans le sens de « rengaine ».

5 Critique littéraire qui revendiquait lui-même son « amateurisme », entendons son amateurisme face aux courants dominants, Pierre Lièvre (1882-1939) avait publiés ses articles en trois volumes, les *Esquisses critiques*, entre 1921 et 1929. Il est l'auteur d'un *Supplément au Paradoxe sur le comédien de Diderot* (Paris, Éditions du Trianon, 1929) qui se présente sous forme d'un dialogue avec Jouvet.

m'agace chez eux. Rabelais seul a trouvé la manière, mais aussi a-t-il inventé des personnages et une action.

Hier matin la lecture de *Pleins Pouvoirs*[6] m'a tout à coup fait découvrir une autre façon, le lendemain soir, je me suis dit que grouper mes idées actuelles et mes notes pour les faire converger vers *une connaissance du théâtre à propos de notre époque* serait la meilleure présentation et l'ordre le plus élégant.

Je m'étais dit : montrons *les dangers*, *l'instabilité du théâtre actuel* et *prévenons les acteurs*, qui sont les seuls qui puissent faire quelque chose de concerté dans ce sens, au moins prévenons-les des *dangers qu'ils courent eux-mêmes*, de la nécessité qu'il y a à faire une mise au point de cette profession, indéfinissable, et qui défie les explications, les règles et les lois, et dont ils savent par eux-mêmes au moins l'incertitude de l'apprentissage. Faisons-leur constater *l'absence de connaissances qu'il y a dans notre métier*, qu'à part quelques manuels concernant les us et coutumes de législation, deux ou trois dictionnaires élaborés par des gens sans vocation, à part des traités de machinerie périmés ou de décoration hors mode, (où il nous faut cependant réapprendre ce que nos devanciers ont négligé et laissé perdre), à part encore quelques ouvrages sur l'architecture dramatique, *il n'y a sur le théâtre aucune donnée importante*, que Diderot seul a laissé un document sur l'art de jouer, encore n'y a-t-il jamais existé des comédiens d'un genre aussi tranché et absolu. Au moment où de toutes parts les chercheurs commencent à témoigner un zèle moins vaniteusement égoïste qu'avant, et où les érudits songent dans leurs travaux à l'utilisation que nous en pouvons faire, au moment où il semble nécessaire que se constitue une science du théâtre, il est utile que nous nous tournions de ce côté. J'y suis déjà tourné depuis longtemps.

Le théâtre, me disais-je, ne se maintient dans les époques de faillite ou les moments de transition que par l'acteur. Les usurpations qu'il commet dans ces époques, la prépondérance qu'il s'attribue, sont utiles pour sauvegarder la profession, son commerce, la persistance de cette tradition. C'est aujourd'hui, de par la guerre, le moment de s'y préparer. Mais il ne s'agit pas seulement de sauvegarder notre profession, il faut encore voir clair, du moins essayer de prévoir le futur.

6 Titre d'un essai de Jean Giraudoux, paru en 1939.

GÉOMANCIE MAGIQUE[7]

Et au fond, j'écris pour moi, pour arriver à mettre au clair ces *fulgurations* que j'éprouve, tout en répétant, ou en lisant, en faisant mon métier. Sensations vives par lesquelles j'oscille en moi-même et qui transmettent les unes aux autres, dans une sorte d'ébranlement de toutes mes facultés, des répercussions, émotives, sensitives, affectives, où le sens, la mémoire sont impliqués, où tout moi-même entre en jeu, un court-circuit où tout flambe.

Si j'essaye de penser vraiment ou de réfléchir, je me perds, je me retrouve ailleurs dans un autre sujet.

Si je raisonne, je ne sais pas conduire logiquement mes idées ou mes arguments. Tout de moi me ramène à la sensation. Alors, si j'écris, c'est surtout pour la mettre en clair, pour essayer d'en tirer ce qu'il y a de positif ou d'utilisable, pour fixer les points acquis, et comme pour m'aider dans ce maquis, cette broussaille perpétuelle de moi.

Je comprends fort bien mes bafouillages. Mais il m'est *difficile* de les préciser, de les rendre clairs, d'en tirer quelque chose de clair, d'intelligible. Écrire, c'est faire déposer, précipiter, décanter, par notes successives, puis filtrer, puis enfin trouver le ton, l'humeur pour les repenser, et aromatiser un peu le liquide incolore et sans saveur de mes idées.

Et puis, il faut que je m'accroche partout aux idées des autres, à mes lectures ; c'est un laborieux exercice de n'arriver *à se penser* que par réfléchissement, car la réflexion ne m'est guère possible ; de ne pouvoir mettre au point ce qu'on éprouve que par approches, comparaisons notées, revues ; c'est perpétuellement une *analogie de moi-même* que je cherche en tout et partout ; pour m'éclaircir, j'ai vivace une grande puissance d'excitation, un appétit avide mais rapide, et un pouvoir de détente égal ; mais dans ces deux états que je subis sans pouvoir y participer avec beaucoup de conscience, la pensée, l'analyse de moi-même n'entre pas. Tension et détente, et aussi sentiment d'un tiers présent. C'est, je crois, les caractéristiques qui m'expliquent, et qui expliquent d'ailleurs tous les comédiens.

Tout m'est pierre de touche, tout m'est provocation, excitation, tout m'atteint et me trouble ; mais, hélas, rien ne me fait penser, et la

7 La géomancie est une méthode de divination à partir de figures formées par des petits cailloux ou autres objets jetés sur une surface plane.

méditation me jette dans des sensations imaginatives, improductives pour la pensée, car elles brouillent aussitôt celle qui pourrait se former.

Quand j'ai d'abord voulu écrire, je croyais avoir quelque chose à dire, puis j'ai relu mes propos ; le vertige m'a pris devant ce vide, et aussi une grande tristesse, mais j'ai continué à faire des notes.

Il fallait d'abord avoir des idées avant de chercher à en exprimer, et puis aussi, il est difficile de les préciser.

Enfin, tout ce que j'écris n'est qu'un petit voyage autour de moi-même, un itinéraire avec moi, au bout duquel je me retrouve toujours, guère plus changé qu'avant, sans plus de provision ou de butin.

Et la conclusion est qu'avec un peu de patience, je dirais en un chapitre, précis, quatre ou cinq idées qui résumeraient toute mon expérience.

Et qu'est-ce que l'expérience sinon un déchet.

Alors il faut bien approfondir ces idées pour qu'elles aient un peu de valeur. Et d'ailleurs pour qui ?

Pour moi, pour toi, mon ami, si elles t'amusent.

RIEN DE PLUS FUTILE, DE PLUS FAUX, DE PLUS VAIN, DE PLUS NÉCESSAIRE QUE LE THÉÂTRE

« Le théâtre est un exercice, un désordre organique, nécessaire à l'individu, comme à la collectivité, pour calmer ou activer sa vie propre et la vie du groupe dans lequel il existe »

Le théâtre est fondé sur un sens, un instinct, un besoin latent, humain, universel, le sens du dramatique.

Pauvreté ou impuissance, cessation du bonheur ancien – promesse d'un emplissement, d'un bonheur futur – vide – inquiétude – ou angoisse – qui appelle l'évasion de soi, la fuite de soi, et dévoile au fond de l'être humain une contradiction essentielle, universelle.

C'est la seule convention humaine qui se soit naturellement imposée aux hommes ; et dont l'agrément, le perfectionnement et l'entretien aient été spontanément, librement, régis par eux, sans désaccord profond ; d'âge en âge.

C'est une association, une synthèse, une conjonction inextricable, épouvantable de sincérité et de mensonge – dans une bonne foi radieuse et une incompréhensible évidence.

C'est donc la *seule vérité vraie* de la fausse réalité dans laquelle ils vivent, la seule vérité qui leur soit essentielle.

Cette virtualité est la seule réalité ; leur foi, leur croyance dans ce domaine sont supérieures à toutes les autres.

C'est un consensus ; un suffrage universel.

Cette provocation de soi, cette exhortation, c'est la poésie.

Pour traiter un sujet aussi vaste, aussi profond, il faut savoir penser et méditer. Les limites de la réflexion ne s'étendent pas très loin pour celui dont le métier est d'agir, ou de perpétrer cet exercice. Pris à son propre piège, le spectateur ne songe guère à s'interroger, à se questionner là-dessus.

Pour l'auteur, il y a plus d'élan que de pensée dans son exercice ; il est aussi encombré que le comédien en proie à un rôle. La gestation perpétuelle où il est, le laisse plus inconscient encore de la fonction dont il est le seul responsable et le principal initiateur.

Seuls peut-être les philosophes ou les critiques ont-ils les moyens de prospecter ces domaines ; mais comme ils le font du dehors même de son exercice (et de notre profession), je ne me fie guère à ce qu'ils voient, ou à ce qu'ils entendent. Leurs explications changent à chaque époque. La subtilité de leurs propos ou de leurs théories est telle qu'il est difficile, sinon impossible, d'ajuster ce qu'ils disent à ce que nous faisons nous autres, hommes de bonne foi, d'un plaisir et d'une joie qu'ils veulent partagés.

Pensées par sensations, ressenties par des états physiques, des suggestions, des associations d'idées, ces idées se sont formées en moi par intervalles, au cours de ma carrière, elles se sont d'elles-mêmes organisées, complétées ; et me semblent avoir assez de cohérence pour être communiquées, non pas comme une explication, mais comme confession et aveu, d'un cas particulier, le mien.

Il n'y a là aucun système mais un point de vue, une façon commode pour moi d'aborder les questions du théâtre, avec mes comédiens ou mes élèves. C'est une manière de classer les problèmes. Ce serait un manuel pour comédien, le manuel des sentiments et des sensations. C'est surtout un petit catéchisme du dramatique dont un autre bénéfice encore est de borner l'esprit dans un arrangement qui veut être facile et plaisant et qui évite les fuites risquées, les incursions désordonnées, les entreprises fatigantes et les voyages lointains dans la philosophie qu'il faut que nous considérions, nous autres comédiens, comme chasse gardée, domaine interdit ou dangereux, plein de pièges à loups.

RECHERCHE NON D'UNE DOCTRINE MAIS D'UNE MÉTHODE

Recherche non même d'une méthode, mais *d'une façon de considérer notre métier*, et non pas tant pour justifier ma propre expérience mais pour en montrer le bien-fondé. Méthode compliquée. Vue qui prétend *englober et comprendre* tous *les problèmes* mais pour faire réfléchir, méditer sur des questions, *pour permettre* à chacun (ce qui est la seule façon de faire) *d'acquérir une méthode personnelle, individuelle*, une manière de faire, tout en pratiquant qui permettra dans cette profession où le hasard, la chance, les contingences jouent un si grand rôle d'*être autre chose qu'un instrument passif pour acquérir à la fois une vie personnelle intérieure et une vie* professionnelle *consciente*, ayant pour but cette perfection de soi, cette connaissance de soi sans quoi il n'y a rien de valable dans les actions.

Tout est à base d'ignorance. Il *faut être neuf, tout oublier*, on n'explique rien. Il n'y a pas de science du théâtre ; c'est succession d'états dramatiques, de dispositifs, de manières d'être, de vivre.

Considération sur une méthode basée sur la connaissance de soi, la révélation de soi par soi-même, par un métier, une pratique qui place l'individu dans des possibilités d'aveuglement, de sclérose ou de libération.

Évidemment on peut enseigner à partir de :

– Trois très gros rats[8]

– Si ces six sangsues boivent son sang sans sucer ses soucis, et autres procédés… *amorçages du comédien, imitation*, à partir de la diction correcte,

8 Exercice de diction pour les comédiens, de même que « six sangsues… », mentionné à la ligne suivante.

rythmique ou nuancée et des phonèmes de la phonologie. Grammont[9], Legouvé[10], etc., etc.

Évidemment, tout est mêlé, le moi, le soi, le Personnage[11] et l'effet qu'on veut faire et celui qu'on fait.

Évidemment rien n'est indépendant, tout est dans tout et inversement, et rien n'est simple.

Évidemment on peut *éplucher des théories*. Villiers[12] et Diderot.

Évidemment on peut *expliquer d'après soi*, décrire ce que sont les autres, les œuvres.

Copeau expliquant Molière et se décrivant[13].

Évidemment tout est concerné. Il n'y a pas un livre de science, éthique ou religion, qui ne soit applicable, dont la lecture ne retentisse en soi, pour ce métier exceptionnel, merveilleux, unique : rêve éveillé, psychanalyse, Upanishad[14], *Évangile* et *Imitation de Jésus-Christ*[15]. *Introduction à la vie dévote*[16].

---

9 Maurice Grammont (1866-1946) est un linguiste et phonéticien, professeur à l'université de Montpellier. Il a écrit notamment un *Traité de phonétique*, paru en 1933.

10 Ernest Legouvé (1807-1903) est un écrivain, critique et auteur dramatique ; expert dans l'art de la diction, il est cité à côté des phonéticiens pour ses deux ouvrages *L'Art de la lecture* et *La Lecture en action*.

11 Jouvet écrit les mots « personnage », « théâtre », « public » parfois avec une majuscule, parfois sans. Nous avons respecté sa graphie.

12 André Villiers (1905-1996), comédien, auteur de *La Psychologie du comédien* (Paris, Mercure de France, 1942), *Prostitution de l'acteur* (Paris, Éditions du Pavois, 1946) et *La Psychologie de l'art dramatique* (Paris, Armand Colin, 1951), était un ami de Louis Jouvet. Il a écrit une étude sur *Dom Juan* à laquelle Jouvet s'était référée et qu'il avait appréciée : « Le *Dom Juan* de Molière. Un problème de mise en scène » in *Masques*, 1947.

13 Dans son introduction au livre consacré à la mise en scène de Copeau des *Fourberies de Scapin*, Jouvet affirme que Copeau se décrit lui-même lorsqu'il imagine Molière en train de mettre en scène. *Cf.* Molière, *Les Fourberies de Scapin, mise en scène de Jacques Copeau, présentation de Louis Jouvet*, Paris, Éditions du Seuil (coll. « Mises en scène »), 1951, p. 10 *sq.*

14 Les Upanishad sont un ensemble de textes philosophiques qui constituent les bases théoriques de la religion hindoue.

15 *L'Imitation de Jésus Christ* est une œuvre de piété chrétienne, attribuée au moine néerlandais Thomas a Kempis, écrite en latin à la fin du XIVe ou au début du XVe siècle.

16 L'*Introduction à la vie dévote* est un ouvrage majeur de la littérature chrétienne, écrit en 1608 par Saint François de Sales. Il a accompagné Jouvet tout au long de sa vie. Dès 1915, alors qu'il est infirmier militaire, il écrit à Jacques Copeau : « Songez à saint François quand vous relirez le rôle d'Elvire dans *Dom Juan.* » *Cf.* Jacques Copeau, Louis Jouvet, *Correspondance 1911-1949*, éd. par Olivier Rony, Paris, Gallimard, 2013, p. 198 et 635. Jouvet revient sur ce point dans deux de ses cours au Conservatoire, le 21 février et le 18 mai 1940, alors qu'une élève, Paula Dehelly, travaille le rôle d'Elvire, à l'acte IV, scène 6. (*Cf.* Louis Jouvet, *Molière et la comédie classique*, Paris, Gallimard, 1965, p. 106-133).

Au fond du fond, tout est question non pas de science, d'expérience, de culture, de tradition ou de connaissance (*connaissance n'est qu'approche*, approximation incessante, cheminement vers, on est plus ou moins près), mais d'attitude, d'orientation, de position, mise en état préalable, *tonus*, humeur, *état physique qui vient d'un état mental*, spirituel. Attitude intelligente – je veux dire consciente et résolue, et qui constamment se modifie, se corrige, se reprend, s'altère, mais dont il faut voir l'angle, la visée, dont il faut faire le point en soi-même ; et le plus difficile est de faire ce calcul, de décrire et de remettre le cap vers le but cherché, ignoré, mais qu'on imagine là, quelque part obstinément, vers ce passage moral, cette voie, ce chemin que tous cherchent, chacun à sa manière.

Tout dans ces domaines, toutes les réflexions qu'on y peut faire sont toujours *provisoires*, relatives aux modes, au temps, à l'époque, au moment et chacun cherche à les penser en *forme définitive*.

C'est essai *pour comprendre de plus en plus* et pour aimer de mieux en mieux.

DÉCOUVERTE SUR LE THÉÂTRE EN AMÉRIQUE LATINE

Extrait d'une conférence prononcée à l'Institut Mexicano-Européen de Relations Culturelles, à Mexico, le 16 avril 1944.

Il est extrêmement difficile de donner une explication du Théâtre. Ses trois participants : auteur, public et comédiens y sont mêlés dans un inextricable enchevêtrement et sont à peu près incapables de s'expliquer eux-mêmes.

L'acteur, forcément, ne voit dans le théâtre qu'un reflet de lui-même ; le personnage qu'il joue et le public qui l'écoute sont pour lui et, malgré lui-même, des miroirs. Ses idées sur le théâtre ne sont que la courte moisissure de ses sensations. Après quelques années de pratique, quelle que soit la gloire qu'il reçoive, il reconnaît d'ailleurs aisément, s'il est de bonne foi, qu'il n'est dans ce jeu qu'un éphémère instrument. Le spectateur, acteur passif, juge et partie dans cet exercice, constamment ému par les yeux et les oreilles, n'est lui aussi qu'un témoin insuffisant et aussi partial que le comédien.

Le poète, passé le stade de l'écriture de l'œuvre, est incapable de parler de ce qu'il a fait et il n'en peut prendre conscience, hélas, qu'au moment où son œuvre s'incarne sur la scène et où il en devient le premier spectateur – heureux ou malheureux.

Quant aux spécialistes qui s'arrogent le droit d'expliquer et de juger le théâtre – critiques, commentateurs et esthéticiens – sans qu'ils s'en aperçoivent, le théâtre n'est pour eux qu'un prétexte à palabres, à digestions intellectuelles ou à provocations, dont ils cherchent à tirer gloire et bénéfice. Pas plus que quiconque ils n'ont éclairci quelque chose en ces matières.

À chaque fois qu'on la joue, une pièce est un fait nouveau et son personnage, être unique, est sans aucune similitude avec son passé et son avenir.

Si l'on se tourne vers l'œuvre, vers la pièce, pour y chercher de soi-même quelque secret sur le théâtre, on est vite déçu, quand on s'aperçoit que la même pièce prend un sens différent suivant l'époque, c'est-à-dire suivant la manière dont on l'a représentée. C'est ainsi que *L'École des femmes*, entre les mains du lecteur, deviendra soudainement une énigme, dès qu'il constatera que, suivant l'époque, elle a été d'abord, une comédie d'intrigue de Molière, puis une comédie de mœurs de Casimir Delavigne[17], puis une comédie de caractère, genre Eugène Scribe[18], puis une tragédie, style Crébillon père[19], puis un drame romantique de Victor Hugo, avant d'être, voici quelque temps encore, une morne récitation sur la dignité conjugale et les effets du mariage.

---

17 Casimir Delavigne (1793-1843) est d'abord connu pour ses poésies patriotiques avant d'enregistrer des succès avec des pièces de théâtre qui traitent de sujets historiques, comme *Les Vêpres siciliennes* qui eut un immense retentissement au Théâtre de l'Odéon en 1819. Alors qu'il semble annoncer le romantisme, il en atténue la portée par sa pondération et son conformisme, aussi bien en matière littéraire que politique.

18 Eugène Scribe (1791-1861) est un des auteurs dramatiques les plus féconds de son époque. Il obtint un grand succès avec ses comédies-vaudevilles qui donnent ses lettres de noblesse au genre du vaudeville et avec ses comédies, souvent jouées à la Comédie-Française, qui ont pour cible la société mesquine et âpre au gain de son temps. Il compose aussi, avec Auber, Boieldieu et Meyerbeer, des livrets d'opéras et d'opéras comiques dont il renouvelle l'écriture.

19 Crébillon père (de son vrai nom Prosper Jolyot de Crais-Billon, 1674-1762) est considéré comme le grand auteur tragique entre Racine et Voltaire qui fut son rival.

Telles sont, sommairement dites, les constatations auxquelles arrivent ceux qui tentent de se faire sur le théâtre une opinion fixe, ou qui cherchent une définition.

Pour ma part, voilà plus de vingt ans que j'écris des notes, que j'essaie de transcrire les sensations que j'éprouve à faire mon métier de comédien (je ne suis jamais bien sûr, d'ailleurs, quand je rédige ces notes, que ce soit moi ou le personnage que je joue ce soir-là qui les écrive : c'est tantôt l'un et tantôt l'autre).

Voilà plus de vingt ans que je cherche du théâtre une explication satisfaisante ou rassurante par ces notes sans être arrivé jusqu'ici à leur donner un sens. Dans mon désarroi, j'avais bien essayé plusieurs fois de classer cet immense stock d'idées, ces pièces détachées, en les groupant sous le nom d'un auteur ou sous le titre d'une pièce – et cela semblait assez facile, par exemple : *Notes sur la décoration d'Ondine*, sur *La Déclamation dans Molière*, *La Diction dans Jules Romains*, *La Respiration dans Giraudoux*, *La Mémoire dans Claudel*, sur *La Machinerie italienne*, *L'Architecture dramatique en Grèce*, sur *Les Comédiens de la Renaissance*[20].

Mais toutes ces observations, une fois bien rangées, toutes ces notes cliniques, bien étiquetées, ne s'accordaient plus, car elles ne s'accordaient ni d'un auteur à l'autre, ni d'une pièce à l'autre, ni même d'un jour à l'autre, et cet ordre nouveau n'était que nouveau désordre. Et j'avais beau les ajuster en toutes manières, toutes ces notes, toutes ces méditations ne me donnaient pas une théorie stable, n'arrivaient pas à me fournir un principe ou une définition qui m'aurait aidé dans la pratique de mon métier.

Tout me paraissait incompréhensible dans le Théâtre : incompréhensibles ceux qui viennent s'asseoir dans une salle de spectacle, ceux qui s'évertuent sur scène, incompréhensible celui qui écrit l'œuvre dramatique, et toutes ces activités n'étaient qu'efforts sordides mêlés d'élans et de transports, incompréhensibles eux aussi : la clef de l'art dramatique était sans contredit le point d'interrogation et le théâtre ne devait son existence qu'à des comment et à des pourquoi !

Par une recherche laborieuse et continue, j'ai porté mon goût dramatique dans tous les domaines du théâtre : le plaisir de la curiosité et la

20 Dans la dation Jouvet, il n'y a pas trace de ces chapitres en tant que tels, mais Jouvet avait rassemblé tous les éléments pour les constituer.

prétention de connaître m'ont fait étudier tout ce qui s'y peut apprendre : art de jouer, de mettre en scène, de décorer, de peindre, d'éclairer, science du constructeur ou de l'architecte de théâtre, décors, costumes, histoire, littérature, commentaires, critiques, mémoires... de théâtre.

Le vague de ces connaissances, leurs changeantes applications, ne m'avaient donné du théâtre tout entier qu'une impression générale d'amateurisme, d'une activité sans science, dont les causes et les sources étaient obscures, parfois douteuses, tout au moins confuses. Et ma conclusion était que le théâtre est un secret. Il provoque en nous tous – acteurs et spectateurs – un trouble, un désordre, bref, des effets difficiles à expliquer. Il multiplie, amplifie en nous la vie et, mieux qu'aucune autre occupation, il la met en forme d'énigme. Les atteintes plus ou moins hautes dans la sensibilité que le théâtre fait naître en nous, évidemment, me semblaient poindre vers quelque chose, vers quelque part, tout le long des siècles, mais me laissaient l'esprit dans une immense interrogation. Et je ne voyais de réponse à cette énigme que dans l'invention, l'imagination d'un au-delà, avec lequel le théâtre nous fait communiquer, avec un monde supérieur qui devait être celui de la poésie. Tout ce que j'avais ressenti au théâtre, dans les chaudes effusions que donne son exercice, semblait me dire que le théâtre était chose spirituelle, d'un ordre spirituel. Mais rien ne justifiait ce pressentiment ou cette hypothèse, rien ne démontrait cette solution jolie et commode, rien ne reliait toutes mes notes, toutes mes réflexions. C'est pendant ces quatre années passées loin de France, en Amérique latine, que j'en ai trouvé le lien, le fil conducteur, que la spiritualité du théâtre m'a été démontrée et qu'elle est devenue pour moi une certitude. C'est durant ces quatre années de tournées que, devant un public nouveau, une nouvelle expérience m'a convaincu que le théâtre est bien ce que je pressentais : *une manifestation spirituelle*, et que j'en ai tiré une explication qui n'en sera pas moins objective pour être le fruit de mon expérience et de mes observations personnelles.

LE THÉÂTRE LAISSE DANS L'ESPRIT UNE IMMENSE INTERROGATION

Ce sont plutôt des confessions ou des confidences – après trente années de pratique. Elles témoignent surtout d'un état de conscience personnel ou professionnel. Le théâtre m'apparaît dans tous ses aspects comme une énigme. Il provoque en nous un trouble, un désordre, des effets difficiles à expliquer.

Il y a deux façons de faire ou de considérer le théâtre ; en surface ou bien en profondeur et en hauteur, c'est-à-dire dans la verticale de l'infini.

Pour moi, le théâtre est chose spirituelle ; un culte de l'esprit ou des esprits.

Le théâtre multiplie, amplifie en nous la vie, et, plus et mieux qu'aucune autre occupation, la met en forme d'énigme ; seule réponse si l'on peut dire, si l'énigme peut se dire réponse. Et il me paraît que cette énigme n'a de réponse que dans l'invention ou l'imagination d'un au-delà avec lequel nous communiquons incompréhensiblement par la poésie, par « l'esprit », par une interprétation de la réalité.

Je sais que j'ai l'esprit dogmatique et mystique, mais encore que beaucoup d'entre nous se convertissent sur la fin de leur carrière et se retirent du monde, je n'ai rien encore d'un pieux solitaire étant chef de troupe, et je n'ai non plus aucun goût pour le spiritisme et les tables tournantes. Victor Hugo, durant son exil à Guernesey, a fait avec beaucoup d'autres de ces meubles un usage décourageant.

Partagé, tiraillé continuellement entre des sentiments contraires, ma vie s'est passée au théâtre dans une servitude volontaire où le dégoût s'est mêlé à la ferveur, et le découragement à l'enthousiasme, et, comme tous ceux qui œuvrent ou agissent, j'ai tenté de tout apprendre et comprendre de ce jeu et de ces participants.

En dépit des désillusions éprouvées dans cette vie d'illusions, tout aujourd'hui m'y paraît merveilleux mais tout, hélas, est incompréhensible.

Le livre de Robinson Crusoé est une pauvre aventure à côté de la vie merveilleuse qu'on peut vivre dans un théâtre.

Mais il y a dans cette vie des éléments de corruption. Ils viennent tous du dehors, de ceux qui veulent s'y mêler sans vouloir en être, de l'ignorance de ceux qui la pratiquent, ou bien de l'impossibilité d'être toujours en état dramatique – (Qu'est-ce que l'état dramatique ?) – Intensité, intrus, profanes, dilettantes, et cette pauvre humanité qui se mêle à tout ce qu'on fait, même pour atteindre au sublime.

Cependant, le théâtre est chose spirituelle, incontestablement.

Rien ne justifie cette explication, cette solution jolie et commode. Il faudrait démontrer, ou au moins faire pressentir.

Je ressens cette affirmation dans une certitude toute d'intuition mais je suis bien embarrassé pour en développer les preuves. C'est sans doute une façon de voir qui trahit mes habitudes mentales et ce n'est pas une explication.

Il faut un raisonnement solide, avec une pensée juste et dense pour écrire ces propos. C'est tout juste un point de vue, et quel est son intérêt ?

Tout ce que j'écris n'est que de sensations qui me viennent soit en jouant ou en répétant, à propos de tout. Elles naissent en moi, ces sensations, parce que je fais ce que font les autres, mais elles sont fugitives et ne sont jamais suffisamment décrites. Ces sensations s'illuminent en moi sous forme d'idées, mais naissantes, imprécises, fuligineuses. Le saisissement que j'éprouve les laisse trop près de l'état physique et je ne peux m'arrêter pour les penser vraiment et les mûrir. J'ai le sentiment d'une révélation soudaine et, dans ma joie, je me hâte de les fixer, de les noter, avec une sorte de fébrilité et d'avidité. Mais ce ne sont que des amorces, des semblants d'idées, difficiles à transcrire tant elles sont encore imprécises dans la gangue de l'état physique, et le fait de les noter ne fait qu'accuser ce qu'elles ont d'informe et d'inexistant pour l'esprit. C'est un foisonnement continuel d'associations d'idées, de découvertes, de brusques « éclairements » sur les questions les plus diverses.

J'écris en hâte dans la chaleur de ces sensations, la pensée n'a pas le temps de naître, et il n'y a dans mes notes ni descriptions précises, ni idées claires. Je me noie l'esprit à les repêcher dans cette mare de propos qui noircissent de nombreux cahiers.

Et d'ailleurs, qui est le scribe, dans cette affaire ? Est-ce le comédien, ou moi ? Jamais tout à fait l'un ou l'autre sans doute, et je me sens entre eux, à me relire, le secrétaire affolé d'un clinicien qui a le prurit de l'observation ou d'un malade qui a la manie de s'écouter et s'analyser.

Les propos sur le théâtre ne sont pas théoriques et ne devront pas l'être.

Le théâtre oscille entre le réalisme et la convention, le vrai et le faux, une vérité toute faite et une vérité d'abstraction, une vérité vraie et une vérité fausse, un « vrai supérieur » vers lequel il tend.

L'inexplicable du théâtre rassure en moi ma solitude humaine, une inquiétude et une angoisse, une curiosité, un goût d'au-delà, de survie, une attente d'une perception de l'invisible, de l'indicible. Je l'appelle le sentiment du dramatique, et c'est pour moi le sentiment essentiel de toutes les manifestations dramatiques. L'attente d'une révélation humaine mais supérieure, majeure.

On peut sans doute trouver des raisons plus simples et moins métaphysiques et fantastiques pour rendre compte de ces phénomènes, mais n'est-il pas vrai que les effets du dramatique subliment les sens et l'esprit jusqu'à combler tous ces sentiments, tous ces appels intérieurs, faire croire à l'âme ?

Qu'est-ce que le dramatique ?

Cette façon de voir le théâtre par le spirituel m'est personnelle, direz-vous, mais je n'en aperçois pas de plus noble, ni de plus satisfaisante et c'est pour cela que je l'ai choisie (par sentiment, par esprit dogmatique ou mystique).

Condamnés à expliquer le mystère de leur vie, les hommes ont inventé le théâtre. Chassés du Paradis terrestre, ils se sont créé cet artificiel et temporaire paradis, peut-être dans l'attente d'un paradis futur.

C'est en tout cas, de toutes leurs inventions, la plus parfaite, la plus étonnante, la plus originale. C'est, dirais-je, l'unique invention des hommes, tout ce que Dieu leur a laissé en compensation de leur punition, dans la malédiction dont ils ont été frappés.

Le théâtre contient toutes les autres inventions et l'invention du théâtre, dans sa puérilité, a quelque chose de divin. Bacchus, Orphée, Dionysos, Éleusis, Mystères, approfondissements, descente aux enfers, descente en soi-même, recherche autre part, hors de soi

Mais le théâtre n'a pas de dogme, un point fondamental de doctrine, une opinion certaine.

Il contient cependant des vérités révélées, des révélations dans les œuvres des poètes. Les vérités se révèlent non par la spéculation critique ou théologique, mais dans la sensation. Ceci est un point important à noter.

Les vérités révélées sont contenues dans les œuvres des poètes dramatiques.

L'Église a une vérité immuable. Celle du théâtre est changeante, adaptable et permet une communion indéfiniment libre et variable.

Il faut prendre les œuvres des poètes aussi comme des révélations, passagères mais divines.

Aristote place le théâtre à partir du plaisir de l'imitation. (Plaisir de s'imiter, ou de voir imiter qui plaît). Mais d'où vient ce plaisir ?

Quels étranges effets il procure ?

Quelle libération produit en nous ce plaisir ou quelle restitution ?

Le théâtre est exhortation, excitation. Vers quoi ? Exorcisme qui chasse quels démons de soi ? Et qui exhorte à quoi ?

On peut aussi parler du théâtre par ce contraste incomparable apparemment du sordide, du mensonge dans le temporel avec le noble et le spirituel. Singulier alliage qui accuse encore les interrogations.

Le théâtre ne serait-il qu'un reflet supérieur ? Une attitude ? Ou un jeu d'enfant… Divertissement ou jeu supérieur, le théâtre est une activité humaine universelle depuis toujours. Il est de fondation d'humanité.

Le fait de la création, l'inspiration du poète sont importants.

Prolongement ou amplification de soi, interrogation, trouble que provoque le théâtre, quel est ce sentiment voisin de la peur qu'il fait éprouver parfois ? Quelle est la nature de l'attente qu'on y recherche et qu'on subit ? Il semble qu'un être intérieur se met en mouvement, qu'une solitude cesse ou bien qu'elle commence autre part.

Il y aurait comme un halo des esprits autour de ces cérémonies.

Tout ceci est bien philosophique et je n'ai pas l'esprit assez bien fait pour démêler l'écheveau de ces suppositions. Le mot d'interrogation me semble le plus exact, et l'important est de décrire le théâtre tel qu'il m'apparaît.

S'il ne faut chercher aucune explication, s'il est ridicule de vouloir, à propos du théâtre, faire de la métaphysique, il est cependant curieux de chercher des conclusions pour pouvoir parler du théâtre d'un point de vue singulier, pour l'étudier, pour le défendre, pour ceux qui l'aiment et veulent le considérer d'un point de vue stable ou fixe et qui soit acceptable à l'esprit.

Aujourd'hui, j'ai conscience en moi d'un étonnement qui ne fait que s'aviver en se cherchant des raisons. Cet étonnement va parfois jusqu'à l'angoisse. Pourquoi donc ai-je choisi ce métier ?

Comment, par quels secrets sortilèges, l'exerce-t-on ? Parfois même à son insu, dans l'ignorance de ce qu'on est.

Quelles sont les raisons de ce simulacre de la représentation ?

Quelles sont les raisons de ce goût de l'imitation ?

Qu'est-ce qu'une œuvre ?

Qu'est-ce qu'un poète ou un dramaturge ?

Quel est cet état intérieur que je ressens dans la salle d'un théâtre, même lorsqu'elle est vide de spectateurs ?

Il me semble que c'est au théâtre, par le théâtre, que se stabilise, se fixe en moi, tout ce que la vie m'a fait connaître et éprouver ; mieux que dans la lecture ou la contemplation des œuvres d'art, d'une façon plus permanente.

Tout ici s'amplifie, réveille les interrogations, gagne les profondeurs de la conscience et de la sensibilité, donne une sorte de présence que la vie quotidienne contrarie et éteint, un état préalable à un état supérieur.

Mais ce n'est que jeu et divertissement, et le genre dramatique est à l'état pur dans l'enfance.

Comment nous rencontrons-nous, acteurs et spectateurs, dans ce rêve ? Par quelle monnaie d'échange se fait cette communion entre eux ? Ou cette identification entre le comédien et le personnage ?

Par quel mystère et comment se produit la création d'une œuvre ? (Je voudrais voir le moment où Molière écrivait…) Sainte-Beuve[21].

Nous autres comédiens, nous nous considérons à notre insu, par une usurpation obligée, par une amplification nécessaire de notre délégation, de notre mandat, comme étant le centre du théâtre. Nous ne sommes que les chevilles de cette association, les jetons de ce jeu.

L'esprit s'acharne sur ces problèmes, sur les problèmes professionnels du comédien. Tout en courant on les dépasse, on les enjambe parce qu'on ne trouve pas de solution si l'on ne considère pas aussi les autres problèmes, et l'on va chercher en deçà de la rampe, dans le public, et puis jusque dans l'auteur dramatique.

C'est un labyrinthe dont on ne peut sortir. Toutes les routes retournent les unes dans les autres, aucune n'aboutit nulle part. Tous les réseaux qu'on tente de tracer par des points ou des systèmes différents, se détruisent chaque fois. C'est un court-circuit des idées, des sentiments et des sensations.

Tout se rapporte à tout dans un enchevêtrement inextricable.

Je veux voir le théâtre et le considérer par l'usage de ceux qui l'aiment comme moi.

21 Jouvet était un lecteur assidu de Sainte-Beuve qu'il cite à de nombreuses reprises dans ses notes, sans toutefois référencer le passage incriminé. Il connaît notamment son étude *Aimer Molière* parue en 1863.

VARIATIONS

*JE VEUX NOTER QUELQUES OBSERVATIONS QUE J'AI FAITES**

Observations que je crois neuves parce qu'elles partent de sensations. Elles ont été faites dans la chaleur du jeu en scène ou des répétitions. Ce ne sont pas des idées, ou des conceptions élaborées à froid et par déduction logique. Elles seront donc confuses peut-être, mais il n'y a qu'à imaginer, si la sensation est bien décrite, avant d'en dégager l'idée qui en est sortie dans mon esprit. Ce sont des vérités relatives. Tout est relatif au théâtre. Mais vérités d'observation humaine. Elles ne valent que pour les interrogations qu'elles m'ont fait faire. Il faut que ceux qui les liront se les reposent eux-mêmes et donc qu'ils se mettent à ma place.

Ce sont des positions et des points de vue. Ils indiquent en tous cas une position singulière, d'un acteur dans le théâtre 1910-1940, dans un domaine où tout est variable, changeant. Variable d'après l'auteur, premier élément, seul important pour considérer les changements.

Interprétation d'un tempérament, d'un état d'esprit, dans une époque et avec un jugement d'époque.

Mais tout ceci est exclusivement de théâtre et d'amour du théâtre, de croyance et de foi, dans la signification d'un métier qui n'est pas ce qu'il paraît.

C'est comme si je me disais que le fait de monter sur les chevaux de bois est quelque chose qui porte à la métaphysique.

Évidemment, cela est vrai. Il suffit d'avoir une tendance à ces préoccupations pour trouver dans un carrousel les meilleures conditions pour s'y adonner.

J'en ai connu beaucoup qui n'y voyaient qu'une occasion de courtiser les dames.

*C'EST LA VALEUR MÉTAPHYSIQUE, UNIVERSELLE D'UNE ŒUVRE QUI IMPORTE**
Mexico, 29 mars 1944

L'acteur fausse tout. Il pense mal, et trop ; et se croit le centre. (Il n'est qu'une « guitare » dont il est souvent mauvais guitariste). Il est obligé de le croire, hélas. Il n'est qu'un instrument.

Sa vertu est de le savoir et de l'oublier à bon escient, avec science. Il est, dans cette opération qui part de l'auteur pour aboutir au public, un intermédiaire obligé, plénipotentiaire, excessif, encombrant.

Son rôle l'oblige à se tromper, à errer. Il ne le sait pas. Au total, l'auteur étant ignorant de ce qu'il fait, c'est le public qu'il faut considérer, dès que la question de l'acteur sera limitée, circonscrite, car elle ne peut être résolue. Elle est différente à chaque époque, à chaque instant, à chaque pièce, à chaque représentation, et pour chaque acteur lui-même.

Le théâtre – provocation à des sentiments, idées ou sensations dont le spectateur n'a pas la faveur ou l'occasion.

Information sur des sujets, des milieux auxquels il ne participe pas.

Recherche d'une vérité, d'une métaphysique, d'une attitude, d'une compréhension.

Car seule importe l'attitude dans la vie ; l'attitude de tout l'être et tout découle de cette intention, de cette volonté, et de la fermeté, de la continuité de cette attitude.

Recherche d'une connaissance nécessaire pour vivre, au moins curieuse à l'esprit de ceux-là qui instinctivement la recherchent.

De connaissances et même de la recherche d'une vérité supérieure en plus de ces vérités quotidiennes à quoi concluent les auteurs, malgré eux, en dépit d'eux, dans l'inspiration aveugle qui leur est donnée.

C'est la valeur métaphysique, universelle, d'une œuvre qui importe et l'adhésion, la dévotion ensuite du public à cette œuvre en fait un chef d'œuvre, un classique.

Dans ce consensus, général, si l'on examine les œuvres classiques, on ne trouve guère de médiocre ou de faux.

Tout est spéculation autour du théâtre, c'est-à-dire débat. Et le théâtre n'est qu'action dans son exercice. Et le commentaire n'a pas de rapport avec l'acte.

Après l'exercice de mon métier, il me paraît que, pour faire du théâtre, il faut tourner le dos à toutes sortes d'introspections ou de recherches.

Cependant, il faut réfléchir devant les œuvres. C'est cette manière qu'il faut définir. Le sens d'une œuvre – pas seulement un sens, mais les sens. Les sens historiques qu'elle a pris, ceux qu'elle n'a pas encore dévoilés ; les sens qui justifient à une époque donnée l'acte étrange de la représentation, l'expression, le sentiment du dramatique à une époque.

Et l'éternel me préoccupe ; le spirituel, tout au moins, ce qui est donc le côté éternel ; et je ne veux pas faire entrer ici la religion mais c'est elle qui surgit à travers toutes mes réflexions, dans ces occupations.

Il faudrait, pour pratiquer le théâtre, le comprendre, et nous ne le pouvons pas. Il est insensé, incompréhensible.

On y cherche des règles, et il n'y en a point de stable, ni de permanente à aucun point de vue. Tout est fait de modes, de variations, de contradictions.

On voudrait un point de vue moral et il ne s'obtient que par conséquence. C'est le public qui le crée ; et le métier est gâté pernicieusement par une vanité obligée, par le goût et la nécessité du succès.

Ce qu'on peut apprendre par les savants qui ont écrit, est insuffisant, contradictoire – par soi-même, en fronçant longtemps les sourcils, on finit par découvrir son propre reflet dans une perspective de miroirs. C'est la réflexion de soi-même à l'infini. On se prend pour le centre du théâtre, alors qu'on n'est dans ce jeu qu'un intermédiaire mobile, fragile, inconscient (parcelle).

On ne peut que chercher du côté de l'intelligence, la dignité, la noblesse, dans le souci d'amuser.

*IL FAUT LONGTEMPS POUR ABOUTIR À UNE IDÉE**

Les mots que j'emploie pour traduire ou dire indifféremment des impressions, des sentiments ou des idées, je m'en aperçois maintenant à force d'écrire des notes qui deviennent obscures quand je les relis à quelque distance, à force d'explication que je donne au Conservatoire et que Charlotte[22] sténo-

---

22 Charlotte Delbo (1913-1985), femme de lettres, entrée dans la Résistance pendant l'occupation allemande puis déportée, était à l'époque secrétaire et collaboratrice de

graphie scrupuleusement, quand je relis, ces mots sont sans signification, ce sont des étiquettes ; les malentendus qu'ils créent, ces mots, sont quotidiens, décourageants ; cela tient sans doute à ce que je ne suis pas très savant dans l'art de m'exprimer, de traduire ces idées ou ces sentiments, de formuler mes critiques. Je sens aujourd'hui que ce mauvais emploi des mots, ces phrases mal faites ou mal dites ne sont que la conséquence d'une raison plus importante encore que ma mauvaise façon de dire. Et je découvre que la plupart des idées que j'exprime ou que je veux exprimer sont obscures, indécises, et que ces quiproquos qui me font souvent dire le contraire de ce que je veux dire, viennent surtout du fait que *ce que j'ai à dire n'est pas en moi complètement élucidé.*

Je m'aperçois aujourd'hui qu'il faut longtemps pour aboutir à une idée, pour qu'elle ait son poids, qu'il faut analyser souvent un sentiment pour en connaître tous les degrés et toutes les propriétés physiques et morales, *qu'il faut attendre l'occasion pour pouvoir s'exprimer.* Je crois l'avoir trouvée aujourd'hui pour deux ou trois de mes préoccupations.

Le manque d'habitude dans l'expression écrite n'est pas essentiel, la rapidité, la presse dans laquelle je suis pour être clair me fait dire avec violence mais avec imprécision, et je m'habitue à la chose dite ainsi (à la comparaison fausse) et qu'on croit pensée et je vis mal ce mauvais classement, cet inventaire incomplet de mes idées ou de mes sentiments. Je continue à discourir en moi-même. De temps en temps, en relisant ces notes qui ne sont jamais tout à fait claires, en les complétant par d'autres notes, *en essayant de prolonger mes pensées, je m'aperçois par recoupement ou recollement que toute cette armature de notes prend un sens différent, et que je suis égaré sur des routes dont le sens ou la direction n'est pas celui que je croyais*, que ces tiroirs étiquetés sont vides, et qu'il faut chercher ailleurs pour trouver les objets qu'ils devraient contenir.

J'ai employé jusqu'ici le mot *action* et *intrigue.* J'en ai découvert l'importance dans la mise en scène classique et je vois bien que je n'en ai pas en moi-même un sens très défini ; je sens bien ce que je veux dire, mais je n'ai pas achevé de l'exprimer. Je n'en ai pas vu les limites ni les rapports avec les autres idées nécessaires à l'achèvement d'une explication. C'est *l'attitude de l'acteur* qui me frappe ce soir.

J'ai défini ou cru définir *l'intrigue* et *l'action* ou même *la situation* dramatique. Je croyais en avoir en moi-même une vue claire : c'est évident mais je

Louis Jouvet. Il l'avait rencontrée alors qu'elle l'interviewait pour le journal des Jeunesses communistes ; séduit par la qualité de la transcription qu'elle rédige de leur entretien, Jouvet l'embauche comme secrétaire ; elle a pris en note ses cours au Conservatoire. (Voir aussi note 2, p. 366).

ne l'ai pas dite, et l'exemple, la comparaison du piège à personnage[23] n'est qu'un cache-misère, une étiquette de plus, une image et un signe qui est inefficace pour la pensée d'autrui.

Je sens bien que lorsque j'explique à mes élèves ces notions, ils ne sont pas aussi satisfaits que moi, que mon évidence ne les atteint pas.

---

23 « Cette expression de "piège à personnages" est assez claire. C'est Jean Cocteau qui, en dégraissant l'antiquité, en l'adaptant à nos idées modernes, traduisait *Œdipe Roi* par cette légende en sous-titre : L*a Machine infernale.* La machine infernale était en effet le piège à personnages des tragiques grecs. Au XVIIe siècle, ce ne sont plus des machines infernales dont se servent les dramaturges, ce sont des artifices, des embûches, une manière de guet-apens que l'auteur dresse pour y faire tomber ses héros et faire jaillir leur expression, pour qu'ils puissent s'y débattre sous nos yeux, pour provoquer, par une complicité spéciale, nos rires ou nos larmes, – en un mot pour nous divertir. » Louis Jouvet, « L'Interprétation de Molière » conférence du 2 mars 1938, publiée dans *Conferencia* n° XII, 1er juin 1938, p. 655-675, citation p. 670.

CONSIDÉRATIONS GÉNÉRALES SUR LE COMÉDIEN, SON RÔLE, SON MÉTIER

LE COMÉDIEN PARLE

Le comédien pense ou écrit. Il ne saurait le faire avec pertinence. Il s'improvise penseur ou écrivain. C'est un faussaire aussi dans cet exercice. Mais l'improvisation ne s'improvise pas. Elle est un résultat et je me sens à ma table, devant mon papier, plus dépourvu que jamais.

On s'introduit dans un rôle, on s'y faufile, on agite le texte, on agit par astuce ; subrepticement on se substitue ; on se justifie d'idées qui viennent ensuite. Mais s'il s'agit de penser, de parler ou d'écrire, le comédien est livré à lui-même dans son néant. Sa nature et sa vocation sont d'être vides et creux, disponible, accessible, vacant, habitable. Qu'il s'entende parler ou lise ses propos, le voilà anéanti.

Ce n'est pas son métier.

Et, par une curieuse ironie, cet homme fait pour parler, dont la mission est de parler, est incapable de le faire pour son compte. C'est qu'il ne le fait que pour le compte des autres. Il agit d'ailleurs, la plupart du temps, avec d'autres sentiments et d'autres pensées et d'autres raisons que ceux du texte qu'il déclame ou débite. Il dit ce texte avec des sentiments qui ne sont pas exactement ceux qui ont inspiré ce texte, avec des pensées, idées étrangères, qui lui sont personnelles, avec des explications qu'il en tire et qui n'ont rien à voir avec les paroles écrites.

Étrangeté de cette opération. Mais chacun fait de même, dans une cascade d'interprétations, de transmutations, de transpositions et de malentendus qui sont essentiels au jeu. Auteur qui écrit, acteur qui s'anime, spectateur qui écoute, et lecteur, commentent chacun à sa façon.

Qu'un instant il y ait unanimité, corrélation juste, identité pour quelques phrases entre l'expression donnée et l'impression subie, et une flambée, une ascension brusque atteint tous les participants. C'est le succès, le triomphe. Une étincelle ou deux, un moment ou deux dans une soirée, produits ainsi par efforcement, exhortation des uns et des autres et cette effusion justifie tout, dans l'émotion ou dans la joie, dans les larmes ou dans les rires. C'est la fin et la source de tout, commencement de tout, aboutissement de tout.

Où en étais-je ? Trop loin et déjà divagant. C'est mon défaut. C'est un défaut d'acteur. L'acteur ne saurait parler ou écrire, car il ne sait pas penser, il n'en a pas l'habitude, et il ne peut pas penser. Et la ridicule contradiction que j'en fais en ce moment, et la prétention et l'orgueil qui semblent se surajouter à ce que je dis, ne me gênent pas. Je sais que c'est mon état, ma condition. C'est même pour cela que j'en parle et à cause de cela que j'écris, et que j'ai depuis tant d'années consigné des notes, écrit des remarques.

J'en suis conscient et c'est la conscience de cette prétention et la pétition de principe qui l'illustre qui me rassurent. Ne me prenant pas pour un écrivain ou pour un penseur, j'entends rester dans cet exercice, cet essai de réflexion et de méditation original par le fait même que je connais mon impossibilité, et j'offre ce que j'ai, en toute bonne foi, avec ses déficiences, ses pauvretés, comme un témoignage sincère, une confession, un état clinique conscient.

Le lecteur n'aura rien à me reprocher s'il n'est pas satisfait, étant prévenu, et pourra me maudire à son gré. Et s'il trouve à lire ces notes un intérêt si mince soit-il, il pourra prendre à son compte son plaisir, sans aucune reconnaissance que pour lui-même, en admirant son intelligence et son indulgence tout à loisir.

L'infériorité dont je parlais plus haut est la mienne. Je suis un comédien. Rien d'un penseur ou d'un philosophe.

Où en étais-je ?

J'en reviens à moi. Le comédien, à son meilleur ou à son plus haut, vit dans la nouveauté, l'admiration, l'émerveillement chaque fois neuf pour lui de dire son texte – le texte de l'auteur. Je dis « son » comme tous les comédiens disent en parlant du texte. Possessivement. Mon, ton, son texte. « Je sais mon texte admirablement » – « Il ne sait pas son texte. » – « Tu dis ton texte trop lentement ». « Ton texte est très beau… », etc.

Le comédien s'appuie sur son texte. Ce texte qu'il fait sien jusqu'à ce point même qu'il le prend à son compte par une expropriation obligée, qu'il s'en croit créateur. Ce texte qui ne fait que passer en lui par une suscitation mécanique, où la mémoire n'a plus que faire tellement elle est réduite à une collaboration instinctive, animale. Une servante, la mémoire. L'amie d'un rythme, d'une cadence, d'une association de gestes.

Ainsi, il a l'illusion – parmi tant d'autres qu'il subit et qu'il procure –, il a, dis-je, l'illusion de penser, de parler, de dire.

Arrêtez-le un instant, demandez-lui de vous répéter cette réplique qu'il dit au premier acte de la pièce qu'il joue avec un regard de haine splendide et bouleversant, et vous verrez soudain devant vous un homme étonné, intéressé à la fois, mais qui, de toute évidence, a oublié ce dont vous lui parlez.

Un autre chercherait à esquiver ce moment d'impuissance, tellement il est avoué. Mais la curiosité qu'on lui témoigne lui ôte toute timidité. C'est incontestablement l'interlocuteur qui commet une de ses confusions dont sont coutumiers les spectateurs ; et le comédien demande de complémentaires explications. Alors, on cite à peu près la réplique en donnant le sens. C'est une réplique hardie, d'une frappe sonore, réussie. Et voilà le comédien cherchant dans sa mémoire à retrouver par les répliques précédentes, dans un enchaînement bredouillé, l'endroit demandé, trop heureux s'il n'est pas trahi par cette mémoire et s'il peut se rappeler le texte, les paroles exactes qu'il a proférées avant tant de réussite et dont il a l'air d'avoir été si peu atteint lui-même.

Et la haine exprimée – ou plutôt ressentie par le spectateur – il y a dix à parier contre un que le comédien ne s'en doutait pas lui-même. Maintenant, il acquiesce à ce sentiment qu'il n'a pas eu, mais que le spectateur a éprouvé, parce que la certitude de l'interlocuteur ou ses compliments lui imposent discrètement silence, afin de garder le prestige de son effet acquis, ou par crainte de passer pour un sot, ou parce qu'un étonnement soudain anéantit en lui toute réaction, ou parce qu'un sentiment voisin de la modestie, mais qui ne saurait être de la modestie, s'installe obscurément en lui, à cause de cette découverte qu'il vient de faire.

Cet homme ne saurait penser. Il ne pense pas. Il n'a jamais pu penser. Ce qu'il dit sur les pièces qu'il joue, ce sont des propos, des réactions – tout comme le spectateur.

Il a une façon de penser qui est de sentir haut.

Mais disons tout de suite que la pensée n'est pas nécessaire au théâtre et qu'elle lui est contraire.

J'appelle pensée ce cheminement logique, ces raisonnements qui recouvrent la sensibilité des faits ou des choses au profit de théories ou d'idées, et éteignent ce dont le comédien a besoin : la spontanéité, la vivacité.

La pensée au théâtre, la logique, la sensibilité vont ensemble, dans un emboîtement indissociable, dans une sorte de jaillissement, de procréation : tout y est inconscient. *La pensée est une conséquence de l'état dramatique.*

Mais elle ne peut aller très loin. Elle en est une dépendance, une conséquence. Elle ne peut aller très haut. Appeler « pensées » les idées que l'auteur a mises dans une œuvre, c'est improprement s'exprimer. Ce ne sont pas des pensées mais des modes d'expression qui sont faits pour susciter des pensées, pour en faire naître – à peine des idées, mais des associations d'idées plutôt. Si les pensées de l'auteur, celles du spectateur, sont précises et formulables, c'est que la pièce est pauvre et l'auteur sans grandeur. Plus la pièce est haute, moins ses pensées sont formulables. Plus la pièce est grande, plus elle est confuse, obscure dans ses expressions pensées.

Ce sont des jets de pensées qui sont faits pour se répondre, des battements qui s'alternent, des éclairs et des fantômes de pensées plutôt que des pensées véritables.

Les formuler clairement n'appartient qu'au spectateur qui a médité et qui a été conscient, durant l'audition, ou au critique qui s'est attaché à tirer des conclusions, ou au moraliste.

Il appartient seulement à La Bruyère et à La Rochefoucauld de parler des œuvres de Corneille, pas à Corneille lui-même.

Le comédien aussi est inconscient.

Je l'ai cru longtemps inintelligent, bête. Ce n'est pas une bonne façon de dire. Il est inintelligent parce que nécessairement inconscient.

Mais cette inconscience qui est son fait, sa nécessité, peut être aussi – si elle est admise et protégée, reconnue et utilisée – la source de ses perfectionnements les plus hauts, les plus grands dans son métier et dans sa condition d'homme.

Le comédien vaut l'homme, et tant vaut l'homme, tant vaut le comédien.

Étrange personnage à qui la crainte de ne pas plaire et le goût de plaire, portés à un excès, une exclusivité absolus qui lui tiennent lieu de tout comme mobile et comme but, donnent le plus authentique vide, la plus grande pureté, la plus belle virginité qui soient.

Pour le comédien protégé, abrité de tous autres contacts dans l'exercice de son métier, cette pureté est magnifique, exceptionnelle, salvatrice et rédemptrice. Hélas ! Il reprend contact avec tout insupportablement, obligatoirement. Il se souille à nouveau de tout ce qu'il touche, et introduit en lui tous les ferments et toutes les contradictions, et devient par l'effet de ce vide et de cette densité exceptionnelle et légère, d'autant plus lourd qu'il s'essaie à exister par lui-même, à raisonner. C'est alors qu'il est perdu, qu'il perd cette existence supérieure, cette vie unique, dans l'absolu des sensations et des passions feintes. *Désincarné de lui-même*, dans l'exercice de sa fonction, il est parfait. Sa sincérité, même cabotine, même vaniteuse est fière, mais dès qu'il s'incarne par la raison, l'intellectualité, par n'importe quel geste pratique, il redescend aussitôt au-dessous de tous ceux qu'il survolait.

De ce plafond où il planait, il tombe aussitôt dans une sorte de sottise ou d'imbécillité d'esprit, une prétention qui l'anéantit, et l'impotence devient le fait du désir, qui le prend soudain, d'être conscient de ce qu'il fait.

Ce qu'il dit alors sur son métier, sur les auteurs qu'il joue, sur ses rôles, sur lui-même, est marqué d'une stupidité étonnante, d'une sorte de bassesse ou de vulgarité, ou pour le moins d'ignorance.

Il ne peut que se raconter lui-même. Il est sordide.

C'est ce que je fais.

Se raconter, comme le cheval de course ou le chien de chasse. Mais de ces récits, de ces souvenirs, dans ces chaudes effusions de soi, il peut avoir, s'il sait exercer son métier dans une orientation, une réceptivité que je dirai aussi, une sorte de conscience supérieure, qui me semble devoir être sa vraie nature et sa mission.

De qui parlai-je ? Du comédien, et donc de moi-même.

Comédien, mon ami, mon frère, je te connais parce que je me connais. Je nous observe depuis trop longtemps pour ne pas avoir sur nous, sur toi et sur moi, des opinions, des impressions.

Toi et moi, nous sommes des ludions pour sentiments, des réflecteurs-marionnettes de Shakespeare ou de Molière. Tu es parfait, si tu ne veux pas penser à la façon dont l'entendent les gens qui veulent être intelligents et en imposer aux autres, si tu ne veux pas être un intellectuel – mais un ouvrier, un manuel de ton cœur.

Mais tu es terriblement désolant, livré à toi-même, à tes prétentions, à ta superbe, à ta connaissance. Tu ne peux vivre que de bonne foi et de cette respiration des sentiments qui te gonflent et te travaillent, comme le temps fait à la grenouille ou le mal d'enfant à l'accouchée. C'est pour le travail inconscient que tu es fait. Si tu déroges par la volonté de te connaître ou de connaître, de *goûter même sans orgueil à ton propre fruit*, tu te détruis toi-même, car sans le savoir tu commets à nouveau le *péché originel de la connaissance.*

Tu ne peux être qu'un homme de bonne foi, qui comprend d'abord l'indignité et la noblesse de sa profession, qui en a conscience et qui s'efforce de vivre avec son cœur et ses sens plus qu'avec son esprit. L'esprit ne commence pas ainsi. L'esprit ne vient pas par ces exercices. Il faut être bien différent en sa façon de vivre pour en être atteint, pour qu'il naisse, pour qu'il vous visite. L'esprit est contraire à ces jeux.

Il est pour toi dans le verbe que l'on te prête.

Telle est ta mission.

Et c'est ainsi qu'il faut d'abord t'efforcer.

Mais comme tu es modeste, cependant, quand tu l'es !

Personne mieux que toi ne le peut.

Aimer et être aimé. Mais il faut savoir aimer.

Tu le sais parfois avec une pureté et un désintéressement admirables.

Vanité des vanités de notre métier. Tu le sais. Comment l'ignorerais-tu ? De quelles déceptions secrètes aussi tu vis. Combien de mercredi des Cendres y a-t-il pour toi dans une année au lendemain de ces joies carnavalesques si fragiles et si rapides du succès ou d'une réussite d'un soir ?

Ce n'est pas seulement de vanité que tu vis et de succès. Il y a plus d'amour des autres, à tout instant, que d'amour de toi. Seulement tu ne le sais pas. Seulement tu t'oublies, tu confonds toi et les autres parce que tu te crois le centre, le point d'émission. Tu deviens alors le miroir de leur contentement. Ils s'identifient à toi, ils te divinisent, ils t'admirent.

Comprends bien que c'est là le principe de cette communication que l'inspiration et l'amour font naître dans l'art du théâtre et ne l'oublie pas, et ne te prends pas pour le centre, mais l'occasion, l'accident, le moyen, le filtre, le fil de communication.

Définis-toi toi-même, comédien.

Il y a plus d'amour, de générosité en toi que tu ne le penses. Évidemment, il y a des monstres qui persévèrent dans leur vanité. Ce sont cas particuliers. Ce sont des gens dans l'erreur, qui n'ont pas compris et ne comprendront jamais leur mission, leur rôle. Et souvent est-ce simplement présomption qui les mène à cette vanité. Ils ont cru que c'était vrai, que c'était eux…

Celui qui aurait toute sa vie, intact de spéculations pensantes ou de propos, incarné longuement quelques rôles de Molière ou de Corneille, devant un public qui fut toujours digne, à condition que c'eût été honnête – j'entends consciencieux – et qu'il se fût prêté docilement, fervemment, à cet exercice spirituel, en se privant de toute participation, de toute insertion de soi dans ces exercices, se laissant seulement atteindre profondément par l'action méditative du jeu, par une réflexion toute physique après l'effort, celui-là pourrait peut-être parler de son métier. Ce qu'il en dirait serait naïf peut-être mais pur.

Et s'il se trouvait un spectateur qui pût lire ces choses ou entendre ces propos, vide de lui-même, sans « objectionner » ou « réflexionner », sans que ces propos ou ces dits ne carambolassent dans son esprit, celui-là pourrait, par ce moyen, communiquer vraiment et directement avec cette substance immatérielle que sont les idées et les sentiments lorsque le génie les a transmis, recréés à un degré de généralité et d'abstraction, à une altitude tels que ces idées et ces sentiments deviennent immortels ou impérissables, et nous donnent à la fin une imagination précise du divin et du devenir, de la vérité.

Celui-là est introuvable sans doute, mais il en est dont l'humilité comme dans les couvents, et la simplicité comme dans l'enfance, éclatent dans tous les gestes et les inflexions de voix, ceux-là mêmes dont tu ris parfois parce qu'ils n'ont point ton talent, c'est-à-dire ton astuce et ton habileté, mais ce sont ces cœurs purs qui sont les vrais comédiens et c'est aussi dans la pureté que tout commence et c'est ainsi dans la pureté – une pureté décidée, assurée en toi-même, dont tu étais certain – que tu as commencé à jouer comme on commence à vivre. Mais tu as perdu cette pureté comme les autres ; et en devenant avisé, savant, tu as cru devenir intelligent. Tu es hors d'état de penser et de comprendre.

C'est ce que je *me* voulais dire depuis bien longtemps.

C'est l'illusion et la matière de s'en servir qu'il faut définir.

Qu'est-ce que l'illusion ? Quel est l'illusionné véritable ? L'acteur ou le spectateur ? Quel est le sincère ? Quel est le croyant ? Le spectateur qui croit ? L'acteur qui croit qu'on le croit ? Le spectateur qui, lui, sait qu'il ne croit pas ce qu'il croit ? L'acteur déformé par sa croyance ?

Jeux de reflets et de lumière. Illusions consenties, acceptées, provoquées, partagées. Jeu de dupes.

Mais depuis si longtemps, si noblement pratiqué, si illustré de textes ! Quel jeu humain, incompréhensiblement, quel jeu essentiel ! Quel est son envers et son sens ? Il est unique.

Il est le plus noble jeu de tous les jeux humains, de tous les monologues, dialogues. Il est le seul véritable. Il est au-dessus de tous les autres. Seul il calme, apaise, nourrit ce sentiment commun à tous les vivants.

Le sens du dramatique, de l'inconnu de notre vie, du vide de nos occupations, de l'incertitude et de l'inexplicable en nous.

Et le théâtre, vu de cet angle, devient alors un exercice vrai, une occupation intelligente, supérieure à toutes les autres parce que celles-ci veulent être vraies et qu'elles n'atteindront jamais à ce vrai supérieur qu'on nomme le faux et qui n'est que la sublimation des réalités, c'est-à-dire la réalité supérieure et l'ultime réalité des choses, de ce qu'on peut atteindre ou découvrir en soi et au-dessus de soi sans jamais pouvoir l'étreindre et le posséder.

Comédien mon ami, mon frère, tu ne peux être qu'un homme de bonne foi.

C'est ce que je voudrais être, c'est ce que j'essaie d'être.

C'est pour cela que j'écris ces notes, pour m'exhorter moi-même, et non pour me survivre.

Acteur, mon ami, mon frère, tu ne vis que de contrariétés, de contradictions et de contraintes. Tu ne vis que dans le contre.

Abordons les grands sujets. – Mimétisme. C'est un mot.

L'acteur est un surhomme car il a les qualités de tout le monde, poussées jusqu'à une ostentation que peu de gens oseraient avoir, jusqu'à l'insolence ou la sottise. Il est plus homme par sa confession voulue, son témoignage sincère.

Quelle insolence ! Quelle ingénuité dans cette insolence, quelle pureté dans ses incarnations ! (Incarnation : mot pris dans le mauvais sens. Il est incarné par ses sentiments, il ne s'incarne pas. Il n'est pas dans la peau, c'est faux).

C'est l'homme le plus humain dans ce sens-là. Il ne le sait pas. Le plus généreux, et il l'ignore ; le plus vaniteux et il ne s'en doute, et hélas, ne le redoute pas.

Alors que ton métier serait de pouvoir te connaître toi-même à travers les autres, tu es l'homme qui s'ignore le plus.

Combien de fois t'es-tu confronté avec les personnages que tu as à jouer ? Comme fait le sculpteur avec ce compas à pointes renversées. Combien de fois ? Et quand as-tu mesuré ton âme et ton cœur avec ceux que tu devrais avoir ? Il y a des personnages que tu n'estimes pas, que tu n'aimes pas. C'est ton défaut.

Mais ceci est une autre question. Tu n'as pas l'âme ni le cœur des personnages. Ce sont des mots que nous employons pour désigner un état de vie, traduire cette vie supérieure que tu agites, dont tu fais des remous sur l'assistance. Tu n'incarnes rien. Tu es plus ou moins « incarné par » et ceci est le point essentiel. C'est cela que j'appelle « le comédien désincarné » ; c'est quand tu n'es plus toi-même, mais seulement le mannequin, ce vide, ce creux, inconscient, et conscient de cette inconscience, de cette modestie, de cette servilité humble – vide-toi de toi-même ; c'est le commencement de cette pratique ; c'est ainsi que tu t'emploieras mieux, que tu seras le plus comblé de toi ; c'est par les âmes des personnages que tu joues.

C'est à quoi je voudrais te réduire, et que nous parlions ensemble de notre métier, de bonne foi, en toute vérité.

Ainsi soit-il. C'est un sermon.

J'en étais là de mes écritures quand un comédien est entré…

Il n'y a pas de pire dupe de soi-même, il n'y a pas de menteur plus convaincu et plus sincère. Dieu lui donnerait l'absolution.

Tout ici est question de vanité et de sincérité. Mais il faut savoir en jouer et tout commence par la sensation – empoisonnée de vanité tout aussitôt.

Ce don de soi qu'exige le métier et cette duperie à laquelle il s'exerce constamment, cette sympathie qu'il soulève autour de lui, cette admiration et cette vanité qui s'y attache et croît comme mauvaise herbe… tout cela l'empêchera toujours de se connaître. Il vit dans cette réflexion de soi sur les autres, et il croit ainsi exister. Il ne vit que de cette illusion.

Il en est une plus grande, plus forte, plus haute.

C'est de cela qu'il faut profiter, de cette pureté, de ce vide de soi qu'aucun autre ne peut atteindre sauf le mystique, sauf le fervent, sauf l'illuminé. L'illumination du théâtre, ce n'est pas celle de la rampe, mais des âmes.

Quand il n'est pas en proie aux sensations des personnages, à leurs sentiments, quand il n'est pas incarné, c'est-à-dire vide, il s'incarne de lui-même – de quelle vanité, je veux dire quelle tristesse. Ce vide alors s'emplit et quel abandon, quelle désolation lui donne l'inactivité.

Il est dans une prison pire que les autres, car il communique – artificiellement, mais il a maintes vies, maints rapports quotidiens, liens, qui le font vivre, le nourrissent et lui font croire à sa vie propre.

Une vie qui n'est qu'artificielle, tant qu'il n'apprend pas à la vivre et qu'il n'en fait pas le moyen de se perfectionner soi-même, et de s'élancer – vice ou vertu – vers ces sommets d'autant plus purs qu'ils sont ici virtuels, sans effet autre que moral, parce que d'assouvissement sans conséquence ou d'évacuation comme par une soupape de sûreté. Cette duperie qu'est la vie, cette perpétuelle feinte qu'elle est à nos désirs et à nos passions, cette dérobade est plus fausse que la vie du théâtre où il peut, en quelques heures, se rattraper en sincérité, en altruisme, en affection, en amour, tout ce que la vie lui refuse.

Quels beaux sentiments que les siens quand ils sont purs ! Tout en lui devient éminent ou héroïque même dans la bassesse des personnages qu'il joue, et quelle joie de dépouiller ses sentiments personnels et de laisser accrochés aux patères de sa loge les petits dissentiments, les tristesses, les mélancolies et jusqu'à ses maladies physiques !

Quelle pureté et quelle sanctification dans ces moments où, sur la scène, il ne voit plus son ennemi, son rival le plus constant dans les coulisses et que sa générosité même le porte à aider – celui-là même qu'il déteste – à lui éviter un faux pas, à ouvrir plus commodément pour lui la porte d'un décor et même à lui souffler le mot qui lui échappe et dont l'oubli anéantirait en un instant le talent de ce rival.

Il n'est que d'habitudes, il en est plein, ce sont des vertus. Vertus du comédien – habitudes du comédien – et leur pratique, c'est cela qu'il faut écrire pour trouver enfin les lois et les devoirs définis de son métier, par contraste avec ses contraintes. Non. Les contraintes du comédien sont des habitudes et c'est là qu'il faut tirer de ses habitudes, les vertus qui en résultent et la noblesse de ce métier.

Tout est racheté chez toi dans ce qu'il y a d'indigne dans la grimace, parce que tu ne vois pas, tu ne sais pas que c'est une grimace, parce que tu ne peux pas voir – si tu es sincère – l'indignité ou l'ignominie de cette condition de simulateur et de profanateur. Parce que tu es sincère. C'est la forme de ta pureté.

Sincérité – quelle est-elle ?

Un incident survient dans sa vie, semblable à celui auquel il est mêlé le soir sur scène, et il ne sait plus se comporter. Le sang-froid qui rend son jeu excellent à la scène le quitte et le voilà bien différent de ce qu'il nous paraissait. Il est affolé.

C'est derrière cette palissade, ce masque, ce déguisement, ce parapet, et ces défenses que tu existes.

C'est ton métier. Mais il faut que tu le saches.

Humilité – quelle est-elle ?

Un autre comédien m'a dit : « Ce sera quelque chose de moi que je ferai là, ce ne sera peut-être pas de Molière. »

Ignorance ; inconscience, incompréhension générale des participants du théâtre – inexplicables occupations, éclairées, justifiées seulement par les effets, les résultats. TOUT EST PROVOCATION ou jeu.

Je reprends : tout est vain. L'acteur le sait, il en vit. Il ne se peut pas qu'à un moment ou à un autre – si actif, si glorieux si superficiel soit-il, il n'ait été atteint par le vide de cette vanité – pour ne pas l'avoir éprouvé, pour ne pas le savoir, ne pas l'apercevoir – si ce n'est par l'à quoi bon des choses et des gestes qu'apporte tout à coup un moment de silence intérieur, de lassitude ou de découragement.

Et parce que vous venez de perdre un être qui remplissait une part de votre vie, l'idée de la mort, de l'au-delà vous étreint soudain, d'un saisissement subit et terrible, et l'on contemple la salle d'yeux aveugles, et l'on perçoit soudain le divertissement, la diversion du spectacle, et l'aveuglement de tous ces gens vides et avides. La triste condition humaine, condamnée à l'ignorance, à son incertitude, à ses pauvres sensations qu'elle prend pour des sentiments.

Vanité oui. Mais il faut savoir cette vanité et s'en servir.

Comme Saint-Louis de Gonzague qui continuera à jouer à la balle au chasseur en attendant le moment de mourir, parce qu'à cet instant c'est son occupation commandée, ordonnée par la règle[1], c'est toute notre vie à nous autres comédiens. Il est décidé que nous jouerons. Nous jouons, c'est notre règle ; mais c'est la manière de jouer qui importe, l'état d'esprit, et notre jeu – s'il est bien joué – est plus beau que la balle au chasseur.

Un comédien m'a dit : « Je suis religieux, je l'ai toujours été, et j'ai hésité longtemps pour savoir si je n'entrerai pas dans les ordres, mais je trouve que notre métier nous fait mieux comprendre qu'à personne la vanité de la vie, l'interrogation qu'elle porte à tous moments. » – « C'est cela aussi, lui dis-je, le dramatique. » et la mémoire de l'homme sur terre dans ce passage qu'est la vie. La vie est le grand rôle, avec quelques attitudes, quelques silhouettes, quelques moments qui se différencient les uns des autres, comme les emplois qu'on tient dans une carrière d'acteur. C'est un passage où l'on est en peine et c'est bien notre métier qui le fait le mieux connaître et le mieux pratiquer.

« J'ai eu un arrière-grand-père qui a commencé comme ingénieur, et puis il a fait du théâtre et puis il est devenu général à la Révolution. Quel désordre et quelle agitation. Il eût été plus simple qu'il restât comédien. Il aurait eu par ses distributions des rôles plus variés encore. »

Quelle vie merveilleuse que la nôtre ! Quelle multiplication de la vie ! Quelle multiplicité de sensations !

Dieu ne saurait nous le reprocher, car enfin sa création, il l'a faite pour nous, pour que nous en jouissions n'est-ce pas ? Il faut être consciencieux, c'est cela que les morts et Dieu exigent de nous, comme dit Giraudoux. Il faut vivre et jouir de la vie. C'est la manière qui importe, mais la nôtre est la plus facile, la plus commode.

Ce que nous reprochent les pères de l'Église, ce n'est pas notre dissolution, notre dépossession. Ils passent leur temps à chercher un résultat : n'exister qu'en Dieu ; non, ils nous reprochent notre manque d'orientation dans cet exercice, et que le théâtre puisse être, dans ses provocations, une cause de scandale. Ou peut-être une hérésie.

---

1 L'anecdote est un peu différente de ce que raconte ici Jouvet. Alors que Louis de Gonzague était encore enfant, l'aumônier chargé de son éducation lui demanda ce qu'il ferait si on lui annonçait que la fin de monde était imminente et qu'il devait paraître devant Dieu. Louis de Gonzague qui jouait alors à la balle au prisonnier répondit sans se démonter qu'il continuerait à jouer, car il avait confiance en Dieu et n'avait pas peur de son jugement.

La vanité : lequel d'entre nous ne l'a ressentie, douloureusement éprouvée ; lequel d'entre nous n'a pas déploré avec des paroles amères ou des larmes, cette profession dont le vide est parfois si affreux, plus affreux que chez aucun de ceux-là qui vivent comme nous en parasite sur la foule ou le public, sur une clientèle, sur un groupe d'amis.

Que de regrets de s'être engagé là, de ne pouvoir en échapper mais refus de quitter la profession devant une proposition ou une possibilité ; que d'hésitations avant de refuser, et que de repentirs pour ceux qui ont cédé et sont partis !

À soixante et cinq ans, j'en ai vu revenir au théâtre et s'y rajeunir l'âme et le cœur, retrouver une jeunesse que l'été de la St-Martin n'a jamais accordée.

Et cette obstination va parfois jusqu'à l'abaissement et l'indignité. Quelle ténacité dans ce goût du théâtre ! Ce n'est pas une vocation, non. C'est une conversion, c'est pire. Mais ce devenir, cet état devenu et qui ressemble à une passion en a aussi la beauté.

Le déraisonnable du joueur quel qu'il soit – nous en sommes, nous sommes des joueurs – c'est beau même dans l'insensé, dans le désespéré.

Seulement, il faut savoir ce qu'on joue et comment il faut jouer le jeu.

Volupté ou vice, je n'en ai jamais vu plus chez nous que je n'en ai vu ailleurs, mais il est en tout cas, chez nous, plein de regret avec une sorte de fierté. Le sentiment du ratage chez le vieux comédien. Et quoi donc aurais-je pu faire d'autre ? Quelle carrière mieux ? Quelle vocation ?

Qui éprouvera la fièvre, la passion de l'acteur qui joue pour la première fois Alceste, ou Oreste ; quoi d'équivalent, de comparable, de semblable dans tous les actes solennels que la vie apporte ?

Mais voulez-vous me demander de n'être pas heureux de mon succès ? Quelle étrange mortification voulez-vous nous imposer ?

Je sais très bien la volupté que donnent tous ces rôles où ce qu'on a de mieux, c'est-à-dire souvent de pire, se donne cours ; mais quel danger y a t-il pour le moraliste ?

Quelles étranges vertus voulez-vous nous imposer ?

Qui résisterait mieux que je ne l'ai fait à mes succès et à mes insuccès ?

Il parlait avec tendresse et lassitude, d'une voix basse, comme s'il répondait à quelqu'un. On le sentait heureux de s'épancher de toutes les pensées qui le pressaient et qu'il méditait durant les longues heures de la journée et de la nuit, car il ne dormait pas.

Le jeu, l'exercice du théâtre, doit être spirituel, abstrait, artificiel, à vide, pour que l'acteur n'en soit pas souillé, ou déformé, ni le public. C'est une démonstration dans l'abstrait, avec juste ce qu'il faut de vérité, avec un trempé rapide dans le charnel, dans la sensation, pour qu'il soit sensible, qu'il agisse sur les sens. C'est un théâtre de l'abstraction qu'il faut.

C'est le grand théâtre ; c'est le classique.

Les grandes époques ont ainsi compris le théâtre, acteurs et public, même aux périodes de réalisme apparent (Moyen-Âge).

Il faut partir du réalisme, mais le sublimer, l'évaporer pour qu'il atteigne au général et donc au spirituel.

C'est une entente, un accord, une convention entre les exécutants et les auditeurs. (Convention du théâtre, invention du théâtre).

Mais il faut toujours croire à la noblesse des auditeurs, à l'Esprit.

INTELLIGENCE ET PHYSIQUE DU COMÉDIEN

Conversation avec Wanda[2] rentrée du cinéma.

L'état physique, l'imagination physique, le comportement, la préparation, l'attitude, la réaction, détente et effort, contraction et décontraction, tout est dans ce premier état.

Mimique, déclamation et chant, c'est la culture idéale, école du Moyen-Âge et du XVIe, XVIIe. Le physique est tout, provocation, mise en état, le texte vient ensuite. J'insère dans cette première position, proposition de jeu, et modifie le physique, l'adapte, l'assouplis, le rends parfait, adéquat à la phrase.

Au XVIIIe Marivaux avec les Italiens amène l'acteur à un jeu plus compliqué, où le physique et le texte s'équilibrent, sorte d'intelligence préalable, connaissance d'un sens, grossièrement, pour obtenir un *ton*,

2 Wanda (de son vrai nom Wanda Malachowska, 1919-2001) a été élève de Jouvet au Conservatoire en 1937 avant de rejoindre sa troupe jusqu'en 1951. Elle a écrit sous son nom de femme mariée, Wanda Kérien, un livre de souvenirs, *Louis Jouvet, notre patron*, Paris, Les Éditeurs Français Réunis, 1963.

qui s'ajuste à l'état physique. C'est un progrès qui inspire Diderot, qu'utilise Beaumarchais. Le comédien, – il l'a fait déjà avant, mais plus particulièrement dans cette époque, – pense, veut sentir par l'intelligence ou la sentimentalité, il veut collaborer, interpréter alors que son premier apprentissage exige d'abord de lui une participation tout uniment physique, sans autre prétention, un rôle d'ouvrier, d'instrument ; *l'instrumentiste ici veut dominer.* Talma et les autres, munis encore de quelques règles, tours de voix et de bras, empiriques, vont développer une prétendue science, indescriptible, et puis la Comédie-Française va contribuer à ce développement de l'intelligence du comédien ; quelques grands acteurs qui arrivent au XIXe entretiennent ces débats d'autant plus troubles que les maîtres n'ont point de théories et que lorsqu'ils essayent de se formuler, ils disent généralement ce qu'ils voudraient faire et théorisent sur ce qu'ils ne font pas ; et l'acteur romantique retrouve dans ces textes boursouflés le sentiment de la puissance physique nécessaire (Paul Mounet[3], Dumaine[4], « Pas mal, mon petit », les exploits de cette époque, *Macbeth*, etc.) avec un sentiment exagéré.

Et l'acteur réaliste où tout se reperd plus loin dans une confusion entre le sentiment et la sensation, et où les règles, diction, gesticulation, marche, comportement physique, nobles, par rapport à des situations nobles, des sentiments rares et généraux, dans des conventions distinguées de style et de belle abstraction, de thèmes élevés, sont oubliées. Les midships[5] de Shakespeare, les enfants du théâtre espagnol[6], les apprentis du nô ont la même éducation, culture scolaire, où la présentation, le maintien, la tenue est primordiale, l'esprit et le sentiment leur viennent ensuite à l'exercice. C'est aujourd'hui dans les vocations assez confus. À l'époque romantique ou naturaliste on demandait d'abord une *nature*, et puis l'intelligence après. Aujourd'hui on veut expliquer aux acteurs.

---

3 Paul Mounet (1847-1922) est le frère cadet de Mounet-Sully. Il a fait des études de médecine avant de devenir acteur à l'Odéon et à la Comédie-Française. Il a interprété le rôle de Macbeth dans un film de 1909. Professeur d'art dramatique, il a eu comme élèves Pierre Fresnay, Mary Marquet, Françoise Rosay.

4 Dumaine (de son vrai nom Louis-François Person, 1831-1893) était un acteur célèbre à son époque pour sa corpulence et sa forte voix.

5 Dans la marine nationale, le midship est le plus jeune officier du carré. Jouvet désigne certainement ainsi les « boy actors », les jeunes garçons destinés à jouer les rôles féminins dans le théâtre élisabéthain.

6 Au « Siècle d'or » du théâtre espagnol (1580-1680) existaient des familles d'acteurs au sein desquelles les enfants étaient formés au jeu théâtral dès leur plus jeune âge.

Tu veux expliquer aux acteurs ? Quoi ? Il n'y a rien à expliquer à un acteur. Vas-tu expliquer au maçon la beauté d'un mur, la métaphysique de la maçonnerie, lui parler des volumes, de la stéréotomie[7], de la résistance des matériaux ; il ne sera pas meilleur maçon et tu ne feras pas un maçon avec un savant.

Il faut que l'acteur s'ignore, il est fait pour être mené, même s'il a l'air de mener, il n'est que celui qui tire. C'est par sa vanité, son amour propre, ses sentiments bons et mauvais que tu peux le provoquer, le conduire ; l'acteur est une force, une puissance ; il n'y a rien à espérer de lui dans l'intelligence. Ses réactions sont imprévisibles, il faut les accepter et les utiliser. On tire tout d'un acteur qui aime son métier, avec un peu d'argent, mais surtout beaucoup de flatteries et de compliments. Ils seraient méprisables s'ils ne compensaient leur imbécillité et leur vanité par tant de générosité, s'ils ne balançaient leur bassesse par tant de désintéressement et de noblesse. As-tu déjà raisonné avec une locomotive ?

L'acteur est un taureau qu'il faut dresser à un travail, un dindon à qui il faut apprendre à danser en lui laissant croire qu'il découvre tout lui-même.

Tu m'as dit toi-même cent fois la stupidité des acteurs qui ignorent le texte qu'ils disent ou les sentiments qu'ils ressentent.

Veux-tu parler aussi de ce qu'ils provoquent ou inspirent aux autres ? C'est une affreuse confusion.

Tout sourd qui entend est un sourd qui ne se connaît pas. Je veux dire que tout acteur qui comprend ce qu'il fait n'est plus un acteur. Ne pas dépasser les bornes utiles de la connaissance.

Si tu veux écrire un livre *didactique* sur le théâtre, il ne faut pas compter sur plus de quatre ou cinq lecteurs en cinquante ans, encore seront-ce seulement des curieux.

Dans un combat de boxe ou d'escrime, le boxeur ou l'escrimeur sont des acteurs, des vrais ; tout est physique d'abord ; et comme ils sont beaux quand ils le sont, et expressifs !

Deux animaux qui jouent ou qui luttent. Un dialogue où l'expression dramatique est cent fois plus parfaite, plus pure que dans tous les dialogues à inflexions et à mimiques, où les comédiens, quand ils n'ont

7 Science de la coupe des matériaux (bois, pierre…) utilisés dans la construction.

pas une *personnalité* ou une *nature*, ne font que nous donner le spectacle de leur prétention, en s'insérant entre les répliques, en les filtrant ou les amplifiant, les soulignant, les modifiant en cent façons diverses.

Je veux bien aussi qu'il y ait cent comédies pour une qui gagnent à ce jeu, mais c'est un désastre quand ces gaillards-là appliquent leur talent à une pièce classique. J'en ai vu, tu peux m'en croire. Je suis allé récemment au Français voir un Molière – un *Tartuffe* ? – où il y avait Le Bargy, c'était horripilant. La prétention inconsciente qu'il avait était insupportable. Pendant qu'il disait ces vers magnifiques, je pensais à l'âne chargé de reliques[8]. Il officiait au lieu de jouer. On sentait seulement qu'il sentait lui-même et qu'il était seulement soucieux de cela. Molière a mis tout ce qu'il faut dans ses vers ; il suffit de les dire dans le ton, l'état physique qu'ils réclament ; si l'acteur éprouve un sentiment, il est, comme nous, spectateur, encore a-t-il du mal sans doute à s'en dépêtrer, pour jouer juste. La Duse[9] était dans ce genre, exhibitionniste. Cela peut peut-être aller pour D'Annunzio ou pour *La Dame aux Camélias*, mais c'est une monstruosité pour du vrai théâtre.

Qu'appelles-tu du vrai théâtre ?

Un théâtre écrit pour être joué n'importe comment et par n'importe qui, pourvu qu'on entende les répliques dans une émission claire, avec une voix agréable, et où les registres soient aussi nets que ceux d'un orgue, où le besoin de les dire soit l'essentiel de l'acteur, et si je parle de l'écrivain, un théâtre écrit pour des gens qui veulent entendre autant au moins qu'ils veulent voir.

Ce soir-là Wanda et moi n'allâmes pas plus avant, et c'est ainsi que nous prîmes l'habitude de discourir.

8 Charles Le Bargy (1858-1936) est acteur, auteur et réalisateur, professeur au Conservatoire. Engagé à la Comédie-Française en 1880, il est nommé sociétaire en 1887, place qu'il occupe jusqu'en 1912 ; puis, après avoir pris sa retraite, il y revient en tant que pensionnaire de 1921 à 1932. Jouvet fait allusion à la fable de La Fontaine, *L'Âne portant des reliques* (livre V, fable 14).

9 La Duse (de son vrai nom Elenora Dusa, 1858-1924) est une comédienne italienne ; considérée comme une des plus grandes de son époque, elle est la rivale de Sarah Bernhardt sur la scène internationale. À partir de 1894, elle entretient une relation tumultueuse avec le poète Gabriele D'Annunzio (1863-1938), dont elle interprète les premières pièces en leur assurant le succès. En 1897, elle joue à Paris le rôle de Marguerite dans *La Dame aux camélias* d'Alexandre Dumas fils, au grand dam de Sarah Bernhardt qui avait incarné le rôle seize ans auparavant.

Je ne sais pas si l'habitude était bonne, mais elle m'était agréable pour le soulagement qu'elle me donnait, car elle me faisait réfléchir aux circonstances, aux détails de mon métier, et elle me semblait simplifier en moi des questions et des problèmes qui m'envahissaient par tous les bouts. Mes pensées me semblaient plus aisées et plus faciles ensuite. Je prenais aux choses de mon métier un intérêt plus simple, plus direct, et j'avais l'impression de progresser, au lieu de demeurer comme auparavant dans une sorte de nuée où mes sentiments, mes sensations et mes pensées étaient enveloppés et me laissaient dans une attente un peu angoissante et vaine de vérités qui auraient été supérieures ou que je voulais au moins considérables.

VARIATIONS

*LE THÉÂTRE EST L'ART DE DIRE, NON DE PARLER**

Tout est dans le besoin de dire une réplique et dans la direction où elle se donne. L'acteur n'est que l'instrument de transmission. S'il intervient durant cette opération autrement qu'un instrument, c'est-à-dire en dilettante, il trouble l'exécution de l'œuvre. L'œuvre se dirige de plus haut et c'est par l'ensemble des détails de l'exécution qu'elle gagne une volonté de conception.

Là est le problème que tout est résultat par rapport non pas à une idée mais à une position physique où tout est disposé pour une exécution.

La réplique, en soi, ne compte pas. Dans sa limite, en tant que texte, elle ne vaut rien. Elle est bonne pour l'esprit, pour le commentateur, non pour la vie dramatique de l'œuvre. C'est parole morte et pestilentielle. Quand l'acteur vit sa réplique, il n'y a pas plus de courant dramatique dans une scène, il n'y a plus de conversation.

La réplique ne doit pas être dite en soi, sur soi, avec soi, mais par soi et pour quelqu'un ; un autre parmi les autres.

En dépit des cinquante ans de théâtre réaliste qui s'intitulait libre – on ne sait de quelle liberté, de conventions peut-être, de poésie, de sens dramatique, de diction, libre c'est-à-dire absent de tout ce qui est le dramatique et le théâtre – le théâtre n'est pas l'art de parler, mais de dire.

Parler – c'est l'art actuel du cinéma.

Ce sont deux formes différentes de l'expression.

Déclamer est une autre forme de diction. Elle est basée sur un état intérieur, une disposition physique ; qu'exige l'écriture d'un texte. Proférer, vaticiner… trouver des termes, tous les termes.

On dit couramment : exprimer. Ce n'est qu'un résultat, ce n'est pas un mot dont il faut se servir.

L'expression est une conséquence d'un ensemble de moyens ou d'effets. C'est une qualité.

Il s'agit d'exprimer tel sentiment : les moyens pour le faire diffèrent suivant les situations. On court au plus immédiat. On fait crier Alceste, on le fait éruptif et volcanique pour le faire indigne. Bouillant est Achille et l'acteur est hanté par ce bouillonnement qui ne s'obtient que par l'ingénuité du héros.

Exprimer n'est pas un acte pour le comédien. Ce qu'il exprime est souvent différent de ce qu'il croit inspirer ou exprimer.

On n'inspire que ce qu'on exprime, n'est pas vrai. C'est le contraire au théâtre. On inspire plus et autrement.

Il s'agit pour le comédien, non d'exprimer, mais de se comporter d'une certaine façon pour exprimer, afin d'exprimer ce qu'il sent, éprouve dans son rôle. Malheureusement, il court tout de suite et directement à la recherche de ce qu'il éprouve. L'art de la mise en scène est d'approprier cela à une œuvre, dont on a senti tout à coup, intérieurement, un éclairement.

Molière – je pense à lui sans pouvoir le préciser, comme à une immense propagation de ce que son esprit a servi à diffuser, une sorte de religion psychologique, morale, universelle, et le quai d'Auteuil où je me promène me redonne son nom[10].

L'expression est une recherche, un calcul, une coordination de moyens, un ensemble de petites expressions.

Une expression fausse est une défectuosité de diction, voix, gesticulation.

Ce besoin de dire la réplique est une orientation de la réplique.

Me-à-moi paraît l'art du comédien.

Jongleur dans le théâtre chinois.

Toutes les formes différentes de jeu dans toutes les époques, et tous les types d'acteurs, ne sont qu'une différence de l'état intérieur, de l'acteur dans cette exécution, au moment de l'exécution.

Différence du besoin de dire. Certains récitaient, déclamaient.

Le Chinois dit pour la nécessité de comprendre, simplement, et ne doit pas se prendre au jeu.

Besoin de dire. C'est un problème de sincérité, de nature d'acteur. C'est ce qu'il faut approfondir et bien chercher historiquement et par rapport 1) aux écrivains et à leur texte ; 2) aux publics.

Le fait d'orienter la réplique n'est plus généralement compris et pas assez signalé au comédien débutant. C'est par là qu'il peut trouver le plus facilement le maniement de lui-même, une méthode pour apprendre à jouer de lui-même.

Quand il s'agit d'un rôle, d'un vrai rôle (qu'est-ce que c'est ?) il n'y a pas à s'occuper de vouloir faire quelque chose, mais à trouver un ton, un état

10 Jouvet fait allusion au fait que Molière qui habitait près du Palais-Royal, avait aussi une résidence à Auteuil.

intérieur, une attitude pour ce rôle, pour obtenir sur la longueur d'une phrase ou d'une mimique, une concordance, une équivalence profondément ressentie en soi, un moyen d'entrer en communication, en amitié.

L'humeur. Visite : on est fatigué, las, et dès l'entrée dans le salon, on devient soudain allègre, riant, aimable, contradiction profonde avec l'état qui précède.

Je parle pour un comédien. Pour un acteur la question n'est pas la même[11]. Il s'agit de savoir si le rôle s'accommodera de son physique ou non, et tâcher de l'empêcher de s'égarer dans son exécution tout extérieure.

*LA RECHERCHE DU RÔLE**

Ces concordances, une suite de sensations ressenties, vraies, de réflexes vivement sentis, éclairent lentement et se propagent dans la sensibilité, créant de nouveaux points, foyers, puis une ligne de points et de foyers, qui tout à coup, comme une traînée, se relient et créent un circuit, une circulation, une vie. Le courant passe, la sève circule. Et tout vient. Démarche, voix, gestes, même les inflexions, à l'état de trouvailles, de découvertes.

La méditation intérieure, l'imagination physique doivent suffire, bien placées, comme un levier, comme un outil qui touche l'organisme de la mécanique comme un moyen de reliement, de communication, de transmission.

Tout naît, jusqu'au timbre (recherche de la voix d'un rôle), jusqu'à l'attitude physique, du costume, d'un détail par quoi tout se recrée (recherche de la marche ou du port), jusqu'à l'inflexion qui se pose sur des phrases dont on ne sait plus le sens, mais qui les éclaire en vous, sans comprendre, dans un éblouissement.

Ce mécanisme est différent d'un comédien à un autre, dans cette recherche du diapason, du ton, de la concordance, de l'unisson, de la tension intérieure. (Juvenet[12] et Guitry[13]. – Pourquoi pas ?)

---

11 Voir plus loin, le chapitre consacré à l'acteur et au comédien, p. 371-383.

12 Edme André Juvenet, dit Pierre Juvenet (1881-1951) est un acteur qui a fait carrière sur le boulevard et au cinéma.

13 Lucien Guitry (1860-1925) est considéré comme un des plus grands acteurs de son temps. Il fut à plusieurs reprises le partenaire de Sarah Bernhardt ; il a créé le rôle de Flambeau dans *L'Aiglon* et de Chantecler dans la pièce éponyme d'Edmond Rostand. Il est le père de l'acteur et auteur dramatique Sacha Guitry.

Chacun d'eux et pour chaque rôle, a sa manière, une manière, mais c'est là la façon dont se pratique le commencement de la possession, de l'incarnation.

Une fois qu'un ou deux points sont trouvés, tout le reste suit et s'ajuste dans le rôle, avec tout ce qui environne, circonvient, oblige le comédien, le contraint, et le force à aller jusqu'au bout.

*LE COMÉDIEN N'EST PAS AU CENTRE**

Un chacun se prend pour le centre du monde, et le comédien plus que tout autre.

Telle est l'essentielle difficulté de ce métier

C'est une découverte à laquelle on est amené tôt ou tard pour peu qu'on veuille réfléchir.

Si les circonstances ne vous y amènent, c'est que certains gardent l'ingénuité ou la vanité de leur vocation par l'appétit du succès à tout prix.

Et le monde du théâtre, commençant par la pièce, se prolonge dans l'univers des spectateurs, et au lieu d'être le centre de l'exercice dramatique, le comédien n'en est que l'occasion, la circonstance fortuite, l'éphémère accident.

Dans cette opération mystérieuse dont les sentiments sont le domaine, plus que les idées, il n'est qu'un reflet, un support, un témoin d'époque, un prête-nom ou un cobaye, une victime opératoire, le servant inconscient, l'occasion, *le sujet d'expérience.*

En dépit de lui-même, malgré lui-même, ce qui importe donc c'est son *attitude* ; il peut vivre toute une vie sans découvrir cette subordination, cette infériorité, cette dépendance, car il se croit indépendant et personnel ; et c'est cette découverte qui lui donne sa supériorité et son vrai talent ; c'est cela le *talent* ; c'est *la conscience de sa mission*, de son rôle, et le développement de sa personnalité dans cette subordination, ce service impersonnel.

De ce moment, il est sauvé. De ce jour, il est sauvé car sa personnalité n'est que d'impersonnalité.

Certains gagnent cette impersonnalité par routine, par abêtissement ou renonciation, par fatigue, abandon de soi.

Si elle est le fruit d'une compréhension, d'un sens du métier, elle est le talent. Beaucoup d'acteurs n'ont de talent que par succès ou achalandage, et n'existent que par approbation, sympathie, heureuse rencontre ou adhésion du public, en dépit d'eux-mêmes, mais il en est sans gloire qui sont plus glorieux que ceux-là, parce qu'ils ont découvert *le sens de leur service* et la finalité de leur métier, le sens de leur mission.

Impersonnalité obtenue qui donne la personnalité (sentiment supérieur du technicien). Personnalité qui n'appartient, qui n'est que le résultat d'une série de personnages, et qui stérilise et neutralise leurs qualités au point d'arriver à une formule dont ils sont prisonniers et qui leur confère enfin cette existence personnelle par la répétition, l'habitude d'une attitude ou d'un ton, que l'époque réclame ou qu'elle adopte.

Marionnette, silhouette à succès, à la mode, il n'en faut pas plus.

RENCONTRE AVEC UN CURÉ SUR UN BANC DE GARE[14]*

Tout cela est immonde et décevant. Il y a de la honte à vivre de la sorte.

Quel déshonneur y a-t-il ? Et ne vaut-il pas mieux passer ses jours au milieu de cette folie enchanteresse, que d'aller chercher une poutre pour se pendre ? Et d'ailleurs ce genre de vie mène souvent à une sagesse aussi grande que celle des plus sages. Ces pernicieuses occupations condamnées injustement par l'Église mènent ceux qui les pratiquent à un sens et un esprit religieux dignes des représentants les plus autorisés de la religion. Certains, beaucoup, finissent dans les Ordres.

La honte n'est rien pour celui qui ne la sent pas. Et où y aurait-il honte avec tant d'honneurs qu'on reçoit, tant de marques de respect et d'admiration ! Tout le monde nous donne son assentiment, même vous, M. le Curé.

Vivre dans l'ignorance ? De quoi ? C'est simplement être acteur, être qui vit conformément à son métier, à son éducation, à sa nature.

Il n'y a rien de déplorable à rester dans sa condition naturelle, autrement l'acteur est à plaindre de ne pas penser comme Taine, de ne pas pouvoir écrire comme Sainte-Beuve, critiquer comme Brunetière[15].

---

14 Jouvet se fonde sur une conversation qu'il a eue dans sa jeunesse avec un prêtre sur un banc de la gare de Bagneux.

15 Ferdinand Brunetière (1849-1906) est un critique littéraire, ardent défenseur du classicisme français qu'il oppose à la littérature de son temps.

L'acteur n'est pas plus misérable d'être acteur, que Sarcey[16] de n'être pas acteur, que le potier de ne pas savoir chanter, que le ténor de ne pas savoir coudre. Que ferait-il, l'acteur, de la grammaire ?

*TYPES D'ACTEURS**

Ils arrivent, ils commencent sans savoir qu'il faut être en état. Ils ignorent comment il faut déclencher en soi cet état, cette humeur qui donne le ton. Les vieux comédiens le savent : comme les chanteurs pour leur voix, ils essayent, par l'émission et le timbre, une sorte de profération préalable, d'épreuve ou de contrôle, de test, où ils disent des phrases idiotes, « ma pipe, etc. », n'importe quoi pour s'entendre, savoir leur état intérieur, leur tonicité, comme le gymnaste qui piétine la colophane et se frotte les mains, qui s'ébroue de tous ses membres avant son numéro. Et puis ils sont surchargés de sensibilité ou de sentimentalité. Ils croient nécessaire d'être gonflés de sentiment. Les voilà avec vingt-cinq kilos de bagages de sentiment, et ils ne s'entendent pas, ils se sentent pourvus. *Ils se croient sûrs d'exprimer parce qu'ils éprouvent.* C'est le contraire. Comme un sportif qui contracterait ses muscles de toute sa puissance, mais qui serait par le fait incapable ensuite de les faire jouer, de les exercer librement :

Wanda hier soir débitant la première scène de Steve Passeur ; il a fallu la gronder jusqu'à ce qu'elle pleure pour qu'elle sorte de cet état congestif ou apathique, qu'elle prenne un ton, se mette à faire son métier, à exprimer juste, à exprimer pour les autres et non pour sa satisfaction personnelle.

Paul[17] déclarant qu'il a découvert l'inutilité de sentir profondément, et son étonnement qu'il faille si peu sentir pour pouvoir exprimer.

D'abord ils croient qu'ils sont le personnage et qu'ils vont lui donner la vie.

Ensuite, comme ils sont bien forcés de se rendre à l'évidence qu'ils ne le sont pas, ils se chargent pour le jouer de tous les sentiments dont ils sont capables, de toute l'intensité physique qu'ils possèdent, et ils en sont bouchés, paralysés, idiots.

---

16 Francisque Sarcey (1827-1899) est un critique dramatique des plus célèbres, des plus influents et des plus redoutés de la fin du XIXe siècle. Partisan d'un théâtre « non intellectualiste », il s'est farouchement opposé au naturalisme et au symbolisme.

17 Paul Cambo (1908-1978) a joué dans *La Guerre de Troie n'aura pas lieu* et dans *Électre* de Jean Giraudoux en 1937 et dans *Le Corsaire* de Marcel Achard en 1938 au Théâtre de l'Athénée. Parti avec la troupe en Amérique du Sud, il s'en détache en 1944.

Jeu d'illusions réciproques, le Théâtre est écrit par l'auteur qui propose cette illusion où il s'éblouit lui-même, puis par l'acteur qui s'illusionne lui-même par cette première fiction et sur le public qui est venu pour en subir tous les effets.

Quand ils ne comprennent pas (parce qu'ils n'ont pas compris la situation, c'est-à-dire le sentiment juste) ils composent un personnage par des attitudes, des mines, des tons, des jeux et des effets qu'ils empruntent à eux-mêmes sans souci de troc et d'échange nécessaire avec le personnage, de pénétration, d'osmose sensible. Moment le plus important, découverte qu'il leur faudra faire *cette méditation sensible qui permet le jeu.*

Échange, convention, moment où de sa propre sensibilité l'acteur atteint le personnage et, l'ayant compris, cherche en lui-même les termes, les moyens de son exécution.

L'École des femmes à Bogota, *26 mars 1943*

Micheline[18] *dit son texte*, joue son rôle comme si elle faisait honnêtement une commission, elle remplit avec conscience un emploi. Elle veut être appréciée dans son travail. Elle n'a pas le désir de briller. Elle ne cherche pas à prendre à son compte tous ces sentiments. Elle dit le texte méticuleusement, sans souci d'en tirer quelque chose pour elle ou pour autrui. Elle n'est d'ailleurs pas altérée par ce qu'elle va faire ou par ce qu'elle a fait avant ou après avoir joué. Et elle est parfaite.

C'est une exécutante dont la seule bonne volonté est tout le mérite. Mais c'est ici une vertu. Son défaut de n'être pas assez gourmande de son texte ou de l'approbation du public (ces deux qualités premières du comédien) devient ici une qualité plus importante que celles-là, car la vocation comporte le goût du rôle et le plaisir du succès. Mais, dans l'un et l'autre de ces appétits, dès qu'ils se déclarent et se mettent à faire agir le comédien, tous les désordres, toutes les erreurs surgissent. C'est à grand-peine qu'on réfrène et qu'on modère, qu'on canalise les effets de ces deux appétits. Ce sont deux défauts qu'il faut utiliser pour en faire des qualités professionnelles. Malheureusement, ils sont intimement liés au caractère même de la personne du comédien. On ne les change pas aisément ni rapidement.

Soumission, modestie, humilité et cependant assurance obligée, morale de l'esprit et de la pensée, attitude intérieure de la sensibilité, ne sont pas choses aisées à produire dans un esprit jeune, avide et qui n'a pas encore éprouvé

---

18 Micheline Buire a participé à l'ensemble de la tournée en Amérique du Sud, avec son mari Jacques Clancy. Elle a repris le rôle d'Agnès de l'*École des femmes* et d'Agnès de *L'Apollon de Marsac* après le départ de Madeleine Ozeray.

les effets de son activité ou de ses désirs, et dont la vigueur, l'ambition, l'impétuosité sont plus fortes que les déceptions produites par des fautes ou des erreurs, et que les propos les plus clairvoyants, les plus affectueux, les plus expérimentés qu'on peut lui tenir.

Monique[19] *vit le rôle.* Elle veut le vivre, elle croit nécessaire de prouver tous les mots qu'elle dit. Dès qu'elle ouvre la bouche, elle est dans un état de congestion émotive. Elle craint de n'être pas assez sensible pour le dire. C'est un émoi monstrueux qui dit les mots ; elle en perd le sens et l'intelligence. Elle ne s'entend plus. L'effort est disproportionné avec l'expression demandée. Au moment où elle va entrer, marcher, dire, elle est tout effort sensible. On la sent guindée dans son corps, contrainte, gênée dans sa respiration par le souci de dire une phrase dans un certain sens. Elle est empesée, engluée par son état congestif de sensibilité. Elle a un masque crispé par les deux plis de la bouche qui cherche à articuler avec netteté. Mais sa respiration la trahit. Son corps n'est qu'une grande crispation. Elle ne peut pas se détendre un moment, soucieuse qu'elle est de se maintenir ainsi dans la sensibilité que *le texte*, selon elle, *exige préalablement à la diction.* Il n'y a en elle de dédoublement que pour s'entendre et contrôler sa sensibilité. Mais elle est bien empêchée de s'entendre, soudée qu'elle est à elle-même par ce corps sans relâchement, et comme paralysée par une sensibilité exagérée. L'état voisin et supérieur doit être celui du fakir ou du cataleptique. À certains moments, cette tension totale douloureuse sans doute, tension du corps et de l'esprit qui n'arrivent pas à se dissocier, qui s'exaspèrent l'une par l'autre, font qu'elle éclate de rire ou qu'elle pleure par une sorte d'asphyxie interne. Monique est ainsi quand elle répète, non quand elle joue, car alors l'obligation, et la présence du public, et le sens de servir et d'agir, lui redonnent son naturel et font cesser tous ces phénomènes qui lui rendent les répétitions si douloureuses et si pénibles[20].

Celle qui veut nous faire comprendre, expliquer.
Celle qui veut nous faire voir comme elle sent, ce qu'elle éprouve.
Et chacune, si différente de l'autre, est encore différente d'un texte à l'autre.

---

19 Monique Mélinand (1916-2012) avait été engagée à l'Athénée en 1937 pour *Le Château de cartes* de Steve Passeur, suite à une audition passée devant Jouvet ; elle fut une petite Euménide dans *Électre* de Jean Giraudoux (1937) et une Troyenne dans la reprise de *La Guerre de Troie n'aura pas lieu* (1937). Elle rejoignit la troupe de Jouvet à Rio de Janeiro en décembre 1941 où elle joua de plus en plus des rôles majeurs. Elle fut la compagne de Jouvet jusqu'à sa mort en 1951. Elle poursuivit ensuite sa carrière de comédienne au théâtre, au cinéma et à la télévision.

20 Cette dernière phrase est datée : Medellin, avril 1943.

Stane[21] dit le texte dans son sens et son intelligibilité. Il a pour dire tous les textes et tous ses rôles deux ou trois tons qu'il utilise comme un procédé des pochoirs. Il n'a pas vraiment de sentiment dramatique approprié à la situation, et ce texte devient intentionnel et perd son sens dramatique.

Un autre de ses traits est qu'il est assuré de *sa mémoire*. Est-ce la cause ou la conséquence ? Rien ne la trouble ou ne l'altère. Il peut continuer une phrase dont il a perdu les mots. Il a une grande liberté de jeu. Mais surtout il est fier de ce qu'il dit. Il est convaincu de son effet. Il est toujours satisfait. Il n'éprouve que lui-même.

Défaut très habituel de la vanité ou absence de doute de soi, ivraie qui a poussé sans qu'on l'ait remarquée et fait partie des champs. Sorte de plaisir de jouer qui n'est plus que fatuité. Le « moi » est resté ou s'est introduit dans celui qui agit, l'acteur, et le « soi » complaisant au « moi » le laisse poindre derrière chaque bout de réplique. L'impersonnalité est la seule vertu à acquérir : une impersonnalité voulue dans la personnalité.

De Max[22] : belle voix grasseyante dont il se servait d'un mode invariable. Il commençait les tirades d'une voix douloureuse, monotone, puis tout à coup gueulait, retombait dans sa monotonie et terminait en ahanant, en soupirant, avec des mots dits par soubresauts dans une sorte de parler naturel où il accentuait les mots par des sursauts ou des soubresauts de voix.

Sarah[23], sa diction : sa voix semblait flotter autour d'elle et ses yeux semblaient la suivre parfois. Selon le texte, elle chantait, elle martelait, elle précipitait la cadence comme un galop qui roulait, montait, frappait, s'arrêtait dans un silence que crevait soudain un sanglot répété. Puis une sorte de mélopée volontairement monotone qui se terminait dans un émoi d'une candeur infinie ou un éclat de rage, de révolte ou de souffrance qu'elle ne lâchait plus jusqu'au bout de la période. Jamais de raté dans ce crépitement de mots, de cris, de pleurs, une fusée.

---

21 Stéphane Audel (1901-1983) est un acteur belge qui, avant la Deuxième Guerre mondiale travaille notamment avec Gaston Baty (*L'Opéra de quat-sous* de Brecht en 1930) et Jean-Louis Barrault (*Numance* d'après Cervantès en 1937). Jouvet le connaissait depuis l'époque du Vieux-Colombier. Il participe, avec son épouse Annie Cariel à l'intégralité de la tournée en Amérique du Sud où ils jouent tous deux dans presque toutes les pièces du répertoire et dans les créations. Il est également artiste peintre.

22 Édouard de Max (1869-1924) était un acteur de théâtre et de cinéma d'origine roumaine, connu pour ses qualités de tragédien. Il a joué auprès d'Antoine, de Lugné-Poe et a été le partenaire de Sarah Bernhardt et de Marguerite Moreno. Entré directement comme sociétaire à la Comédie-Française en 1915, en dépit de son origine étrangère, il y est demeuré jusqu'à sa mort.

23 Sarah Bernhardt.

L'acteur espagnol Marquez[24].

Les acteurs copient servilement leurs devanciers, faisant ce qu'ils avaient vu faire, croyant qu'il suffit de savoir son rôle et le débiter sur la scène avec le plus de bruit possible. À ces deux conditions on pouvait compter avec certitude sur l'applaudissement du parterre.

Imagination d'une époque où le public, comme à une course de taureaux, demande, exige des acteurs les qualités qu'il croit être celles du jeu… ou de la déclamation ; il modèle et tyrannise les exécutants par rapport à une soi-disant tradition, c'est-à-dire des habitudes, aussi habituelles que celles des habitués du café.

L'acteur Robles jouait Aristote en habit brodé, robe de soie, avec une perruque bien poudrée, une épée et une canne à poignée d'or. Il n'ouvrait la bouche qu'après avoir toussé cinq ou six fois ou craché ou joué avec son mouchoir ou ses gants ou sa canne qu'il faisait passer de sa main gauche à sa main droite. Tics d'acteur, sanctionnés, et puis demandés par le public, le genou sur le canapé dans la déclaration d'amour, le jeu avec le manchon et les fourrures de la partenaire par Le Bargy, les mains aux entournures du gilet. Guitry de même, les cigarettes, les mains aux poches, le revers du col du partenaire, etc.

Crispation de la main droite de la petite Buire, la main s'énerve sous le gant avant la réplique, puis elle se crispe, le pouce serré dans la paume de sa main, l'avant-bras raidi, je le lui dis… Je lui explique qu'il faut savoir placer sa contraction musculaire où l'on veut. Elle cherche à s'en défaire, mais elle revient elle-même à cette habitude.

Dédoublement. Marie[25] m'explique qu'elle a vécu jusqu'à quatorze ans avec l'impression de quelqu'un qui vivait pour elle… Elle était impersonnelle à elle-même : « La petite fille va faire ceci ; elle va faire cela… la petite fille a faim », sorte de conscience prématurée de soi avec objectivité, vie avec projection extérieure de soi.

Rio de Janeiro, 4 juillet1941
Dérision rupture.

Cette facilité qu'ont les comédiens qui répètent un texte et de rire et de s'amuser d'une faute qu'ils font en le disant, quiproquo, amphibologie, lapsus,

---

24 Il s'agit manifestement d'un acteur que Jouvet a vu en Amérique du Sud ; sa biographie n'a pas pu être reconstituée.

25 Il pourrait s'agir de Marie Canavaggia, co-traductrice de l'ouvrage de Niccolo Sabbatini, *Pratique pour fabriquer scènes et machines de théâtre*, Neuchâtel, Ides et Calendes, 1942, dont l'édition a été suscitée par Jouvet et pour lequel il a écrit une préface.

oubli, réflexions aussi qu'ils mêlent, difficulté d'articuler, souvenir d'un autre texte, anecdote qui naît tout à coup, interruptions.

Audel est particulièrement coupable de cette disposition d'esprit. Comme l'illusion naît difficilement, lentement en eux ! Comme ils ont du mal à s'y tenir ! Le moindre prétexte arrête tous leurs efforts et, au fur et à mesure qu'ils parlent, ils font des découvertes, des interruptions comme n'importe quel commentateur bavard qui pique un texte d'astérisques, de renvois, de chiffres, pour introduire ses réflexions. Il faut l'obligation que donne le public pour qu'ils gardent les limites de leur rôle, qu'ils restent dans leur charge et que la pièce ait un sens.

Souvent même, ils ne doivent *leur existence*, leur vérité dramatique qu'à cette nécessité contrainte obligée, qui leur donne corps, en les tenant dans les limites du rôle.

*COMPORTEMENT DE L'ACTEUR**
17 septembre 1949

Reprise d'*Ondine*. Je note à 2 h du matin, trop tard, une foule de sensations éprouvées, qui sont déjà émoussées, évanouies, et que je viens d'éprouver avec une intensité bouleversante, une lucidité éblouissante. Me voilà incapable de les transcrire.

Trois répétitions et ce soir de nouveau le public, sorte de joie, reconnaissance au public, à l'auteur, de cet exercice, de ces sentiments éprouvés en commun, de ce bain d'humanité, de cette nécessité d'être, de cette jeunesse, obligée, de ces situations exceptionnelles, merveilleuses, quel admirable exercice, quel métier noble, si pratiqué comme un exercice avec le sens de ce que l'on fait pour autrui, d'être ce que l'on est pour les auteurs…

Sens de responsabilité qui dépasse le faux-semblant et le faire-croire et nous confère une présence, une obligation d'être mieux, autre, à la hauteur de ce qu'on joue, qui vous place à une altitude que l'on ne saurait prendre par ses propres moyens, qui vous confère une responsabilité, qui vous fait s'aligner, s'homologuer, rivaliser avec des êtres supérieurs au moins par leurs propos et leurs gestes, qui vous donne provisoirement mais avec une intense nécessité, une humanité à laquelle on n'atteindrait pas tout seul. Reconnaissance à ceux qui sont venus là ce soir, émotion de ces silences retrouvés, de leurs réactions, de ce qui flambe et se dégage de ce creux, de cette ombre douce et terrible.

Le visage offert, soutenant, affrontant cette masse humaine et la tête qui se baisse tout à coup pour un jeu de scène, pour réfléchir et qui donne un allègement, qui atténue la responsabilité, vous restitue un secret de soi, une intimité consciente, un sens intime, intérieur, que l'on n'aurait pas ailleurs ou autrement. Quelle confiance il faut ! Et qu'on n'en a jamais assez, que cette tension intérieure doit s'atténuer, se faire plus humaine dès qu'on a trouvé le rôle, qu'il faut prendre appui sur eux, qu'il faut leur faire confiance, qu'il faut les aimer (la fatigue éprouvée durant les dernières représentations en juin qui me rendait mon métier intolérable, quel contraste avec ce soir, quel bonheur intérieur, quelle aisance physique).

Diversité des jours, des publics, des œuvres, des humeurs personnelles. L'importance de l'équilibre, de la confiance, du calme nécessaire. J'ai trop joué dans l'excitation, la nervosité.

Mais tout dépend des moments, des époques, des périodes, tout est particulier.

Pouvoir, devoir, écrire chaque soir des réflexions.

Travail sur *Tartuffe* aisé, mais je suis inquiet de cette aisance, de cette facilité, et cependant je sais qu'à mon âge, en ce moment, il faut que je sois dans cet état de détachement et de sérénité pour pratiquer.

La seule question est de savoir si le public sera satisfait, s'il agréera ce que je peux encore faire, si mes idées ne sont pas déjà un peu démodées ou éventées. Je ne crois pas cependant que pour ce qui est de Molière quelqu'un d'autre ait plus réfléchi, maturé les problèmes de ses œuvres. Décrire précisément un jour le point où j'en suis et *la façon dont maintenant je suis saisi par les problèmes dramatiques de son œuvre, de ses pièces, dont je travaille, élabore une mise en scène.* La conférence sur *Tartuffe* doit être dans ce sens[26].

C'est un métier de sensations recherchées, choisies, triées, conscientes, une utilisation d'un corps discipliné, assoupli par une pratique éclairée des sensations, un rapport entre les sensations, les sentiments et les idées, et leur étroite dépendance, un sens intime de soi et des autres, un art de paraître, d'être pour paraître, un efforcement de soi pour des apparences que l'on doit éprouver profondément pour les autres et en soi-même, et dont l'existence et la vérité ne se révèlent qu'au moment même de cet exercice, dans l'instant de cette exécution.

Le public fait les acteurs, manière de se comporter durant cet exercice public, ascèse particulière.

---

26 La conférence « Pourquoi j'ai monté Tartuffe » a été publiée dans la revue *Les Annales, Conferencia*, novembre 1950, Nouvelle Série, N° 1, p. 27-38 et reprise dans *Témoignages sur le théâtre*, *op. cit.*, p. 82-114.

C'est une éducation de soi pour une pratique définie, pour une communion des hommes et des personnages.

Apprendre au débutant que c'est de soi, de lui qu'il s'agit non pas dans son appétit égoïste, l'assouvissement qui l'anime, mais l'usage, l'accommodation de ce goût, désordonné avec un *ordre*, une *technique*, un *art*, un *service* dépendant d'un acte précis et où le public est – non pas roi et souverain mais – but, fin. Et dans ce comportement – savoir s'écouter, savoir s'entendre – l'important n'est pas seulement ce que l'on dit ou fait, c'est de s'éprouver soi-même comme dans une conversation, un contact, une rencontre, en éprouvant aussi l'autre. Échange, osmose, d'où le comédien tire son art et sa personnelle perfection. (Il faut remettre les mêmes idées sur la meule. Chaque fois qu'on s'essaye à rendre clair quelque chose, on retrouve tout à coup une idée déjà dite, une expérience d'autrefois). Échange avec la sensibilité ambiante, les circonstances, l'époque, les autres arts, les autres expressions : *être de son époque.*

Dimanche 18 septembre 1949.

Passer sa vie dans les sensations, les péripéties, les calamités, les aventures, les sentiments de Hans, d'Arnolphe, de Dom Juan, de Tartuffe dans les personnages de Musset ou de Marivaux. C'est tout de même mieux que d'être dentiste ou démarcheur, apothicaire ou percepteur, mais il y a *une façon de le faire.* Il ne s'agit pas seulement de *fuir* autre chose ou de vouloir *être* ces personnages, de se piquer de les *égaler*, de croire qu'on *est* ces personnages, qu'*on vivra leur vie*, ou qu'on va *leur ressembler.* Il y a une vanité obligée, excusable, nécessaire pour amorcer cet exercice.

Il y a là un départ, un commencement, qu'aucun d'entre nous ne peut renier, ces raisons premières, de ce qu'on appelle la vocation (improprement) il faut les dire, les avouer. Mais on ne peut pas en rester là. Il faut bien s'avouer, constater, qu'on ne fuit pas tout ce qui vous humilie ou vous opprime dans la vie (séculière). On retrouve dans ce métier d'autres dégoûts. On *n'est* pas ces personnages, on n'est pas autre que soi (être autre, c'est la grande idée que tous expriment diversement dans leurs déclarations). On est soi-même dans un divertissement plaisant mais on reste soi-même. *C'est un métier.*

C'est *l'utilisation de soi*, c'est le développement, le contrôle de soi, dans cet exercice (fallacieux, vain, ridicule) qui est *le secret* de cet art (ascèse, *pratique de soi*) ; c'est ainsi qu'on atteint d'abord son propre développement – *humanisation*, maturation – sa vocation vraie, son *devenir* et conjointement, simultanément une excellence professionnelle, son talent. Et cette *utilisation* de soi, ce *comportement de l'acteur* (c'est le titre le plus clair pour ces débats) est en définitive le problème essentiel.

Suivant les auteurs, suivant les époques, l'acteur s'utilise, se comporte différemment.

Il y a une technique particulière par l'écriture et la construction dans chaque pléiade d'auteur. Il y a une sensibilité particulière des sentiments, des idées qui font de chaque période une mode, et qui s'imposent au comédien, et qui l'obligent à un comportement spécial, une *participation* (bon titre aussi) caractéristique qui est secret de son art (et de l'art de son époque) et secret de sa vie. (Il ne s'agit pas d'un point de vue moral, d'utiliser un personnage, tous les personnages sont innocents, c'est Dieu qui jugera).

Se prendre pour Ruy Blas ou Perdican ou pour le héros véritable de n'importe quelle œuvre, c'est sincérité romantique, mégalomane, schizophrène. Il ne faut pas se perdre dans ces études, mais définir *l'attitude de l'acteur.*

Sa participation, son comportement par époque, période dans le théâtre grec, dans les mystères ou jeux du Moyen-Âge, dans Shakespeare, Molière, Racine, au XVIIe, XVIIIe, de nos jours.

Considérer attentivement de quelle *manière il se dédouble* et les résultats de ce *dédoublement.*

De l'art de faire semblant ou de paraître, pour *une manière d'être* et de *s'équilibrer*, pour vivre.

Vivre dans le dédoublement.

Vivre dans la passion et la lucidité, dans le déchaînement, débridement, libération de soi et dans la retenue, la conscience de soi, en reprenant, freinant, organisant ce premier état obligé. C'est équilibre de l'acteur, dans le déséquilibre, retenue dans le déchaîné ou le passionné.

Développement d'une personnalité dans l'abandon de sa personnalité. Utilisation d'une perte de personnalité (trac, timidité, pudeur) pour une recherche de contrôle, de sang-froid, de personnalité. C'est perte ou absence d'expression personnelle, pour une expression factice, d'une vérité relative, conditionnée.

C'est considération de *la vérité de l'illusion*, accumulation du transitoire et de l'extemporané pour le durable et l'authentique.

LES TROIS PHASES. ÉTATS SUCCESSIFS DU COMÉDIEN

Les trois phases ne constituent pas un système mais une approche fondée sur la sensation et sur l'expérience. C'est pourquoi la méthode à suivre est difficile à mettre en mots. C'est ce que souligne Jouvet dans les deux textes qui suivent, manifestement destinés aux élèves du Conservatoire.

LE COMÉDIEN EST UN ANIMAL À MÉTAMORPHOSES

Le comédien subit dans le développement de ses habitudes spéciales, des temps d'arrêt, des phases[1].

Au début de la carrière, pour peu que le rôle lui plaise, il prend volontiers à son compte tout ce qu'il fait en réalité pour le compte de l'auteur. Il se jette sur le personnage, il le dévore, il le consomme, il s'en nourrit, il rit de ses rires et il pleure de ses larmes. C'est la première phase de la carrière, la phase larvaire. Celle où le comédien est, si l'on peut dire, carnivore.

Au fur et à mesure que l'âge et l'expérience viennent, il découvre la différence qui sépare l'exécutant qu'il doit être, de l'instrument qu'il est. Il découvre en même temps que le personnage a une existence propre, indépendante ; il ne l'utilise plus à des fins d'expansion personnelle, il prend conscience de son exécution. C'est la deuxième phase de la carrière du comédien. La larve est devenue nymphe ou chrysalide.

Parvenu à cette notion de dualité, il lui faut atteindre une troisième et dernière phase, celle où il est en voie d'accès, me semble-t-il, à un état de perfection. Dans ce dédoublement, dans cet écartèlement de son être, il prend conscience de lui-même, sa personnalité se dégage.

---

1 Même observation que pour l'étude d'un rôle. (Ajout manuscrit de Jouvet).

Est-ce la tierce personne, le trait d'union d'une trinité dont les deux autres éléments sont *le corps*, pour ce qui est de l'instrument et ce qu'on appelle en termes de métier, *le tempérament* pour ce qui est des facultés affectives qui se sentent dissociés par les exercices effectués ?

Cette évolution dernière et parfaite d'une métamorphose, cette transformation finale est la conclusion des altérations successives d'organisme que me paraît présenter le comédien. Arrivé à ce dernier stade, il domine 1) l'exécutant qui est en lui et 2) le personnage qu'il agit.

Il me semble à l'heure actuelle que le meilleur plan à suivre pour tenter la description de cette métamorphose est d'essayer tout d'abord de montrer l'anomalie du comédien, de cette vocation qui le pousse à n'être qu'une machine à sensations, paralysant ou même détruisant en lui les facultés intellectuelles proprement dites. C'est un être qui ne pense pas mais qui éprouve.

Le comédien n'a pas d'aptitude à comprendre par l'esprit : il est inintelligent, son intelligence est absorbée par sa sensibilité. Même si au début de son travail il a opéré avec conscience et réflexion, l'expérience développe en lui une façon de se comporter qui n'est plus que sensible.

Il faudrait expliquer par là qu'il lui est bien difficile, ayant pratiqué cette habitude jusqu'à la déformation, de pouvoir penser, d'être atteint par des idées et surtout d'en exprimer. C'est donc par une longue monographie descriptive de l'acteur, de son activité, qu'il faudrait commencer, en insistant sur la tendance à la dissociation qui se produit en lui, sur sa faculté de se dédoubler, de s'apercevoir tout à coup différent de lui-même ; exemple : s'entendre parler comme son personnage en dehors de la scène, sentir tout à coup en soi la présence antérieure[2] d'un vieux rôle – importunité de ces personnages dans la vie intime.

Quelqu'un de plus savant que moi écrirait ensuite un chapitre où il serait montré, d'une part, que cette anomalie du comédien n'est pas aussi monstrueuse qu'elle paraît, que c'est chez lui un état d'équilibre normal, cette dualité se retrouvant chez la plupart des hommes et en particulier chez le spectateur (Tout le monde se sent habité – Platon), mais que l'acteur n'utilise cette faculté qu'aux fins d'action professionnelle. Il y serait dit encore que les déformations provoquées par cette dualité dans les autres métiers, les autres classes de la société sont beaucoup plus importantes que la déformation de l'acteur qui est, chez lui, une vertu

2 Autre anomalie supérieure à la première : la dualité. (Ajout manuscrit de Jouvet).

réelle[3]. En effet, qu'il s'agisse de commerçants, de fonctionnaires, ou d'hommes exerçant ou non une profession libérale, on constate chez eux une inhumanité, un amoindrissement, un gauchissement des nodosités ou des gibbosités, autrement graves que chez l'acteur. Celui-ci satisfait un besoin naturel de la façon la plus légitime ; il pratique une saine hygiène de délivrance. Il se décharge dans une vie fabuleuse, mythologique et anachronique où il n'est pas concerné.

Il est moins anormal d'être pendant quelques heures, Hector, Pyrrhus ou Andromaque et de rester soi-même dans la vie privée (à condition toutefois de ne pas trop s'incorporer le personnage et de savoir le quitter) que, si l'on est commerçant, d'exprimer sans conviction l'amabilité ou la compassion dans un but purement cupide. Mais, dans l'un ou l'autre cas, il faut que les individus, comédiens ou « laïcs », puissent sentir entre la personne qu'ils doivent être et celle qu'ils sont en réalité un espace libre, une détente qui leur permettent de pratiquer une respiration vraiment humaine et vitale. Il ne faut pas que les deux personnes empiètent par trop l'une sur l'autre. Cette dissociation qui est au fond de nous-même entre le personnage qu'on voudrait être et celui qu'on est, entre un idéal et une réalité, cet écart qui nous laisse seul avec nous-même entre nos pensées et nos actes ; cet état singulier qui nous fait prendre une attitude quand nous pénétrons dans un salon, contraint par les politesses sociales à être un autre homme que celui que nous sommes au moment d'entrer, à simuler, à être un simulateur, nous font mieux apprécier, comprendre le métier d'acteur[4]. Tout le monde a éprouvé ce sentiment, même ceux qui ne sont jamais entrés dans un salon, mais qui connaissent bien cet état de malaise où l'on est « dans ses petits souliers » et qui vous donne ce qu'on appelle de la « présence d'esprit » ou, au contraire, vous ôte tout esprit et vous fait regretter deux minutes plus tard, dans l'escalier, de n'en avoir pas eu, de n'avoir que « l'esprit de l'escalier ». Cet état, ce sens particulier de soi, que restitue aussi la solitude et que les hommes ont dû connaître à l'époque des peaux de bêtes, cette *conscience de soi, est la faculté maîtresse et souveraine du comédien*, celle que l'exercice de son métier porte à un degré inaccoutumé et

---

3 Un instinct développé, au moins, un don acquis par l'habitude. (Ajout manuscrit de Jouvet).

4 *De la solitude humaine* : conscience de soi plus vive dans la contrainte, dans la nécessité de se masquer. De la simulation. (Ajout manuscrit de Jouvet).

rarement atteint chez les autres hommes. Nulle profession mieux que la nôtre ne permet cet isolement, cette solitude entre les occupations, la vocation qu'on a prise et la personne réelle, c'est-à-dire chargée de passions, l'homme qu'on est. Ceci sans doute parce que les occupations du comédien sont diverses, les personnages qu'il exécute nombreux et qu'ils sont en général trop loin d'un état social normal, soit au-dessus, soit au-dessous : roi ou mendiant[5].

Il faudrait maintenant pour arriver à définir cette vertu ou cette qualité de conscience chez l'acteur, essayer d'entreprendre une psychologie du comédien, c'est-à-dire le montrer dans l'exercice de son métier, aux différents moments et dans les différents états qu'il comporte ; analyser minutieusement ce que l'acteur éprouve, toutes ses sensations. Il faudrait le dépeindre au moment où il prend le rôle, où il le lit pour la première fois, quand il le répète, enfin quand il le joue ; et décrire alors l'état dans lequel il est avant d'entrer en scène, puis son comportement durant le jeu.

Il faut bien considérer tout d'abord que toutes les descriptions qu'on pourra faire ainsi auront un caractère extrêmement personnel. Les acteurs sont probablement tous différents dans leur façon d'être et pour chacun, c'est un cas d'espèce. Cette différence est encore accusée par les conditions extérieures dans lesquelles l'acteur exerce : elles varient non seulement d'un théâtre à un autre, d'un répertoire à un autre, mais d'époque à époque.

Enfin, il y a des degrés dans l'expérience de la profession, dans les sensations décrites. On ne saurait les éprouver après un an ou deux de métier de la même manière qu'au bout de trente ans de pratique.

Il faut donc lire ces propos comme une sorte de confession, comme un retour sur soi-même, une introspection. Celui qui les lira, devra les prendre comme un prétexte à trouver peut-être en lui un autre mécanisme plus intéressant, plus efficace, qui lui permette de mieux prendre conscience de lui-même.

---

5 Se retrouver dans une autre altitude. Perte de soi pour se trouver. (Ajout manuscrit de Jouvet).

IL NE S'AGIT PAS DE DÉMONTRER, MAIS D'EXPRIMER LES TERMES D'UNE EXPÉRIENCE

Digne, 17 juillet 1949

Il s'agit de trouver non une doctrine mais une méthode. Procédé, point de vue, attitude commode, pratique, technique, une manière de faire (poétique).

Pour y atteindre les raisonnements qu'on utilisera seront peut-être, sembleront peut-être faux, factices ou subversifs.

Il ne s'agit pas d'une théorie (scientifique) ni d'une justification mais d'un moyen de se convaincre, de voir à neuf, autrement, ne pas s'encrouter, s'habituer à une façon.

Les affirmations utilisées pourront être contredites, détruites, sans que les principes mis en valeur, les points de vue découverts soient déconsidérés, dévalorisés.

Ces principes se justifient par le but cherché. Renouveler, prendre contact, plus complètement avec les méthodes de travail.

D'ailleurs aucune affirmation en soi, aucun raisonnement n'a de valeur absolue, mais relative seulement à son utilisation, c'est-à-dire à son utilité pour une pratique, une manière de faire, un but. Il s'agit d'orthopédie spirituelle, de contre-critique, de libération, de la recherche d'une liberté intérieure pour un but défini et justifié, l'art du théâtre.

Entre la constatation des défauts, des erreurs de pratique, et l'attitude nouvelle qu'on cherche, que l'on pressent, que l'on croit meilleure ou plus fructueuse, les moyens pour y parvenir, pour se persuader, pour atteindre à ce nouvel état d'esprit, les raisonnements utilisés ne sont que les échelons d'une échelle, ou les méandres d'un chemin. C'est affaire de commodité, moyens pour déplacer les points de vue.

Peu importe que les logiciens ou les philosophes puissent condamner les propositions utilisées, ils ont passé leur vie à anéantir les affirmations de leurs prédécesseurs pour en formuler de nouvelles.

C'est surtout question de terminologie. Quand j'emploie un mot, ce mot signifie exactement ce que je veux dire. L'essentiel est que vous soyez d'accord, et ni vous ni moi n'en sommes assez prévenus. On vit là aussi sur des malentendus.

Sans cet accord préalable nous n'en finirons pas de débattre : je n'arriverai pas à dire ce que je peux dire et vous n'entendrez pas ce que je veux faire entendre.

Si vous voulez m'entendre, essayez de me donner raison. L'expérience seule, si vous la pratiquez de bonne foi, comme j'enseigne de bonne foi (comme je me confesse de bonne foi) vous permettra ensuite de conclure, de me condamner, de me juger, mais il ne s'agit pas d'enseignement, il s'agit d'expérience personnelle, rien n'est moins transmissible.

Il faut dans l'esprit de celui qui veut y prêter attention, une indulgence, une affection, une admiration, qui sont les secrets des rapports humains.

Le « admettons le problème résolu » du géomètre n'a pas dans ces matières la même commodité pour l'esprit où chacun est intraitable, intransigeant, s'oppose en toutes façons et sans s'en douter à celui qui parle ou qui veut démontrer.

Tout ici est d'avance déjà passionné !

Il ne s'agit pas d'ailleurs de démontrer mais de *montrer ce que vous ne savez pas, d'exprimer les termes d'une expérience*, qui cherche à se formuler et qui le fait aveuglément, par des constatations, des évidences, qu'on veut rendre claires, et qu'il est difficile d'éclairer par soi-même puisque l'on s'y trouve à la fois juge et partie, puisque l'observation la plus aiguë de soi-même, la connaissance de soi la plus scrupuleuse, la plus quotidienne, ne permet pas de raisonner, elle ne peut qu'affirmer, confesser, avouer en bonne foi. Témoigner ses regrets d'une expérience, marquer ce qu'elle a toujours d'incomplet (comme toutes les expériences), s'ingénier à tirer des conclusions, faire la somme de ce qu'on a joué, pratiqué, pensé sur son métier, c'est donc avec sollicitude qu'il faut l'entendre, avec apitoiement qu'il faut l'écouter, en faisant taire au fond de soi le sentiment de supériorité inhérent au débutant – supériorité légitime, mais dont on n'est pas sûr qu'elle présentera, si modeste soit celui qui enseigne, des vertus plus efficaces, une expérience plus riche ou plus valable.

Pour décrire cette expérience, on peut le faire par des récits, des descriptions, ou par des notations, réflexions, idées formulées.

Dans le premier cas, les conditions des expériences sont à peu près intraduisibles (dans notre métier spécialement). Dans les réflexions ou idées proposées, il faut pour les présenter essayer de les justifier.

C'est précisément dans ces justifications, ces raisonnements, enchaînements d'idées que l'esprit se cabre ou se rebelle contre certaines affirmations et empêche d'aller à l'idée même qui est en vue, que l'on veut communiquer. Il y a rébellion dans ces entretiens et ils ne portent aucun bénéfice. Découragement de celui qui veut s'exprimer, irritation des auditeurs. Il faut patience de part et d'autre.

Il y a les *affirmations essentielles* ou principes proprement dits, et les affirmations *de liaison ou de démonstration.* Les premières sont capitales, elles constituent l'intérêt même de ces entretiens, les autres qui sont ou corollaires, ou préalables doivent être admises en qualité de soutien, et non pas en forme logique. Il faut proscrire le raisonnement et ne chercher qu'à obtenir l'intuitif.

Votre inexpérience ne vous permet pas d'avoir cette intuition, cet instinct encore très développé. Aussi la position prise souvent dans les discussions révèle parfois comme un état irrité, outragé, ce qui prive le travail de tout bénéfice réel.

Il s'agit *avant tout* non de logique et de raison mais *d'instinct*, d'un instinct à affiner, à éduquer, travail que seul chacun peut faire pour son propre compte, et qui ne peut se faire qu'en accordant crédit à celui qui avec sollicitude et bonne foi cherche à vous aider dans ce travail.

Les qualités instinctives naturelles, quelles que soient leur abondance ou leur éminence n'ont pas de valeur, n'auront de valeur que par un éclairement intérieur, un sens, une conscience.

Prise de conscience par rapport aux rôles, aux personnages. Il ne s'agit pas de prendre conscience de soi pour se connaître, c'est une illusion de croire qu'on peut y atteindre mais une utilisation de soi pour l'exercice d'un métier où la personne, la personnalité n'a de valeur qu'en fonction d'une autre personnalité (c'est le cas du Héros ou du Personnage[6]) ou dans l'utilisation de sa propre personne, de son propre personnage.

C'est *expérience personnelle* dont il s'agit et ils n'en ont aucune. C'est *découverte et usage des secrets* de soi-même.

Il s'agit d'une prise de conscience. C'est cette *conscience de soi* qui est le seul but de ces conférences, de ces réunions, de ces causeries.

L'instinct du comédien, au départ, les instincts du comédien au début de sa carrière ont tous une origine douteuse, une tendance égoïste, quoi qu'il puisse paraître.

---

6 Voir plus loin, p. 385, le chapitre consacré à cette question.

En dépit de ses hésitations et de ses réserves, Jouvet dégage trois phases par lesquelles le comédien est susceptible de passer – sans qu'il s'agisse d'un parcours identique pour tous, certains comédiens pouvant s'arrêter en chemin et ne jamais accéder à l'état d'intuition qui caractérise la dernière phase. Le bref texte qui suit donne un aperçu encore partiel, mais simple et clair, de ce qui constitue les trois phases dégagées par Jouvet.

PRÉSENTATION DES TROIS PHASES

L'acteur est un homme qui participe, il a une sympathie physique toujours disponible. C'est peut-être de cela qu'il tire sa vitalité, ou c'est sa vitalité qui lui donne cette vertu. Il annexe, il adapte, il emmagasine, tel un réservoir toutes les sensations qu'il rencontre.

C'est la première, période de la vocation chez l'acteur.

La deuxième phase est celle où il prend conscience de cette faculté, c'est-à-dire où la nécessité où il est de contrôler en tant qu'instrument l'oblige à se voir, à s'entendre. C'est là qu'intervient l'explication de Diderot sur le dédoublement. C'est le moment où le comédien placé dans la vie réelle (exemple du monsieur dans le salon, lorsqu'il casse la potiche de Chine), a une réaction de sensibilité personnelle dans laquelle intervient brusquement cette notion de contrôle, cette façon de se voir et de s'entendre. Il comprend alors qu'il y a deux personnes en lui, ce que beaucoup de gens n'ont pas encore compris. Exemple de cet acteur qui, se trompant de porte, entre joyeusement dans une chambre et trouve un cadavre sur le lit. Il pousse un cri et, par une habitude professionnelle, il s'entend pousser ce cri au moment où il le profère. Il a atteint la deuxième phase, c'est-à-dire le moment où il a conscience de son comportement extérieur, de son exécution.

Ceci est le résultat d'un long exercice chez le comédien. L'ardeur du néophyte ou du débutant à ressentir, à éprouver, à incarner, l'appétit un peu monstrueux qu'il a de vouloir éprouver tous les sentiments à la fois de tous les personnages, ou quelquefois l'obligation dans laquelle il se trouve de ne jouer qu'un seul personnage, ou un personnage qui n'est pas beaucoup plus haut que son niveau personnel, font qu'il entre dans la déformation, mais le deuxième état se produit généralement très vite, c'est la prise de conscience de ce fonctionnement anormal en soi, de son fonctionnement double.

Quand un comédien ne reste qu'un imitateur, c'est-à-dire un comédien au premier degré, à la première phase, c'est parce qu'il est une nature pauvre, qu'il n'a pas une nature assez riche pour créer à sa manière. C'est simplement un mimétisme voulu et qui ne va pas plus loin. C'est une façon mécanique d'être et qui doit être encore très probablement au-dessous de celle du caméléon. Je n'en vois pas l'origine ni la cause, si ce n'est dans les bobards qu'on rencontre chez les psychologues pour expliquer la vocation de l'acteur, le besoin d'être autre chose que ce qu'on est, ce qui me paraît vraiment un peu simple.

Ici se situe l'anecdote de cette comédienne qui jouait les princesses et qui maintenait à la ville le port et l'allure qu'elle avait en scène dans les princesses de tragédie.

Tout au contraire, les comédiens au troisième degré sont capables de créer. Il y a dans ce cas, étant donné le jeu volontaire des éléments qui sont en eux, un travail conscient, qui peut être appelé une création.

Autre exemple : l'anecdote de certaines comédiennes qui, pour trouver un personnage, s'imaginent être exactement l'opposé de ce personnage. Réjane[7] disait que, pour jouer une femme du monde, elle aimait volontiers s'imaginer qu'elle était une bonne. L'actrice cherche à s'imaginer une femme du monde. L'imagination de ce personnage n'est pas très difficile, ni dans le vêtement, ni dans le ton et les propos. Mais s'imaginer soi-même qu'on est une bonne pour penser à une dame de la société déplace la personnalité assez loin et remet enfin le comédien à l'état de véritable spectateur, c'est-à-dire d'un observateur attentif et sensible. Toutes ses facultés d'imitation jouent avec facilité. C'est une façon de se mettre loin du personnage pour le mieux voir ; peut-être aussi pour imaginer un type de femme du monde vu par les yeux du peuple, c'est-à-dire d'une femme de chambre. De toute façon, l'exemple témoigne bien du dédoublement de l'acteur, de la conscience qu'il a de son dédoublement, de l'usage qu'il en fait.

---

7 Réjane (de son vrai nom Gabrielle-Charlotte Réju (1856-1920) est une des comédiennes françaises les plus populaires au tournant du XXe siècle, dont elle accompagna l'évolution esthétique. Elle créa notamment les rôles principaux dans *Germinie Lecerteux*, adapté du roman des frères Goncourt (1888), *La Parisienne* d'Henri Becque (1893), *Madame Sans-Gêne de* Victorien Sardou (1893), *Une Maison de poupée* d'Ibsen (1894) et *L'Oiseau Bleu* de Maeterlinck (1911).

Il faut faire ici une petite note sur un cas de déformation : les ankyloses définitives chez l'acteur qui reste à la première ou au début de la deuxième phase, et qui se fixe dans cette attitude. La personnalité ne se développe plus que dans cette soudure entre l'exécutant et l'instrument. C'est ce qu'on appelle les m'as-tu-vu. Un m'as-tu-vu peut d'ailleurs être un homme de talent (Sacha Guitry).

La troisième phase, c'est dans la conscience de ce double, de ce dédoublement comme dit Diderot, le réveil d'une faculté pour laquelle je n'ai pas encore de mot, d'une conscience supérieure, d'une intuition, d'une faculté supérieure qui fait sa noblesse, sa supériorité… Une vertu, mettons, enfin détachée de cette gangue où elle est prise, dans tout homme – c'est enfin cette fameuse dualité que beaucoup ont bien du mal à vouloir admettre en eux, résolue ici par une dissociation qui libère cette faculté.

Cette dissociation est le prélude et la condition d'une unité supérieure, plus haute parce que consciente et voulue. C'est une décomposition à la faveur de laquelle ces éléments prennent une indépendance et une vie plus efficace.

VARIATIONS

*INTELLIGENCE ET SENSIBILITÉ**

Il y a trois duperies dont le comédien se doit méfier : duperie de soi-même ; duperie du rôle ou du personnage ; duperie du public. C'est au-dessus de ces satisfactions immédiates ou trop directes qu'il faut aller.

L'acteur commence à la première phase par vouloir être autre chose que lui (vanité) puis quand il a satisfait cette vanité première nécessaire, qu'il a épuisé les plaisirs faciles et un peu décevants, que sa carrière se dessine, il pratique son métier, il joue pour vouloir être mieux.

La pensée ne peut se loger en lui que plus tard quand il a satisfait cet appétit de sentiments, cette ardeur carnivore des personnages et ce goût du travestissement. La première phase est aussi parasitaire, la deuxième phase est généreuse, hospitalière ; à la troisième, l'acteur nourrit les personnages de son propre enrichissement.

À la troisième phase, l'acteur peut être inintelligent. Ce défaut, dans la première phase, ici n'est plus dangereux car l'acteur a acquis une intelligence vraie, l'intelligence professionnelle. Il n'a plus besoin de ce qu'on appelle à la première phase l'intelligence, le bon sens, ce qu'on lui reproche de ne pas avoir. Il a une intelligence appliquée et supérieure.

Développement de la sensibilité au détriment de l'intelligence – il faut aussi définir ce mot : intelligence, aptitude à comprendre, à discerner, à entendre par l'esprit. C'est le même cas pour l'aveugle. La perte de la vue développe en lui généralement l'oreille. Il devient musicien par perte de la vue.

Certains métiers qui exigent de la sensibilité engendrent une sorte de stupidité par ailleurs, ils rendent comme stupides ceux qui les pratiquent, chanteurs, musiciens et les acteurs aussi. Sorte d'abêtissement, ce que la sensibilité prend en ductilité et vivacité, l'intelligence le perd (le sens).

Et pour la vanité de l'acteur, elle est touchante toujours, mouvante ; admirable vanité qui vous touche je ne sais pourquoi par la bonne volonté qui la supporte et l'anime chez ces admirables et naïfs interprètes des provinces – admirable vie des théâtres de province, où tout est désespérant dans l'avenir et la progression et la perfection matérielle et où cependant l'acteur tend désespérément, avec une ardeur et une foi touchante à être plus grand, plus parfait. Il tend le cou et le cœur vers plus haut. Pour l'effort qu'elle témoigne pour quelque chose de plus fort, de plus haut, ou plus grand que soi. Travailler est prier. Jouer, c'est malgré toutes ces vanités un effort pour monter. La base du théâtre est de vanité, mais la vanité des acteurs n'a pas d'avenir, pas de perfidie, c'est celle des enfants, elle est naïve, elle est enfantine, elle est pure au fond.

« Tant que vous ne me demandez pas ce que je sais, je le sais très bien ».

Écrire ou lire, perfection de traduction.

Ce sont des choses qu'on peut mieux ressentir que dire et je crois même qu'un *acteur* ne serait pas capable de les ressentir s'il était capable de les exprimer. Le fait de les ressentir physiquement diminue la faculté d'expression abstraite, intellectuelle ; et je crois même qu'on n'est pas capable de les exprimer si l'on peut les ressentir.

Il n'y a dans ce domaine ni méthode sûre, ni loi. Subordonné qu'est le comédien à une création première qui le commande, il ne peut qu'essayer de voir en lui les phénomènes qu'il subit et chercher à comprendre le meilleur moyen, pour les pratiquer efficacement.

Le fait que son métier est de ressentir, lui ôte tout moyen de s'exprimer, et la plus haute qualité du comédien est de pouvoir garder quelque contrôle dans un moment où il a perdu tout ce contrôle. Étrange situation. Cet embarras est, proprement dit, tout le problème de l'exécution.

Comment donc faire ? Équivoque de cette situation de l'acteur.

24 octobre 1939.

Il faut appeler l'attention de l'acteur sur lui-même, sur sa propre sensibilité, lui faire découvrir en lui les sentiments, les sensations, et le détourner des conceptions extérieures, c'est-à-dire des idées toutes faites, des théories, et de tout ce dont il use intellectuellement pour s'émouvoir. Et de ses sentiments personnels aussi. Il a une tendance romantique à s'interpréter lui-même, et à croire de bonne foi que la mélancolie de Musset est la sienne, l'amour dans Racine le sien.

D'où viennent les personnages de théâtre, de quel endroit ? Et où sont-ils ? Quels sont leurs rapports avec la réalité ? Il y a des mondes invisibles, un royaume des idées et des esprits, la mythologie, le christianisme, le monde des loups garous et des légendes, les féeries, la comédie italienne. Tout le folklore est peuplé de personnages vivants, d'une vie supérieure à la nôtre et qui sont familiers à tout un peuple de fidèles, de clients, de croyants, pour lesquels ils sont éternellement vivants pour peu qu'ils soient initiés, qu'ils aient fenêtre dans ce monde. Le spectateur de théâtre a une foi, une croyance disponible, qui est de même nature.

Variabilité et sens de la pièce

On amplifie ou on excentre l'anecdote pour lui donner un autre sens. Quelquefois les acteurs eux-mêmes le font sans malice, par le hasard d'une distribution où l'un d'eux a une force plus grande ou est plus remarquable ou remarqué dans un rôle. Quelquefois les acteurs y sont poussés par la critique, les idées politiques. Ils prêtent la main à une de ces déformations.

Il y a un sens de la pièce, dans la pièce classique qui est conjoint à l'anecdote en général.

Leur confection, leur construction, l'agrégation et la nature des personnages, leurs rapports spirituels sont tels qu'ils peuvent par l'exécution prendre des significations différentes, puis peu à peu l'importance de ces œuvres fait qu'on ne joue plus que les personnages, l'intrigue, l'anecdote se perd, et la pièce n'est plus qu'une morne célébration. Où est le sens intérieur ?

Les comédiens étranges animaux. Le démon du théâtre.

– Les amoureux se courroucent, se réconcilient, se prient, se remercient, s'assignent et disent enfin toutes choses des *yeux*.

– Quoi des *mains* ? Nous requérons, promettons, appelons, congédions, menaçons, prions, supplions, nions, refusons, interrogeons, admirons, nombrons, confessons, repentons, craignons, « vergoignons », doutons, instruisons, commandons, incitons, encourageons, jurons, témoignons, accusons, condamnons, absolvons, injurions, méprisons, défions, dépitons, flattons, applaudissons, bénissons, humilions, moquons, réconcilions, recommandons, exaltons, festoyons, réjouissons, complaignons, attristons, déconfortons, désespérons, étonnons, écrions, taisons, et quoi encore ? D'une variation et multiplication à l'envi de la langue.

– De la *tête*. Nous convions, renvoyons, avouons, désavouons, démentons, « bienveignons », honorons, vénérons, dédaignons, demandons, éconduisons, égayons, lamentons, caressons, tançons (querellons), soumettons, bravons, exhortons, menaçons, assurons, enquérons.

– Quoi *des sourcils, des épaules* ?

« Il n'est mouvement qui ne parle et un langage intelligible sans discipline et un langage public qui fait, voyant la vérité et usage distingue des autres, que celui-ci doit plutôt être jugé le propre de l'humaine nature ». Montaigne[8].

---

8 *Les Essais*, livre II, chapitre XII.

Première phase : la vocation

Dans *Témoignages sur le théâtre*, Jouvet résume en quelques phrase ce que signifie pour lui la vocation. C'est, dit-il, « La phase où l'acteur est dans une ignorance totale de lui-même, celle de sa sincérité. L'illusion de vouloir être autre trouble sa personnalité et son existence. Pour obtenir une identité nouvelle, il cherche à se fuir, à s'évader, et croit naïvement qu'Oreste, Hamlet ou Alceste attendent pour s'animer qu'il leur prête enfin son âme. L'amour des héros de Racine est le sien, la mélancolie d'Alfred de Musset est la sienne. Tout du théâtre – croit-il – commence en lui et par lui[9]. » Et il ajoute : « Dans cette première phase toutes les préoccupations du comédien sont de sentir ou de ressentir, de s'halluciner de sensations et de sentiments, d'imaginer être un autre, de se vider de lui, ou de s'échapper de lui. [...] Dans ce premier état de vocation, dans cet appétit de sensations la poésie n'a point de part. Il ne pense pas : il ne peut que sentir[10]. »

LETTRE À UNE JEUNE FILLE SUR LA VOCATION[11]
Paris, le 11 juillet 1945

Mademoiselle,

Vous me dites : je suis une inconnue.

Ne vous excusez pas, c'est l'état idéal pour créer des rapports humains : cette solitude justifie notre profession.

Vous m'interrogez sur votre vocation, l'embarras que vous me causez n'est pas moins grand que celui dans lequel vous êtes. Vous voulez demander conseil à un « véritable artiste », je ne suis pas sûr d'en être un. Je m'efforce seulement d'être un comédien ; il y a longtemps que je m'y applique et l'approbation du public, malgré tout ce qu'elle a de persuasif, ne me garantit pas tout à fait que je suis un « comédien véritable ».

9 Louis Jouvet, *Témoignages sur le théâtre*, Paris, Flammarion, 1952 (réédition. 2009), p. 295.
10 *Ibid. p. 298.*
11 Cette lettre a été publiée dans *Les Nouvelles Épitres* n° 3, Société Nouvelle des Éditions de France et d'Outre-Mer, 11 juillet 1945.

Notre profession, ne l'oubliez pas, n'est d'abord qu'un abusement de soi-même, c'est le triomphe de la duperie, ne l'oubliez pas. Une dame, l'autre jour, à qui je faisais des compliments banals, m'a dit d'un ton léger, oubliant sans doute mes occupations : « Oh, vous n'êtes pas sincère, vous jouez la comédie ! » J'en ai été mortifié et soudain privé d'éloquence. La voiture roulait, la conversation tomba, j'ai regardé le paysage. Le paysage m'a fait penser à un tableau, le tableau à un ami ; il est peintre, cela m'a rappelé une anecdote.

Un enfant regarde le peintre, attablé devant son chevalet, la palette à la main. La brosse va et vient diligemment de la palette à la toile et inversement. Le tableau est encore informe, dans la confusion d'une première ébauche, à ce moment où les couleurs répandues sur la plaque et sur le châssis semblent s'échanger. L'enfant suit ces gestes qui lui paraissent un jeu avec une curiosité croissante. Après un long temps d'attention il désigne successivement la palette et la toile et joignant la parole au geste il demande : « Monsieur, s'il vous plaît, est-ce avec « ça » que vous faites « ça », ou avec « ça » que vous faites « ça ? »

Vous disposez, vous m'écrivez que vous disposez, « d'un ardent désir, d'une sensibilité extrêmement nuancée » et d'un physique que vous m'avouez dans une insincère modestie « passable. »

C'est donc avec « ça » que vous prétendez faire « ça », c'est-à-dire :

« Satisfaire au besoin permanent, dites-vous, d'évasion et d'incarnation.

« Vous composez, chaque jour, une individualité nouvelle.

« Ne plus être vous-même.

« Ne plus avoir qu'une vie mais des vies multiples.

« Créer des personnages toujours divers, leur donner une personnalité intense et vivante, les faire sentir, aimer, haïr jamais de même manière.

« Pouvoir rire, m'écrivez-vous en conclusion, des rires de vos personnages, souffrir de leurs souffrances, pleurer de leurs larmes, pour communiquer aux spectateurs, aussi profondément que vous le ressentez en vous, le même bonheur ou le même désespoir. »

Ce n'est pas la première fois que je lis ces propos, ce n'est pas la première fois que je les entends. Ils font écho en moi, je les ai tenus avant vous.

Il y a tant de plaisir à s'émouvoir !

Cependant, permettez-moi de vous le dire, « votre sincérité » n'est encore que prétention, applaudissement, complaisance de soi, désir du suffrage d'autrui « votre sincérité » à cette heure n'est qu'une tendance, un goût de s'abuser soi-même : spectateurs, comédiens, auteurs en sont également doués et dotés.

C'est « Elle », c'est la sincérité qui nous réunit tous, nous assemble pour entreprendre cette « quête de duperie », pour tenter cette incompréhensible aventure de « possession et de dépossession de soi » qu'est le théâtre.

Un des secrets du métier de comédien, celui en tout cas du vrai spectateur c'est de dépouiller sa sincérité : il le fait sans égoïsme.

On ne peut gagner de personnalité qu'à force d'impersonnalité.

Vous dites : « Que me conseillez-vous ? »

Jugez-vous maintenant de mon embarras

Je vous entends me répondre : « Mais puisque vous êtes comédien, comment avez-vous découvert vous-même votre vocation ? »

Il ne faut pas parler de vocation pour les comédiens. Seuls les poètes en ont une.

Pour nous, la vocation est un mélange extrêmement douteux de toutes sortes de sentiments qui ne sont pas tous nobles, loin de là. Je ne crois guère à la pureté de la vocation même chez les saints. La vocation est un résultat. Elle résulte de goûts, d'ambitions, de désirs d'autant moins purs qu'ils se manifestent à l'âge de tous les appétits, à l'âge où l'on ne peut juger véritablement ni du métier ni de soi-même. La vocation n'est que le résultat de la pratique. C'est après avoir fait son métier pendant de nombreuses années, en avoir subi les déceptions, en avoir mesuré les difficultés imprévisibles que s'affirme, se précise une décision qu'on peut appeler alors vocation. La vocation n'est qu'un choix persistant. Les vraies récompenses qu'elle accorde sont toutes intérieures et bien tardives.

Pour moi, je ne saurais vraiment vous dire comment j'ai fait du théâtre. Je n'aperçois aucun signe dans mon enfance. Il n'y eut pas de prédestination. Je me suis trouvé un jour au théâtre dans une salle, puis sur la scène : je m'en étonne encore moi-même. Cet étonnement ne me gêne pas, il me plaît et me satisfait. Le plus estimable, le plus heureux dans la vie est de s'étonner. C'est la conscience de ce qu'on a souhaité ou commis qui remonte du fond de soi : c'est cela vivre. Il n'y a qu'à se laisser aller à ces sentiments, en accepter les conséquences, leur être fidèle. La liberté est dans l'acceptation du destin et le docile accomplissement des exigences d'un métier.

Au revoir, Mademoiselle, décidez-vous, agissez, mes vœux vous accompagnent. Je vous souhaite de vivre selon vos désirs. Je souhaite que vous ne cessiez de vous étonner de vous-même et si vous avez la joie de faire du théâtre, de vous émerveiller des personnages que vous jouerez.

VOCATION – AMOUR DU THÉÂTRE OU DE SOI

« Il ne s'agit pas tant d'avoir des idées plus étendues que les autres que des idées plus nettes ».

Don d'expression, don naturel.

Chacun a ses dons d'expression, chacun se traduit par n'importe quel moyen, voix, gestes, demande, regards, allure, mimique naturelle, corpulent ou maigre, chacun se traduit par son physique.

Tout le monde est plus ou moins acteur, *obligatoirement* et bien des gens même s'y essaient. Il y a des dons naturels, des dispositions particulières d'expression pour le théâtre ; ce sont les dons naturels de l'acteur.

Il en est du théâtre comme de la peinture ou de la musique ou de la poésie, il est bien rare que la jeunesse ou l'adolescence qui s'interroge ne se croit pas une vocation dans une de ces formes d'expression. Seul le théâtre permet de s'illusionner. Les couleurs, les cordes du violon ou les touches du piano, le papier noirci se chargent de ramener le jeune inspiré à la vérité, à une vérité professionnelle.

Les fausses vocations sont au théâtre plus nombreuses qu'ailleurs, on a la facilité dans ce métier de pouvoir s'illusionner sur ses dons et de se mentir à soi-même plus aisément que dans n'importe quel autre cas.

Au théâtre les dons sont : 1) les dons naturels c'est-à-dire, des dispositions ; 2) des dons efficaces acquis par une pratique.

Les dons efficaces ne peuvent être obtenus que dans la découverte du personnage par ce dédoublement dont parle Diderot et le renoncement de soi-même pour le service du personnage[12]. C'est dans cette générosité, cette charité pour le personnage, l'oubli de soi-même pour le personnage et pour le public, qu'est *le secret de la pratique du métier* et la pratique

12 Dans une pratique consciente, ceci est un cas particulier de cette pratique. (Note de Jouvet).

de soi-même. Le comédien est placé dans ce dilemme où il doit choisir entre l'ignorance de soi et le parasitage de soi-même, et l'asservissement, ou la connaissance de soi dans le service du personnage.

Un rôle, le public, le théâtre ! Tout ce qu'ils éveillent et flattent en nous, fascination qu'ils exercent, qui est faite d'une satisfaction irraisonnée de nos aspirations pêle-mêle les plus contradictoires et les plus diverses et aussi d'un désir de communication d'une sympathie qui veut agir avidement et qui n'a ni guide, ni frein, ni règle.

Les contraintes de l'acteur c'est-à-dire tout ce qu'il subit pour jouer, utilisation de la pudeur, du trac, de l'orgueil, de toutes les contingences de l'exécution et de toute sa misère humaine doivent servir l'acteur comme un tremplin pour arriver, pour atteindre à une expression qui soit très pure et très haute : pour se *désintégrer de lui-même*, se *désincarner* (« désintégration, désincarnation de l'acteur »).

Vocation pour le théâtre qui vient de l'impression de n'avoir jamais été soi-même, n'avoir jamais pu être soi-même et vouloir l'être. Il y a des quantités de vocations entre cette constatation de n'avoir jamais été ce qu'on est, ce mécontentement de soi et cette volonté orgueilleuse d'être soi-même.

Comme l'état religieux, l'état dramatique agit beaucoup plus vite et plus profondément sur celui qui le pratique qu'aucune autre occupation. C'est à l'acteur de savoir s'il veut en profiter. L'acteur devient ce qu'il sent beaucoup mieux et beaucoup plus rapidement que ne le fait aucun de ceux qui agissent. Le penseur est moins influencé par sa propre pensée que l'acteur par sa sensation ou son sentiment : il l'est différemment. L'acteur est plutôt comparable dans l'exercice de son métier à un ouvrier, à ce potier que son travail mécanique finit par inspirer dans une sorte d'intuition où il trouve les formes rares qu'il crée. Mais ce travail que le potier exécute sur de la glaise, hors de lui-même dans le prolongement de ses mains et de ses doigts, et par lesquels il entre en communication avec son œuvre, l'acteur doit le faire sur lui-même.

N'est intéressant que ce qui peut fixer, absorber, emplir, ce qui fait vivre et exister davantage. Pourquoi un acteur ne pourrait-il pas être considéré comme ceux qui *vivent par l'esprit* et par l'âme, même si par sa façon d'être il n'a l'air de posséder ni l'un ni l'autre puisque son exercice n'est que de vivre dans les passions humaines et les plus hautes, s'il fréquente seulement Shakespeare, Molière, Racine.

Protée ou caméléon, exhibitionniste ou mégalomane, mythomane ou hystérique, de quelque côté qu'on le considère, le comédien est un monstre inexplicable parasitant toujours un sentiment ou une sensation ou étant parasité par eux.

Il y a autant de variété dans sa vocation que dans toutes les vocations. Goût du luxe ou du lucre, de la sensualité, du crime ou de la vertu, de la noblesse ou de l'abjection, goût d'une réincarnation quelconque, c'est un homme avide de sensations ou de sentiments. Parfois même, sans passion, sans élan, on en voit qui entrent dans cette profession pour trouver un besoin et une obligation d'exprimer.

Le mot de vocation au théâtre est inexact, c'est un goût, une pensée intérieure des désirs, des penchants, qui orientent vers ce métier aux multiples possibilités, à la séduisante facilité, où le débutant imagine qu'il pourra vivre dans l'interstice de cette agitation, entre une ou deux occupations, dans l'imprévu et l'incertain quotidien, bref dans une quantité d'entre eux de ce métier – et c'est déjà une forme du dramatique – ou dans une chance ou un hasard dont il pourra peut-être bénéficier dans la loterie du succès, dans ce qu'il a d'informulé et d'imprécis du métier lui-même, qui n'a pas de lois, pas de règles, et, qui semble facile à toutes les ambitions, toutes les prétentions. La vanité est dans ces circonstances plus fortement que partout ailleurs le premier mobile de toutes les actions.

Il y a autant de variétés de vocations et de types d'acteurs que ce que le désir de Dieu, le goût de la religion, la volonté d'assurer son salut, le remords, le repentir, le goût de la vertu, ou l'horreur du péché peuvent produire de serviteurs à la cause de l'Église… mais ici il n'y a pas de *renoncement*.

Mentionnons encore toutes les vocations ratées, manquées, toutes les vocations, c'est-à-dire les goûts qui ne peuvent ni s'exercer, ni se révéler, qui vont au théâtre, peintres, musiciens, sculpteurs, danseurs, littérateurs, qui s'ignorent, qui se fuient ou qui se cherchent – interprètes d'eux-mêmes. Voir tous les mobiles qui poussent au théâtre. Ce sont les plus nombreux. Le théâtre plus qu'ailleurs favorise les fausses vocations. On peut s'y fourvoyer, sans jamais s'apercevoir de son erreur. Ici le succès couvre et justifie tout. L'acteur se justifie en disant que la chance ne vient pas ; l'insuccès ne saurait être imputé à lui seul.

La vocation ne peut pas se contrôler[13].

La boîte de couleurs ou le violon qu'on achète à quinze ans en rêvant à Van Gogh ou à Paganini, sont vite délaissés car le travail ne laisse aucune illusion sur les difficultés. Au théâtre, rien n'éclaire le débutant sur ses difficultés à ce point qu'il peut les nier car il ne se voit pas lui-même, il ne s'entend pas et il n'y a point de règles dans cette profession.

Un peu de voix, un visage moyen et des prétentions, c'est-à-dire une ardeur qui dissimule les avidités intérieures, suffisent au premier venu et pour longtemps. On peut se placer ici au-dessus de toutes les règles, au-dessus même de l'acteur, qui est le maître de la règle, mais qui lui-même en ignore les lois. Tout est motif à s'illusionner soi-même dans ce métier fait pour l'illusion.

Certains vivent toute leur vie dans cette innocence et cet abusement de soi-même, attendant avec naïveté la chance qui va enfin leur rendre justice, les révéler au public et combler en eux ce vide qu'ils éprouvent depuis le début de leur carrière et dont ils vivent.

C'est de ce vide, de la manière de le remplir qu'il s'agit dans cette question de la vocation.

Toujours physique, mu, agi, excité par des motifs trop personnels, toujours secondaires, nécessairement éloignés de l'inspiration même de la pièce et de son esprit dramatique, l'acteur vit dans le mirage tourbillonnant de son imagination ; les idées, les sensations, les pensées, les sentiments, dans une association d'idées constante, vont et viennent entre le personnage et lui et il n'est jamais tout à fait ni soi-même, ni ce qu'il joue. Cet échange est l'important du métier, sinon il le (dé) tient lui-même.

Le commencement du goût de la vocation du théâtre, spectateur comme acteur au fond de chacun de nous, c'est ou le goût – ou le dégoût – d'autre chose.

C'est par le goût du dramatique que commence souvent la vocation du théâtre. Ce n'est une vocation qu'à l'exercice, à l'épreuve, par la pratique, comme avant de prononcer des vœux, c'est-à-dire de parler de vocation ; il faut d'abord faire un noviciat.

---

13 On dit : il n'a pas de talent, il ne travaille pas, etc. Jamais on ne dit : il n'a pas de vocation ; on dit : il n'aime pas le théâtre. Ils disent : j'aime le théâtre ? Mais quoi dans le théâtre ? (Note de Jouvet).

Le mot de vocation n'est admissible que pour les poètes. Molière et Shakespeare, qui dépassent la création de l'interprète pour atteindre à la création originale, ont une vocation de théâtre.

Comme ailleurs il y a de grandes vocations qui ne se sont jamais exprimées ; il y a en province dans des boutiques, des Mounet-Sully qui ne se sont jamais révélées.

Un acteur n'a de vocation qu'autant qu'il a pratiqué, passé les épreuves de l'insuccès, du dégoût de soi-même, de la désillusion, de l'illusion, et de la vanité des vanités de son métier. Il n'a de vocation qu'autant qu'il a l'idée du personnage et du rôle, c'est-à-dire de son service et de sa participation. C'est de là que part l'idée du métier et de la vocation, différents pour chaque acteur et chaque époque. C'est à partir de cette connaissance et de cette conscience du métier qu'il faut classer les acteurs, en instruments agis ou agissants, en artistes, plus ou moins conscients, plus ou moins éduqués.

L'important dans la vocation au fond, c'est *l'action*, la façon de l'accomplir. La vocation, c'est l'impossibilité de faire autre chose. Mais que de choses cette définition ne couvre-t-elle pas ?

L'acteur n'est pas un créateur mais un parasite.

L'acteur débutant à qui l'on dit : ne faites pas de théâtre, ce n'est pas un métier pour vous, et qui répond : « Alors qu'est-ce que je vais faire ? »

L'appel du théâtre, c'est une invitation à un bal.

C'est une élection. Ici on est élu sans signes, sans en contrôler certains, ils sont nombreux, ils sont effacés par des nécessités de vanité, si on les place dans le succès. Mais ils ne peuvent tromper si on les cherche dans la poésie – et dans un art de jouer.

La vocation est un appel intérieur, une prédestination justifiée, c'est un appel intérieur sur lequel on ne se trompe pas. Et tout le monde a la vocation du théâtre, c'est-à-dire de sa propre tromperie.

La vocation, le goût du théâtre vient d'un don commun à tous les hommes vivant en société, l'art de se déguiser aux autres, l'art de la politesse, le besoin de sympathie, et, par-dessus tout, celui de plaire.

C'est un pouvoir d'adaptation de soi, de mimétisme plus ou moins exploité, plus ou moins développé, mais sans grandeur au départ.

Homme vide ou débordant, inhabité ou déjà très personnel, et ceux à qui on prête naturellement une personnalité et qui n'en ont pas, et ceux qui ont une personnalité et qui n'arrivent pas à l'exprimer, ou qui l'expriment de travers : les amoureux qui ont une apparence bourgeoise. Toutes les inversions de tempérament, les contradictions entre le physique et le sentiment car la tendance sentimentale est aussi une vocation, et l'apparence physique vous en donne une autre. Il y a la vocation qu'on a, c'est-à-dire les dons et les tendances, et celle que donne le public, celle qu'on vous prête. J'entends ici vocation au sens de *la déclaration*, de la tendance ou des goûts qu'on a en soi-même – vocation théâtrale avec le don de soi. Confession, témoignage.

Il n'y a que des cas d'espèce dans toutes ces vocations, pas de prototype. Le classement des vocations est fait par des auteurs, par des genres littéraires, par l'emploi, c'est-à-dire le physique, le genre de rôle que l'on joue ou que l'on peut jouer, plus que par la sensibilité et ses nuances. La qualité d'instrument devient essentielle et le physique, l'utilité vous détermine, votre physique l'emporte, et aussi le succès, l'auteur et le public commandent. C'est la vocation appliquée. C'est le stade de l'apprentissage. Il peut ne pas y avoir de tempérament intérieur. La vocation l'apprend.

Actrices sans entrailles qui jouent les mères.

J'ai connu un jeune homme timide et sensible qui ayant tendance à engraisser, est devenu obèse pour les nécessités du théâtre. Il a essayé toute sa vie durant de changer d'âme, il a fini par se persuader qu'il était autre qu'il n'était. Il n'était même pas un pantin ou une marionnette car tout ce qu'il jouait en scène était une tromperie à laquelle le public ne se prenait pas. Il s'abusait lui-même, une marionnette ou un pantin n'étant pas habités ne présentent pas cette énigme.

Il n'y a nulle part à la logique, à l'intelligence, à la déduction ou à l'induction dans cet exercice. L'intelligence n'est pas autre chose que ce sens, cette sensation toute physique où le sentiment naît dans les limbes où l'on ne peut pas pénétrer et que la moindre lumière rendrait stérile. Tout est dans une obscurité, un goût irraisonné et l'action, le jeu est de même.

Il y a un tableau à faire des différents acteurs par époque, par genre dramatique. On peut faire ce classement par la façon qu'ils ont de remplir leur service au théâtre. Vocations différentes.

Acteur romantique ou acteur de roman-feuilleton ou d'aventure, de frisson, d'exaltation.

Miracles et sotties du moyen âge : sens pédagogique et religieux, préoccupations religieuses et morales.

– XVIIe siècle, sens d'un métier comme celui du chanteur (La Champmeslé[14] et la Du Parc[15])

– Acteurs réalistes d'Antoine.

– Acteurs romains spectaculaires.

– Acteurs grecs patriotes et religieux célébrant des mystères.

– Acteurs de Marivaux qui raffinent et jouent un jeu où ils sont dédoublés.

– Acteurs réalistes dans le sentiment et la morale de Diderot.

Tous ces acteurs ont la même puissance de sincérité mais ils ont, chacun, entre eux, une façon particulière, un mode d'expression, une vocation qui sont particuliers à leur époque et aux auteurs qu'ils jouent.

Une vocation, une sincérité différentes. Le jeu est toujours le même, plus ou moins en faveur, plus ou moins considéré, mais les règles de ce jeu changent avec les auteurs.

Érasme. *Éloge de la folie* :

> Voilà la foule de mes compagnes et de mes suivantes. Par ma foi si vous voulez savoir leur renom à toutes, je veux bien vous l'apprendre, mais seulement en grec. Cette nymphe au sourcil superbe, c'est Philautìa, l'amour-propre. Cette autre, au regard complaisant dont la main fait un geste pour applaudir, s'appelle la flatterie, la suivante avec son air endormi a pour nom Lethé, l'oubli ; tout près est la Paresse, les bras croisés et appuyés sur ses deux coudes, la guirlande de fleurs qui couronne celle-ci, les parfums qu'elle exhale trahissent la Volupté ; à ses yeux égarés et toujours en mouvement reconnaissez l'Étourderie ; ce teint pétri de santé, cette réplétion d'embonpoint disent tout haut le nom de la Mollesse. Voici deux immortels parmi les suivantes, l'un est Comus, l'autre est le dieu léthargique du Sommeil. Secondée par l'empressement de cette foule d'esclaves, l'Univers est soumis à ma puissance et je règne même sur les rois.
>
> Ôtez de la vie le charme de l'amour-propre, sans ce prestige je vous défie de vous applaudir jamais en rien de ce que vous aurez fait. Ôtez le charme de l'amour-propre, le feu de l'orateur se glace, la musique devient insipide, l'acteur ne vaut que des sifflets, tant il est vrai qu'avant de prétendre au

14 La Champmeslé (de son vrai nom Marie Desmares, 1642-1698) est une actrice qui avait joué avec son époux Charles Chevillet sieur de Champmeslé (1643-1701) dans la troupe du Marais puis dans celle de l'Hôtel de Bourgogne. Elle y fut l'interprète de grands rôles féminins de tragédies de Racine. Elle et son époux firent partie des premiers sociétaires de la Comédie-Française après sa création en 1680.

15 Marquise Du Parc (de son vrai nom Marquise-Thérèse de Gloria, 1633-1668) est une comédienne qui a fait partie de la troupe de Molière avant de passer à l'Hôtel de Bourgogne où elle a créé le rôle d'Andromaque dans la tragédie éponyme de Racine.

> suffrage d'autrui, il est nécessaire de se complaire en soi-même et d'obtenir le sien propre.

Les stars de cinéma ont depuis longtemps paraphrasé ce passage.

Faire du théâtre, c'est reprendre la vie sur un plan factice et inoffensif, c'est vivre sans la triste réalité des événements et des faits.

Il y a chez les fous et chez les acteurs une naïveté et une véracité uniques. Folie du théâtre, vérité qu'on peut y trouver.

La vérité du théâtre qui n'a rien de réel ni rien d'hostile porte avec soi quelque chose de naïf qui captive ou qui plaît.

Et quel plaisir on peut prendre à dire en franchise des paroles quand on cache la dissimulation dans son cœur.

Il y a en chacun de nous deux natures incompatibles, une rêveuse et une réelle ; c'est le rêveur qui intéresse le théâtre.

La folie, comme le théâtre, est une erreur des sens ou un travers de l'esprit.

Au théâtre l'esprit est toujours en quête ou en haleine de trouver quelque nouveau moyen d'être dupe de soi-même et de nourrir l'illusion qui le charme. Citation d'Érasme :

> Un Grec, fou dans toutes les règles, qui passait des jours entiers assis tout seul au théâtre, riant de joie, battant des mains, parce qu'il s'imaginait qu'on jouait devant lui de magnifiques tragédies… Quand sa famille à force de remèdes l'eut rendu à la santé, quand il eut repris sa raison : « Oh mes amis, s'écria-t-il, vous ne m'avez pas guéri, j'étais si heureux ! Vous m'avez arraché violemment à la plus douce illusion. »

Le bonheur de l'acteur à son début ne lui coûte que la peine d'y croire. Après ses premières désillusions, son bonheur est d'y faire croire les autres. Au théâtre, ce n'est pas jouir que jouir seul.

JOUVET À PROPOS DE SA PROPRE « VOCATION » *La Havane, 8 octobre 1943*

« Et comment avez-vous découvert votre vocation ? » Telle est la phrase entendue des centaines de fois et que posent infailliblement les gens du monde ou les oisifs, avec qui vous êtes imprudemment entré en conversation. Les gens en général pensent que la vocation s'accompagne de signes ou d'actions singulières ou bizarres. Les journalistes, eux aussi, ne manquent pas de vous poser cette question et sont extrêmement déçus quand vous ne pouvez leur raconter quelque anecdote ou quelque aventure significative dont ils peuvent tirer parti en justifiant votre réputation et l'intérêt qu'ils en témoignent.

Comme dans les familles où les enfants, dès leur naissance, sont voués à une particulière couleur, j'ai été voué à la pharmacie, mais je n'ai pas dépassé les études qui justifient ce commerce et encore que j'aie dû vers ma vingtième année pour des besoins alimentaires séjourner dans des officines et confectionner pilules, cachets et potions, je ne me suis pas attardé dans ces occupations et je me suis évadé vers le théâtre – Pourquoi le théâtre ? Je n'en sais vraiment rien et chaque fois que l'on me demande comment cette vocation s'est déclarée, à quel moment je l'ai irrésistiblement ressentie pour la première fois, je suis à chaque fois extrêmement embarrassé pour répondre. Jamais d'ailleurs, ni un paysan, ni un ouvrier ou un homme du peuple ne m'a posé cette question. Pour eux la pratique d'un métier correspond naturellement à un goût ou à une nécessité.

La gloire que donne le théâtre semble devoir s'accompagner nécessairement, pour ceux qu'elle éblouit, d'une marque manifeste et semblable à celle qui distingue les élus. La biographie d'un acteur célèbre doit nécessairement raconter un ou plusieurs traits dans l'enfance de cet homme qui illumine ensuite le récit qu'on veut en faire.

Il faut qu'on puisse découvrir dès l'enfance le signe avant-coureur de la destinée théâtrale. Si bien que vers cinquante ou soixante ans, on finit par se découvrir en soi-même à force de recevoir des compliments extraordinaires et des marques d'admiration qui vous isolent du reste des humains et finissent par vous persuader que vous êtes tout de même différent, on finit, dis-je, par découvrir dans le passé nébuleux de la première jeunesse, quelques souvenirs qui justifient votre activité, votre carrière en la marquant de ces histoires ou anecdotes symboliques qui sont l'apanage des grands hommes et vous mettent tout de suite de pair avec Saint Paul sur le chemin de Damas, Turenne sur l'affût d'un canon, avec Jeanne d'Arc et ses voix à Domrémy, avec Denis Papin et sa marmite, etc., etc., et autres demi-dieux fabriqués par l'homme.

Personne ne croit plus à la mythologie ni aux miracles. Les esprits sont sceptiques à ce sujet, mais les hommes ne sauraient admettre que la vocation d'un homme de théâtre se fasse ou se soit faite, sans qu'il se produise à un moment un signe évident et miraculeux de sa prédestination. Sans doute est-ce parce que le théâtre passe encore dans l'esprit des gens comme le sacerdoce religieux pour un domaine où l'esprit souffle et où il est difficile d'expliquer l'étrangeté de ces occupations singulières.

Cela est parfaitement vrai et cela justifie cette insistante question si souvent posée, « comment avez-vous découvert votre vocation ? »

Je dirai simplement que j'ai fait du théâtre parce que la vie telle qu'elle m'apparaissait, m'ennuyait énormément et ne me satisfaisait pas. J'avais en moi-même des goûts, des inquiétudes, des appétits qui n'étaient point satisfaits. Après trente ans d'exercice de cette profession je les ai encore. Ils sont peut-être même encore plus vivaces et plus exigeants. Du moins j'ai tenté de les satisfaire. En réfléchissant je crois que j'ai tenté de les conserver.

Dois-je le dire, après avoir fui la pharmacie par désespoir et ennui, au début de ma nouvelle carrière, le théâtre m'a, lui aussi, ennuyé et déçu. Mais je ne suis pas demandé si j'avais commis une erreur, et je n'ai pas eu un instant l'idée de rompre avec ces occupations. « Quel que soit, me disais-je, le sort que me réserve cette profession, je n'en changerai pas ».

Je jetai les yeux sur les plus disgraciés d'entre nous, je tâchai de préjuger des déceptions que je pourrais éprouver, de ressentir le mensonge de ces occupations et leur vanité, en dépit de tout j'aurais persisté à faire du théâtre.

Celui qui écrit des pièces à l'âge de quatre ans, qui les joue dans un grenier avec ses petits camarades comme spectateurs, avec les robes de sa mère et son petit cousin qui fait les décors et sa sœur qui arrange les costumes ; celui à qui son grand-père a acheté un théâtre de marionnettes, celui que son oncle mène régulièrement à la Comédie-Française ; celui à qui un grand acteur a dit en lui tapotant sur les joues, après avoir récité une fable de La Fontaine : « Il a le sens du théâtre ». Bref, il n'y a qu'à puiser dans ce que racontent de leur fille les mères d'actrices ou les candidats au Conservatoire.

En vérité, il n'y a pas un mot de vrai dans tout cela. La vocation à cet âge n'est que de la vanité basse et depuis que le cinéma a atteint le commencement de son apogée, c'est une vanité cupide.

La vocation est un mélange extrêmement douteux de toutes sortes de sentiments qui ne sont pas tous nobles, loin de là. Je ne crois pas à la pureté de la vocation, même pas chez les saints. La vocation est un résultat. C'est le résultat de goûts, de désirs, d'ambitions d'autant moins purs qu'ils se manifestent à l'âge où l'on a tous les appétits et où l'on ne peut juger véritablement ni du métier ni de soi-même.

La vocation est le résultat de la pratique. C'est après avoir fait son métier pendant un certain temps, en avoir subi les premières déceptions et s'être mesuré soi-même avec les difficultés, après avoir entrevu tout ce qu'on n'a pas pu voir au début de la carrière que se manifeste et que s'affirme une décision qui peut s'appeler vocation. Ce n'est pas parce que l'on a le goût de quelque chose qu'on en a la vocation et ce n'est pas parce que l'on joue bien la comédie dans la vie qu'on peut être un bon acteur ou qu'on aime le théâtre. La vocation est un choix.

À quel moment peut-il se faire au théâtre ?

Ainsi donc je n'ai pas eu de signe de vocation. Je m'en étonne moi-même, tellement on a essayé maintes fois par d'insistantes interrogations de m'en faire découvrir. L'origine de ma famille ? Interrogation sur les collèges ? Sur les premiers spectacles que j'ai vus, sur les raisons de quitter le métier que je pratiquais. Je me suis trouvé un jour en train de faire du théâtre. Cet étonnement qui n'a pas cessé en moi ne me gêne pas, je sens même qu'il me satisfait, que j'en ai besoin quand je m'interroge et que je me compare aux autres. La vie est pleine de ces étonnements, de ces constatations étonnées.

Je me demande quelquefois pourquoi j'ai accepté de monter cette pièce, pourquoi j'ai engagé cet acteur, pourquoi j'ai pris cette décision.

Un camarade est venu un jour me dire après deux ans de mariage son étonnement de s'être marié avec sa femme. J'estime que ces étonnements sont ce qu'il y a de plus estimable et de plus heureux. C'est la conscience même de ce qu'on a souhaité ou de ce qu'on a commis qui tout à coup se manifeste et remonte du fond de soi-même. L'essentiel est de se laisser aller, pour moi, à ces sentiments, de les justifier, d'en accepter les conséquences, de leur être fidèle et de poursuivre en sincérité le chemin sur lequel on les a rencontrés et où votre destinée les a placés. La liberté pour moi est dans l'acceptation du destin et le docile accomplissement des volontés de la Providence.

VOCATION ET SINCÉRITÉ

Ceux qui se croient ou sont nés artistes, d'âme, de goût, d'esprit – les peintres, les sculpteurs nés, les violonistes, les artisans sans métier que leurs goûts innés torturent et qu'ils ignorent, et qui se jettent dans le théâtre comme l'affamé dans un bar automatique, les artistocrates[16] qui cherchent une cour et une royauté et qui vivent dans des loges ou des appartements modestes ou pauvres, tous les amants de ce que la vie n'apporte pas ou qu'il faut être savant pour découvrir, qu'il faut avoir de l'expérience ou de la sagesse pour y faire entrer, tous les chercheurs d'idéal ou d'idéaux, même les plus démunis, même les moins désintéressés, tous ceux aussi qui, par confusion, prennent l'apparence pour la vérité. C'est là le pire du théâtre, ce par quoi il est condamnable ou pernicieux. Mais, à sa gloire, le théâtre amène ceux-là même à trouver dans la fausseté et le mensonge une vérité que la vie ne laisse pas découvrir – quelquefois – à ceux qui n'ont pas commis ce péché ou cette erreur de l'esprit. Vieilles comtesses de figuration au cinéma, vieux boyards, anciens archiducs qu'un costume de studio régénère pour deux ou trois jours de présence dans le dérisoire de ces décors étouffants, célibataires sans amour, hommes sans puissance, femmes désolées, tout ce monde court vers ce lieu miraculeux, comme à Lourdes, ces malades dont, souvent, la foi se révèle après l'essai, confluent

16 Le terme d'« artistocratie » vient de Gérard de Lacaze-Duthiers, qui appartenait, ainsi que Jouvet, au Groupe d'Action d'Art, éditeur de *La Foire aux chimères*. Il est l'auteur de plusieurs ouvrages, dont *L'Unité de l'art* (1908) et *Le Culte de l'idéal ou l'Artistocratie* (1909). Dans son livre *La crise des valeurs symbolistes. 20 ans de poésie française* (Toulouse, Édouard Privat, 1960), Michel Décaudin donne la définition suivante : « Lacaze-Duthiers avait développé sous le nom d'artistocratie, la thèse de l'accord profond de la vie et de l'art, tout l'idéal de l'homme consistant à vivre « en beauté », celui de l'artiste étant de dire cette beauté. »

de toutes sortes de désirs, de rêves, plus nombreux, plus souterrains que ceux de l'inconscient et des territoires freudiens.

Et soudain l'on croit avoir « trouvé », l'on sent dans un éclair une vérité définitive, un aspect perspectif vous permet soudain de tout embrasser d'un coup d'œil, une révélation souveraine illumine votre esprit. Ce n'est, dans ce pays de l'illusion, qu'une illusion de plus, ce n'est que le mirage parfait de tout ce que vous avez cherché, de tout ce que votre nature, vos habitudes, votre métier, vous portent à perfectionner ou à exercer depuis longtemps.

Et la question du rythme du texte, cette vibration, cette longueur d'onde, cette loi du nombre vous paraît définitive : ou Molière n'est que ballet, mouvements ou la diction est essentielle et, dans ce cas, la gesticulation et le marcher doivent n'être que complément, c'est-à-dire continuer la diction. Chercher dans un texte les mouvements du jeu donne le mouvement de la diction ou inversement.

Et l'on sent le lendemain que cette révélation, cet apaisement obtenu à la lueur d'une étincelle qui a flambé dans l'obscurité de votre esprit et vous a soudain illuminé n'est qu'un des aspects, qu'un angle de ce problème que l'on n'épuisera pas et dont les données elles-mêmes ne sont pas à la portée de votre esprit pour pouvoir seulement les formuler, mais cela ne fait rien, et l'on écrit et l'on réfléchit.

Et je continue à vivre sur *mes vingt ans que je voudrais éclairer encore à cette heure*. Tout ceci ne vaut que s'il y a encore des vingt ans mais encore faudrait-il qu'ils fussent pareils aux miens, ou encore que j'arrive à formuler ceux que j'ai vécus ou pensés.

Madeleine Ozeray[17] parle de l'ingénuité comme qualité de fraîcheur, j'ai oublié ce qu'elle dit, mais elle ramène tout à l'ingénuité du cœur et de l'esprit pour définir le comédien. C'est la sincérité.

---

17 Madeleine Ozeray (1908-1989) est née à Bouillon en Belgique, où elle commence sa carrière de comédienne dans *Le Mal de la jeunesse* de Ferdinand Bruckner dans une mise en scène de Raymond Rouleau. Elle rencontre Louis Jouvet à Paris à l'occasion d'une tournée de cette pièce. Elle joue pour la première fois sous sa direction dans la reprise d'*Au grand large* de Sutton Vane en 1934. Elle interprète les principaux rôles féminins dans les pièces de Giraudoux, *Tessa, La Guerre de Troie n'aura pas lieu, Ondine* et joue Agnès dans *L'École des femmes.* Devenue la compagne de Jouvet, elle le suit en Amérique du Sud, mais le quitte finalement en 1942 et abandonne tous ses rôles dans la troupe. Elle séjourne alors en Argentine, puis au Canada aux côtés du chef d'orchestre César de Mendoza. Rentrée en France en 1947, elle ne retrouve pas, comme comédienne de théâtre, le grand succès qu'elle avait eu auprès de Jouvet.

C'est un autre mot, mais c'est la même fonction, la même source de participation au jeu : atteindre à l'inhumanité du personnage, à son impersonnalité.

IL N'Y A PAS DE SINCÉRITÉ

Un sincère est un fou, un dément. Il est menacé de destruction.

Qu'est-ce que la sincérité ? Un état impossible.

C'est cette attitude compensée par des raisons accessoires, intérieures, secondaires qui est le commencement de *l'équilibre* parfait que donne le mensonge, la dissimulation, cette nouvelle vie intérieure, source de vraie vie, de l'artificiel, plus vrai que le naturel.

Sincérité : une certaine position, attitude vis-à-vis d'autrui, de ce qui est en dehors de soi. C'est un état subjectif par rapport à l'objet.

Un état de crise – Alceste – d'exaspération. Excès d'un de nos sentiments ou de nos idées. *Déséquilibre.*

CONVICTION. SINCÉRITÉ *Buenos-Aires, 17 août 1942*

Répétition de la pièce de Steve[18]

Les acteurs s'imaginent que leur sentiment, leur expression est l'essentiel de la Comédie. Ils disent les répliques avec une surcharge de sentiment et d'intention. On ne voit que leur suffisance et leur insuffisance. Cette expression intime, toute personnelle et sans grandeur, et sans puissance, qui ne laisse même pas à la réplique sa sincérité, sa clarté. Ce qui est proprement un manque, une pauvreté, car le premier devoir du comédien est de dire d'abord. L'expression vient ensuite dans la force même et la puissance des répliques enchaînées par le mécanisme qui les a fait écrire. Sottise de ces gens, prétention. Quand on songe à la sincérité, à la puissante sincérité de l'acteur romantique, appauvrissement par suite de je ne sais quelle prétention

18 Il s'agit de la pièce de Steve Passeur (1899-1966) *Je vivrai un grand amour.*

intelligente qui leur est advenue de vouloir nous faire comprendre ce qu'ils éprouvent. Niaiserie de sincérité. La sincérité chez l'acteur ne peut s'exercer que devant témoin, un témoin qu'on veut convaincre.

C'est le mode de conviction des acteurs qui les différencie à chaque époque et la façon dont les publics se laissent convaincre.

Ce soir, j'ai vu, j'ai assisté à une conviction prétentieuse, sans talent, à une conviction ridicule et pauvre, qui m'a fait pitié et ne m'a pas ennobli ni rafraîchi.

S'appuyer sur son sentiment, pour exécuter ensuite avec lucidité sans se laisser troubler.

LA SINCÉRITÉ EST UNE LIMITE IDÉALE

Le comédien n'a aucun sens de son métier, de sa mission ou de son service.

Il ne vit qu'avec lui-même, et avec le désir du succès.

Il perd à cet exercice, après peu de temps, tout discernement, tout sens moral, toute orientation ; il est noyé en lui-même, fantoche, palotin[19], traversé par des courants.

C'est un métier qu'il faut prendre par en haut ou par en bas ; il ne faut pas le pratiquer avec ignorance et bassesse, mais par *choix* et non par renoncement ou lâcheté ou bêtise.

La *Sincérité* est une *limite idéale* laquelle tout le monde tend avec une bonne et mauvaise foi absolue, mais où personne n'atteindra jamais.

C'est une *plénitude impossible*, qui serait suivie de destruction, perte de la vie, car ce serait un effort qui aboutirait, un élan qui atteindrait.

Nous ne pouvons vivre que dans *l'instable* ; l'atteinte du connu ou d'un état stable est contraire à la vie qui n'est que recherche, effort, dans une constante instabilité.

---

19 Personne de second ordre, subalterne (allusion aux Palotins, les acolytes du Père Ubu dans la pièce éponyme d'Alfred Jarry).

VARIATIONS

*AU DÉBUT, IL N'Y A PAS DE VOCATION**

La vocation vient d'un esprit agité, des sentiments qui nous habitent. Mais ce ne sont pas les sentiments des personnages, des héros ? Ce sont nos sentiments à nous, déchaînés, dans toute leur vanité et leur avidité.

Anne Vercors[20] ? Son esprit, son âme sont-ils les miens ? Les paroles qu'il dit sont-elles bien celles que je prononce. Comment les a-t-il éprouvées, ressenties, pour les dire ?…

La vocation du théâtre, c'est l'amour du théâtre ? Lequel ? Qu'est-ce que l'amour du théâtre ? Désordre, licence, vanité. Tout cela d'abord nécessairement. Il ne peut pas en être autrement. Tout cela est nécessaire pour faire du théâtre.

La question qu'on se pose ensuite : qu'est-ce donc qu'un acteur, quel est ce métier ? Un désordre, et l'acteur un monstre.

Tant que l'acteur n'a pas compris la bassesse de ce qu'il fait, sa grimace, et qu'il ne cherche pas à vivre par-dessus le dégoût éprouvé, à pratiquer avec excellence, avec effort, à assimiler toutes ces bassesses pour un but plus élevé, pour une mission où il a le sens de servir, il n'est qu'un instrument assez méprisable. Sa recherche doit se placer au-dessus de toutes ces satisfactions personnelles, trop immédiates.

Il lui faut croire *à ce qu'il fait*, mais non pas à lui-même, à sa mission vis-à-vis du public. À sa mission vis-à-vis de soi. À sa mission vis-à-vis de la poésie et de l'esprit. Et chercher dans son métier les raisons hautes de le faire : la Poésie ? Pas la sienne, celle des auteurs qu'il interprète. S'élever jusqu'à la hauteur où siège l'inspiration.

Je ne crois pas qu'il y ait dans les sentiments, les désirs, les aspirations d'un jeune homme ou d'une jeune fille qui veulent faire du théâtre, *quoi que ce soit qui puisse justifier le mot de vocation.*

Le théâtre est un lieu où l'on s'embarque, comme pour Cythère ; où on entre comme dans un stand de Luna Park en quête d'émotions. C'est un *train de plaisir* dans lequel on monte, *une aventure que l'on tente* pour l'usage ou le bénéfice de sa sensibilité, un *billet de loterie du succès* qu'on achète, une justification de la licence et de la paresse.

---

20 Personnage de *L'Annonce faite à Marie*, de Claudel, interprété par Louis Jouvet.

L'immédiat, l'apparat, le théâtral semble à portée de tout ce qui est en soi-même inoccupé, ou indécis, ou avide. Il ne faut pas parler ici de vocation.

La vocation s'accompagne d'une connaissance parfaite de ce que l'on va faire, ou du but vers lequel on va. Cela est impossible au théâtre.

La vocation au théâtre est une récompense, un éclairement final. Elle se place à l'inverse de toutes les vraies vocations, à la fin de la vie.

Gardons ce mot pour en parler, mais il est inexact, comparé à cet état éclairé, résolu de la vocation, de l'appel, cette élection définitive qui porte en soi le renoncement, le sacrifice et le dévouement, comme un fruit son noyau.

L'acteur n'est qu'un instrument.

Parler de sa vocation n'est intéressant que parce que cela demande une définition de ce métier et un examen de ces occupations si étranges, si particulières. De leurs dangers, de leurs difficultés.

Ce mot de vocation s'emploie pour quantités d'autres professions.

Le journalisme : tous ceux qui entrent dans les journaux n'ont aucune vocation particulière – désirs vagues, non conscients, non avoués. Il y a dans un journal tout un monde de vocations ; celle de journaliste mène à toutes les vocations, à condition d'en sortir.

Le Théâtre est un labyrinthe, où l'on entre en raison de velléités, de passions naissantes. On va vers le théâtre avec au cœur un reflet de je ne sais quelle lueur de gloire ou de sympathie humaine. Mais le théâtre, en son commencement, est un dédale obscur. Le chemin qu'on fait, mène partout et nulle part. C'est en le pratiquant en soi-même qu'il faut trouver et les raisons de le pratiquer et le sens de son exercice, pour trouver non pas une orientation – il n'y en a pas – elle est commandée par les auteurs qu'on joue, non par un métier – il commence à peine lorsqu'on finit – mais pour appliquer à cette vie tout extérieure un sens intérieur, une conscience de cette merveilleuse existence dédoublée, une mission, un but.

Si la vie est une transformation, « le rêve d'un rêve » que ferons-nous, nous autres, dans ce reflet du rêve où nous voulons vivre ? Dans cette vie que nous vivons en marge ?

Conditions de la création. Que crées-tu ?

Quelles sont tes limites ? Les bords de toi-même ?

Comment peux-tu descendre en *toi* ? Puisque tu es constamment les autres ?

Vocation-appel vocation du théâtre, appel vers le théâtre, c'est tout ce qui permet d'appliquer à l'acteur ce mot, et aussi l'esprit qui, sur les hautes cimes du théâtre, souffle et purifie par l'inspiration du verbe.

Car, sauf dans la période de l'enfance, au début, cet appel n'est pas pur, n'est pas désintéressé. Il n'est pas généreux.

À le bien regarder, il est plus souvent goût de licence, paresse, désordre et agitation, vanité de soi et fuite hors de soi, ou cause de ce vide en nous et de cette solitude qu'on ne supporte pas.

Ce n'est pas une vocation. Ce ne peut pas en être une. Et il faut cependant la trouver, sinon ce métier est une *destruction de soi-même – un mensonge*, une façon de narguer la vie, de la brûler tout au plus.

Obtenir une vocation théâtrale, c'est rechercher des règles dans un métier où il ne peut s'en trouver si l'on n'en met pas.

Vocation de théâtre : il n'y en a pas à son début. C'est *une fuite hors de nous-mêmes.*

Le vide, la solitude, qui nous effrayent, qui nous font fuir, révèlent l'agitation et toutes nos petites passions et le goût de la licence nous dirigent vers le troupeau, et la vanité nous fait entrer dans le théâtre.

Il s'agit de retourner à la solitude.

Il avait environ vingt-sept ans. C'était un garçon sans enthousiasme, un peu amer et caustique, mais d'une telle sentimentalité qu'elle le faisait vivre en parasite de lui-même et des autres ; et comme il était à la fois veule et d'un esprit vif, c'était sur n'importe quel sujet un admirable appareil pour enquête à tout moment de la classe. Il n'y avait que lui qui ne se prenait pas au sérieux, et à tout moment, dans les rapports qu'on avait avec lui et où il cherchait votre amitié, il s'ouvrait avec une grande naïveté. Sa veulerie prenait figure de sincérité. Tout cela instable sur un fond d'ironie de soi ou de canaillerie qui aidait à le faire avouer. Ce matin-là était-ce pour muser ou pour répondre à lui-même, il me dit tout à coup : Qu'est-ce que *la vocation au théâtre ? Comment peut-on savoir* qu'on a la vocation *? Qu'est ce qui le prouve ? Quels signes ?* Je viens de lire les *Mémoires* de Sarah Bernhardt. Je n'ai pas vu clairement comment, à quoi, on peut – même pour elle, même lorsqu'elle raconte ses premiers succès au couvent quand elle jouait l'Ange de *Tobie*[21] – apercevoir sa vocation, des signes de vocation. On voit qu'elle avait la vocation quand elle réussit à quitter l'Odéon pour entrer à la Comédie-Française et qu'elle claque les portes de la Comédie-Française ensuite pour en faire à sa tête ailleurs, mais ce n'est pas clair. On ne sait pas le moment où sa vocation se déclare…

– Et tu voudrais savoir si tu as la vocation ?

– Oui.

21 Dans ses mémoires, Sarah Bernhardt raconte qu'au couvent où elle suivait ses études, elle avait fait des pieds et des mains pour être distribuée dans une petite pièce relatant l'épisode biblique de Tobie recouvrant la vue grâce à l'intervention de l'ange Gabriel. (*Cf. Ma double vie. Mémoires de Sarah Bernhardt*, Paris, Charpentier et Fasquelle, 1907, p. 36-44).

– Tu y tiens ?

– Mon Dieu, oui, cela m'intéresserait de savoir si je l'ai.

– C'est une curiosité tardive. Toute la classe s'esclaffe.

– Naturellement vous croyez tous l'avoir, vous autres, la vocation.

Débat général. Chacun croit à sa vocation, naturellement. Et me voici obligé de parler de la vocation.

Ne parlons pas de choix pour le comédien : c'est une *séduction.*

On n'y fait aucun sacrifice.

C'est une invitation à un bal. (Il y eut une profonde déception de l'auditoire).

Un acteur n'est pas comparable à un religieux qui, faisant des vœux, renonce à quelque chose.

Au théâtre on emmène tout *avec soi*. C'est le seul métier où *tout est admis.*

Tout le monde a la vocation, tout le monde a le goût de cet appel. Mais la plupart restent en route. La vocation du théâtre est *la recherche d'un secret, du secret de soi-même* et de ce qu'il y a au-dedans de soi-même, juste à la limite de la peau où commence l'inconnu et se prolonge le mystère que l'on éprouve autour de soi et qui pèse jusque sur soi-même dans les vides interrogateurs de l'au-delà théâtral.

La vocation est un point de départ, un appel irrésistible, noble, divinateur. C'est brusquement le regard qui tombe sur le poteau indicateur d'une route toute droite et dont à l'horizon, la perspective rayonne et flamboie. Ou encore c'est un signal fait avec une telle force, ou répété avec tant d'insistance, que tout cesse en soi-même, de ses désirs, de ses inclinations, et qu'on se porte pour toujours de ce côté avec une obéissance aveugle et soumise. C'est une révélation et une mission imposée, par en haut.

Jeanne d'Arc et ses voix, Saint Paul et son illumination, Saint François et sa vision. Les apôtres et leurs visitations.

Rien de divin, rien de cette manière dans le comédien. Il n'y a pas d'appel d'en haut. Il vient d'en bas et de partout. On ne saurait le comparer à aucun de ces inspirés au départ.

Bien sûr, bien sûr, il y a des états quand on joue, des visitations. Saint Genest est passé au christianisme dans un miracle. Oui, mais qui a effacé en lui tout ce qui était, ce qu'il appelait sa vocation du théâtre. Il a trouvé une autre vocation par celle-là. Oui mais auparavant, Saint Genest s'était trompé.

– Évidemment.

– Mais il y a dans la vocation du comédien *l'aboutissement*. Et cela compense l'absence d'appel et justifie le choix. C'est la vocation justifiée par la pratique de sa pseudo-décision. Je prouverai qu'il n'y a pas de révélation, pas de choix, une poussée intérieure, qui n'est pas un appel ; car il y a trop de mélange. Si l'appel est irrésistible, il n'est pas noble. Il peut recevoir et éprouver en lui-même une intuition supérieure du théâtre qui l'égale aux pèlerins d'Emmaüs. La vocation est :

1) *don premier, terrible*,

2) ou un *choix plein de responsabilité*, ou,

3) *récompense par exercice, par constance.*

Mais pour arriver jusque-là nous sommes encore bien loin, bien bas. Il s'agit pour le comédien, lorsque l'on parle de vocation, d'un cas bien particulier et bien différent.

– Pourquoi as-tu fait du théâtre ? Quels sont les *signes de ta vocation* ?

– Pour parler franc, à ne pas mentir, *je n'ai pas eu de signes*. Je me suis trouvé en train de faire du théâtre et je m'en suis étonné.

– Étonné ? Oui. Moi, quand je m'interroge, c'est toujours un sentiment d'étonnement que je ressens. Je me suis étonné d'être comédien. Je ne sais comment je le suis devenu. Je me le demande encore. Je me suis un jour étonné de me voir marié, après quelques années de mariage. Étonné, entendez-moi ; je ne suis pas inconscient. C'est-à-dire je me suis demandé pourquoi, pour quelles raisons, je me suis marié ; pour quelles raisons j'ai fait du théâtre ? Pourquoi j'ai joué ce rôle, pourquoi j'ai refusé celui-là. Je ne trouve jamais bien les raisons.

– Tu n'y réfléchis peut-être pas assez.

– Au contraire, je crois qu'à ces moments-là je réfléchis avec beaucoup de jugement et c'est pour cela que j'écarte les petites raisons qu'on se donne d'habitude au moment où l'on choisit et que je me rends compte que ce ne sont pas celles-là qui m'ont déterminé (Aimantation spirituelle ?)

Je ne m'interroge presque jamais, mais à chaque fois que je le fais, je provoque en moi un étonnement, une curiosité. C'est mon sentiment le plus habituel quand, à distance, j'essaye de me comprendre. C'est peut-être pourquoi je me suis posé cette question de ma vocation.

– Tu essayes souvent de te comprendre ? Pas souvent. (Et il rigole).

– Oui d'ailleurs *on ne s'interroge dans notre profession que sur des choses sans fondement, des choses irréelles*, tout y est inexistant et faux. Les personnages sont des ombres et nous devenons *fantômes* à vouloir les atteindre.

Rumeurs, protestations de la classe. On croit vivre sa vie, pleinement, au fond nous ne vivons que sur scène. Un comédien, c'est-à-dire nous enfin, ne sommes que le reflet du public et de notre imagination. Je vous étonne ? Nous sommes des fantômes qui ne vivent que quelques heures par jour.

– Vous m'étonnez de si bien dire ce que je ne m'étais jamais formulé.

– As-tu jamais entendu un appel intérieur ?

Comme Saint Christophe ? Et de qui ? De Thalie ou de Melpomène, elles sont devenues muettes de dépit sans doute depuis que nous parlons et qu'il y a des auteurs.

– *Est-ce une carrière que tu t'es imposée ?*

– Ah, non plus.

– Ou alors as-tu senti que tu accomplissais un acte de sacrifice ou que tu renonçais à quelque chose pour vouloir faire du théâtre ?

– En aucune façon. J'ai eu le sentiment que je ne renonçais à rien. Au contraire j'avais tout ce que je désirais, me semble-t-il, si j'avais la chance de faire du théâtre.

– Et maintenant tu *n'es pas satisfait ?*

– *Si, mais pas assez.*

– Je vais t'expliquer tout à l'heure. Déception ? Il n'y en a pas dans la vraie vocation, car c'est irrémédiable.

– Et si on t'avait déclaré que tu ne ferais pas de théâtre, que tu ne pourrais pas en faire ?

– Je me serais dit : alors, qu'est-ce que je vais faire ?

– Mais ce n'était pas plus impérieux que cela ?

– Mais si, bien sûr, c'était plus impérieux. J'aurais été désespéré.

– Tu aurais été déçu. Tu ne sais pas ce que c'est que le désespoir. Tu aurais eu le sentiment d'être détruit, anéanti ?

– Ma foi, presque.

– Alors, c'est que tu as la vocation. Je voudrais bien pouvoir démêler ton cas. Réfléchis. Pourquoi as-tu fait du théâtre ? Pourquoi as-tu voulu faire du théâtre ?

Je voudrais trouver un cas de vocation et de vrais signes – un vrai appel.

– *Ton noviciat est difficile*, parce qu'il n'y a pas de *règles à pratiquer*. Il faut les tirer de la pratique, d'un exercice confus, mêlé où tu seras victime, plus que bénéficiaire. Il n'y a pas de règles dans ce métier. Les règles techniques, cela ne vaut pas grand-chose. Tu ne peux les savoir qu'à la fin de ta vie et pour toi-même. Elles sont différentes pour chacun. Et au moment où tu les sauras, tu n'auras plus les moyens de les pratiquer. Tu ne te vois que dans un miroir déformant. Tu te dissous dans l'illusion de toi et des autres.

Impossibilité de prendre conscience de toi.

Tout est l'envers d'une vocation : appel, développement des dons – ils sont communs à tous les hommes, seulement la cupidité, la vanité ou l'ennui les encouragent. C'est une pratique sans règles, sans éclairage. Tu deviendras le jouet passif de ce milieu et tu joueras avec une personnalité d'un égoïsme de plus en plus grand. Ce que demande ce métier est *l'impersonnalité totale dans une personnalité exagérée* : c'est monstrueux.

Il y faut les vertus les plus contraires : modestie et vanité. C'est dans ce déséquilibre que s'exerce le métier. C'est difficile et chacun s'y perd plus ou moins.

Et après tu seras un *déchet*, ou un *déformé*. On se sera servi de toi par une série de séductions dont tu es victime et qui ne valent rien.

La vocation, au théâtre, est un aboutissement. C'est la prise de conscience de toi-même. La conscience de ta participation à ce jeu de dupes. La vocation, c'est le sens de ce que tu fais.

C'est *la connaissance de toi-même. C'est la connaissance* de ce qu'il y a derrière tes gestes, tes sentiments vrais et fabriqués. C'est derrière toute cette vraisemblance, et illusion où tu vis, ce qui les explique et les justifie, qui autorise tes mensonges – et la bassesse de tous ces simulacres – où ta sincérité ne rachète rien car elle est égoïste ou habile. C'est l'envers du théâtre, c'est son au-delà, c'est ce que tu méconnais, à chaque instant, cette divine présence des sentiments vrais, dans l'angoisse où vivent les hommes et qu'ils cherchent à atteindre par tous les gestes de la vie.

Les tiens sont les pires s'ils ne sont pas sincères. *Être sincère, c'est croire à cet au-delà et le servir en mille façons.* (Objections avec des comédies, vaudevilles et spectacles de divertissements).

Certes, tout a un degré et une mesure ; et chanter une chanson est bien différent de dire le monologue de Polyeucte. Mais il y a dans la manière de l'une comme dans la manière de l'autre une *façon de le faire*, c'est cela qui *est en question.*

Pourquoi ? Je ne sais pas.

Il revient à son enfance, plus curieux que jamais et étonné.

« J'aimais me déguiser et puis j'avais le dégoût de ce que je faisais ».

Enfin, découverte ici des réponses vraies sur le goût du théâtral, du sens du dramatique, commun à tous les hommes et qui se manifeste chez l'enfant à l'état pur, brut. C'est cela dont il faut parler. Pour parler du théâtre, tout se rapporte à tout, et rien n'explique rien ; mais on peut y pénétrer par n'importe quel biais, s'interroger sur soi ou les autres, sur n'importe quel point et on peut circuler dans tous les dédales de cet incompréhensible état, l'état dramatique, de ce goût exceptionnel, invraisemblable et cependant naturel. On peut visiter tous les comportements du métier en passant par n'importe quelle porte. Vocation ou autre chose. Tout est bon pour s'instruire.

C'est une *orientation, un tropisme vers le théâtral* et vers le dramatique.

Goût de l'ostentation qui recouvre, englobe un instinct, une tendance, obscure vers un sentiment qui est fait d'une solitude qu'on aime peupler à son gré et que j'appellerai *sens du dramatique*, un sens obscur, diffus, vers une sorte de secret. C'est ici qu'on reste en route.

La découverte au moins qu'il y a un secret, de pressentir qu'on ne le pénétrera jamais et qu'on continue à le chercher, c'est cela la vocation.

Que recouvre cela ? La noblesse humaine, l'amour, un sens de l'infini, une croyance à une vie supérieure des sentiments et des idées, un monde, un au-delà de l'esprit et, de cette façon, quelque chose de divin dans le temporel.

Le théâtre est la recherche d'un secret commun à tous les hommes.

Le secret de soi-même – et de la vie.

Le théâtre ne sera pour toi un métier qu'autant que tu le pratiqueras en connaissance de ce que tu y fais.

Connaissance de soi-même, connaissance de l'acteur.

Tout y est mêlé, le meilleur et le pire. Il ne faut pas être victime. Victimes du théâtre, acteur déformé, boursouflé par des rôles creux. Ventres des enfants qui sont sous-alimentés, soumis au riz. Ceux nourris absurdement, pélicans desséchés. Ceux qui vivent du vent de l'applaudissement, de l'auréole des affiches, ou des boîtes d'allumettes.

Et je continuais mon monologue. J'avais oublié qu'il était parti. J'étais tout seul. Conviction qui se prolonge au-delà de moi. Et je ne sais plus où j'en suis dans ce prêche. Je sens qu'il faut que j'aille jouer, me dépouiller de toutes ces idées pour dire un texte. Quel texte, Dieu du Ciel ! C'est une série de répliques de Marcel Achard[22]. Ce n'est pas un personnage que je fréquente en ce moment. J'ai l'impression que me donnent certaines soirées mondaines où je perds mon temps et moi-même. Je suis comme tout le monde, pris dans le rêve de la vie. C'est difficile de s'efforcer. Peut-être travaillerai-je en rentrant *Dom Juan*. Cela est si haut que je n'ai guère envie de monter à ces altitudes. Je suis comme tout le monde – pas d'orgueil – je suis aussi facile et me laisse aller à la pente. Je sais tout de même que ce n'est pas facile. De ce point de vue, j'ai quitté la confusion.

Pourquoi prends-tu ces personnages dont tu te sers – Alceste, Hamlet – au lieu de les servir. Mais ce n'est pas cela le théâtre, c'est offrir aux autres, une sensibilité supérieure, la sienne, son plaisir.

Le Plaisir – La joie

Où prends-tu ton plaisir ? Exhibitionnisme, sensibilité reçue, consacrée par le public. Quel en est le contrôle, la pierre de touche, le criterium ? Quoi

22 Marcel Achard (1899-1974) est l'auteur de pièces de boulevard, de comédies légères et, sur la fin de sa vie, de comédies musicales. Ses pièces, servies par de grands metteurs en scène et de bons acteurs, ont eu un énorme succès entre les deux guerres. Jouvet avait peu d'estime pour son œuvre bien qu'il ait monté cinq de ses pièces. Il écrit notamment dans ses notes, alors qu'il monte *Le Corsaire* : « Le trait le plus saillant d'Achard, qui est le plus pernicieux pour son œuvre, est sa complaisance servile du public, pour des plaisanteries sans grande valeur, pour des répliques-types. Il n'y a pas d'auteur dramatique qui se méprenne autant que lui sur la qualité du succès, qui ait une idée aussi pauvre du public ; il croit à l'importance du calembour dans l'art de plaire ; il a du succès facile un goût fâcheux ; il n'a jamais compris que le succès est une adhésion à une certaine hauteur dans l'esprit et le sentiment. »

te guide ? Tu deviendras cabot, histrion, l'acteur de cinéma dans toute sa gloire est moins « m'as-tu-vu » que toi. Il y a le succès, l'adhésion des autres.

Tout est fait pour dévoyer, il n'y a pas de règles. Nouveauté qui passe. *Ton étonnement.*

C'est contre *ta lassitude, ton dégoût, ton métier fait par habitude, la pauvreté que tu éprouves*, que je dis cela. Et cet effort vers plus haut, mieux et *la nécessaire recherche d'une manière de faire ton métier*, ou cette prétention, ce plaisir passé à une *hauteur d'hallucination* qui est récompense suprême, dans la réhabilitation du *faux, du pauvre, du mesquin*. La seule façon de faire du *vrai* est de partir de là. *C'est au rebours de la grande vocation, le moment de la visitation, de l'illumination à la fin.*

La sincérité est ce qui dépasse l'équivalence, ce qui est au-dessus, c'est au-delà du plaisir.

Le texte n'est pour l'acteur qu'un prétexte, des agrès où il déploie sa force, et se satisfait plus ou moins vaniteusement. Or l'œuvre n'est pas un prétexte mais ce qu'il y a de précis, de substantiel au théâtre. Elle est le produit d'un monde des idées, elle contient des vérités qui ne sont qu'apparemment à la portée du comédien. Mais celui-ci ne la considère d'abord que dans l'agitation qu'il peut lui donner.

C'est ici à ce moment que se place l'apprentissage, puis *la révélation*, la vocation possible du comédien. Il ne s'agit pas de l'apprentissage de la diction, de la respiration, de la gesticulation, cela on l'apprend toute sa vie.

Ce qui est *apprentissage, noviciat de cette religion basée sur le sentiment du dramatique*, c'est le moment où pratiquant déjà depuis un certain temps son métier, l'acteur essaye de comprendre ce qu'il doit y trouver : *un enrichissement moral, un rôle, une mission* vis-à-vis du théâtre et du public, et donc de lui-même.

Il ne se préoccupe plus seulement de l'extérieur du théâtre, c'est-à-dire des effets qu'il produit.

Après avoir pratiqué, passé les *épreuves* de l'insuccès, du dégoût de soi-même, de la désillusion, de la vanité des vanités de son métier, il commence à entrer dans cette seconde phase, *où l'idée du personnage*, de la *dissociation* entre le personnage et lui, devient agissante.

C'est de là que part l'idée du métier, différente pour chaque acteur et chaque époque.

Maintenant, en connaissance de cause, ce comédien va choisir, ou de rester vaniteux, cupide, esclave de ses goûts, jouet des circonstances, instrument, ou de servir un métier, son métier, en bon ouvrier, de le pratiquer comme une consécration aux œuvres spirituelles. Il utilisera tout ce qu'il y a de mêlé, de bas, au bénéfice de sa profession, non à celui de sa jouissance personnelle.

S'il choisit ce service, si, placé comme il l'est, entre ses appétits et ce devoir professionnel, il considère ce qu'il fait par rapport à certaines règles toujours au profit du théâtre, il prend conscience de soi, de son métier, *et à partir de ce moment on peut parler de vocation.* Le comédien atteint cette pratique éclairée, illuminée où, tel un religieux, il atteint à la vocation. Le fait de jouer devient alors une méditation supérieure, active, une pénétration professionnelle de l'esprit d'une œuvre. Le théâtre, œuvre de l'esprit, monde sensible, contient tout en lui, il a ses damnés et ses élus, c'est ce qui permet alors de parler de vocation. L'être entier appelé, aspiré, l'acteur prend conscience des raisons pour lesquelles il fait du théâtre, ayant pratiqué, pratiquant, il trouve son orientation et choisit. Lorsqu'il choisit le dédoublement, conscient, le service noble et désintéressé, il a la vocation. Il comprend aussi sa position vis-à-vis du public et de l'auteur. *Et par la connaissance du théâtral, il peut entreprendre la recherche du dramatique.*

VOCATION.
*ÊTRE QUELQU'UN, MAIS QUI ?**

Dans le théâtre, on s'échantillonne, les personnages sont des pierres de touche.

Je ne suis à moi-même accessible que par et dans ce monde qui me fait passer de rien à quelque chose. Mais en même temps je me renie puisque je n'acquiers l'intelligibilité qu'en m'identifiant avec tel ou tel aspect du réel qui est moi, sans être moi, qui est arrêt, suspension de moi – une animation de cette exigence constitutive de mon être.

Ici se trouve encore le problème de l'acteur, son existence relative, sa vie dramatique. Tous nos moments ne sont pas de la même importance. Le cours moyen *de l'existence quotidienne ne nous révélera pas les aspects de notre être qu'il ne met pas en jeu.*

Le problème de *la connaissance de soi* se ramène donc en définitive *au problème total de l'activité humaine.*

C'est création de soi par soi, dans le sens d'une fidélité à certaines valeurs maîtrisées de la vie individuelle :

1) *On atteint ici une attitude dogmatique* qui cherche des structures stables, qui cherche une définition objective universelle de l'homme.

2) La psychologie qui a voulu remplacer cette attitude et appliquer à une recherche personnelle l'élaboration du problème de la connaissance de soi a fait faillite. L'analyse aboutit à un échec. On découvre que *la recherche de soi*

nie son objet et le dissout et ne trouve jamais dans l'ordre de la pure psychologie l'accomplissement désiré.

3) Par-delà cette faillite, on passe à une troisième attitude, celle de la critique s'efforçant de faire la part des différents éléments et *situant la connaissance de soi parmi l'activité totale de la personne.* C'est *dogmatisme pratique* personnel.

Notre activité se déploie dans *l'immanence* chaque fois qu'elle choisit tel ou tel engagement, elle exclut l'engagement contraire.

L'histoire de la personne se déploie dans le temps, elle est soumise à toutes ses limitations ainsi qu'à son imprévisibilité, condition de toutes les initiatives. Tel est le sens de notre liberté. Il n'y aurait plus de liberté si je pouvais jamais être assuré d'avoir atteint ma détermination définitive, si une certaine et dernière formule de mon être, pleinement aperçue devait à jamais me priver d'avenir.

Tout ceci implique une attitude, un système d'attitudes spécialement curieux dans le métier d'interprète – dans cette révélation de soi par l'imitation d'un autre être, et pose le problème comme un dilemme définitif dans l'art d'exécuter.

Être soi ou être un autre :

– Se déclarer soi-même ou témoigner pour un autre avec les risques que comportent selon l'Église ces occupations pernicieuses où l'homme perd son âme, ses facultés, ses vertus individuelles, sa personne.

– La solution ne serait-elle pas dans un service intelligent, dévoué, où l'exercice serait une sorte d'ascèse, ayant pour but une hygiène morale, une pratique efficace pour soi et pour autrui, pour son métier et sa perfection, pour une « co-naissance » de soi ?

Il s'agit d'établir l'identité de sa vocation – vocation – devenir (et non appel – *vocare*) du moins justifier cet appel qui n'est que désir, attirance, sollicitation.

Il ne s'agit pas de mettre au point des principes rationnels, techniques, savants, à partir de postulats, de données, d'expériences mais de demeurer aussi près que possible de l'homme, de l'homme dans son métier, son occupation, sa vocation, de l'artisan de soi-même, artisan par excellence, le premier de tous les artisans de soi qu'est le comédien.

Il faut réaliser un certain équilibre psychologique propre à chaque individu, à chaque interprète dans une série d'exercices de déséquilibre de soi.

Il faut obtenir la détermination de ce complexe de désirs, d'aspirations, de volontés que chaque individu affirme au contact du monde et qui, au théâtre, prend une valeur si nettement accusée et vivante, vitale.

C'est rechercher une règle. *C'est rechercher une hiérarchie de soi à soi-même*, du soi et du moi *par rapport à un étalon-mesure-patron-modèle : le Personnage.*

C'est rechercher une continuité au sens même de l'expérience, du métier choisi.

Notre vie *spirituelle* ne se situe pas en dehors de notre vie *organique*. Elle entre dans un même tout avec elle.

Cette connaissance de soi est donc plutôt *connaissance de ce que je dois être. Un effort vers le devoir être* plutôt que constatation de ce que je suis.

Toute vie est révélation de ce que nous sommes.

Toute vie est efforcement conscient et acharné.

C'est fidélité à soi-même.

Manquer sa vie, c'est se chercher, se créer où l'on n'est pas, trahir sa vocation, en dépit de toutes les satisfactions, dont une telle conduite pourrait être l'origine.

« Les carrières les plus brillantes ne présentent parfois que le masque d'un échec total. »

Il faut chercher une expression de notre être qui ait une valeur de libération, d'accomplissement.

Il ne peut y avoir de conscience claire : la connaissance de soi est équivoque, impossible. *Il s'agit de révélation de soi pour le comédien au contact d'une humanité, d'une nature artificielle, différente et d'un exercice complexe, rare, difficile.*

Il s'agit d'un équilibre qui nous satisfasse en supprimant cette inquiétude même qui constitue le principe de la recherche.

Connaissance de soi pour le comédien.

Recours à une réalité (artificielle) qui nous complète.

En sortant de soi, on fait l'épreuve de ce qu'on est, de son moi.

Le dialogue, la rencontre sont le seul régime valable de l'expérience de soi. Nous nous affirmons au contact de ce qui s'oppose à nous, de ce qui nous complète bien mieux que dans la communion avec ce qui nous ressemble.

Ainsi l'homme cherche dans la femme non pas une image de ce qu'il est mais un complément d'être qui lui manque.

La connaissance de soi n'est ainsi qu'une dérivation, une déformation de cette exigence fondamentale qui pousse l'homme à la recherche d'une situation où toutes ses aspirations se trouvent ensemble satisfaites.

Notre angoisse, notre inquiétude de nous-mêmes prendra fin si nous avons su découvrir un usage convenable pour les ressources humaines dont nous disposons.

Deviens qui tu es au lieu de connais-toi toi-même. Le mythe du Sphinx est l'illustration de l'homme. À la question que lui pose sa propre destinée il appartient à chacun de répondre par l'affirmation de l'homme en lui.

Chaque homme joue de soi à soi les rôles simultanés du *monstre* et du *voyageur*, de l'apologue antique.

VOCATION – NOBLESSE*

Il n'est intéressant dans cette vie que ce qui peut nous fixer, nous absorber, nous emplir, nous faire plus existants, plus vivants. Est-ce le souci de gagner de l'argent ? Peut-être est-ce le moyen le plus facile, mais à coup sûr le moins noble. Est-ce de se passionner pour des tulipes ou pour des cattleyas, pour la fabrication des landiers[23] ? En quoi un acteur ne pourrait-il pas être considéré comme un de ceux qui vivent par l'esprit et par l'âme, même s'il n'a pas l'air d'en avoir, puisque son exercice, s'il ne joue jamais de pièces basses, n'est que de vivre dans les passions humaines et dans les plus hautes, s'il fréquente seulement Shakespeare, Molière, Racine.

*SINCÉRITÉ**

La sincérité ne peut se définir que par rapport à un moment donné.

Plénitude d'un sentiment qui ne peut durer, qui varie suivant l'instant.

La sincérité ne peut être qu'un rapport entre le sentiment et des idées ou des actions, une position de celui qui dit, fait et éprouve.

Il s'agit donc de considérer surtout ce qui se dit ou se fait, et les conditions dans lesquelles ces choses sont exprimées ou exécutées, c'est-à-dire la situation où l'on est placé. La sincérité est fonction essentiellement de cette situation.

Sincérité de Louis XI, sincérité du repentir. C'est un moment, c'est un calcul chez celui-là. Le sentiment qui s'introduit en Louis XI pour s'exprimer est sincère pour l'interlocuteur. Sincérité des déclarations d'amour. Sincérité de soi-même, mensonges constants que l'on se fait avec une réelle conviction. Imagination.

De la sincérité. Position de l'interprète. Dans un texte, sincérité passionnée mais logique des personnages de Molière imaginaires. Sincérité dans Marivaux engendrant une sincérité particulière pour l'exécution qui devient démonstrative. Sincérité des acteurs du Moyen-Âge, passionnée jusqu'à la conviction

---

23 Gros chenets surmontant les braises et permettant de déposer des chaudrons pour maintenir les aliments au chaud.

personnelle. Sincérité des romantiques. Boursouflures, profération sportive de phrases où la sincérité est à un paroxysme nécessaire pour ces situations extravagantes. Sincérité du chanteur, de l'acteur grec, pédagogique et rituelle, utilisation sincère de procédés dramatiques, examen de la sincérité suivant les textes, les conventions, les situations, principes d'illusion.

Sincérité vraie ou jouée : récit fait dans le moment par un témoin horrifié, ému, refait le lendemain sans fièvre ni émotion. Il est laconique et éloquent d'abord, vraiment poète parce qu'il ne songe pas à ce qu'il dit. Le lendemain, le témoin est phraseur, maniéré, exagéré. Plus d'intentions et d'effets. C'est un cabot, mauvais acteur. Il ne l'était pas au naturel la veille, *en racontant*. C'est l'illustration de *l'action*, de la *sincérité présente*. Naissance du texte.

Deuxième phase : la conscience de soi, la découverte du personnage

Parvenu à la deuxième phase, le comédien se rend compte que la possession du personnage est illusoire. Comprenant alors qu'il lui est impossible de s'incarner dans les personnages qu'il a la charge d'interpréter, il prend conscience de ce qu'il fait.

L'ILLUSOIRE INCARNATION DU PERSONNAGE

APPROCHES DU PERSONNAGE
Fin août 1941

Et voilà que ce matin, j'ai fait encore quelques notes. Je pensais au portrait d'acteur – Sondel[24] – l'acteur qui répète. L'attitude de Sondel vis-à-vis de la pièce[25], de sa mémoire, vis-à-vis de lui-même, il sort continuellement de son exercice et stérilise son travail. Il arrive à la répétition, il parle avec excitation d'autre chose ; il n'est jamais dans le sentiment équivalent. Si c'est un rôle triste, il est gai. Si le rôle est gai, il est triste. Puis il commence à répéter. À chaque instant, il s'arrête, ou croit nécessaire de s'arrêter. Ce n'est pas seulement que sa mémoire soit défaillante, non. Il a le goût de s'interrompre. Pourquoi ?

Il commente ce qu'il dit, il s'excuse. On sent qu'il a *précisé*, ratiociné le texte comme un *orateur* qui essaye de se rappeler les phrases et les idées qu'il dira, il arrête, ponctue, intervient contre lui-même et contre les autres cent fois, par cent réflexions différentes. Est-ce timidité, pudeur ? Goût de supériorité ? Non, je crois que c'est plutôt attitude fâcheuse, incompréhension de son rôle, de son métier. La conscience qu'il veut avoir et ce qu'il fait et dit, l'oblige à cela. Il ne sait pas que *pour atteindre*

24 Aucun acteur de la troupe de Jouvet ne s'appelait Sondel. Il s'agit de Stéphane Audel dont Jouvet a ainsi voulu masquer le nom.

25 *Électre* de Jean Giraudoux.

*au sentiment, il faut n'avoir aucune raiso*n, que la pensée qui intervient tue en lui non seulement la mémoire, mais encore le sens, la sève du sentiment dramatique, le mouvement.

Et d'ailleurs il en parle, mouvement, action, mimique, mécanisme, *comme moi-même j'en parle et il donne de toutes ces catégories du métier, des définitions comme moi. Il a des idées comme moi sur ce métier. Je n'en écris pas pour avoir plus raison que lui, mais cela me frappe à un point où ma curiosité s'est installée.*

Il prend le rôle par lambeaux de texte et l'on sent qu'il les a appliqués sur lui, comme des morceaux de sparadrap pour s'en habiller, ou qu'il les accroche à son habit comme des clochettes, des tablettes.

C'est *son état d'esprit, son attitude, son habit de comédien, qui m'intrigue.* J'ai vu ce genre d'acteur très souvent, mais aujourd'hui cela me frappe d'une manière éclatante. Et je me rappelle Moran[26], l'autre jour, qui a dû doubler dans *Électre* en quelques heures Béquout[27] ; la façon dont il a

---

26 Jouvet désigne ainsi André Moreau (1900-?), qui avait été « administrateur » de la Société du Théâtre Louis Jouvet dans les années 1930, puis directeur du Théâtre des Arts où il avait mis en scène, en 1937, avec un énorme succès, *Sixième étage* d'Alfred Gehri. Par la suite, il est revenu dans la troupe de Jouvet en tant qu'acteur au moment du départ en Amérique du Sud, où il joue dans de nombreuses pièces et participe à la mise en scène de *Je vivrai un grand amour* de Steve Passeur en 1941. Ici, Jouvet fait allusion au fait qu'André Moreau avait remplacé Romain Bouquet, alors souffrant. (René Besson, le régisseur général, écrit dans le livre de bord de la tournée à la date du 20 août 1941 : « Raccord *Électre*, toutes les scènes du Président pour M. Moreau qui double M. Bouquet).

27 Romain Bouquet (1887-1943) avait été comédien dès 1913 au Vieux-Colombier sous la direction de Jacques Copeau ; puis en 1924 il avait rejoint la troupe de Jouvet et a été son acteur le plus fidèle. Il est décédé à Santiago du Chili pendant la tournée en Amérique du Sud. Après sa mort, Louis Jouvet, très affecté, lui rendit un fervent hommage : « Jamais comédien ne fut plus modeste dans sa profession et ne mit plus de tendresse à l'exercer. Trente années durant, écartelé entre ces deux qualités antihéâtrales de l'humilité et de la ferveur, il a pratiqué le théâtre comme une mission. Jouer, pour lui, était un acte de politesse, de complaisance, d'amitié et parfois de dévotion envers ses personnages, envers l'auteur, envers le public et envers ses camarades. Il a donné à la sincérité du comédien son vrai sens. Il avait les charmes que son nom évoque. Son visage était celui des comédiens peints par Watteau, sa voix tendre et voilée avait d'étranges éclats où elle se brisait, mais la nature en le desservant ainsi l'avait rendu unique. Trente années durant, son amitié et sa confiance m'ont soutenu, aidé, réconforté. Trente années durant, chaque soir, rien ne l'a distrait de son service devant le public. Seule la guerre de 1914 l'en a relevé pendant trois années, en lui distribuant un autre rôle, celui de chasseur à pied. Blessé, puis malade, la mort n'avait pas voulu de lui, elle vient de nous le prendre. Après deux ans de tournée, traversant avec nous la Cordillère des Andes, comme s'il cherchait un coin éloigné pour s'y cacher, fatigué, résigné, dans l'amitié si française des Chiliens, la Providence lui a envoyé deux femmes admirables de charité et lui a fait retrouver un

répété, puis joué. Il s'appliquait seulement à dire la réplique, en donner le sens, sans souci d'inflexion, de nuances. Il était comme un domestique. Il me faisait penser à ces ouvriers, ces débardeurs qui se passent des briques, mais ici le rythme n'était pas aussi simple et monotone que de recevoir la brique et la relancer. Ce mouvement à deux temps est plus compliqué avec des répliques qui sont de longueurs différentes. Il avait deux angoisses : celle de dire la réplique, puis, lorsqu'il arrivait au bout et qu'il en était délivré, on voyait sur son visage une autre angoisse recommencer : écoutant le partenaire dans le souci qu'il avait de placer à nouveau sa prochaine réplique, il *écoutait* avec évidence.

On le sentait heureux à la fin de la réplique dite, comme à un travail de chaîne auquel il n'aurait pas été habitué et il se préparait à recommencer le geste obligé que commandait la chaîne, c'est-à-dire la scène.

Il n'avait que le souci de ne pas faire un trou en disant bien ce qu'il avait à dire au moment. Il était émouvant de simplicité, de franchise. On le suivait avec attention comme un enfant qui commence à marcher, à chaque réplique il semblait franchir un espace entre deux meubles. Je pensais à Sondel et comme il est irritant quand il joue, comme on entend peu ce qu'il dit et comme on le voit trop lui-même, par-dessus ce qu'il dit et qui perd son sens. *Cette proportion de l'acteur* dans ce qu'il fait, c'est cela l'essentiel. Je l'ai compris cette fois[28].

Et la scène avait pour la première fois un caractère dramatique étonnant de clarté, de simplicité. Elle était une action intelligente, elle avait un pouvoir sur le public qu'elle n'avait jamais eu. Je n'ai jamais vu si bien jouer, si parfaitement jouer la situation et le rôle. Répéter c'est d'abord cela. Le sommet est ce que le texte, cet exercice, apporte intérieurement à l'acteur, le sentiment qu'il finit par éprouver, comme une récompense avec certitude, et qui lui sert à se hausser, à personnaliser des vertus choisies en lui, et induites du personnage, de son habitude, jusqu'à arriver à ce que les critiques appellent une interprétation. C'est la conséquence d'une pratique humble, d'un exercice méthodique.

---

cousin qui porte son nom, pour lui fermer les yeux. Il repose maintenant à Santiago du Chili, sous le mausolée réservé aux Combattants français. Accueilli fraternellement par eux, il sera comme il l'a toujours été, j'en suis sûr, l'affabilité et la discrétion. »

28 Participation de l'acteur au rôle. Audel explique tout et l'on ne comprend rien. On le voit trop. Moreau se contente d'écouter et l'on comprend tout. On ne voit que le personnage. (Note de Louis Jouvet).

D'autres sans doute atteignent autrement à l'exécution. Moi j'indique ce qui se passe en moi, et je crois avoir trouvé en les disant les règles du métier, tel que je l'ai pratiqué et que je m'efforce de l'enseigner.

Moran n'avait même pas la préoccupation du sens, dans cette mémoire hésitante, aveugle, incertaine. Les mots qu'il disait et qui n'étaient que des *lueurs* pour lui, dans un sens vague où *la réplique de provocation* était *la plus essentielle et significative pour lui, ce n'était pas ce qu'il disait qui lui importait, c'était ce qu'on lui adressait.* Il n'avait que le souci de répondre et, quand il avait une réplique, d'attaquer. C'était attaquer seulement qui le préoccupait.

Il disait pas à pas, soucieux d'énoncer, de diction seulement non de faire comprendre, *trop mal à l'aise pour prendre à son compte, prendre pour lui* le plus petit sentiment, dans toutes ces phrases. Il n'en avait pas le temps ni l'envie ; et le texte et la scène de l'œuvre avaient dans ce jeu hésitant et impersonnel une prépondérance, une sonorité pas seulement de nouveauté pour moi, mais celle que je souhaitais et que je m'irritais le soir de ne pas obtenir avec l'autre acteur, et le public sans le savoir, attentif à ce qu'il y avait de préoccupé, de laborieux dans son jeu, écoutait mieux que jamais sans se douter de la raison.

Le théâtre ainsi pratiqué était intéressant pour moi à un degré étonnant. (Je pensais aux comédiens du XVIIe siècle) *Moran ne jouait que la situation et non lui-même.* Il était à la fois le montreur de marionnettes et son sujet, sa seule participation n'était qu'objective, – son texte n'était surchargé d'aucun de ses sentiments personnels !

Et il me semblait que c'était exemplaire. J'ai pris à témoin les comédiens ensuite. Je leur ai expliqué ce que j'avais éprouvé, et comme cette illustration devait leur servir à comprendre l'attitude qu'il faut avoir en jouant, et comme il faut se priver, se retenir de s'introduire trop dans un grand texte par sa pensée ou par son sentiment ou par des intentions, que tout cela est physique, simple, qu'il s'agit avant tout de remettre ses pas dans les pas d'un texte, que la diction en est l'essentiel, et que le sentiment atteindra le public plus aisément que par l'intermédiaire de leur sentiment à eux, qu'ils apportent toujours prématurément, surtout que leur sentiment précède leur émission et que leur sentiment dramatique, ils ne doivent l'éprouver intérieurement, en eux-mêmes, qu'après l'émission. Je n'ai pas eu beaucoup de succès et personne ne m'en a reparlé. Hier, j'ai défini à nouveau *le texte et l'action : résultat du personnage – et le rôle, expression de l'acteur au moyen d'un texte et de péripéties.* Cela n'est pas clair pour eux. Ils confondent. Il n'y a pas de définition précise. Les mots sont des étiquettes, je le sais bien. Que faudrait-il faire ?

D'abord, ce que je dis n'est pas assez clairement dit, les exemples ne sont que des cas particuliers et chacun s'élève au général, *se fait une compréhension par ses propres moyens* et on croit être dans le vrai, sans avoir le secours *du miroir qui vous montre votre vraie apparence.* Il n'y a pas de boussole sur cette route.

Ce n'est qu'apparence, sincérité, persuasion et bonne volonté où tout s'immisce et peut s'introduire de bonne foi. *Le don d'humilité et de modestie qu'il faut à un comédien est unique parmi toutes les vocations.*

Clariond[29] me dit comme d'autres disent : « Être Alceste ; entrer en scène comme ça, d'un coup, et être le Misanthrope ! C'est inimaginable. On a une difficulté. C'est d'un dur. On a beau mettre toute sa sincérité, on se sent seul ! Commencer une pièce comme ça. Ce n'est qu'au bout d'un moment qu'on est le personnage !

La sincérité que demande ce personnage est terrible. Voilà longtemps que je le joue et je n'y arrive que quelquefois ».

Ces expressions disent bien où est le malentendu. *On n'est pas*, on ne peut pas être Alceste. On ne peut qu'en témoigner avec plus ou moins de sincérité. Vouloir être Alceste est de la prétention, de la folie. Ce personnage fictif, plus parfait qu'un humain, n'est pas « *incarnable* ».

Cette action a été commise déjà. Elle est l'expression, le résultat du personnage. Elle est commise parce que le personnage existe. Elle n'est pas à commettre. Elle est une conséquence. C'est une action déjà faite. Alceste n'en peut pas commettre d'autre. Si elle était autre, il ne serait pas Alceste. Et le texte est le résultat du sentiment du personnage, alors que pour l'acteur le texte est l'occasion de placer son sentiment et de former sa sincérité, d'être le personnage. Cette existence du personnage et de ses actions est a posteriori par l'acteur. Il cherche à *créer* instantanément ce qu'il a à jouer. Non, il *a à jouer* parce que cela a été fait, créé.

---

29 Aimé Clariond (1894-1959) était un célèbre acteur de théâtre et de cinéma. Durant la seconde partie de sa carrière, il fut sociétaire à la Comédie-Française, où il interpréta Alceste dans une mise en scène de Jacques Copeau en 1936.

Non pour démontrer, à la façon d'un commentateur, mais comme un automate, un copiste, un imitateur.

Il veut créer le rôle comme il dit, il n'a qu'à le recopier. Il est créé de toute éternité.

Le rôle est le montage en creux, *la trace*. Ce sont les mots écrits et il n'y a qu'à les rejouer pour que *les sons* et la musique se recomposent d'eux-mêmes en l'acteur, comme chez le musicien qui veut d'abord jouer la musique. Il est évident qu'il n'a du rôle ou de la musique qu'une connaissance a posteriori, oui mais il faut remettre tout cela dans sa création, dans son ordonnance première. C'est une *re-création*. Il faut qu'il se mette en état de recréer, de refaire, d'imiter, d'être obligé de répéter. Or cela n'est pas *sa sincérité*, la sincérité de ce qu'il dit ou fait en scène. C'est une *sincérité préalable, mais qui ne peut jouer que lorsqu'il sait le mécanisme du rôle.* C'est cela qu'il faut d'abord trouver. Cet échange de répliques où la diction, la respiration vous donnent le tempo et l'enchaînement de ces scènes avec la logique, la raison de leurs entrées, de leurs sorties, le bout du rôle et son commencement, comme une chaîne, une cascade de gestes et de phrases obligées. Il est l'aiguille du phonographe, qui parcourt à un rythme donné les sillons ineffaçables, immodifiables, définitifs. S'il ralentit ou s'il accélère, il change, il altère les sons… et le sens.

L'acteur ne peut qu'imiter, refaire en parlant, des gestes et des phrases.

Il ne peut interpréter le classique.

Et voici qu'en revoyant Moran, cette expression de *jouer la situation* se définit très bien.

Ce rapport entre les phrases et les actions – neutre – dont il n'a pas à s'inquiéter, où il ne doit que raisonner, en fonction de ce rapport et non par conclusions ou préparations, par déductions ou inductions intelligentes, il faut arrêter l'esprit et la raison dès qu'on s'écarte un peu de *la nécessité du texte et de l'intrigue*, de ce besoin impérieux qui est inclus, contenu dans le texte imprimé et ses péripéties.

Jouer la situation, ce n'est que mouvement, rythme, ton par les répliques, pas plus loin, pas plus haut.

Une série d'idées, de notions, aujourd'hui en moi, naissent, éclosent, s'engendrent, en partant de ces exemples. Et au moment où j'écris, je vois avec évidence, je comprends que mes mots n'étaient pas définis, que moi-même surtout je n'avais pas atteint un sens parfait, une explication claire de ce que je voulais dire, qu'il faut plus qu'une formule pour être clair.

Quand je relirai ces notes dans quelques jours, j'espère n'être pas déçu, comme d'habitude. L'idée du *mouvement*, de la *situation* du *rôle*, du *personnage*, de l'*intrigue* et de l'*action* me paraissent plus clairs aujourd'hui grâce à ces réflexions sur ces exemples.

S'il y a une lacune, tout est perdu, car tout n'est pas encore dit en ces quelques pages hâtivement écrites.

Ma note de ce matin qui m'a fait écrire cela ce soir n'est pas éclatante, mais elle me semble dire ce qu'il faut pour quelqu'un qui voudrait entendre, méditer ou écouter (*ce qu'il y a de plus difficile pour un débutant : écouter*) qu'il y a là comme un secret professionnel.

Rien de plus difficile que de parler du métier d'acteur. Il change à tout instant comme lui-même, d'une pièce à l'autre non seulement mais dans la même pièce d'un jour à l'autre, d'un public à un autre, d'une époque à l'autre, d'un instant à l'autre, d'un comédien à un autre.

Voici ma note sur *Électre*
26 août 1941[30].
Le mouvement, c'est la nécessité de jouer, de dire, de recopier, de répéter, ce que dit et *fait* le personnage, ce qui fait le personnage même, c'est une reconstruction, reconstitution aveugle.

C'est ce travail aveugle, docile qu'il faut dire et raconter avec exemples. Recréation du texte à l'état naissant.

Le souci de dire jusqu'au bout, jusqu'à la fin sans s'arrêter, de répliquer, d'enchaîner les répliques, sans faire l'école buissonnière dans la pièce, sans y prendre des attitudes, sans y piquer de ci, de là ses sentiments, ses préoccupations, ses intentions. Il faut n'avoir que le souci de se débarrasser de l'action, de la phrase. Ce n'est qu'une commission dont est chargé l'acteur.

Être mandaté par l'auteur, non cela est prétentieux. Témoigner pour un autre, un personnage, l'imiter, ne pas vouloir l'être, ni le vivre. *C'est en l'imitant le mieux qu'on le sentira le plus – s'entendre, c'est cela.*

Les mots de commission et de commissionnaire sont exacts. Commissionnaire des idées et des sentiments d'un personnage qui existe à un degré où il ne saurait lui-même exister et qui doit le commander.

---

30 Date de la troisième représentation de la pièce de Giraudoux à Buenos Aires.

On ne peut pas sentir une pièce, il faut d'abord l'imiter, arriver à copier le personnage.

Commission de l'acteur.

Sorte de courrier, de livreur… c'est peut-être la façon la plus humble, humiliante aussi, de le considérer, mais c'est un aspect nécessaire.

Et pour ne point gâter la marchandise, la livrer sans l'altérer à pied, à bicyclette, en tramway, l'acteur, comme le livreur, servirait le client en suivant le produit, fait parvenir ce dont il a charge.

C'est sa technique, sa façon de faire qui importe, et dont il ne faut pas qu'il se considère lui-même comme onzième centre ou créateur ou co-auteur mais comme intermédiaire. Ce rôle d'intermédiaire, les moyens employés et la participation du comédien sont ce qu'il faut regarder pour en tirer les règles et usages de son métier.

Si devant cette charge, cette commission, ce rôle à remplir, l'acteur au long du parcours se met pour raisons diverses de dilettantisme personnel, de souci d'intelligence, de plaisir ou de prétention, à expliquer ce qu'il fait, à se déguster lui-même, et quand enfin le texte atteint le spectateur et aussi la pièce (je parle de la pièce classique ; il y a des pièces qui demandent ce genre d'exhibitionnisme ou de participation du comédien), il ne reste qu'un reflet de cette lumière que l'acteur a voulu faire passer par le prisme ridicule de sa sensibilité. Il a faussé les rayons du phare, il a changé en un angle d'incidence réduit ce faisceau lumineux que chacun pouvait auparavant apercevoir de la place qu'il avait choisie.

Il n'est pas un rôle dans Molière qui n'exige cette nécessité, ce mouvement, Alceste, Dom Juan, Arnolphe, Tartuffe. Il faut voir le dernier mot de la phrase quand on l'attaque, il faut voir la dernière réplique de la pièce ou du rôle quand on commence. Un rôle est une trajectoire, une ligne que joint le point A au point B et les relie.

C'est cette évidence qu'il faut réaliser et qui est dans l'œuvre. C'est *ce jeu* qu'il faut faire, comme les enfants qui remplissent de couleurs les dessins pointillés, dont le modèle en regard leur indique le coloris.

Commission, trajectoire, cette presse, cette nécessité d'atteindre au but, car c'est cela le mouvement et le rythme qu'il faut pour y atteindre à temps, comme le nombre d'images par seconde au film, pour qu'il soit visible et clair. C'est commandé par ce mouvement, cette nécessité.

DÉFINIR UN PERSONNAGE, C'EST L'EMPRISONNER

Définir un personnage, c'est-à-dire donner les raisons et les mobiles de ses actions, c'est l'emprisonner et amoindrir son pouvoir, sa puissance.

C'est cependant une action obligée du comédien, du critique. C'est une conséquence de sa représentation.

Toutes les explications me paraissent aussi dangereuses que le démontage d'une montre ou d'un jouet dont on veut connaître le mécanisme. Il est bien rare qu'on puisse ensuite remonter les pièces du mécanisme et retrouver sans défaut le mouvement dont on cherchait l'explication. Il y a toujours quelque chose qui boîte.

Ces explications sont dangereuses car insuffisantes ; d'abord elles ne sont jamais complètes. Il y a toujours dans l'agencement de ces causes, comme dans les organes d'un mécanisme, des détails qui échappent.

Et le mécanisme n'a pas de libre-arbitre.

C'est ce qu'il y a de secret dans un personnage qui est intéressant, ce qu'il y a d'obscur, de mystérieux. C'est avec cet état d'esprit qu'il faut essayer de l'aborder, et si l'on doit tenter de l'élucider, c'est en cherchant précisément ces points d'incertitude et d'obscurité, en les jouant. C'est par l'incompréhensible qu'il faut se mouvoir soi-même. L'action que commet le personnage, les propos qu'il tient, n'ont aucun rapport avec ce que fait l'acteur et le texte qu'il dit du point de vue rigoureux d'une explication psychologique ou autre. Ce qu'il faut chercher, c'est l'action produite, c'est-à-dire l'effet de cette action sur les autres, j'entends les partenaires et les témoins (le public).

Deux êtres différents ne peuvent être identiques en commettant la même action. Ce n'est pas sur les causes profondes, les ressorts ou mobiles de cette action qu'il faut s'arrêter, mais sur la manière dont l'action est commise. Le personnage échappe à la psychologie.

On remarque parfois qu'il est contradictoire avec lui-même, comme nous le sommes. Ce qui importe, c'est son pouvoir, sa puissance d'action et non les mobiles. Sa création est dans cet état potentiel auquel les comédiens peuvent s'efforcer diversement. C'est sa mise en marche.

Le texte – et c'est là qu'est le critérium de sa valeur – contient pour celui qui veut l'analyser toutes les raisons, toutes les justifications, tous les jugements les plus contradictoires sur ces mobiles qui font agir le personnage, sur son humeur, son tempérament, son hérédité, etc.

Rien ne m'importe qu'une imitation.

Ce n'est pas par une réflexion intelligente, analytique ou psychologique qu'on se fait une idée. C'est par une méditation sensible, toute physique, où tout ce qui pourrait traduire en soi est soigneusement aboli, où l'on attend que le personnage se mette à bouger, à vivre, qu'on le ressente. À ce moment on passe naturellement à l'imitation.

Marquer la différence de l'acteur qui cherche le personnage en s'évertuant lui-même ; travail prétentieux et vide. Il s'agit d'abord d'imiter des états physiques profondément ressentis, vierges de toutes intentions.

Au point que le rôle, suite d'états physiques bien ressentis, offre un résultat d'ensemble pour le spectateur.

La vie d'un personnage est dans cette succession d'états, de scènes. Le mouvement est fait par le passage d'un état à l'autre. Le public et l'acteur le font, se remplacent et collaborent.

C'est le pouvoir (la puissance, l'intensité) qui fait agir un personnage et non pas les raisons qui l'ont fait accomplir telle ou telle action.

Il y a dans le personnage un pouvoir et non des raisons.

Évidemment, c'est le théâtre 1940. Mais aussi un théâtre de sens classique, celui qui est français.

La vie d'un personnage est faite d'une succession de sensations et des sentiments qu'elles engendrent.

C'est donc le pouvoir d'agir du personnage qu'il faut retrouver, le besoin d'agir et non pas les raisons.

L'écrivain, lui aussi, a un besoin d'écrire.

Le comédien doit avoir le besoin de parler, et le public celui d'écouter et de comprendre.

Le théâtre est une nécessité, un besoin.

LETTRES DU PERSONNAGE À L'ACTEUR
27 septembre 1940

Projet d'un petit conte, sous forme de lettres ou autrement.

L'Acteur reçoit du Personnage une lettre dans laquelle, touché ou importuné par l'insistance avec laquelle l'acteur cherche à le dépister, le Personnage lui écrit pour lui donner quelques conseils.

Il explique au comédien ce qu'il y a de contraire, de dissemblable, les différences entre son tempérament à lui, personnage, et à lui, comédien ; il dit ses idées, son humeur de personnage, et il donne des conseils qui semblent extravagants mais dont l'extravagance même, si l'acteur en découvrait l'esprit et le sens, doit lui montrer combien sa façon de vivre et d'être est opposée à celle du personnage.

Le personnage, malgré ce qu'il y a d'énigmatique dans ses propos, est cependant extrêmement bienveillant pour l'acteur.

Mais il faut que la lecture de cette lettre – à première vue – soit assez insensée ; elle paraît ironique. Ce n'est qu'en réfléchissant sur les conseils donnés par le personnage pour le régime (alimentaire et autres) que doit suivre l'acteur, sur l'hygiène qu'il doit pratiquer, que l'acteur comprend qu'il doit *quitter sa personnalité* – et que c'est ce qu'il y a de plus difficile dans son métier – pour approcher si peu que ce soit de la nature réelle du personnage.

Il faut que cette lettre fasse comprendre les difficultés qu'il y a pour l'acteur *à se dépouiller de lui-même*, pour « être » cet autre qu'est le personnage.

Le personnage donne à l'acteur des conseils sur la façon dont il faut se comporter avec lui pour qu'il puisse témoigner son amitié, un peu comme une femme qui explique les particularités de sa personne, *la façon dont elle veut être traitée* pour pouvoir aimer et se lier avec son soupirant.

Il faut qu'on sente aussi *la reconnaissance du personnage* pour cette sollicitude, ce souci qu'a l'acteur de le faire revivre, car *le personnage sait qu'il n'existe que virtuellement, qu'il a besoin de l'acteur.*

« Quelle est donc ton intention, est-ce de me *figurer* ? Est-ce de *témoigner* pour moi ? Ou vraiment de me *représenter* ? Ou n'est-ce pas au fond le désir vain de croire que tu peux *t'attribuer mes mérites* ou les vertus “dérisoires” qu’on t’a dits de moi, ou ce qu’il y aurait de plaisant, de “comique” comme vous dites, qui t’aurait séduit et *t’amuserait toi-même* ; ou veux-tu seulement *en amuser les autres* ? Il y a là un cas d’intention, une *casuistique théâtrale*. Ne serait-ce pas me jouer ? »

Cependant le degré d’existence du personnage ne dépend pas de l’acteur : il y a des règles, un rite, des particularités dans sa « mise en existence » ; il y a des secrets pour l’animer qu’il faut que l’acteur connaisse, et ce sont ces secrets que le personnage doit dire. Ils se traduisent par une série de propos assez extravagants qui, de prime abord, semblent sarcastiques ou ironiques, mais si l’acteur réfléchit bien, il doit découvrir, dans ces conseils, cette *maladie de la personnalité* qui lui fait croire que le personnage lui ressemble, cet anthropomorphisme qui fait prêter aux autres sa propre façon d’être. L’acteur ne devine pas à quel point il est encore beaucoup trop personnel au moment où il croit ne pas l’être, que le personnage est infiniment plus impersonnel que l’acteur n’imagine, et que la première qualité de l’acteur est de se dépersonnaliser. Le personnage donne dans cette lettre des conseils dont je ne dis pas le détail, mais qui sont des conseils sur la façon de manger, de boire, de dormir, qui doivent mettre à jour des particularités, des tics et des manies qui différencient *l’homme à l’état d’individu* de *l’homme à l’état de type* qu’est le personnage.

C’est le cas du personnage d’Alceste qui écrit à l’acteur : « Ne crois pas, parce que tu vas entrer au premier acte en bousculant les fauteuils, que ce soit là une habitude de ma part ; défends-toi donc, pendant un certain temps, *si tu as l’intention de me jouer*, de tous ces réflexes brutaux, de cette façon de claquer les portes chez toi, repousser ton assiette, ou t’indigner avec des gestes grossiers, sous prétexte de te mettre en train ou de te donner mes façons[31] – ce ne sont pas les miennes en dépit de ce que tu as pu voir chez d’autres acteurs, ou que tu imagines par toi-même.

L’indignation que j’ai au premier acte, je l’ai pour le public ; est-ce un excès ? Ou est-ce parce que je me crois encore seul ? Tu te priveras aussi longtemps que tu pourras de tout acte incivil, grossier, d’éclats de voix, qui voudraient rompre avec le ton de politesse[32]. »

---

31 Jouvet décrit ici le jeu de François-René Molé (1734-1802) dans le rôle d’Alceste à la Comédie-Française.

32 Noter le détail de Villiers, je crois, qui dit que Molière entrant, on devinait que c’était lui le Misanthrope. (Note de Louis Jouvet). Claude Deschamps, dit de Villiers (1601-1681) était

Et Alceste impose à l'acteur, au contraire, un « régime » dans lequel celui-ci sera infiniment plus distingué, plus retenu, poli et élégant qu'il n'a l'habitude d'être.

« Si tu ne te prives de cette vulgarité, de ces emportements que tu cultives expressément en toi et par lesquels tu cherches à m'atteindre, si tu ne te prives de cette grossièreté, de cette incivilité, sois bien persuadé que nous ne nous rencontrerons jamais ».

Dans cette lettre, on ne dit pas ce qu'il faut faire pour que l'acteur atteigne au rôle, mais *ce qu'il ne faut pas faire*; *c'est-à-dire les apparences extérieures du rôle*, tous les gestes extérieurs par lesquels on « peut » réaliser le personnage, de manière à faire comprendre que *la ressemblance entre les êtres tient bien plutôt aux qualités du cœur qu'à leur comportement apparent.* Ce que l'acteur a trop naturellement tendance à faire : ayant cru saisir le comportement extérieur du personnage, il croit trop facilement qu'on peut *atteindre le personnage uniquement par cette apparence.*

C'est le procédé habituel.

Quand on parle *de l'humeur, du ton, de l'état physique* dans lequel est le personnage, c'est, *chez le personnage, un résultat* alors que l'acteur en fait le point de départ de son exécution ; *chez l'acteur le sentiment n'est que la conséquence du comportement.* Dans le personnage, les manières extérieures et la façon d'être ne sont – au contraire de l'acteur en général – que les conséquences du sentiment.

« En ce qui concerne tes occupations, évite tout ce qui pourrait te monter à la tête. Lis les romans de…, les comédies de…, ou mieux encore fais des vers pour toi-même. La douleur morale que tu éprouveras en les enfantant, sans risquer de te conduire jusqu'à l'exaltation, sera singulièrement propice au but que je me propose. Évite particulièrement la lecture de la critique. Ne raconte pas d'histoires sur moi, ne raconte pas aux autres ce que tu crois de moi, et tu auras bientôt de mes nouvelles. »

Ici le personnage fait appel à deux ou trois *quiproquos* ou malentendus qui ont eu lieu durant les répétitions et les explique à l'acteur : « Malgré les erreurs que tu as commises, tu peux être satisfait des répétitions que tu fais, des prières que tu m'offres en répétant ; je ne me prends pas pour un dieu, mais il n'y a pas d'autre communication avec les esprits que cette ferveur de l'esprit.

---

acteur dans la troupe du Marais puis de l'Hôtel de Bourgogne ; il est l'auteur de comédies burlesques et du *Festin de Pierre ou le Fils criminel*, un des modèles au *Dom Juan* de Molière.

« Par exemple, je te conseille de considérer l'amitié que j'ai pour Philinte et d'en faire cas. Tu prétends me représenter et tu n'as jamais pensé ni éprouvé l'amitié que j'ai pour Philinte. C'est assez stupide. Il est important que tu aies pour ton camarade une véritable amitié. Si mes prédictions ne me trompent pas, je crois que, d'ici quelques jours, en dépit des relations fâcheuses que vous avez ensemble, il sera très aimable avec toi. Il faudra en profiter.

Les étoiles te sont favorables. Mais ne pense pas à moi à minuit après la représentation de cette pièce imbécile que tu joues chaque soir, et en particulier quand tu es resté chez Viel[33] jusqu'à trois heures du matin et que tu as l'estomac plein. Cela m'écœure. Cela te permettra d'ailleurs de te lever de meilleure heure. Et le matin, tu iras au musée du Louvre, tu t'arrêteras devant telle ou telle toile. Livre-toi sans crainte à quelques gestes excentriques, récite quelques vers extravagants, mais point ceux que je dis. Tu choisiras ces vers dans *Les Femmes Savantes* ; tu rentreras chez toi n'ayant point encore bu. Tu prendras un repas très léger avec un morceau de jambon ou tout autre viande salée et un verre de bière, puis tu passeras dans ta chambre, tu méditeras un peu, tu éviteras de te quereller avec ta maîtresse, tu n'auras pas de mots avec la femme de chambre. Je ne te permets pas plus que le menu que je t'ai indiqué. Tu pourras cependant boire un peu de café. Évite tout ce qui te monte à la tête. Puis tu viendras répéter, etc.

Ne t'imagine pas, quand tu feuilletteras les illustrations des éditions Larousse (ou telle autre) que je ressemble à ces personnages. Le costume que m'a prêté Leloir[34] est ridicule et sordide. Les meubles de l'appartement de Célimène n'ont rien à voir avec ceux dont on veut garnir le décor ».

---

33 Brasserie parisienne ouverte tard la nuit où se retrouvaient les acteurs des différents théâtres après la représentation.

34 Leloir (de son vrai nom Louis-Pierre Sallot (1860-1909) est entré à la Comédie-Française en 1880 où il a joué à peu près tous les grands rôles. Professeur au Conservatoire à partir de 1894, il accueillit Jouvet comme auditeur libre, ce dont ce dernier s'est toujours flatté. Jouvet a par ailleurs assisté en 1907 à une représentation de *Marion de Lorme* de Victor Hugo, où Leloir jouait le rôle du juge Laffermas. Béatrix Dussane écrit à propos de l'influence de Leloir sur Jouvet : « Ce que je veux signaler dès maintenant, c'est que la fameuse intonation caractéristique de Jouvet était un reflet très reconnaissable de cette intonation de Leloir. Fausse chez celui-ci parce que creuse souvent, elle avait repris chez Jouvet une subtile justesse, parce que son ironie s'y était logée. » Béatrix Dussane, *Premiers pas dans le temple*, Paris, Calmann Lévy, 1955, p. 208.

On ne doit pas savoir quel est le personnage qui écrit, à quel acteur il écrit, mais que la lettre soit comme si Dom Juan, Roméo, Hamlet, Tartuffe ou Alceste étaient tour à tour auteurs de cette lettre, se repassant la plume, l'un à l'autre.

Roméo est mort à 18 ans et s'insurge contre cette particulière anomalie de vouloir représenter un enfant de 18 ans quand on en a 35 – *question d'âge et d'apparence physique* (*les emplois au théâtre*).

La lettre est écrite comme si c'était « *le personnage idéal* » qui parle, empruntant tour à tour la forme de personnages connus, comme si Jupiter lui-même faisait allusion à ses métamorphoses, car – il faut mettre en évidence cette anomalie, cette difficulté – le même acteur peut jouer Alceste, Dom Juan ou Hamlet, et doit être différent dans chaque personnage. Si ces personnages étaient absolument différents de nature, le même acteur ne pourrait les représenter étant donné qu'ils ont un aspect extérieur différent. Mais *c'est par le sentiment que communiquent les êtres*, et c'est par le sentiment qu'on peut entrer en communication avec un personnage, avec un héros.

Il faut aussi mettre en évidence que l'acteur ne peut être différent dans ces différents personnages que par une longue habitude. Quelquefois, les répétitions n'auront pas le temps de la lui donner, et seul l'exercice des représentations renouvelées pourra le lui permettre, s'il est attentif à lui-même, s'il est respectueux du personnage, s'il s'efforce à l'atteindre.

Le comédien est un et plusieurs, et cependant il lui est bien difficile d'être autre que ce qu'il est, si ce n'est par un dépouillement de soi-même, une longue habitude, qui le rapproche des saints ou des religieux.

Quand on pense qu'il y a des hommes qui passent leur vie entière pour approcher d'un certain état d'esprit ou de vertu, ou de sainteté, l'acteur est obligé de faire cela en quelques répétitions. C'est pourtant un exercice qui remplit la vie d'autres hommes !

Il le fait grâce à des artifices extérieurs, à un texte sonore, c'est-à-dire à une pensée et à des actions déjà ordonnées et orchestrées ou harmonisées en vue de donner cette impression ; il le fait avec des mimiques et des gestes, des éclats de voix, mais cela n'est pas l'essentiel de la représentation. On joue trop souvent avec seulement ce bagage, ces impédimenta extérieurs. Pour atteindre haut, pour atteindre le personnage, il faut voir ailleurs ; il faut tâcher d'atteindre au sentiment.

Jamais l'acteur n'atteindra le personnage, le héros, et le « grand secret que je peux te confier, c'est que si jamais tu m'atteignais directement et que tu puisses, l'espace d'un instant, être égal à moi-même, je serais définitivement détruit. »

Le personnage explique à l'acteur qu'il vit dans une atmosphère spéciale qui est la nature même de la pièce, il ne s'agit donc pas de rester à la surface de cette pièce.

I am not that I play (Viola)[35].

Sache que tu n'es pas ce que tu joues, et ne l'oublie jamais.

Sache aussi que ce qui te permet de jouer Hamlet ou Alceste, c'est qu'ils ont été au-dessus de toi, mais comme toi et avant toi, des hommes ; tout ce qui est en eux est en toi, mais ils sont d'une humanité sublime.

La deuxième lettre du personnage est un peu celle qu'au bout d'un certain temps on écrit à un solliciteur. « *Monsieur,* depuis *le temps que dure cette histoire, je ne saurais supporter plus longtemps ce quémandage, cette sollicitation perpétuelle dont je suis l'objet, et, aujourd'hui, je me permets de vous mettre au fait de ce qui se passe. Vous voulez encore me jouer,* etc. »

Cette suite de lettres que l'acteur reçoit, finit par lui faire comprendre dans quel rapport il est vis-à-vis du personnage.

Et l'acteur croit réellement à l'existence du personnage[36] car, dans les lettres que ce dernier lui écrit, il y a des détails, des précisions, qui font que le personnage a l'air d'être contemporain de l'acteur. Le personnage parle d'abord de l'époque où il a été créé, mais plus tard il parle avec une précision telle de la vie de l'acteur que l'acteur est convaincu ou au moins imagine l'existence de ce personnage.

Cette correspondance se poursuit jusqu'au moment où, et c'est la lettre finale, l'acteur comprend que le personnage existe mais d'une exigence supérieure. Dans cette lettre que le personnage (s'il est habile et suffisamment éloquent) donne une définition de lui-même, et l'acteur y répond une dernière fois par un « acte de foi pour le personnage ». Je crois au personnage-religion de l'acteur.

Dans une lettre du personnage à l'acteur : « Dans les sentiers obscurs de tes métamorphoses, je dépiste toutes tes recherches ; c'est en vain que

35 William Shakespeare, *La Nuit des rois*, acte I, scène 5.

36 À ce moment, il croit réellement que la lettre qu'il a rédigée lui-même est authentique, il a atteint à la réalité du rêve… (Ajout manuscrit de Jouvet).

tu t'efforcerais de savoir les liens ou la parenté, la ressemblance qu'il y a entre Dom Juan ou Don Quichote ou Hamlet. »

Rôles. Il faudrait que, dans cette correspondance, on voie une différence entre le héros ou le personnage et ces silhouettes plus ou moins falotes, plus ou moins durables d'une vie éphémère, certains types de la littérature, mais qui ne sont ni des personnages, ni des héros – petites réductions d'humanité, petites silhouettes de personnages, mais qui n'ont ni l'échelle, ni la grandeur, ni les sentiments du « Personnage[37] ».

Usage de la personnalité : *« Je ne parle pas non plus de ces personnages que tu crois jouer et qui ne sont qu'une étiquette qu'on a mise sur* ta pauvre personnalité[38]. Chaque fois que tu joues M. Verneuil[39] ou M. Bernstein, en dépit du nom différent que l'auteur donne à ces personnages, ce n'est que toi-même que tu joues, et c'est à toi que ces personnages empruntent leur vie ; mais ma vie à moi est autrement puissante et bien au-dessus de la tienne ».

Différence qu'on fait entre le héros ou le personnage classique et le rôle proprement dit – *l'acteur qui joue son propre personnage.*

Le héros est *un personnage légendaire – il vit dans la légende et crée autour de lui une légende.* Pyrrhus, Achille, Gargantua, Andromaque, sont naturellement des héros, mais « ne crois pas parce que Dom Juan ou Tartuffe ou Alceste n'appartiennent pas à la mythologie, parce qu'ils ont été créés il y a seulement 300 ans, qu'ils ne soient pas non plus des héros, car ils ont peu à peu développé leur propre légende.

Il y a plus d'humanité que de caractère dans la substance dont ils sont faits.

Tu n'es qu'un individu et je suis l'espèce ; humain, inhumain ou surhumain est pour moi la même chose.

N'oublie pas que l'incertitude et l'imprécision sont l'aspect naturel dans lequel on doit me voir. Chaque fois que tu chercheras à me regarder

---

37 La question du rôle, du personnage et du héros sera développée plus loin, p. 385-396.

38 Culture de la personnalité – perfectionnement en fréquentant les héros. Le culte du héros est encore la meilleure façon d'honorer le Seigneur – religion du théâtre – tout est religion (Ajout manuscrit de Jouvet).

39 Louis Verneuil (de son vrai nom Collin du Bocage (1893-1952) est un acteur et auteur dramatique du boulevard. Ses mémoires sont rassemblés dans un ouvrage intitulé *Rideau à neuf heures. Souvenirs de théâtre*, Paris, Éditions des Deux Rives, 1945.

tu ne m'apercevras que dans un halo. *Comment je suis né, comment je nais (c'est l'explication de l'inspiration de l'auteur)* ».

La lettre raconte la répétition pendant laquelle l'acteur s'efforce devant l'auteur : comment l'auteur se sent délivré physiquement par l'acteur, comment sa respiration, son état physique est contrarié ou satisfait par la respiration, l'état physique de l'acteur, comment naît entre eux – dans cette distance de la scène à la salle – un rythme, un branle, une façon de s'épouser physiquement, de loin, qui est le point de départ de cette mise en transe pour atteindre au sentiment[40].

Et le personnage dit : « J'en conviens, la sensation est d'abord ce qu'il faut que tu recherches, mais la sensation ne suffit pas pour atteindre jusqu'à moi. J'en connais des milliers qui n'ont pas été plus haut, ni plus loin, qui n'ont jamais atteint au sentiment. Je m'en console parfois parce que je sais, parce que je sens et je vois dans la salle des spectateurs qui me complètent, qui m'animent en me prêtant les sentiments qui te manquent à toi, acteur, et me font revivre malgré toi ».

Au moment où le héros naît dans l'auteur, sa première manifestation, son incarnation se trouvent dans l'état physique où est l'auteur… « L'inspiration par laquelle je descends dans l'auteur et dont il est inconscient – cet état physique – est une source charnelle, corporelle, qui lui donne le tressaillement physique, l'emprise musculaire, dont tu es chargé toi, acteur, de le délivrer ensuite sur la scène. L'auteur en écrivant "mes phrases" est comme un sorcier qui éprouve physiquement le sort qu'il veut jeter ou le mal qu'il veut délivrer ».

Ce ne sont pas des théories, des idées, des thèses que contiennent les pièces. Ce sont des personnages, et qui suis-je sinon toi-même dans ta destinée. C'est pouvoir de vie, d'action et *qu'est-ce qu'une action* – le résultat d'un être vivant, d'un personnage ou bien, pour toi peut-être, ce qui engendre le personnage.

L'action n'est qu'une trace vue de l'infini mais pour toi c'est la seule façon de copier, d'identifier, de suivre les pas et les traces de celui qui les a faites.

Divagations, divagations…

---

40 C'est exactement ce que décrit Jouvet dans un article intitulé « Dans les yeux de Giraudoux », paru dans *Les Lettres française*, n° 51, 14 avril 1945. (Voir vol. II de la présente édition, p. 430-432).

Le Personnage écrit à l'acteur : « *Cherche donc à comprendre ce* qu'est un auteur ; *ce n'est pas un écrivain qui fait des rôles, comme tu le crois, c'est un esprit visité et ne t'imagine pas que ce soit lui qui fasse la pièce, c'est nous* ».

Là-dessus, l'acteur s'interroge et cherche à éclairer cette idée et le rapport de l'œuvre et de l'auteur.

L'acteur fait appel à ses souvenirs sur les auteurs – un chapitre écrit par l'acteur sur l'auteur, ou la critique des auteurs par l'acteur. Détails, anecdotes racontés font ressortir l'inconscience de l'auteur lorsqu'on répète sa pièce ; l'auteur dit ce qu'il ne veut pas, mais ne sait pas ce qu'il veut, et on sent qu'il est presque étranger à son œuvre, qu'il n'est pas seul à l'avoir écrite, en tous cas qu'il ignore ce qu'il a fait. Suites de scènes, suites de transes où les défaillances viennent du manque d'inspiration ou d'une inspiration qui a voulu se délivrer trop tôt… (Giraudoux parlant du début du deuxième acte d'*Électre*). Il faudrait aussi raconter l'auteur au moment où il écrit sa pièce. Giraudoux pour *La Guerre de Troie* me dit : « *J'ai trouvé la première réplique* de la pièce » et à propos d'*Électre* « *J'ai la dernière phrase* ».

Dans l'état où est l'auteur lorsqu'il écrit sa pièce, son masque révèle une absence, une incertitude, une inquiétude et parfois on devine l'angoisse ou la peur (*Intermezzo*). Il parle beaucoup de sa pièce, comme Achard, ou il n'en parle pas, comme Giraudoux. (Souvenirs sur les auteurs que j'ai joués et surtout sur Giraudoux).

L'auteur subit sa pièce : il se prépare d'abord à la recevoir en lui, puis il l'écrit, s'en délivre, l'œuvre continue son pouvoir d'action. La vie de l'auteur est une suite de phrases dramatiques, de mariages spirituels avec des personnages.

L'auteur se délivre de sa pièce par les répétitions, la première représentation, l'influence d'une pièce sur son auteur, sa vitalité augmentée ou modifiée si la pièce a ou non du succès, si elle vit ou ne vit pas.

C'est l'occasion de parler de Jules Romains, de Giraudoux, d'Achard, des auteurs contemporains. De montrer les différences qu'il y a entre *le poète*, *l'auteur dramatique ou le littérateur*, *le poète manqué, le dramaturge maladroit* et quelques auteurs amoindris par les défauts que donne une vie mauvaise et surtout le goût du succès d'abord. Parler du *fabricant dramatique* doublé d'un moraliste et d'un homme du monde. Parler aussi de Claudel, de la façon dont Claudel commente ses œuvres, et de ce qu'elles me paraissent être à moi ; de Maeterlinck : ces notes et ces souvenirs tâchant de différencier les classes, les manières d'écrire et de se comporter d'un écrivain dramatique ; les différentes natures dramatiques. Parler aussi des relations de l'auteur avec une « troupe », de ses relations dramatiques, des préférences d'un auteur pour un acteur, etc., des fabricants dramatiques qui font des combinaisons et dont l'inspiration est abolie par le goût bas de l'argent ou du succès.

On doit montrer la différence entre notre époque et d'autres époques où les moyens d'exécution et de réalisation étaient mieux appropriés ; l'existence d'une confrérie dramatique (acteurs et spectateurs) avec des habitudes, des traditions, des usages et des coutumes, donnait aux auteurs des moyens de s'exprimer et facilitait leur inspiration. Notre époque est une époque de transition. Bref, des considérations sur l'écriture d'une pièce, sur sa mise en répétition, sur les rapports des acteurs et de l'auteur.

Ce chapitre pourrait être entièrement écrit à l'aide de notes ou de souvenirs, d'un journal tenu par l'acteur et à propos duquel il ajouterait de nouvelles réflexions.

Étant donné l'ampleur de ces questions et leur facilité de développement, il est plus intéressant qu'il soit rédigé uniquement par des notes et des phrases suggestives en style rapide.

L'acteur lit *L'Imitation de Jésus Christ* et confond ce qu'il a lu dans *L'Imitation* et ce que dit le personnage.

Et le Personnage lui dit : « Toutes les choses de l'esprit sont dans le même sens ».

Le Personnage dit à l'acteur à propos du rôle : « *Tu ne comprends que ce que tu portes en toi-même* ».

Dernière lettre du personnage à l'acteur :

« Mon cher ami. Si tu avais le sentiment du romantique dans la vie, tu saurais distinguer les fantômes dont l'essence n'est que haute poésie. Laisse-moi te dire que je ne comprends pas encore comment tu es parvenu à connaître les trois premières lettres que j'ai écrites et qui ne t'étaient pas destinées. S'il ne m'était interdit de prendre querelle ou contact avec un pauvre diable d'acteur, possédé de la manie de l'interprétation ou, comme vous dites, de l'incarnation, je te dirais que si tu as l'audace de parler encore de moi ou de tenter de vouloir me représenter, je serai forcé de t'enlever ta raison et de te frapper de démence. Néanmoins, si tu veux venir demain à neuf heures dans le petit pied à terre où tu as l'habitude de recevoir ta pitoyable amie, je t'expliquerai tout ce que tu ne sais "pas" ».

Comme neuf heures sonnent, l'acteur se dirige vers sa garçonnière, le cœur battant il sonne à la porte. Que va-t-il voir ? Que va-t-il se passer ? « Entrez », répond une voix connue. L'acteur entre dans l'appartement, son pouls s'arrête et un froid mortel descend dans tous ses membres. C'est lui-même, dans son propre costume qu'il reconnaît venant à sa rencontre. Jusqu'aux manchettes, tout est identique. L'acteur voit sa propre image venir au-devant de lui et lui demander poliment qui il a l'honneur de recevoir. Comme l'acteur dit qu'il vient voir « le personnage », l'inconnu qui est cet autre lui-même lui répond qu'en effet il est bien la personne qu'il souhaite. « Monsieur, vous êtes un acteur, sociétaire de la Comédie-Française ». Il donne à l'acteur ses noms et qualités, cite les traits saillants de son caractère. L'acteur frissonne : « Jusqu'à ce jour, je me suis cru celui que vous venez de nommer, mais à partir de ce moment, je sens que j'en doute ».

« Êtes-vous bien convaincu, au fond de votre âme, d'être réellement vous-même et point quelque chose d'autre ? »

L'acteur à ce moment est dans un double moi, dans un *dédoublement* dont il n'avait jusque-là jamais soupçonné qu'il pût exister (*Contes* d'Hoffmann).

L'acteur s'évanouit, il ne reprend ses sens qu'au bout d'un long moment, et il est seul. Sa maîtresse ne vient pas. Il rentre chez lui, court chercher les lettres du personnage, et se demande s'il n'a pas rêvé, car il ne les retrouve plus.

Cette impression qu'a l'acteur en face de cet autre lui-même – il se demande s'il existe vraiment – c'est l'impression qu'il a quand on sort du cinéma, qu'il vient de « se » voir jouer, il se demande quel est celui des deux qui existe le plus. Il faut que l'acteur ait l'impression qu'il est aboli. Le *dédoublement* (idée importante à marquer) : l'acteur a une pauvre idée de lui-même ; son moi semble dérisoire.

L'impression que j'ai au cinéma : je ne m'imagine pas avoir ce visage ni ce corps, ni cette voix, ni cette expression des yeux, que je ne me suis jamais vu[41]. Je ne me reconnais pas et je suis certain que cet autre est

---

41 Voir à ce propos les remarques que fait Jouvet dans ses notes après une projection de *La Fin du jour*, le film de Julien Duvivier (1939) : « 7 mars. Sortie *Fin du jour.* Impression

moi-même, par des résonances, des reflets, une série d'harmoniques en moi-même, et cependant cet autre est un inconnu, un étranger. Il ne s'agit ni de sympathie ni d'antipathie, mais de différence, d'étrangeté. On est toujours en face de soi-même. Mais quel est cet autre ?

Le Misanthrope

« C'est le cauchemar de l'acteur ».

Poussé par cette manie, cette superstition du personnage, il m'arrive souvent de penser à eux et ma rêverie se déroule dans une extravagance déraisonnable.

Voici ce que je rêvais l'autre jour tandis que je m'ennuyais à l'Odéon sur les banquettes du foyer des artistes :

On a affiché *Le Misanthrope*. C'est un jour de brume ; il y a près de la porte du théâtre comme un épaississement de ce brouillard, une grosse tache de brouillard plus dense. Ce sont les personnages qui sont venus, des fantômes qui attendent devant la porte du concierge. Ils sont venus parce qu'ils ont été affichés. Au fur et à mesure qu'un acteur ou une actrice passe, il y a comme un lambeau de brouillard qui le suit, happé par le courant d'air de la porte, et qui monte l'escalier derrière lui. C'est le fantôme du personnage. Il pénètre dans la loge de l'acteur. L'acteur s'habille, gesticule. Il croit « être » le personnage. Et voilà qu'il revêt maintenant le petit tonnelet et la culotte, la chemise et le jabot. Il se maquille. Il offre son visage à la glace qui, de temps en temps, comme par une fenêtre lui donne tout à coup par hallucination un visage différent du sien, un autre personnage. Mais il revient vite à lui, il rentre vite en lui-même, parce qu'il a besoin d'un autre crayon qu'il prend sur la table. Cet étranger qui est derrière le miroir et qui le regarde, l'acteur est satisfait de croire que c'est lui, mais c'est le personnage lui-même qui est venu se placer derrière sa glace, qui essaie de prendre corps, et de lui faire signe. Ce personnage est comme le spectre de M. Scrooge, de Dickens[42] ; il voudrait lui parler, il est plein de sollicitude envers l'acteur, d'affection, mais l'acteur ne le voit pas. Il croit être déjà le personnage.

médiocre, très médiocre en toute sincérité. Je ne m'aime pas. Je n'aime pas me voir car je ne m'admire pas. Si j'étais au début de ma carrière, je crois que je douterais de mes possibilités. C'est si loin, c'est tellement plus haut ce que je voudrais exprimer. Je me voudrais tellement mieux physiquement – je suis même mal habillé. Ce texte est pauvre aussi. »

42 *Le Noël de Monsieur Scrooge* est un célèbre conte fantastique de Charles Dickens (1812-1870).

Tandis que le fantôme revient dans la loge après s'être insinué derrière la glace, il essaie de prévenir l'acteur, de l'approcher, mais déjà l'acteur gesticule, déjà il dit des phrases de son rôle, il repousse le fantôme, le bouscule, le traverse, et le fantôme le suit lamentablement dans les escaliers. L'acteur fait claquer ses talons rouges, manipule sa canne, et tandis que les autres acteurs descendent à l'appel du régisseur, d'autres fantômes se glissent à leur suite. Les acteurs se disent bonsoir, s'inquiètent de leur santé, de la façon dont ils ont passé leur journée, et comment vont leurs enfants ; et les personnages sont là, timides, se faufilant entre le machiniste et le pompier, esquivant l'exubérance des gestes des acteurs, cette insolence, et cette voix fausse qui vont faire croire tout à l'heure au public, à ceux qui sont dans la salle, qu'ils sont les personnages. Et Alceste se voit entrer en scène, et le fantôme souffre, voudrait prêter sa voix, donner ses gestes à ce fantôme réel, à ce polichinelle, à ce singe, à ce m'as-tu-vu, qui déjà gesticule, joue de la manchette, de la prunelle et du gilet, regarde le public comme on se regarde dans une glace pour s'y admirer.

Alceste et Philinte, les vrais, sont là, affligés, le long de ces coulisses qui sont des coulisses parallèles en perspective, qui veulent représenter ce salon, dont l'irréalité vraie est plus vraie que celle des vrais salons qu'on fait aujourd'hui.

Derrière chaque coulisse, il y a un fantôme de personnage, et ils vivent toute cette représentation qui n'est qu'une chienlit, qu'une parodie. Ici on peut décrire le dégoût des personnages, Alceste et Philinte, leur indignation, et les marquis, lorsqu'ils se voient représenter dans des habits ridicules, avec des voix de fausset et des allures de pédérastes, Arsinoé, Éliante, Célimène elle-même, tous les fantômes affligés comme des statues de mausolée, regardent cette parodie d'eux-mêmes.

Ils attendent, tout le long de cette représentation, un geste juste, une inflexion qui fasse écho en eux-mêmes, et ils ne voient que des acteurs, des comédiens, qui sont leur vivante dérision. Alors, à la fin, après qu'Arsinoé est sortie, Oronte, les marquis, Célimène, quand le dernier de tous Alceste va partir, le fantôme ne résiste plus lorsqu'il entend l'acteur dire : « qu'il va chercher un endroit écarté où d'être homme d'honneur on ait la liberté », il ne résiste plus, il quitte la place et s'évanouit.

Plus tard, peut-être, cette nuit-là, dans la nuit de la scène, dans la tranquillité inquiétante de ces décors, les fantômes des personnages viendront-ils eux-mêmes se représenter, et rejoueront-ils la pièce pour une assemblée de spectateurs qui seraient de purs esprits.

Le monde prend un aspect nouveau qui nous transporte, et nous croyons que nous allons enfin comprendre.

Les objets perdent leurs propriétés naturelles, tout change d'apparence, dans un mélange de grotesque ou de dérisoire.

Lettre du personnage. Tu n'as jamais eu l'idée qu'Alceste était un personnage vivant ; tu crois niaisement que sa vie est en toi-même, qu'il ne vit que par toi, et que c'est toi qui l'animes. Il est bien vrai qu'il est contraint de t'attendre. Là est *l'enchantement*, il a besoin de ton aide pour être sensible, pour être révélé, pour se manifester, mais il vit cependant ; c'est là un mystère que tu ne peux comprendre. N'imagine pas que c'est là son châtiment ou son impuissance, mais plutôt une forme d'existence à laquelle il est obligé pour que tu puisses, avec tes contemporains, communier en lui. Mais il existe – virtuellement – ce que vous appelez virtuellement, d'une existence beaucoup plus évidente, plus sûre, plus efficace que celle dont tu as été doté.

La vie de ta gentille et insignifiante maîtresse est en *toi*, elle n'existe que par l'idée ou l'imagination amoureuse que tu en as, ou que tes désirs lui prêtent ; elle n'a pas de vie ; il n'en est pas de même d'Hamlet ; sa vie n'est pas en toi. Ces fantômes de théâtre sont plus évidents, plus réels que toi. Vous appelez fantômes ce qui est pour nous l'être réel, vivant, le mot humain chez nous désigne le périssable et le pourrissant.

Ne romance pas, n'analyse donc pas et ne fais pas le roman

Évidemment c'est commode de romancer Alceste, Dom Juan ou Arnolphe, cela aide mais l'*action* est bien au-delà de ces circonstances.

Et l'*action* du personnage n'est pas sa vie, ne t'y méprends pas, ce qu'il agit au théâtre est un résumé, un condensé, un extrait synthétique de cette vie, que tu ne sauras jamais imaginer ou inventer, car c'est au-delà de ton imagination.

Ton seul prestige, ta seule supériorité, où ta vanité fait trébucher ton bon sens, c'est qu'Alceste ou Hamlet ont besoin de toi, non pas pour s'éprouver eux-mêmes vivants, mais *pour que ceux qui viennent te voir les éprouvent vivants en eux-mêmes* ; ils ont besoin des singeries, des grimaces de ton humanité, pour exprimer leur humanité supérieure, ces souffles du sentiment et de l'âme dont ils sont faits. *C'est cela la communion théâtrale.*

Le *moi* et le *non-moi*, c'est *le comédien et le rôle*, et le *soi*, c'est le *sot* qui a l'authenticité de cette incarnation bien relative.

Dans ton cas, il y a le *voulu* et l'*involontaire*, ce que tu crois être et ce que tu fais éprouver, ce que tu cherches à exprimer et l'impression que tu fais éprouver aux autres.

L'important est de sublimer, de transcender ton moi dans ce non-moi qu'est le rôle, sans que le soi, le sot s'en mêle, s'en mêle trop. Qu'es-tu que tu ne l'aies reçu ? Et si tu l'as reçu, pourquoi te glorifies-tu comme si tu ne l'avais pas reçu, dit Saint-Paul ?

Il faut trouver l'humilité et la dignité de ta condition et de ta charge.

Ton moi et ton non-moi, toi et ton rôle sont les deux versants de cette crête vertigineuse, de ce fil tendu où il faut avancer, sans avoir le loisir d'en suivre la ligne attentivement ; l'analyse, la pensée, l'examen ne sont pas possibles, c'est un équilibre à trouver.

Tu es placé entre l'*individu* que tu es et la *créature*, le héros que tu veux être ou représenter ; cette créature, si tu peux la trouver, la recevoir, donnera au héros son individualité, tu seras le comédien désincarné.

Le comédien désincarné, c'est tel que tu es, c'est aussi tel que tu devrais être, et que tu es quand tu atteins au rôle ; c'est toi-même tel que tu es, sans le héros, et c'est aussi toi-même tel que le héros te transforme, tel qu'en toi-même enfin l'illusion te change.

Dois-tu sentir pour les autres ou *pour toi-même* ?

Comment user de sa sensibilité, comment l'exciter ou la retenir, la provoquer, la détourner et s'en servir ?

Semblable au toréador qui tire l'animal de sa torpeur, l'oblige à se déchaîner puis brusquement, d'un revers de bras, arrête ou fait dévier l'élan qu'il a obtenu, placé entre ton rôle et toi-même, considère ce que l'on attend de toi, et pas seulement ce que tu éprouves toi-même pour ta seule satisfaction.

Tu n'as que trop tendance à croire à ton génie, à t'assurer de la supériorité de tes sentiments, tu lis le texte et tu crois l'éprouver, le sentir pleinement ; quelquefois cependant tu ne le comprends même pas. En d'autres endroits tu le comprends, tu l'entends bien, mais tu es impuissant à le ressentir ; il reste froid et inopérant pour ta sensibilité.

Ne te fie pas à ton inspiration, car elle n'est qu'un résultat ; c'est après un long travail que tu auras ton inspiration ; c'est le résultat d'une fatigue (Baudelaire), d'une patience ; tu l'obtiens parfois spontanément, et tout étonné et ravi que tu es, lorsque tu joues dans un état où la fatigue abolit ton souci d'être intelligent et de contrôler perpétuellement le texte que tu dis et sa signification.

Dois-tu sentir pour les autres ou pour toi-même ? Pour ton personnage ou pour toi ? Placé entre ces deux pôles, dans cette alternative, réfléchis à ce qu'on attend de toi.

Si tu as ou crois avoir un génie ou tempérament personnel, ne lis pas, n'écoute pas ces propos. Ceux-là sont rares qui, à l'âge des débuts, sont marqués de personnalité. Ceux-là ne peuvent se plier facilement à la discipline du rôle, et l'indépendance, l'indiscipline obligée que leur donne leur personnalité, si elle les fait distinguer des autres comédiens, les écarte parfois d'une collaboration que les autres, plus dociles, moins marquants obtiennent plus facilement.

Si tu crois que tu peux écouter ces propos ou ces conseils, fais-le, tu n'en recevras aucun mal, car ils ne sont pas le fruit de réflexions ou d'approfondissements sur le métier du théâtre, mais les légitimes plaintes et doléances d'un qui est condamné à vivre une existence empruntée, qui ne vivra jamais et cependant existe toujours, et que par toi.

Tu serais incapable de comprendre si je t'expliquais les formes d'existence supérieure ou inférieure, différentes de la tienne, qui constituent le monde et dont je fais partie comme toi. Tu n'as et d'une façon misérable que le sens de ta propre personne ; c'est aussi ta condamnation à toi, et tu ne peux l'avoir qu'en éprouvant joie ou deuil. Tu es séparé du reste des hommes par cet isolement, et tu ne sais même pas ce qu'est la solitude. Comment d'ailleurs connaîtrais-tu ce qui existe ou ce qui vit autrement que toi ?

Il y a cependant sur le plancher de la scène où tu joues une vie, une vie dont tu profites, à laquelle tu participes sans l'apprécier tout à fait ni la connaître, ni la concevoir. Tu vis là une vie dont tu n'as pas l'idée précise en toi, elle n'est qu'imagination et cependant elle est plus, c'est une vie réelle. À peine ressens-tu parfois superstitieusement l'étrange.

Plus que les autres humains, aux yeux desquels tu passes pour une sorte de Héros, cette vie que tu as voulu chercher ailleurs dans les rôles, les personnages – en Nous – cette vie plus que tous les autres hommes et c'est la condamnation de ta prétention, tu ne la trouveras qu'en toi-même, mais grâce à nous, grâce aux services et dévotions que tu nous consacreras.

Si tu veux être mon disciple, renonce d'abord à toi-même, et n'oublie pas que le serviteur n'est pas plus grand que celui qu'il sert. Si tu veux posséder ma vie, méprise la tienne. Réfléchis qu'il faut d'abord me connaître pour m'imiter. Aime-moi plus que toi-même et les vains bénéfices que tu peux tirer de moi.

Je te vois froncer le sourcil : tu penses relever dans ce que je dis des contradictions, il n'y en a pas. Tu prends pour des contradictions des vérités dont tu n'aperçois qu'un aspect. En considérant mes propos les uns par rapport aux autres, tu les vois s'opposer dans ta myopie et ton ignorance.

Les vérités se compénètrent et ne s'opposent jamais.

Les aphorismes les plus contraires se rejoignent et s'additionnent mystérieusement, comme les indications que tu crois ou que tu dis contradictoires du metteur en scène ou de l'auteur.

Les contraires, les contradictions que tu crois, n'en sont pas mais tu les juges ainsi.

Plus haut que l'intelligence, c'est dans la sensibilité et la chaleur de ton cœur que tu pourras faire cesser toutes ces affirmations contradictoires qui t'inquiètent, dont tu ne trouveras pas le sens, tant que tu n'auras pas fait cesser en toi-même cet esprit critique qui veut être supérieur et par lequel tu crois pouvoir tout comprendre.

Tu ne comprends que ce que tu portes en toi-même.

Tu peux éprouver, ressentir sans comprendre, parce que tu l'as déjà éprouvé ou ressenti.

Je ne verrais pas le soleil, si je ne l'avais déjà vu. Je ne comprends que ce que je sens (Réjane), c'est autre chose.

On peut comprendre sans pouvoir expliquer.

« Tant que vous ne me demandez pas ce que je sais, je le sais très bien ».

On ne peut pas expliquer une pièce, on ne peut que l'éprouver et c'est « inécrivable », le papier, la plume, tout est froid et glacé.

CONVERSATION ENTRE L'ACTEUR ET LE PERSONNAGE 19 décembre 1940[43]

On se sent seul, dit Clariond ; c'est qu'il veut jouer le rôle, c'est le personnage qu'il faut pousser en avant, lui donner son élan (qui est le naturel), qu'il faut obtenir par exercice, cette poussée physique, qui entraîne cette masse gigantesque, docile, mais qu'on ne peut manier, ce colosse praticable et mobile seulement par un déplacement surveillé constamment. Étrange statue privée de centre de gravité, qui oscille dangereusement, qui se déforme dès qu'on cherche à penser à l'intérieur, à laquelle il faut se coller, prendre avec soi, dès qu'elle cède à la pression, à la force que le corps peut exercer, et tenir embrassée, les bras ne sont jamais assez longs, le corps est trop grand, trop vaste, mais on peut diriger la masse, et la contraindre à un déplacement qu'elle semble souhaiter, désirer. « Ne m'aide pas, ne t'accroche pas à moi ; ne me pousse pas, laisse-moi aller, dit-il, suis-moi dès que je me mettrai à bouger, mais garde-toi de vouloir ensuite me conduire, me faire aller ici ou là, à ta guise ».

C'est *la conversation entre l'acteur et le personnage.*

Je sais, lui dit-il, qui tu es, j'ai découvert ton secret.

Je ne le sais hélas pas moi-même.

D'autres que moi l'ont découvert déjà et nous l'ont expliqué.

Je n'ai pas d'autre privilège que répéter moi-même les phrases que Molière m'a fait dire, et jamais je n'en ai entendu le sens dans toutes les variantes d'inflexion, de ton, tous les timbres de voix que j'ai écoutés, jamais ils n'arrivent à emplir le vide de ma carcasse, à faire écho en moi, je ne les entends jamais. Jamais aucune explication n'arrive à m'expliquer à moi-même.

Je cherche à m'éprouver et je n'y arrive jamais. Je suis par ce que je dis, j'existe par ce que je dis, par le fait de dire. J'existe, et je ne trouve

---

43 Jouvet écrit ce texte alors qu'il ne sait pas encore s'il aura les autorisations de la puissance occupante de quitter Paris pour la Suisse ; celles-ci n'arriveront que dans les derniers jours de décembre (la dernière le 30). Il partira le 2 janvier 1941 et ne reviendra plus à Paris avant le 18 février 1945.

pas plus d'explication à cela que vous n'en pouvez trouver vous-même à votre existence. Être, pour moi, c'est proférer mon texte. J'existe quand j'entends mes phrases, je ne me comprends pas moi-même. Pourquoi veux-tu me comprendre, ou m'expliquer ?

Voilà longtemps maintenant que je pratique mon métier et je sens comme j'en suis pénétré ; je connais cette habitude, je l'éprouve comme une déformation ; j'en découvre en moi chaque jour avec une clairvoyance délectable tous les effets ; ils sont maintenant tellement évidents, tellement mûris, que je peux les observer à vue d'œil, comme les veines qui maintenant se gonflent et saillent sur mes mains. Tout le théâtre, cet état dramatique en moi, cette habitude de penser et de sentir pour les autres, par les autres et à travers soi-même, cette attitude vis-à-vis d'un tiers offert, de ce tiers qu'est le public, et vis-à-vis de moi, ces reflets que j'en fais et dont je suis fait, ce comportement entre le soi que je suis et le moi que je me suis donné, à travers tant de personnages, tout cela est là, sensible, visible en moi, tout le long de ma journée, et je cherche à le penser, à le lier, à le raisonner, et à m'en expliquer l'agencement, les raisons ; je cherche plus haut et plus loin que moi, que l'autre, que le public ; je cherche jusqu'à l'auteur et derrière lui encore le secret du théâtre, ce qu'on appelle le théâtre, et qui pour moi est l'explication de tout, à ce point que la vie ne me paraît vraie qu'avec cette vie artificielle et supérieure de la vie du théâtre, non pas la vie des coulisses, mais la vie qui s'y crée et s'y fabrique dans le jeu, la vie de la représentation.

La conversation commence à propos des témoignages de certains biographes qui prétendaient que Swedenborg[44] voyait véritablement et conversait avec des esprits ou du moins des êtres sans corps, car on avait pu le voir sortir de son cabinet comme s'il accompagnait quelqu'un à travers son antichambre, conversant, saluant l'invisible visiteur, ouvrant et fermant la porte pour le laisser passer et retourner naturellement sur ses pas, jusque dans son bureau, ou encore se dirigeant vers une des personnes qui attendaient et la priant d'entrer.

44 À la suite d'une série de visions qu'il avait eues alors qu'il avait déjà plus de 50 ans, le Suédois Emmanuel Swedenborg (1668-1712) avait abandonné les recherches scientifiques auxquelles il s'était livré jusqu'ici pour se consacrer à la connaissance illuminative de réalités suprasensibles. Ses théories avaient eu un grand retentissement notamment en Angleterre et aux États-Unis.

Existence de l'invisible.
Un sens, un pouvoir que nous avons perdu.

Le personnage prend la parole[45] :

Néglige, laisse s'amortir sans les renforcer et les transmettre, annule systématiquement *tous les premiers termes, tous les premiers effets, de telle phrase* ou de telle scène, tous les premiers mouvements et retentissements de tel passage, *ne va pas trop vite.*

Ma vie n'est pas tant dans l'ensemble des actes, faits et propos qui m'adviennent dans cette pièce, que *dans tout ce qui m'a conduit à ces faits et ces gestes*, elle est aussi bien dans des faits et des gestes autres, que j'aurais pu commettre en place de ceux-ci.

Pense aussi pour le public, pense pour toi, mais surtout pense à moi.

Le critique est une spéculation, *sans sanctions*, ton métier en comporte de graves.

Sciences : *ensemble de recettes qui réussissent toujours, il n'y a pas de science au théâtre.*

Ton imagination, ta pensée, ton idée sont des *possibilités* ; entre ma question et la réponse au public, tu es un *intermédiaire.*

Ce sont les *contraintes*, qui aident ton esprit, ta sensibilité et tes *transformations.*

Théâtre. Rassemblement pour le rêve, communauté, collectivité qui s'obtient par le rêve. Une belle pièce, c'est aussi *une grande réconciliation* entre les spectateurs, entre les hommes.

C'est par le *rêve*, la méditation, une pensée née dans l'imagination physique, que tu me trouveras le mieux ; *pense* d'abord à moi, et quand je dis penser, ne confonds pas cet état d'humilité, de révérence, d'affection que je réclame, avec l'orgueilleuse présomption que tu apportes pour comprendre ou pour juger.

À cause de ma nature différente, car nous ne sommes pas de même substance toi et moi, tu es à jamais enfermé en toi-même, en dehors de moi, toute *ton action n'est qu'en dehors de moi, tu ne m'incarneras jamais* ; j'en mourrais et toi avec sans doute, tel est le secret que je peux formuler pour que tu comprennes l'attitude que tu dois avoir. Tu me représentes, tu ne me vivras jamais.

---

45 Dans ses notes, Jouvet écrit en majuscules avant le texte qui suit : « Moralités. P. Valéry ».

Ta présomption, ta vanité sont telles que *tu crois me vivre, parce que tu te sens vivre* sincèrement les phrases que tu dis, et que tu ressens des sentiments qui doivent d'après toi inspirer ces phrases ; ce sont des sentiments que ces phrases provoquent en toi, ce ne sont pas les miens. Tu ne me vis pas, *tu ne peux que me représenter*, bien ou mal, comme un bon avocat.

Agir en esprit, accomplir en esprit, c'est par là, par cette rêverie que j'appelle revivre, que tu trouveras le monde de l'esprit où je vis.

« Où l'on assouvit, où l'on jouit, où l'on extermine, où l'on parfait son bien, où l'on annule son mal *complètement*, où l'on se venge, où l'on commande, où l'on vit éternellement, où l'on triomphe, où l'on est aimé, où l'on est beau sans rien contre soi, ni gens, ni choses, ni temps.

Ce monde secret et évident où je vis, il faut le comparer ensuite, *selon l'auteur que tu joues et sa pièce*, avec le monde obscur, subi, où tu vis tous les jours.

« T'es-tu jamais demandé ce que je pensais de toi ? »

Il y a dans chacun de mes actes, de mes gestes et de mes propos *un sens actuel pour ton époque à toi* ; ce sens change à chaque époque ; il était différent avant toi ; il sera différent après toi en dépit de tout ce que nous appelons tradition. C'est ce sens-là qu'il faut trouver. Si tu le rencontres, je vis, sinon, je reste dans les limbes, dans le néant, l'obscurité où vos esprits vivent.

Le total de tous ces sens actuels, pris dans l'immensité de ce que vous appelez le temps, les années fussent-elles plus nombreuses que les grains de sable de la mer, n'arriveraient pas à donner le sens total de mon être. Peut-être est-ce cela qu'il faut obtenir, le cycle parfait d'une idée, le tour complet de l'esprit pour que le monde s'achève ?

Si tu voyais mon âme, tu ne pourrais pas déjeuner.

Solitude

Solitude du poète, solitude où nous sommes.

C'est dans *la nuit et la solitude de toi-même* que tu obtiendras ces moments où rien n'empêche de tout comprendre, de tout reconstituer de ce qui est humain (Rilke).

Je suis de l'humain trop constamment, et donc incompréhensiblement pour toi, à trop haute altitude, à trop grande compression, dans une atmosphère où tu périrais.

En toi nul public n'est à conquérir, à abuser, nul autrui à confondre, à provoquer, démonter, détruire, tu vois ton insuffisance et tu n'as pas besoin de la cacher (c'est parfois les neuf dixièmes du rôle que tu joues) cacher, mentir, faire semblant.

Seul. Ta faiblesse est aussi évidente que tu pourrais en abuser, tu es toi comme les spectateurs. *Tu es ce que tu es et non ce que tu parais, il n'y a pas de division en toi, comme sur la scène.*

Rien de théâtral n'est en toi, *ta lumière personnelle* éclaire inégalement tu le sens bien, ton toi et mon moi, que tu médites, et selon que tu agis tu es ou non mon adversaire.

Plus nous vieillissons dans la pensée et dans l'esprit des hommes, plus cette notion du temps de notre vie s'allonge, plus on nous a représentés, plus notre *immortalité*, notre longévité s'accroît, plus est puissante, plus est pesante notre existence, ce que tu appelles existence.

Ce qui de moi agit sur toi et ta réponse à cette action ?

Utilisation de tes impuissances, source d'énergie et de compréhension, source d'élévation vers moi.

Ma durée est plus grande que la durée de toutes les *variations* que l'on a tirées de moi et de toutes celles que l'on pourra tirer ; je suis la continuelle utilisation de ceux qui peuvent ou veulent sentir ou penser.

Personnage. Je donne et ne reçois rien. Je n'envisage aucune rétribution. Je suis fait pour être *incarné.* C'est ma punition et ma récompense c'est-à-dire mon être.

« Je suis souvenirs et expériences. Tous vos souvenirs, toutes vos expériences. »

L'amour, seule force constructive.

Tu me redonnes une nouvelle naissance ; ces reviviscences sont ma vie, une transmutation perpétuelle.

Ne cherche pas de doctrine, *ce n'est pas la réincarnation mais le devenir qui importe.*

Mouvement, élan dirigé.

Ne te laisse pas entraîner dans des discussions, je parle surtout de causeries. Les discussions ne mènent à rien de bon. *Ne cherche pas à convaincre les autres, mais toi-même.*

La vie présente n'est qu'un court épisode dans le voyage d'un individu vers la réalisation du moi.

Exercices d'audition spirituelle.

Silence de l'intellect et réceptivité.

Écoute par le cœur et l'esprit, mais méfie-toi, les pensées rebondissent quand tu cesses de penser ; il faut *un vide positif, un silence actif.*

Être medium, c'est avoir *un chemin libre.*

Laisse tomber les idées dans ton cœur avec le désir de les voir éclore, alors un travail secret se fera en toi et la compréhension surgira dans ta conscience.

Nos chemins se croisent trop souvent.

J'ai des regards mais pas d'yeux ; ma taille est dans une aura, ma couleur de sympathie, une lumière intérieure, un halo, voilà ce que je suis, et mon contact est poésie.

Les choses ne sont pas ce que tu penses.

Nous avons chacun notre propre atmosphère.

Approche-toi de moi.

Imagination, musique, poésie, bref *l'instinct, doit détrôner cette déesse suprême des affaires humaines, la raison.* Écoute-les. Vois-les sans vouloir à toutes forces comprendre comme tu regardes un nuage qui passe, un reflet dans l'eau ou le soleil qui se couche.

Recouvre tes facultés innées, un moment mises en obscuration pour permettre le développement de ton intelligence et de ta raison : facultés actives chez le primitif mais que le civilisé a dû appauvrir en lui passagèrement pour « croître ».

Tout ce qui est énergie humaine est spirituel, il ne faut pas s'orienter exclusivement dans le spirituel, c'est aussi incomplet et dangereux qu'une orientation entièrement matérielle.

L'une n'est pas supérieure à l'autre, ni celle-ci supérieure à celle-là.

C'est *le genre d'esprit* qui compte seulement.

Garde l'esprit libre de toute pensée individuelle.

Attends la révélation spontanée.

Les « frontières de la personnalité ».

Utiliser les difficultés comme marchepied.

Le succès ?

Les habitudes perdent peu à peu ce qui les alimente et la nécessité de les maintenir s'affaiblit de plus en plus avec le temps.

Mondes supérieurs, point de rencontre, carrefour de courants de force venant d'en haut et d'autres d'en bas. Rencontre des créations célestes et terrestres.

Ma vérité ne s'enferme pas dans une formule.

Confrontation de toi et du personnage pour devenir conscient de ton moi réel.

Le temps-qui-va-à-rebours.

La compréhension naîtra spontanément en toi-même, dans ton esprit.

Coïncidences de communication, d'adéquation d'existences.

Messages, retardement de ces avances.

Entre sommeil et réveil.

Medium mécanique.

Tu as à ton usage les (mes) mots, pour créer sentiments et idées ; si tu n'as pas le sentiment qu'il faut, l'idée ne passera pas.

Dramatisme. Voile jeté sur la réalité des choses, et voile soulevé par le poète qui fait naître la poésie.

Révéler aux autres l'intensité de leur conscience.

Le fait de *penser à moi intensément t'unira à tel point avec moi que tu pourras parler d'une identification (relative) momentanée* (ou plus faussement encore d'incarnation).

Vie émotionnelle
Vie mentale
Réminiscences.

Nous prenons forme instantanément sous la seule impulsion des vibrations mentales.

Notre matière répond continuellement aux vibrations de la pensée, du sentiment et du désir, et les formes surgissent spontanément.

La durée d'une forme ainsi créée dépend de la force de l'impulsion qui lui a donné naissance, la netteté de ses contours de la précision de la pensée, sa coloration suivant la qualité intellectuelle, dévotionnelle, passionnelle de cette pensée, ou plutôt du sentiment, désir, imagination mis en jeu.

Dans cette substance astrale, *la pensée créatrice* humaine – le poète – œuvre à l'aise.

Vous nous voyez vagues et vaporeux, mais réels, substantiels, tangibles et solides comme tu le crois ; *nous* vous voyons vaporeux et vagues, fantômes, anges, fées, toutes les entités astrales peuvent modifier leur aspect avec la plus extrême facilité et instantanéité ; *instabilité* de forme des pures formes astrales.

Intoxication de joie.

Nous sommes ou nous ne sommes pas des *Esprits de la nature.*

Instabilité des formes ou stabilité ? Ou moule, carcasse pour l'humain et le divin.

Pas des corps spirituels, mais intermédiaires, réincarnés nous-mêmes ?

Formes élevées de l'amour, sentiment, sympathie.

Ce que j'ai à dire dépasse les possibilités du langage parlé ou écrit et le mieux est d'en rester là. Cela ne veut pas dire que nos rapports vont cesser du tout au tout. Je ne suis pas hors d'atteinte, c'est à toi maintenant de te tourner et faire effort vers moi.

Intangibilité du personnage.

Dom Juan écrit à l'acteur : « L'action a une grande importance pour toi, ce que je fais et ce que je ne fais pas, ce qui m'arrive et ce qui m'arrivera. Pour moi, je ne sais ni d'où je viens, ni où je vais, je ne sais ni ce qui m'arrive, ni ce qui m'est arrivé avant la pièce, ni ce qui m'arrivera durant la pièce. Je suis. »

Lui faire dire encore que le personnage doit son existence à la fidélité que l'acteur lui porte, à l'existence même que l'acteur lui prête. Il a bien une existence personnelle, mais cette reviviscence de son existence, il la doit au spectateur et à l'acteur.

Le rôle.

Ces histoires que tu racontes dans les journaux comme un sportif : je me lève à 8 h, je prends un bain, je déjeune d'un œuf à la coque, j'étudie en me rasant, en me baignant, je répète mon texte, etc. (style Coquelin[46]), tout cela est exact mais pas sans ridicule. C'est ainsi que tu apprendras ton rôle, mais ce n'est pas ainsi que tu atteindras jusqu'à moi.

46 Coquelin aîné (de son vrai nom Benoît Constant Coquelin, 1841-1909) est un des comédiens les plus célèbres de son temps. Il fait partie de la troupe de la Comédie-Française de 1860 à 1886 (puis comme pensionnaire de 1890 à 1892). Il joue alors dans différents théâtres en France et à l'étranger. En1897, il crée le rôle de Cyrano de Bergerac dans la pièce éponyme d'Edmond Rostand au Théâtre de la Porte-Saint-Martin. Louis Jouvet qui n'appréciait guère son jeu ostensible, cite dans ses notes cette phrase d'André Suarès : « Coquelin était un vivant cimetière d'autruches. Chaque syllabe lui sortait des lèvres avec le cri du coq et un bouquet de plumes. Ce valet théâtrionnant était admirable de fatuité et d'absurde importance. »

Crois-tu avoir percé le secret du théâtre et l'expliquer aux autres ? Quelles marques d'inspiration trouves-tu dans ces actes ? Est-ce là ce que les journaux, les gens, appellent ton génie.

Il n'est pas de génie pour l'acteur autre que celui que je peux te conférer.

Révélation du personnage à l'acteur. Il doit dire sa nature, son essence, son existence, les moyens de le découvrir, son utilisation. *Il est la religion de l'acteur et l'explication même du théâtre.*

Il doit expliquer à l'acteur les secrets du métier. Il en fait l'historique et la critique, il faut aussi l'explication de la critique de l'acteur.

Enfin il parle de l'auteur et de l'incompréhension nécessaire à ces métempsychoses subies par l'acteur avant les autres, avant la dernière – dont il ne saurait parler car elle est, comme toutes choses de ce domaine, l'inexplicable nécessaire à la vie, à l'action où tout se passe (s'accomplit) ici-bas.

Il dit par la bouche de Lorenzaccio ou d'Hamlet la vanité de toutes les philosophies.

Et l'acteur se retrouve avec lui-même à la fin.

VARIATIONS

*RÊVE DE PERSONNAGES FANTÔMES DANS LES COULISSES**

La Havane, 1er novembre

Toussaint. Au sortir de la représentation du *Don Juan* de Zorrilla[47], je suis réveillé au milieu d'un rêve. La première sensation est que je frappe avec insistance sur des objets qui ne font pas de bruit. C'est un monde étrange que celui dont je sors, et je reconstitue ce que je viens de rêver et ce matin le rêve est aussi précis. Je suis dans un théâtre (c'est peut-être une suite du rêve sur la représentation du *Misanthrope* à l'Odéon que j'ai noté plus loin). Des ombres ou plutôt les personnages mêmes, comme des fantômes, (souvenir de l'« ombre » du Commandeur vêtu de blanc) circulent dans les coulisses, dans les loges ; ils suivent les comédiens, affligés, implorants ; je comprends qu'ils voudraient communiquer avec eux. Est-ce leur sympathie qu'ils veulent dire ? Est-ce des conseils qu'ils veulent leur donner ?

C'est une ronde d'âmes. Je ne saurais les décrire très nettement, mais ils sont transparents et diaphanes, leurs formes sont molles, et il y a comme un halo qui rend imprécis leurs costumes sans couleur ; je ne saurais les décrire. Ils sont plutôt comme ces fantômes du théâtre japonais, dont les traits sont fixés et figés par les masques et dont le corps est fait de voiles qui pendent.

Cherchent-ils à se réincarner, à retrouver une vie terrestre ? Il y a quelque chose de douloureux et d'impuissant dans la façon dont ils tournent, vont, viennent, circulent, dont ils suivent le comédien, parfois ils le précèdent, se mouvant à reculons. D'autres fois ils s'insinuent derrière la glace où le comédien se regarde, mais il ne les voit pas ; et moi je vois toutes ces ombres et chaque fois qu'un comédien passe près de moi ou que j'aperçois une de ces ombres qui circule, je voudrais attirer leur attention, je voudrais qu'on voie ce que je vois. Je sens qu'il y a quelque chose de grave, qu'un mystère va se découvrir, que peut-être est-ce dans ces apparitions et la façon dont elles vivent avec nous, sans que nous l'ayons remarqué jusqu'ici, que se trouve l'explication de notre profession, l'explication du théâtre, de l'inspiration, du poète, de l'interprétation du comédien.

47 La pièce de José Zorrilla (1817-1893) *Don Juan Tenorio*, créée à Madrid en 1844, était jouée chaque année à l'occasion de la Toussaint.

Je frappe vite mais discrètement du doigt comme on frappe à une porte, sur ce qui est près de moi, sur le bord de la glace, sur le dossier de la chaise, sur le cadre d'un châssis, mais aucun vrai son ne se produit. C'est un bruit creux et plat comme fait le papier mâché quand on veut le faire sonner pour savoir si l'objet, vase ou coupe, est d'une matière véritable. Mais ce n'est pas un cauchemar, tout est silencieux et calme et cela est d'autant plus angoissant – c'est très doux et très triste. À la réflexion c'est un peu une ronde des âmes d'un purgatoire. De quoi seraient-elles punies ? De nos incarnations, serait-ce une peine à laquelle elles sont condamnées, d'être réincarnées dans ces façons aussi fausses, aussi médiocres, aussi peu vraies ? De quel monde viennent-ils ces personnages et pourquoi ?

Je ne me suis pas posé toutes ces questions précisément, il y avait en moi trop de curiosité et d'étonnement, et une grande impatience ; c'était un moment majeur, décisif, crucial, j'allais tout comprendre peut-être de notre profession, j'allais tout savoir d'eux, de ces personnages ; j'allais savoir ce que signifie une représentation ; j'allais enfin pénétrer le secret de tout le mystère du théâtre, depuis l'auteur jusqu'aux spectateurs, cette étrange machination des âmes ; c'était un au-delà très simple qui allait se montrer, je n'entendais rien que du silence en frappant pour faire du bruit. J'allais enfin comprendre les comment et les pourquoi que je me pose, ce qu'il y a de pauvreté et de vanité dans le théâtre. J'allais en savoir les raisons, tout allait s'expliquer. Une satisfaction des âmes, une recherche des âmes et des corps.

Tout le bruit que je tâchais de faire ne produisait aucun son et se changeait en silence ; c'est le silence qui m'a réveillé.

Tout est condamné au silence dans ces matières.

Rien ne s'entendra de cet au-delà qui circule en quête d'incarnation vivante ; on est condamné à l'impuissance, dans cette recherche aveugle de l'Esprit, à laquelle nous sommes condamnés, par des moyens dérisoires, grotesques, où notre vanité et le théâtral nous portent plus que notre foi.

Nous sommes condamnés à incarner des Esprits, dont nous ne donnons jamais que la caricature.

On cherche une satisfaction des âmes à l'aveuglette, une rencontre des âmes, et cette recherche se fait par des moyens ridicules, et à partir de notre vanité, mais à partir aussi d'une croyance qui de temps en temps nous transporte, et *c'est ce transport qui est le but perpétuel du théâtre et du monde*.

Jaillir de soi, sortir de soi, se fuir pour aller plus haut.

Les jeux des enfants ne sont pas autres ni mieux, ils sont plus évidents.

COSTUME *(1943)**

Il est évident que l'usage et l'idée du costume pour l'acteur du XVIIe siècle ne sont pas semblables pour nous.

Le principe est évidemment le même : c'est le goût du divertissement, du travestissement, mais au XVIIe siècle une garde-robe comporte une dizaine de costumes chez les acteurs les plus riches, alors que les costumes que nous portons aujourd'hui sont innombrables et différents à chaque pièce.

Et le *maquillage* n'est pas le même parce que *l'éclairage* n'est pas le même, parce que les conditions dans lesquelles se trouve l'acteur ne sont pas les mêmes. La lumière, les lustres. *L'intervention du souffleur* : un comédien pouvait autrefois jouer la comédie presque sans savoir son texte. Tout l'y autorisait : les usages, les spectateurs, surtout un pouvoir qu'il y avait de jouer la comédie par une mémoire spéciale à l'acteur, mémoire des sensations et des sentiments, mémoire physique et sensible, rythmique et mécanique, dont dérive la mémoire du texte (comédie italienne). *La présence des spectateurs sur la scène.*

Question de la mémoire, c'est-à-dire du texte chez les acteurs.

Sans remonter au Moyen-Âge où on imagine bien ce qu'a dû être la façon primitive dont un acteur apprenait son texte, dont on le lui apprenait, à l'époque de Molière – la pièce écrite, dans un temps minimum (record) par Molière lui-même – ces pièces étaient apprises en dix jours par les acteurs.

La copie était faite morceau par morceau sur des bouts de papier qu'on donnait aux acteurs, on ne leur donnait que leurs répliques, le souffleur était chargé de cet exercice, étant en même temps copiste probablement.

À une époque plus proche de la nôtre, les acteurs apprenaient leur texte (comme je l'ai encore vu) dans des brochures calligraphiées à la main, dans un format rectangulaire oblong. La pièce était une série de répliques, les unes à la suite des autres, séparées par les trois derniers mots de la réplique du partenaire, l'essentiel était, souligné en rouge, les indications et les jeux de scène.

« Tu ne sais rien, tu ne lis rien, tu ne réfléchis pas, tu ignores même l'histoire de ceux qui t'ont précédé ».

Les acteurs parfois ont appris leurs scènes mécaniquement, numérotant leurs répliques, l'un chiffrait vingt-cinq répliques, le partenaire vingt-six. Ils débitaient ces répliques, les débitant sans même s'entendre et ainsi, par suite de l'omission d'une réplique on peut imaginer des scènes où les acteurs tenaient des propos incompréhensibles, sans que ni eux ni le public soient particulièrement gênés par ce quiproquo.

Annotations et commentaires du texte par le comédien sur sa brochure.

J'ai joué le mélodrame avec des acteurs qui, dans les rôles importants, ne connaissaient rien de l'action de la pièce, sauf les scènes où ils participaient.

Cette question de la *mémoire*, de *la façon d'apprendre un* rôle, *de l'intelligence des acteurs, de l'utilisation du texte* est à souligner.

Sur la comédie italienne : des acteurs qui n'entendaient pas le français et qui le parlaient cependant ; comédies qui ont été représentées mi-partie en français, mi-partie en italien, et encore dans des dialectes italiens (lombard ou vénitien), comme aujourd'hui on représente encore parfois l'opéra.

La lecture de la pièce par l'auteur était autrefois la seule initiation un peu solennelle qu'on faisait aux comédiens.

INTIMITÉ[48]*

Intimité. Intime, *intimus*, superlatif d'*interior* ; *essence, qui réside au plus profond.*

Connaissance de soi-même, conscience, sens de soi, *par contact*, *heurt*, *affrontement*, *effort*, *choc* (valeur des contraintes et obligations pour se contrôler, autre manière de se connaître), *opposition.* On ne sent son corps que lorsqu'il souffre, qu'il est contraint, – la maladie. La connaissance, conscience de soi, se fait d'abord par manque, par souffrance (chez l'enfant), par négative, non par plénitude, *conscience d'abord physique.* On s'interroge d'abord soi-même, on s'étonne.

Tout part d'abord du corps. Intimité, intuition (*les trois degrés*).

« Tout est suspect sauf le corps » – la sensation.

Nous sommes d'abord des corps (Pascal).

Toutes les méthodes d'induction spirituelles ou psychiques commencent par le travail du corps, pour le maîtriser, le vaincre, l'annihiler : ascèse, méthodes hindoues.

C'est d'abord la sensation de soi, physiquement, qui prélude, qui commence, puis qui va, par une intimité supérieure (familiarité acquise et dépassée) par le sentiment et l'idée, aux extases mystiques, à des ravissements, des béatitudes, une dépossession du corps où seuls règnent l'esprit et l'âme. C'est par des degrés subtils du physique au psychique que passe *l'intimité* : intimité supérieure où le corps ne participe plus, état mystique.

Partons donc de la sensation.

Le comédien vit habituellement dans d'autres sensations que les siennes (du moins il s'y efforce), il cherche à gagner de nouvelles intimités, à vivre de nouvelles sensations.

48 Ce texte est précédé de la mention « 1) Préparation aux cours du Conservatoire. »

Or, il doit se servir de ses propres sensations pour en créer de nouvelles, d'originales.

C'est dans cet exercice, dans cette fusion de sensations, les siennes propres et celles du rôle, qu'il joue, *qu'il peut établir son intimité*, connaître ses propres sensations, prendre contact avec lui-même.

Là est le métier de l'interprète, son secret, me semble-t-il, et certainement sa difficulté.

Comment agit le comédien avec le Personnage ?

Le comédien prend le Personnage à son image, il le traverse, il s'assouvit en lui, il l'efface, le remplace, se substitue à lui, l'exproprie, au moins se juxtapose à lui (le bernard-l'ermite – Prosper Mérimée[49]).

C'est dans ses propres tendances et ces contraires entre ses penchants à lui (comédien), et ceux du personnage ou du rôle que nous trouvons le comédien, inextricable, indémêlable.

Le comédien ne peut donc avoir de connaissance de soi, d'intimité avec lui-même, de vie intérieure, que par interposition, addition ou adjonction, que par un état, un trouble qu'il provoque en lui-même, dans un appétit et un goût constant d'être troublé, changé, altéré.

Morale – La valeur morale du personnage ou du rôle joué a-t-elle une importance ?

Non. Tous les personnages sont innocents, non coupables, même dans *les monstres* ; il y a du monstrueux en chaque comédien, en chaque individu :

– La morale dans cette fréquentation est affaire d'attitude du comédien

– « La morale, cette invention », dit Péguy. Et son point de vue sur Corneille, l'honneur et le devoir sont ici des étiquettes, il s'agit de deux *passions*, et non de vertus et de défauts.

– Il faut apercevoir ce que cette libération implique : soit une bassesse, une justification de soi en toutes circonstances par les situations où le comédien est placé et concerné, soit la grandeur et la pureté exceptionnelles qu'il peut

49 Dans ses *Lettres à une inconnue*, Mérimée relate l'anecdote suivante : « Connaissez-vous une bête qu'on nomme bernard-l'ermite ? C'est un très petit homard, gros comme une sauterelle, qui a une queue sans écailles. Il prend la coquille qui convient à sa queue, l'y fourre et se promène ainsi au bord de la mer. Hier, j'en ai trouvé un dont j'ai cassé la coquille très proprement sans écraser l'animal, puis je l'ai mis dans un plat d'eau de mer. Il y faisait la plus piteuse mine. Un moment après, j'ai mis une coquille vide dans le plat. La petite bête s'en est approchée, a tourné autour, puis a levé une patte en l'air, évidemment pour mesurer la hauteur de la coquille. Après avoir médité une demi-minute, il a mis une de ses pinces dans la coquille pour s'assurer qu'elle était bien vide. Alors il l'a saisie avec ses deux pattes de devant et a fait en l'air une culbute de façon que la coquille reçût sa queue…, elle y est entrée. Aussitôt il s'est promené dans le plat, de l'air assuré d'un homme qui sort d'un magasin de confection avec un habit neuf. J'ai rarement vu des animaux faire un raisonnement aussi évident que celui-ci. » (Extrait d'une lettre envoyée de Cannes, le 22 janvier 1859).

gagner, en considérant son exercice, son métier comme une pratique purificatrice, expiatoire, ascèse.

À la racine d'un bon sentiment on peut en discerner un mauvais, à la racine d'un mauvais un bon, et ainsi de suite, et c'est du reste en les discernant qu'on leur prête une forme, tout cela vivant d'une vie larvée, mêlée, confuse. De sorte qu'*il n'y a pas de vérité psychologique* (H. Pourrat[50]). Il n'y a pas plus de notions morales pour le comédien. Sur la même trame ou fil sans fin, la vertu et le vice sont liés, le noir passe au blanc dans un dégradé imperceptible à l'œil et retourne au noir par gradation inverse.

– *L'élément introduit*, le rôle ou le personnage n'a pas d'importance au point de vue moral. Il est question d'instruire le comédien sur les faiblesses qu'il peut avoir, de le tenir en garde contre les influences qu'il peut subir, et qu'il ait du caractère ; son métier au lieu de l'avilir (reproches des Pères de l'Église) peut être source pour lui de noblesse et de grandeur.

– L'acteur a plus d'intimité avec son rôle ou son personnage qu'avec lui-même et c'est une intimité de partage.

– L'art d'hospitaliser ces tiers en soi-même, de les inviter, de les traiter, de les fréquenter, d'en bénéficier.

C'est de cette *confusion* qu'il faut parler car c'est en elle que réside la seule intimité du comédien.

Là est la difficulté de son métier, là est le secret de son art et de sa vie.

Attitudes du comédien : réceptacle, logement, le comédien locataire, dominant, *existant*.

– *Le rôle* existe, plus intensément que le comédien qui le joue, parce qu'il y apporte plus de passion, que le public intensifie encore. Le Personnage existe au-delà du comédien, au-dessus, autrement, le comédien conditionné, effigie d'une essence.

– Le comédien attribue vaniteusement ses qualités aux rôles et aux *Personnages*, et s'arroge non moins ingénument les vertus de ceux qu'il représente.

– L'illusion de vouloir être ou d'être un autre lui fait ignorer ce qu'il est lui-même, au moins trouble sa personnalité, son existence.

Être intime, sympathie, amitié fraternelle, être lié, être l'alter ego, le familier, pénétrer, *fréquenter, entretenir des rapports*, s'accointer, voisiner ou *hanter*, … liaison, confident.

Liaison étroite et profonde.

---

50 Henri Pourrat (1887-1959) est un écrivain français dont l'œuvre est largement inspirée de la littérature orale de son Auvergne natale. Son roman le plus connu est *Gaspard des montagnes* (4 volumes, 1922-1931). Jouvet avait de lui dans sa bibliothèque *Le Loup garou et sa bande*, paru en 1949, ouvrage auquel il fait allusion dans son cours au Conservatoire du 10 septembre 1950.

Aspect mystique, c'est-à-dire :

1) *régression de la vie personnelle, état passif* sous l'influence d'un sentiment suscité par répétition, par conviction,

2) *dédoublement de personnalité*, la sienne et celle du personnage, conscience confuse qui touche à l'inconscience ;

3) *mysticité* (autre forme), recherche d'isolement pour éprouver une béatitude intérieure, c'est un état affectif.

Il y a « absorption » de l'individu.

Cette passivité, cet état affectif n'est possible chez le comédien que par phases, par moments (rares) dans un rôle car il doit avoir une conscience nécessaire dans l'exécution.

Il faut considérer *les traces, les résidus* que laissent dans l'âme et l'esprit du comédien les rôles qu'il exécute, ou les personnages qu'il joue.

Il s'agit de considérer l'exercice du comédien comme une *réforme de soi*, une *amplification* de soi, *une quête* vers l'Amour et la Liberté par une conquête du rôle ou du Personnage, pour *une possession de soi.*

Ici entre le problème de la recherche du rôle et de l'exécution.

Recherche d'énergie pour :

conquérir, au moins *approcher*,
puis *posséder*
puis *interpréter*, jouer,
exécuter dans un équilibre nouveau (public), dans une synthèse psychique rare, moment du spectacle, au-dessus des médiocrités normales de la vie.

Il s'agit d'une *personnalité* (résultat d'une pratique, d'une recherche, spécialité dans l'ordre physique et spirituel) qui se forme et se réforme ; là est *le talent*, qui n'est pas seulement le succès mais *une vertu de longue pratique.*

« *On a aisément du génie au départ, il est plus rare et plus difficile d'avoir ensuite du talent* »

Il s'agit dans la recherche du rôle d'une concentration puissante pour un geste et une idée (une respiration, une sonorisation), une phrase qui fait coïncider le principe de la création (pensée sentiment) avec le principe de l'action dramatique.

Il y a des *forces de conviction* qu'il faut employer avec beaucoup d'art et d'adresse pour qu'il en reste quelque chose d'efficace et de vrai pour les autres et pour vous.

Différence entre les distributions dans les rôles :

Il y a des rôles/personnages que l'on supporte, d'autres qu'on promène, d'autres qui vous entraînent ou vous traînent, avec qui on n'a jamais d'intimité, d'autres qui vous ennuient.

Il en est peu chez qui il est aisé d'entrer ou de pénétrer.

Certains vous servent de repoussoirs, d'autres d'exemples ; il en est qu'on aime canaillement ou pieusement.

Il se fait durant l'exécution, le jeu une combustion de sentiments, de sensations et d'idées qui, lorsqu'on en saisit la chaleur par une brusque conscience, est proprement infernale.

Il n'y a *pas d'identité* avec aucun personnage ; lorsque des analogies s'amorcent, c'est l'acteur qui est détruit – Napoléon, Frédérick[51].

Le rôle ou le personnage, prétexte, support pour un envoûtement.

De la connaissance de soi par interposition ou d'une curieuse pratique pour atteindre à une connaissance de soi, et obtenir en même temps des représentations figuratives destinées à distraire le prochain et favoriser à son tour chez celui qui s'y adonne une conscience de soi plus éveillée ; c'est une définition du théâtre.

Pour chasser ses inquiétudes, combler sa solitude, pour trouver de nouvelles interrogations.

Tous ces yeux qui vous contemplent, cette vie intense muette qu'on ressent en soi par ces regards, comme lorsque dans une salle de musée toutes les toiles vous regardent. Cela donne une intimité (une volupté) comme un rêve. On en arrive à douter de sa propre existence, on en est transformé.

L'équilibre du comédien, son intimité. Déséquilibre de son existence. L'équilibre du comédien ne peut lui venir que du sentiment, de son intimité, de sa conscience de soi.

Or l'intimité qu'il peut avoir de lui-même prend naissance dans un état d'instabilité et de déséquilibre, dans ces instants où il est placé entre ce qu'il est et ce qu'il veut être, entre lui-même et les rôles qu'il joue.

Telle est la situation paradoxale du comédien.

Tel est le vrai *paradoxe du comédien.*

C'est de cette constatation et sur cette constatation qu'il doit baser toutes ses études et tout son art.

« Où trouver, où s'aboucher avec un comédien bien entré dans son métier, un être vivant qui pourrait dire où, de quelle façon, comment il a vécu sa pratique et ce que cette pratique est pour lui. »

---

51 Frédérick Lemaître (1800-1876) avait interprété le rôle de l'empereur dans *Napoléon Bonaparte* d'Alexandre Dumas au théâtre de l'Odéon en 1831.

Il n'y a que des cas d'espèces.

Et il en est peu qui soient conscients d'autre chose que ce qui égoïstement les concerne.

« Étrange constatation qu'il passe dans l'esprit et dans l'âme du comédien de si grandes idées, de si puissants sentiments, et qu'il lui en reste si peu en lui-même ».

Après tant d'histoires qu'a-t-il vu ? Qu'a-t-il retenu ? Qu'a-t-il gardé avec lui pour s'en faire un cœur ?

Peut-être qu'un homme raisonnable deviendrait insensé à éprouver ce que le comédien dans sa déraison (son imagination) éprouve tous les soirs.

Un homme normal deviendrait sans doute malade ou sujet à des troubles physiques graves s'il devait éprouver les sensations qu'un comédien ressent ou essaye de ressentir tous les soirs.

« Au départ et à l'arrivée, le métier du comédien me paraît un ensemble de procédés physiques, gymnastiques, basés sur la sensation.

Entre les deux points extrêmes de son action, il se passe toute une opération compliquée, distillation, transmutation, une alchimie, une combustion spéciale à chaque individu, mais c'est de violence et d'énergie qu'il faut parler d'abord. »

LA CONVENTION DU THÉÂTRE ET LES CONTRAINTES DU MÉTIER

Conscient qu'il ne pourra atteindre le personnage par son apparence et son comportement extérieur, le comédien découvre la convention du théâtre, qui repose sur l'illusion et le mensonge, d'une part, et sur les contraintes de son métier, de l'autre. Il perçoit que son existence sur scène est fonction non seulement du personnage qu'il doit jouer mais aussi du public qui l'écoute et des partenaires qui lui donnent la réplique.

LA CONVENTION THÉÂTRALE[52]

L'art du théâtre est une communion dans le mensonge.

« Ce n'est pas le vrai qui nous charme dans les ouvrages de l'art, dit Grimm, c'est le mensonge [...] pris comme pouvoir d'illusion, il est la seule supériorité de l'homme sur les animaux, et la seule supériorité de l'artiste sur les autres hommes[53]. »

Or, le lieu d'élection du mensonge, l'édifice où il est reconnu, patenté exploité, où ses fidèles et ses sectateurs[54] peuvent tenir leurs assises avec délices et sécurité c'est le théâtre... Ce qu'il y a de déshonorant et de toxique dans le mensonge prend ici une vertu singulière et se transforme finalement en vérité.

---

52 Ce texte est extrait d'une conférence que Jouvet a tenue à la Sorbonne le 29 avril 1939 et qui é été publiée dans une forme en partie modifiée, sous le titre « La convention théâtrale », dans le *Bulletin de la Société des Historiens du Théâtre*, VIIe année, n° 2, p. 53-65 (p. 60-65 pour le présent extrait). Il reprend quasi littéralement un passage d'une conférence consacrée à Marivaux qu'il avait prononcée à l'Institut des Annales, le 6 février 1939. À ses yeux, l'œuvre dramatique de Marivaux est la plus parfaite illustration de la convention théâtrale. Le lecteur trouvera le texte de cette conférence dans le volume II de la présente édition, p. 336-362.

53 Friedrich Melchior, baron von Grimm (1723-1807) est un diplomate et homme de lettres bavarois ; critique littéraire et musical, il séjourna longtemps en France où il fréquenta Jean-Jacques Rousseau et les encyclopédistes. En 1753, il succède à l'abbé Raynal comme rédacteur de la *Correspondance littéraire, philosophique et critique* (préalablement intitulée *Nouvelles littéraires*), destinée à renseigner les princes étrangers sur la vie intellectuelle à Paris.

54 C'est-à-dire ses adeptes.

Si l'on voulait définir l'art dramatique de ce point de vue de l'illusion et du mensonge, on pourrait déclarer que c'est une association entre un menteur, quelques simulateurs ou hypocrites et une grande quantité de faussaires ou de dupes.

Le menteur qui se délivre par la fiction qu'il raconte est le poète dramatique.

Les hypocrites, ainsi que les Grecs appelaient les comédiens, sont les intermédiaires, les agents de transmission de cette opération. Et les spectateurs en sont les faussaires et les dupes. Poussés eux aussi par le goût de la fiction et par un besoin d'existence supplémentaire qui les rassemblent d'abord, ils se font ensuite les complices du poète et des comédiens dans cette organisation mensongère de l'illusion. L'art du théâtre, c'est l'utilisation du mensonge comme d'un prisme qui décompose et réfracte les sentiments et les idées pour les rendre d'autant plus visibles et actifs.

Quel étrange phénomène que celui de la création dramatique !

L'écrivain est assis à sa table. Il va délivrer au public un message qu'un sentiment confus le porte à écrire. Il trace des phrases sur le papier, et ce sont des répliques ; devant chacune de ces phrases il inscrit un nom : des personnages sont créés. Puis viennent les comédiens qui disent les phrases écrites, incarnent les personnages.

Enfin, un soir, devant d'autres hommes rassemblés, les comédiens racontent l'histoire que l'auteur a imaginée, en la vivant à leur façon et restituant au public, avec générosité, l'œuvre qu'ils s'étaient appropriée. Tout l'art dramatique, c'est-à-dire l'inspiration de l'écrivain, la genèse de son œuvre, l'interprétation des acteurs, l'adhésion du spectateur, tout se résume et s'exprime par cette opération imaginative pratiquée en trois temps, équilibrée en trois phases dans laquelle s'ajustent, s'épousent, le désir qu'a l'auteur de faire accepter pour réalités ses fictions, la bonne volonté du spectateur à se laisser convaincre, et cette amitié médiatrice et mitoyenne de l'acteur qui est, selon l'expression de Platon, l'anneau moyen de cette chaîne qui lie le spectateur au poète :

> Ce don de bien parler, dit Socrate en s'adressant à l'acteur, est chez toi non pas un art, mais une force divine. Elle te met en branle comme il arrive pour la pierre qu'Euripide a nommée magnétique ; elle communique aux anneaux une force qui leur donne le même pouvoir qu'à la pierre, celui d'attirer d'autres anneaux, de sorte qu'on voit parfois une très longue chaîne d'anneaux de

> fer suspendus les uns aux autres. Et pour tous, c'est de cette pierre-là que dépend leur force. De même aussi la Muse fait des inspirés par elle-même, et, par les moyens de ces inspirés, d'autres éprouvent l'enthousiasme : il se forme une chaîne.
>
> Le dernier des anneaux de la chaîne, qui, par la vertu de la pierre magnétique tirent l'un de l'autre leur force d'attraction, c'est le spectateur. Celui du milieu, c'est toi le rhapsode et l'acteur ; le premier c'est le poète en personne. Et la divinité, à travers tous ces intermédiaires, attire où il lui plaît l'âme des humains, en faisant passer cette force de l'un à l'autre[55].

Cette chaîne spirituelle qui relie les trois inspirés dont parle Platon, ce mensonge organisé entre auteur, acteur et spectateur, leur rapport, leur entente, leur union, c'est ce que j'appellerai la *convention dramatique.*

Pour se figurer cette convention, pour en saisir l'origine et le mécanisme, il suffirait presque d'observer le jeu des enfants. Le jeu du théâtre n'en est que l'expression perfectionnée et supérieure. L'une et l'autre de ces conventions se ressemblent : elles sont de même principe et de même nature ; elles sont l'une et l'autre de fondation d'humanité.

Quand dans l'appartement vide et délivré des parents, les enfants prennent enfin possession du mobilier et le restituent à des fins poétiques, quand ils tournent, les pieds en l'air, la table de famille pour en faire une île déserte, qu'ils mécanisent les chaises Henri II pour en faire des radeaux, il n'y a là rien de diabolique ou d'infernal comme le disent les parents en constatant les dégâts. Cette transposition du « signe » habituel des objets et des lieux, c'est simplement le désir de l'évasion, le goût de la fiction qui s'expriment chez des êtres avides de poésie et dont l'imagination s'égale déjà à celle de l'auteur, de l'acteur et du spectateur.

Ce qui distingue cependant le jeu des enfants du jeu de théâtre, c'est que le premier est une improvisation spontanée et chaotique qui admet et absorbe tous les incidents, toutes les propositions nouvelles que le hasard ou l'inspiration des joueurs font naître. Les enfants, à eux-mêmes et pour eux-mêmes auteurs, acteurs et spectateurs, tiennent indistinctement tous les rôles ; leur jeu ne s'organise pas comme au théâtre, selon le rite

---

55 Citation du dialogue de Platon intitulé *Ion*, qui pose la question de la nature de l'inspiration et de la source du talent chez les poètes et les rhapsodes. Dans ses notes, Jouvet revient à plusieurs reprises sur l'image de « la chaîne de Platon », dans laquelle l'acteur est un maillon intermédiaire. Voir à ce propos le chapitre « L'auteur, l'acteur, le spectateur », p. 349 *sqq*.

durable et hiérarchique qu'impose une œuvre écrite. Leur convention n'est pas commandée comme dans les jeux scéniques par une pièce dont la composition et l'écriture ordonnent rigoureusement l'invention, l'esprit et le déroulement des péripéties, déterminent l'exécution et la possibilité de répétition.

Le jeu des enfants peut se rompre, dévier et vivre dans une incessante liberté de création et d'action. Les malentendus et les désaccords qui naissent entre les participants, les variations et les incidences dans l'exécution ou l'invention du jeu ne font souvent que l'exalter et renforcer son essor.

J'en ai vu l'exemple sur le trottoir de ma maison. Dans un décor de petits bancs, de pelles, de seaux et de jouets, deux petits garçons et une petite fille étaient gravement affublés d'oripeaux. L'un des petits garçons était étendu par terre, le plus grand perché sur un tabouret. La petite fille s'approche et dit : « Sire, notre enfant est mort ». Alors le petit garçon descendit de son trône et ramassa le corps de son fils, lequel, parce qu'il se sait trop lourd, s'aida complaisamment pour marcher, donnant par ailleurs avec une très grande conviction, tous les signes possibles de son néant.

Pendant ce temps, la petite fille, armée d'une pelle, a vite couru au pied d'un platane et creusé la terre avec ardeur. Le roi lâche le cadavre de son fils, s'arrête et, abandonnant son rôle, apostrophe la petite fille : « – Alors quoi ? Tu joues ou tu fais des pâtés ? »

La petite fille se relève, et, de toute sa dignité royale, répond avec des sanglots dans la gorge :

« – Je ne fais pas des pâtés, je fais du manger. »

À la suite de cet incident, de ce malentendu, de cette rupture, il y eut une explication embrouillée que je suivis de loin, mais elle dura peu de temps. Je vis le jeu reprendre avec passion et je les quittai comme ils s'apprêtaient religieusement au repas funèbre.

Ce malentendu entre les joueurs, entre les participants du jeu, devient au théâtre un désordre grave, car il ne se présente jamais dans cette liberté, ni avec cette franchise.

Le malentendu dramatique à la façon des maladies bénignes ou pernicieuses, se développe lentement, déformant petit à petit l'œuvre écrite, jusqu'à la rendre inopérante, jusqu'à la corrompre par perte de signification ou contresens, jusqu'à la détruire ou l'abolir. Entre l'écriture de la pièce et son audition par le public, il y a une série de phases, d'opérations faites d'appropriations et d'expropriations, commises par l'auteur et surtout par les comédiens et les spectateurs. Il y a des malentendus provoqués par l'imagination de chacun.

Dès sa création, une œuvre porte en elle trois tendances déformatrices ; elle contient trois pièces distinctes : celle que l'auteur croit avoir conçue, celle que les comédiens exécutent, et celle que le public entend.

Quand, à la création, l'écrivain offre et livre sa pièce aux comédiens et au public, si le succès sanctionne les représentations, il s'établit une sorte d'accord entre les participants, un équilibre provisoire qui stabilise l'œuvre pour un certain temps. Mais c'est un équilibre instable. Rien ne cristallise au théâtre. Tout ce qui est fixe et durable ne le reste qu'en s'adaptant et en changeant.

Le spectateur et l'acteur ne se perpétuent pas ; ils se renouvellent et l'accord entre les nouveaux participants se fait peu à peu sur d'autres bases que celles initiales. C'est cette mobilité, cette instabilité, cette déviation qui fait évoluer les œuvres dramatiques et les transforme.

Et toute l'étude de l'art dramatique, l'histoire de sa technique, de ses écoles et de son évolution pourrait s'écrire de ce point de vue, à partir de cette mobilité de la convention, de cette réciproque influence du poète et des deux larrons d'imagination que sont les acteurs et les spectateurs, bref en considérant l'accord ou le désaccord entre les participants du jeu au théâtre.

Sollicitée, assiégée par les comédiens et le public, une pièce de théâtre, par un glissement lent et léger, par des pressions diverses et répétées, s'amoindrit ou s'amplifie, se dénature ou se déforme, au gré des époques et de leurs modes, par l'affection ou le dédain, par le sens que lui donnent ceux qui l'interprètent et aussi ceux qui l'écoutent.

Et c'est dans la mesure où cette évolution respecte et maintient la conception originelle de l'auteur, en profitant de la plasticité de la pièce écrite, que s'établit ce qu'on appelle la tradition d'un auteur ou d'une œuvre.

On peut classer les jeux de théâtre, comme les jeux des enfants, en deux catégories. Il y a les enfants poétiques et les enfants sans esprit. Il y a les enfants qui jouent avec des chiffons, des signes invisibles pour les grandes personnes et dont la découverte est pour nous un émerveillement, et les enfants qui ne peuvent s'évader qu'en utilisant d'une manière pratique les ustensiles de la vie quotidienne… ceux qui se refusent aux signes, aux transpositions, tel cet enfant que sa grand-mère voulait enchanter en lui faisant écouter à l'oreille son vieux boîtier et qui lui disait, du ton mystérieux que prennent les vieilles gens avec les enfants : « Écoute le joli tic-tac », et l'enfant répondait d'un ton très scientifique : « Ce n'est pas un tic-tac, c'est un chronomètre ». Il y a des époques où le public ne veut pas entendre le tic-tac : ce qui l'intéresse, c'est l'heure exacte.

Toute l'histoire de l'art dramatique oscille entre deux pôles : le réel et le spirituel, entre une tendance vers le signe et le symbole et une tendance inverse vers une vérité ou un réalisme qui abolit le symbole, entre le tic-tac et la montre.

Il y a une convention dramatique basse qui singe la réalité et une convention dramatique noble ou spirituelle qui cherche à s'élever au-dessus d'elle. Entre ces deux pôles, entre ces deux extrêmes, il y a tous les degrés, tous les échelons qui séparent Émile Zola de Marivaux, qui espacent le naturalisme du théâtre classique.

Le théâtre naturaliste ou réaliste ne tend qu'à une sorte d'imitation, une sordide exactitude qui copie minutieusement la vie familière. Ce n'est qu'une singerie de la vie quotidienne qui ne va pas sans écœurement, car elle est placée sur le même plan que la vie propre des participants. C'est la formule du théâtre réaliste ou Théâtre-Libre, ce qu'Oscar Wilde appelait « la décadence du mensonge[56] ».

À l'autre pôle est la convention dramatique noble, celle qui est toujours soucieuse d'introduire le spectateur dans un monde dont la vérité ne soit pas « réelle » et « matérielle », mais spirituelle. Transformant la réalité du monde ordinaire en l'éclairant d'une lumière inattendue, elle met le spectateur en contact direct avec une vérité supérieure, dans un monde plus abstrait que le réel, transcendant et spirituel, où elle le fait vivre et se purifier.

56 Dans un essai paru en 1891 et traduit en français sous le titre *Le Déclin du mensonge*, Oscar Wilde, fait l'éloge du faux en dénonçant toute forme artistique qui tente d'imiter la vie. C'est la vie qui, selon lui, doit imiter l'art.

LES RÈGLES DU JEU

Descartes :

J'ai été nourri aux lettres dès mon enfance ; et, pour ce qu'on me persuadait que par leur moyen on pouvait acquérir une connaissance claire et assurée de tout ce qui est utile à la vie, j'avais un extrême désir de les apprendre. Mais sitôt que j'eus achevé tout ce cours d'études, au bout duquel on a coutume d'être reçu au rang des doctes, je changeai entièrement d'opinion. Car je me trouvais embarrassé de tant de doutes et d'erreurs, qu'il me semblait n'avoir fait autre profit, en tâchant de m'instruire, sinon que j'avais découvert de plus en plus mon ignorance. Et néanmoins j'étais en l'une des plus célèbres écoles de l'Europe, où je pensais qu'il devait y avoir de savants hommes, s'il y en avait en aucun endroit de la terre. J'y avais appris tout ce que les autres y apprenaient ; et même, ne m'étant pas contenté des sciences qu'on nous enseignait, j'avais parcouru tous les livres traitant de celles qu'on estime les plus curieuses et les plus rares, qui avaient pu tomber entre mes mains. Avec cela je savais les jugements que les autres faisaient de moi ; et je ne voyais point qu'on m'estimât inférieur à mes condisciples, bien qu'il y en eût déjà entre eux quelques-uns qu'on destinait à remplir les places de nos maîtres. Et enfin notre siècle me semblait aussi fleurissant et aussi fertile en bons esprits qu'ait été aucun des précédents. Ce qui me faisait prendre la liberté de juger par moi de tous les autres, et de penser qu'il n'y avait aucune doctrine dans le monde qui fût telle qu'on m'avait auparavant fait espérer.

Je ne laissais pas toutefois d'estimer les exercices auxquels on s'occupe dans les écoles. Je savais que les langues qu'on y apprend sont nécessaires pour l'intelligence des livres anciens ; que la gentillesse des fables réveille l'esprit ; que les actions mémorables des histoires le relèvent, et qu'étant lues avec discrétion elles aident à former le jugement ; que la lecture de tous les bons livres est comme une conversation avec les plus honnêtes gens des siècles passés, qui en ont été les auteurs, et même une conversation étudiée en laquelle ils ne nous découvrent que les meilleures de leurs pensées ; que l'éloquence a des forces et des beautés incomparables ; que la poésie a des délicatesses et des douceurs très ravissantes ; que les mathématiques ont des inventions très subtiles, et qui peuvent beaucoup servir tant à contenter les curieux qu'à faciliter tous les arts et diminuer le travail des hommes ; que les écrits qui traitent des mœurs contiennent plusieurs enseignements et plusieurs exhortations à la vertu qui sont fort utiles ; que la théologie enseigne à gagner le ciel ; que la philosophie donne moyen de parler vraisemblablement de toutes choses, et se faire admirer des moins savants ; que la jurisprudence, la médecine et les autres sciences apportent des honneurs et des richesses à ceux qui les cultivent ; et enfin qu'il est bon de les avoir toutes examinées, même les plus superstitieuses et les plus fausses, afin de connaître leur juste valeur et se garder d'en être trompé.

Mais je croyais avoir déjà donné assez de temps aux langues, et même aussi à la lecture des livres anciens, et à leurs histoires, et à leurs fables. Car c'est quasi le même de converser avec ceux des autres siècles que de voyager. Il est bon de savoir quelque chose des mœurs de divers peuples, afin de juger des nôtres plus sainement, et que nous ne pensions pas que tout ce qui est contre nos modes soit ridicule et contre raison, ainsi qu'ont coutume de faire ceux qui n'ont rien vu. Mais lorsqu'on emploie trop de temps à voyager, on devient enfin étranger en son pays ; et lorsqu'on est trop curieux des choses qui se pratiquaient aux siècles passés, on demeure ordinairement fort ignorant de celles qui se pratiquent en celui-ci. Outre que les fables font imaginer plusieurs événements comme possibles qui ne le sont point ; et que même les histoires les plus fidèles, si elles ne changent ni n'augmentent la valeur des choses pour les rendre plus dignes d'être lues, au moins en omettent-elles presque toujours les plus basses et moins illustres circonstances, d'où vient que le reste ne paraît pas tel qu'il est, et que ceux qui règlent leurs mœurs par les exemples qu'ils en tirent sont sujets à tomber dans les extravagances des paladins de nos romans, et à concevoir des desseins qui passent leurs forces.

J'estimais fort l'éloquence, et j'étais amoureux de la poésie ; mais je pensais que l'une et l'autre étaient des dons de l'esprit plutôt que des fruits de l'étude. Ceux qui ont le raisonnement le plus fort, et qui digèrent le mieux leurs pensées afin de les rendre claires et intelligibles, peuvent toujours le mieux persuader ce qu'ils proposent, encore qu'ils ne parlassent que bas-breton, et qu'ils n'eussent jamais appris de rhétorique ; et ceux qui ont les inventions les plus agréables et qui les savent exprimer avec le plus d'ornement et de douceur, ne laisseraient pas d'être les meilleurs poètes, encore que l'art poétique leur fût inconnu.

Je me plaisais surtout aux mathématiques, à cause de la certitude et de l'évidence de leurs raisons : mais je ne remarquais point encore leur vrai usage ; et, pensant qu'elles ne servaient qu'aux arts mécaniques, je m'étonnais de ce que leurs fondements étant si fermes et si solides, on n'avait rien bâti dessus de plus relevé : comme au contraire je comparais les écrits des anciens païens qui traitent des mœurs, à des palais fort superbes et fort magnifiques, qui n'étaient bâtis que sur du sable et sur de la boue : ils élèvent fort haut les vertus, et les font paraître estimables par-dessus toutes les choses qui sont au monde ; mais ils n'enseignent pas assez à les connaître, et souvent ce qu'ils appellent d'un si beau nom n'est qu'une insensibilité, ou un orgueil, ou un désespoir, ou un parricide.

Je révérais notre théologie, et prétendais autant qu'aucun autre à gagner le ciel : mais ayant appris, comme chose très assurée, que le chemin n'en est pas moins ouvert aux plus ignorants qu'aux plus doctes, et que les vérités révélées qui y conduisent sont au-dessus de notre intelligence, je n'eusse osé les soumettre à la faiblesse de mes raisonnements ; et je pensais que, pour entreprendre de les examiner et y réussir, il était besoin d'avoir quelque extraordinaire assistance du ciel, et d'être plus qu'homme.

Je ne dirai rien de la philosophie, sinon que, voyant qu'elle a été cultivée par les plus excellents esprits qui aient vécu depuis plusieurs siècles, et que néanmoins il ne s'y trouve encore aucune chose dont on ne dispute, et par conséquent qui ne soit douteuse, je n'avais point assez de présomption pour espérer d'y rencontrer mieux que les autres ; et que, considérant combien il peut y avoir de diverses opinions touchant une même matière, qui soient soutenues par des gens doctes, sans qu'il y en puisse avoir jamais plus d'une seule qui soit vraie, je réputais presque pour faux tout ce qui n'était que vraisemblable.

Puis, pour les autres sciences, d'autant qu'elles empruntent leurs principes de la philosophie, je jugeais qu'on ne pouvait avoir rien bâti qui fût solide sur des fondements si peu fermes ; et ni l'honneur ni le gain qu'elles promettent n'étaient suffisants pour me convier à les apprendre : car je ne me sentais point, grâces à Dieu, de condition qui m'obligeât à faire un métier de la science pour le soulagement de ma fortune ; et, quoique je ne fisse pas profession de mépriser la gloire en cynique, je faisais néanmoins fort peu d'état de celle que je n'espérais point pouvoir acquérir qu'à faux titres. Et enfin, pour les mauvaises doctrines, je pensais déjà connaître assez ce qu'elles valaient pour n'être plus sujet à être trompé ni par les promesses d'un alchimiste, ni par les prédictions d'un astrologue, ni par les impostures d'un magicien, ni par les artifices ou la vanterie d'aucun de ceux qui font profession de savoir plus qu'ils ne savent.

C'est pourquoi, sitôt que l'âge me permit de sortir de la sujétion de mes précepteurs, je quittai entièrement l'étude des lettres ; et me résolvant de ne chercher plus d'autre science que celle qui se pourrait trouver en moi-même, ou bien dans le grand livre du monde, j'employai le reste de ma jeunesse à voyager, à voir des cours et des armées, à fréquenter des gens de diverses humeurs et conditions, à recueillir diverses expériences, à m'éprouver moi-même dans les rencontres que la fortune me proposait, et partout à faire telle réflexion sur les choses qui se présentaient que j'en pusse tirer quelque profit[57].

Étude d'une sorte de constante ou du rapport variable *entre la liberté et les contraintes* dans l'exécution théâtrale, et où l'on doit rattacher la notion, l'idée des conventions, c'est-à-dire les règles du jeu et les facilités de les jouer.

Les règles du jeu comprennent les exigences, les nécessités du *public*, différent suivant les époques, suivant les lieux, les jours même.

Exemple : le public de générale qui vient assister à un match ; nombre, densité, disposition du public, masse éparse, déployée ou concentrée.

57 René Descartes, *Discours de la méthode*, première partie.

Toutes conditions physiques et morales interviennent dans cet élément de contrainte et aussi d'excitation. L'acteur est induit ou non par le public, il a un sentiment de confiance plus ou moins grand.

Contraintes matérielles d'exécution, inconfort de l'acteur. Cet inconfort change aussi suivant les époques et les conditions d'exécution. Tout est changé pour l'acteur par la scène italienne où il est confortablement caché. L'acteur n'y est plus *le même*.

Contraintes d'exécution proprement dites, celles de la *pièce* avec son *texte*, *difficultés matérielles*.

Le tout donne l'idée d'une *convention*, d'une *règle du jeu*. La convention proprement dite étant plus spécialement le procédé servant conséquemment l'inspiration de l'auteur, sa manière, son esprit, ce qui rend celui de Victor Hugo différent de celui de Racine ou de Molière dans leurs inventions scéniques, leur écriture, la construction de leurs pièces. Lois qu'ils s'imposent ou cherchent naturellement ou qui ressortent de leur écriture.

CONVENTION ET TRADITION

Convention : la vérité au théâtre est un mensonge ou plutôt le mensonge devient au théâtre la vérité. C'est cela la *convention théâtrale*. C'est le domaine de l'illusion, et de la poésie.

Grâce à cet accord tacite, ce mensonge accepté par le spectateur, recherché par le comédien et provoqué par l'auteur, naît la fiction, c'est-à-dire la vérité de théâtre, cette réalité singulière plus réelle et plus puissante que l'autre. La convention est le résultat de cet accord. Il y a dans chacune des catégories de ce métier une série de conventions qui concerne chaque participant (diction, décoration, habillement, vision, éclairage). Il y a aussi, à chaque époque, une modification de ces conventions qui change et altère la nature de la convention théâtrale, sa qualité. Le mensonge qui la fait naître ou la raison de ce mensonge est de plus ou moins bonne qualité. La convention va du noble à l'ignoble, du classicisme du XVIIe à celle du Théâtre-Libre. Il s'agit d'établir les responsabilités, elles relèvent des trois participants : l'auteur au premier degré, le comédien et le public. Souvent il peut se trouver que ces trois parties parfaitement d'accord soient soudain détournées de leur goût naturel, non plus par l'une d'entre elles mais par un tiers ou événement extérieur :

– Le développement, l'apport de la perspective peinte change la nature de la convention théâtrale.

– Que la guerre éclate et l'on voit un chacun dans les théâtres chercher à exalter les événements guerriers.

– À l'analyse de la convention on peut juger des parties de cette trinité.

– Souvent aussi l'édifice lui-même, les conditions matérielles seules suffisent à altérer cette convention. Une ordonnance de police.

Il faut déterminer les causes, influences matérielles, sociales, religieuses ou politiques, influences techniques directes des participants actifs (acteur et auteur), influences qui agissent par un acteur novateur, par un auteur dont l'inspiration se renouvelle, par une contamination extérieure ou étrangère.

C'est l'étude de ces variations qui est l'histoire du théâtre et l'histoire des peuples et l'histoire aussi de la littérature, de la technique théâtrale, architecture, machinerie, décoration, éclairage, diction, déclamation, style, époques littéraires.

Dans Marivaux, la convention par un mensonge au deuxième degré (les personnages se mentent entre eux et à eux-mêmes) est sans doute celle où pour l'acteur, comme pour le spectateur, le théâtre devient plus « subtil et métaphysique », plus démonstratif aussi, plus sublime, plus abstrait. C'est une convention au carré de sa puissance.

Les personnages de Marivaux se mentent entre eux. Dans Molière, ils ne se mentent qu'à eux-mêmes, encore n'en sont-ils pas conscients. Dans Marivaux, ils le sont avec cynisme.

VARIATIONS

DE LA CONVENTION OU DES CONVENTIONS THÉÂTRALES*

L'acteur est *instrument de personnalité* pour un *rôle*, ensemble de répliques ordonnées, composées, sur lesquelles il doit lui-même composer ; c'est lui le créateur. Le texte est un prétexte.

L'acteur est *instrument à égalité* pour un *personnage*, qui lui va ou auquel il s'adapte. L'acteur est *instrument de service* pour un *héros* de théâtre, dont la vie spirituelle est hors de son atteinte, et pour lequel il ne peut que témoigner avec dévotion par une servitude où son impersonnalité seule permettra au héros de vivre.

Il y a maintes formes de théâtre où ces remarques ne sont pas utiles ou applicables (acteur de personnalité).

Mais il y a une forme de théâtre (le classique) où elles sont nécessaires ; ce sont les pièces où les acteurs doivent être des instruments subordonnés à leur utilisation, à leur *emploi* pour des personnages ou des héros.

*LA TRADITION, C'EST LA CULTURE DE LA CONVENTION**

Être orgueilleux parce qu'on sait ce que c'est que d'être *humble*. Trouver dans la connaissance et la pratique d'une vertu, un autre contraire, par la pratique d'un métier, l'apport d'une technique, c'est la façon d'être qui soit explicable, par pénétration de l'inverse.

La tradition, c'est la culture de la convention.

Convention : accord tacite entre le poète et son sujet, entre son état d'esprit et sa matière dramatique – état réciproque – synonyme de conventions.

Accord entre le poète et le public, entre l'acteur et l'auteur, c'est aussi l'acteur et le public, entre le machiniste, le décorateur, tout un ensemble de gens, dont l'état d'esprit est d'accord pour entrer dans une franc-maçonnerie, une science hermétique, une initiation dont la première vertu est simplement de vouloir en être, et qui correspond à cet état d'esprit dru. Il était une fois qui résout tout et qui établit simplement, conventionnellement une féerie supérieure à toutes celles qu'on peut matériellement organiser.

DÉFINITION DES CONTRAINTES. ÉNUMÉRATION DES CONTRAINTES[58]*

J'appelle contrainte, servitude, obligation, tout ce qui sépare le comédien de l'expression, tout ce qui se place entre lui et l'acte de la représentation avant l'acte et durant l'acte, toutes les difficultés et toutes les facilités, tout ce qui peut l'empêcher et l'aider dans son exécution.

Ce qui peut aider ou semble faciliter peut aussi être contrarié, et ce qui peut entraver ou faire obstacle au comédien peut aussi, inversement, devenir un appui, un secours. Dans l'un et l'autre cas, il s'agit de *prendre conscience de soi*, de gagner *une première intimité* avec soi-même à propos des circonstances, incidents, accidents qu'on rencontre et donc de se révéler à soi-même.

Contraintes, servitudes, obligations sont tout ce qui est apparent dans la plupart des arts d'expression, peinture, sculpture, musique, littérature, et qui ici au théâtre n'apparaît pas en forme de difficulté ni de principe ou de règle.

Les contraintes sont les usages du théâtre, us et coutumes ; c'est aussi *tout ce qui gêne*, enchaîne, contraint la volonté, s'oppose d'une manière ou d'une autre à la liberté d'expression (bien dit dans deux réponses[59]).

Toutes les nécessités, assujettissements, les embarras que créent les usages.

Ce qui rend *inconfortable* et dans quoi il faut voir (facile ou non) ce à quoi il faut s'attacher, ce qu'il faut prendre en considération.

Ce nœud de difficultés différent pour chaque rôle, chaque théâtre, pour chaque jour, ce *complexe d'obstacles* qui contrarie, pèse sur nous, est ce par quoi l'acteur se fortifie, exalte sa volonté, développe *la science de son talent* ; *le vrai talent a une science*, c'est-à-dire une conscience, une connaissance plus ou moins étendue, de l'instrument et de l'exécutant.

Glorification des contraintes.

58 Ce texte, précédé de la mention « *5e cours – 7 décembre* » (1950) a été manifestement conçu dans l'optique d'un des cours que Jouvet a donnés au Conservatoire après le Seconde Guerre mondiale.

59 Au Conservatoire, Jouvet avait coutume de poser des questions auxquelles ses élèves répondaient par écrit.

« Des contraintes et de l'art de s'en servir », pour prendre conscience de son métier et de soi ; c'est le premier degré, le premier état de l'art du comédien.

Elles n'apparaissent pas au débutant, dans l'appétit, l'élan, qui le caractérise, elles correspondent et semblent justifier son goût et ce qu'il appelle sa vocation.

Contraintes, freins, obstacles à l'élan égoïste et sans contrôle du comédien.

Inconfort nécessaire et la manière de s'en servir pour un confort apparent, pour pratiquer le simulacre d'un confort.

De l'inconfort : Jean Giraudoux, l'inconfort pour écrire, Bossuet, Buffon et ses manchettes[60]. La commande, la nécessité.

Les contraintes bien pratiquées, titre pour une étude sur l'art de jouer (clavier bien tempéré).

À leur âge, les contraintes n'apparaissent pas, tout est appétit.

Vieux comédiens qui expliquent leur insuccès, toutes les raisons qu'ils donnent sont de chance ou hasard, aucune n'est vraie du point de vue qui nous préoccupe et dont ils n'ont pas eu *le sens*, ce qui est généralement la raison, la cause de leur insuccès, *ignorance d'eux-mêmes*, méconnaissance d'eux-mêmes, désaccord, *absence d'intimité dans la pratique.*

Je suis constamment obligé d'arrêter le développement d'une idée pour pouvoir établir un enchaînement logique et qui rende claire notre analyse, la réinvention, la construction que nous faisons du théâtre.

Le théâtre est un complexe, n'importe laquelle de ces questions – et je le démontrerai – peut servir de point de départ à une nouvelle étude, d'un point de vue différent, mais tout est lié.

C'est art de vivre dans l'intimité que de vivre dans les contraintes.

La conscience est naturellement opaque, obscure ; les moralistes mettent en doute la sincérité (La Rochefoucauld, Pascal, Freud).

« Moi n'est jamais que provisoire. Moi se fait de tout. *On n'est peut-être pas fait pour un seul moi*, dit Henri Michaux, *et on a tort de s'y tenir* ; c'est la justification de notre métier, de notre goût, je ne dis pas vocation. On veut trop être quelqu'un. Il n'est pas un moi, il n'est pas dix moi, il n'est pas de moi. *Moi n'est qu'une position d'équilibre* ».

Sartre : Je ne puis me connaître que par l'intermédiaire d'autrui (le personnage).

Le moi n'est pas tout d'une pièce, il ne se réalise pas sur un seul film.

Il a une nature étagée, dédoublée, partagée entre plusieurs ordres de réalité ; nous n'obtiendrons jamais que des révélations fragmentaires.

60 Dans son *Dictionnaire des idées reçues*, Gustave Flaubert écrit à la rubrique « Buffon » : « Mettait des manchettes pour écrire. » Buffon indiquait par là le respect qu'il portait à l'écriture comme acte de civilisation.

Notre vie se partage entre un domaine public et un domaine privé.

Le même homme est simultanément père de famille, professeur ou président de tribunal, fidèle d'une religion – catholique, protestant, israélite, théosophe – membre d'un parti – RPF, MRP[61], communiste).

Il y a des solutions de continuité, des interférences, des conflits entre ces personnages.

La conscience se partage en plusieurs compartiments, il y a nous et nous-mêmes, le je et le moi.

Il y a une dualité de conscience.

Il y a de ce fait au fond de nous le sentiment d'un *secret*, démarcation entre ces deux vies ; ce *secret*, nous en parlerons.

Il est à la base même de la connaissance de soi, de l'intimité de soi-même.

À l'idée de *secret* s'attache l'idée du *masque*. J'anticipe sur nos conversations futures à dessein, pour que votre esprit ne se fixe pas sur l'idée mesquine du mensonge telle qu'elle vous est apparue et vous a révoltés[62].

C'est dans ce conflit qu'est *la vie personnelle*, et c'est dans un conflit constant que vit le comédien.

Le secret oblige la personne à vivre dans un approfondissement de sa vie personnelle.

Sentiment de complicité. Le secret dans la vie des êtres, élément de puissance et de commination. L'Amour à Psyché : « Tu seras mère d'un enfant qui sera fils des dieux si tu te tais, mais seulement un homme si tu trahis le secret ».

Le *secret* est le contraire de *l'aveu*. La position du comédien est celle de l'aveu. Le comédien sans secret est sans valeur. Celui qui n'a pas de secret, le comédien objectif, n'est qu'un instrument, un miroir, un véhicule, un livreur.

Secret des héros : Œdipe, Hamlet, Phèdre, Polyeucte, Lorenzaccio, Macbeth, Othello.

« Le personnage n'est pas l'individu que nous sommes, mais celui que nous voulons persuader aux autres que nous sommes ».

L'image que nous voulons donner au spectateur de nous-mêmes crée en nous *une attitude*, un comportement dans le rôle, qui est tout le problème du comédien et de son art.

L'intimité, la connaissance de soi, c'est la découverte du personnage, que le personnage que nous jouons est un autre que nous-mêmes.

---

61 Rassemblement du Peuple Français (parti gaulliste), Mouvement républicain populaire (parti centriste dirigé par Georges Bidault).

62 Dans le cours du 9 novembre 1948, consacré à l'insincérité et au mensonge, les élèves avaient marqué leur surprise par rapport aux propos de Jouvet, ce qui avait donné lieu à une longue discussion.

LA SIMULATION ET LE MENSONGE

Confronté aux contraintes, le comédien découvre la simulation. « Il découvre le mensonge dans lequel il était installé. Il reconnaît et avoue son insincérité. Il comprend qu'il est double : qu'il vit entre l'être et le paraître, dans une dislocation obligée et que ce qu'il appelait son art est d'abord une pratique et un métier. »

MENSONGE, SOURCE DE VOCATION ARTISTIQUE

« Que le mélange soit nécessaire à la vie, cela fait partie de ce caractère effroyable et suspect de l'existence.

Et il faut que la vie inspire confiance. Le problème ainsi posé est monstrueux. Pour le résoudre, il faut que l'homme soit déjà menteur par nature, il faut qu'il soit avant tout un artiste… la faculté qu'il a de *maîtriser la réalité* par le mensonge… cette faculté artistique par excellence. » Nietzsche.

L'auteur sait par expérience et c'est peut-être sa seule expérience que *l'art a plus de valeur que la réalité*[63]. Nietzsche.

L'ART, C'EST LA SUPRÊME IMPOSTURE

Le comédien est dans un étonnement douloureux. Le fait de jouer ne l'a pas transformé, ne l'a pas empli de rêve ou de passion ; et sa solitude est devenue plus vive encore.

Sa conviction moins ardente maintenant ne s'exerce plus avec autant d'aise ou de plaisir ; la réalisation de son idéal n'est pas aussi facile qu'il le croyait, et le comédien, dans un doute pénible, ressent une certaine difficulté d'être.

---

63 La citation exacte est : « L'art a plus de valeur que la vérité. »

Si par chance l'idée du faux-semblant, de la dissimulation ou de l'hypocrisie lui vient à l'esprit, si par miracle il découvre l'insincérité de sa prétendue sincérité, et qu'il n'en soit pas humilié ou honteux, il peut trouver enfin la vérité de sa vocation et comprendre le sens de son métier.

« *Un artiste doit être conscient*, dit Maurice Ravel, *et non sincère ; il y a dans ce dernier mot quelque chose d'humiliant.* »

« *Nous ne pouvons nous exprimer sans exploiter et donc transformer nos émotions, ne vaut-il pas mieux en être au moins conscient et reconnaître que l'art, c'est la suprême imposture.* »

ARTIFICE DE L'ART THÉÂTRAL ET DRAMATIQUE

Tout commence par le simulacre, et suivant le sentiment qui l'anime, le comédien engendre le théâtral ou le dramatique, le dramatique étant le plus haut degré de spiritualité qui révèle l'art du théâtre et atteint les plus hautes manifestations religieuses.

C'est entre ces pôles que le dérisoire se manifeste. Il suffit de l'admettre (L'enfant de chœur qui se gratte le nez à l'Élévation ou qui goûte le vin de messe).

Fantastique, – ou mystère (Maeterlinck), – est-ce romantisme ? Quelle drogue pernicieuse, quels vices se dissimulent derrière ce goût, quel besoin de dérision ou de transposition. Rien de noble en apparence : au premier examen, on y trouve toutes sortes de mauvaises tendances, mais les meilleures vocations ne doivent pas êtres plus pures ; ce n'est que peu à peu, à force de travail d'obscurité en soi, de dégoûts et d'élans vers un état plus pur, vers une perfection du métier que se révèle l'admirable religion humaine, que se découvre le théâtre à ceux qui y consacrent leurs efforts, leur dévotion.

Qui dira le plaisir qu'éprouve l'acteur par cette chaleur en lui-même devant la salle pleine, dans l'ardeur physique qui le crispe ; la fulguration à certains passages que lui donnent les phrases qu'il dit. Les bouffées chaudes qui lui montent, ces frissons, ces tremblements, dont on ne sait comment ils s'engendrent et se provoquent, entre le trac, le sentiment et l'effort physique pour dire.

Du simulacre naissent tous les genres et tous les sentiments ; du simulacre naît la sincérité, après la conviction.

Le simulacre fait naître chez le spectateur et chez l'acteur une sincérité nouvelle et fraîche, et de cette sincérité naît une conviction supérieure souveraine, légère à l'esprit, qui ne pèse pas sur le cœur comme celle que donne la vie de tous les jours, allègre et forte, elle est une gymnastique de l'âme, une « purgation » dit aussi Aristote, ce seul moyen de vivre et qu'un chacun utilise à tout instant par la rêverie, par le roman, par la préfiguration ou l'imagination, par ces châteaux en Espagne qui ne sont pas plus vrais que ceux du théâtre et dont chacun a cependant besoin.

Jeux, feintes qui deviennent plus vrais, plus vivants dans l'esprit que les réalités quotidiennes, suivant le consentement, la sincérité, la foi que l'on apporte. C'est l'art du théâtre par-dessus tous les autres.

Cette tendance à une distraction, cette accessibilité, cette disponibilité à se divertir l'esprit, cette sensibilité transposée, cette sensation qui s'irise dans les sentiments, ce charme éprouvé par le faux, ce goût de l'illusion, cette curiosité sourde, éparse pour le secret des sentiments, des idées, ce plaisir des forces intérieures, des luttes en nous et hors de nous, tout cet intime qui veut vivre de lui-même, ce réel fabriqué, ce surréel, toute cette organisation intérieure pour déformer, transposer, est-ce de la sensibilité ou de l'esprit que cela vient ? Par quel vocable désigner cela ? Et quel est le cheminement en nous de ces goûts, le fonctionnement de ces habitudes ?

L'esprit qui regarde à travers le réel comme si l'œil voulait voir derrière, dans sa transparence spirituelle, dans une signification idéale ou sensible, ou qui reforme dans un avant-plan les lignes de cet objet, le grossissant comiquement, cette mise au point déréglée en deçà et en delà sur l'œuvre, le personnage, le décor, l'objet, qu'est-ce ?

Prolongement de l'esprit de l'enfant qui n'a pas encore pris contact avec les choses et les êtres, et dont l'esprit est encore plus riche qu'eux ?

Est-ce dégoût déjà d'une réalité, et l'esprit qui veut se recréer un monde en se jouant ?

Est-ce refus du vrai, dégoût du quotidien, du journalier, refus de ce qu'on offre par caprice ou bizarrerie de nature, par insatisfaction ? Est-ce aussi ce qu'éprouve l'acteur à son début de vocation ? Vanité personnelle, évasion, avidité.

Cet état, cette disposition d'esprit, cet éveil en moi et ce réveil, je l'ai cent fois constaté, ressenti sous mille formes, en millions d'occasions et circonstances, je l'observe, je le scrute, je l'analyse, et il me semble, lorsque je crois l'avoir suffisamment éprouvé au fond de moi, que je vais le dire. Je l'ai épié et guetté à sa naissance. Mais dès que je veux en décrire le détail, il s'évanouit comme lorsque la saveur a disparu dans la bouche, comme lorsqu'une lumière se disperse tout à coup dans le fourmillement des reflets d'une glace.

Est-ce le théâtre qui m'a donné ce goût ou ce besoin d'approfondir, de chercher derrière les apparences, de scruter le mystère, ou l'avais-je en moi ?

Est-ce la vie que je mène, ses fantasmes, qui ont causé en moi cette résonance de l'inconnaissable, cette existence du terrible et du néant, ou est-ce moi qui l'y ai apportée ?

Car enfin comment croire que le théâtre soit si grand, si métaphysique, si religieux et si surhumain, quand on est assis à voir un vaudeville ou une pièce dans un théâtre de boulevard ? Et qu'y aurait-il de mystérieux dans un spectacle des Folies-Bergères ?

Ce plaisir d'être ailleurs que dans l'officine de mon oncle[64], et ce plaisir que j'avais lorsque j'y vivais de m'en distraire, de m'en abstraire ?

Décor : premier reflet de la boule métallique des magnétiseurs où s'accroche le regard, où l'esprit s'immobilise mystérieusement, pour le commencement de cette hypnose, de cette évasion qui mène au dédoublement, où la dépossession de soi-même nous fait nous posséder avec une délicieuse plénitude.

Contemplation de la marionnette, impression de musée, c'est le sentiment du dramatique aussi ; même procédé.

Le dramatique, c'est un état subjectif ou objectif. C'est un équilibre entre le sujet et un accident, une puissance extérieure.

Juxtaposition d'une sensation, d'un état intérieur, d'une impression avec des associations d'idées, des souvenirs, une opération toute intérieure où le sujet se trouve transposé, déporté de lui-même ou au-delà de lui-même dans une région toute spirituelle.

64 En 1905, Jouvet avait effectué un stage en pharmacie auprès de son oncle.

Le dérisoire, c'est aussi la rupture de cette solitude, c'est l'intrusion dans ce domaine pur où règne l'esprit d'un accident vrai. C'est voir tout à coup la doublure, le pan de la chemise. C'est s'apercevoir de ce que cette solitude a de voulu, comme à l'inverse on rit de ce dont on a eu peur, qui est l'œil d'un veau et qu'on prenait pour l'éclat d'une lumière mystérieuse, le hareng phosphorescent… C'est cette inversion trop brusque à laquelle l'esprit ne résiste pas. La hauteur à laquelle il est monté, l'effort fait pour y atteindre, sont si grands que la chute est rapide et comique. Le dérisoire vient surtout de l'instabilité, de la convention, de la faiblesse de l'esprit, de son peu de force et de puissance. Chez l'enfant, la pureté permet tout ; ce n'est jamais dérisoire.

VARIATIONS

*DIRECTING AND ACTING / TO LIVE IN A LIE**

I don't like to talk or write about *my* acting and *my* directing.

That nothing possessive upset myself at the utmost.

All my personal work on theater points to a general and objective *study of what is acting and directing in an impersonal manner.*

A study of what is acting and directing through *other people*, through *other countries* or nations, and through *other ages.*

It is useless to talk of oneself in these matters.

In our profession, he who talks of himself is already talking of another.

« I » is another than « me ».

I am not that I play, says Viola in her speech to Olivia in Twelfth Night of Shakespeare.

And so could I say.

Neither am I that I direct or that I try to direct.

So am I like Viola, on that point only.

This is the capital point of my speech. As for the second point, I should dare to add that before going to talk or converse or write on these questions, *it is absolutely necessary to invent, to determinate or find a precise and acute vocabulary.*

Because words being approached signs of the ideas, in that peculiar profession, where feelings, emotions and other psychological materials are used, we have to be very careful to employ exact terms,

In order that you may understand my explanation, and to be clear myself.

We must be in agreement and conformity, both of us, in using words and terms to which we give or accord the same meaning.

We *have to communicate each other securely*, so that we avoid misunderstanding, misjudgement and all the habitual mistakes which transform ordinary criticisms and esthetical discourses on theater in that spiritual minestrone, that soup of theories where everybody try to feed oneself.

*

And now we are trying to find a *definition* of these both occupations. To *compare* afterwards *acting* and *directing* and at the same time I hope to make clear the points to which I referred at the beginning of this speech, that is to say, *the strange identity of players and spectators* and the necessity of an acute and *special terminology* to deal with that unparalleled living.

Acting is a kind of lie, a false statement of an action made, accomplished, acted in a mood which tends to make and to let believe the others, the spectators that that action *is a true achievement.*

That phenomena, accomplished by the conjunctive way or mean of the *sincerity of both actors and spectators* is anyhow based on *hypocrisy and pretence.* It is the art to make believe and to believe to oneself and to others.

And so when a player is talking on or about theater, who is talking? or what of him does talk?

Is it the one that lie or the one that gives help to the liar?

Is it « I » as a player or « I » as a normal citizen and ordinary person?

We must notice for hereafter that *there are no normal persons or human beings in that way*, because all of them are subject to *imagination* and *interpretation.*

Perhaps, for these matters are much complicated, the one who is talking is both of them, the fibber and the other, but who could say which of them both, and how to divide the part of each other, and so *where can be the truth in that speech? Where is the truth in theater?*

That proposition (if you agree with) draws us to that remark that we must give a preliminary definition of the lie and so doing we may begin to go along in our speech because lie and theater are the same thing.

I don't think necessary to demonstrate the lie of the theatre, and how lie, liars and believers are involved, entangled at the right moment where the curtain goes up on the stage.

Let us talk of lie.

Lie is the best and the worst thing in the world, as Esopus said of the tongue in one of his fabulas.

What is true is not many and should be few if what is false did not exist.

Lie is the only superiority of men over the beasts and animals.

Lie is a need, a necessity in human life.

We could make numerous quotations about lie to prove its existence, its necessity, its superiority.

What is to say as the most important about theater is that this peculiar lie is one of the most beautiful because it is based upon the willing or the will of the believers, upon what is appealing in them to a sense of generosity and beauty, upon what is in them the purest part of humanity, that « milk of human tenderness » as said Shakespeare.

The point is thus:

We, all of us, are making, living with lies in which we are partners, our complicity is evident and the superiority, the particularity of players and spectators is in the fact that *they know all of them that they live in a lie.*

And what imports at the highest is the way in which every of these participants do *believe the way in which they make lies and the purpose of that strange love.*

Quel est celui qui se ment le plus ?

Acteur, spectateur, auteur.

Je ne sais pas.

C'est cela le théâtre.

To live in a lie.

Les différents genres de divertissements sont dans les différentes manières dont on pratique le mensonge.

Une époque théâtrale, avec ses auteurs, ses comédiens et son public, se juge par les manières, les façons de mentir,

L'ensemble des procédés utilisés pour ces divertissements,

L'attitude qu'ils ont pour le faire,

Les règles utilisées pour ce jeu.

Les accords, les pactes, les *conventions* en un mot, Des conventions qui persistent créent une *tradition.*

Où est le mensonge du théâtre ?

Où est la vérité du théâtre ?

1) *Quel est celui qui ment ?*

C'est l'acteur.

Non, c'est le spectateur puisqu'il sait que ce qu'il voit n'est pas vrai. Et l'acteur ne ment pas puisqu'il est contraint de croire pour jouer. Posons autrement la question.

2) *Quel est donc celui qui croit, celui qui est véridique ?*

Alors c'est l'acteur.

Non, car il ne pourrait jouer en s'abusant tout à fait, et c'est le spectateur qui par sa foi lui facilite et permet son mensonge.

Posons encore la question autrement et cherchons maintenant

3) *Celui qui croit et qui ment à la fois.*

Acteur et spectateur, sans doute. Tous les deux = non pas à la fois.

C'est l'auteur qui seul peut s'abuser avec une sincérité qu'on ne peut analyser en écrivant son œuvre.

4) *Où est donc la vérité à votre avis ?*

Je ne sais pas, répondez-vous, et je dis c'est cela le théâtre.

5) *La vérité du théâtre c'est le succès.*

6) *Dans les conventions. Beauté, grandeur de la convention.*

Conventions.

On juge toute une époque par ses conventions, ses manies, son état d'esprit, le ton de sa conversation, ses habitudes et façons, celle du théâtre les résume toutes, XVIe, XVIIe, XVIIIe, XIXe, XXe siècles, usages et manières, traditions et conventions.

La tradition, c'est un esprit de suite, c'est faire les choses comme autrefois avec un esprit jeune.

LE DÉDOUBLEMENT

En postface d'une édition du *Paradoxe sur le comédien*[65] qu'il a dirigée, le critique Marc Blanquet donne la parole à plusieurs acteurs qui expriment leur sentiment sur le point de vue de Diderot selon lequel l'acteur ne jouerait pas « d'âme », mais « d'esprit » : autrement dit, il ne s'abandonnerait pas corps et âme à son rôle en perdant tout contrôle mais serait pleinement conscient de lui-même et de ce qu'il fait durant le jeu. Les propos que tient Louis Jouvet sur la position de Diderot peuvent servir d'introduction au chapitre sur la question essentielle du dédoublement. D'un côté, Jouvet donne raison à l'auteur du *Paradoxe* lorsqu'il affirme qu'« il n'est point discutable que l'acteur ne serait que médiocre si sa sensibilité ne lui permettait que d'éprouver, que de s'approprier les sentiment de son personnage[66]. » Mais, la question serait pourtant plus complexe que ne le pense Diderot : ce dernier, « qui est un spectateur, ne peut étudier le comédien qu'à travers son personnage. Comment pourrait-il représenter ce qui se passe dans ce curieux animal entre la minute où il aborde un rôle et la minute où il est un héros ? La lucidité, la faculté observatrice que Diderot prend pour une manifestation de l'intelligence de l'acteur relève de la sensibilité. L'intelligence de l'acteur, c'est encore et toujours sa sensibilité, élevée jusqu'à l'intuition[67]. » C'est donc « dans la sincérité véritable, dans une conviction totale que le Comédien doit aborder son rôle s'il souhaite avoir quelques chances d'en trouver les expressions justes[68]. » Néanmoins, « au second stade de l'évolution du rôle, la sensibilité du comédien doit lui permettre de prendre conscience de soi et d'atteindre à une sorte d'insincérité, de laquelle au troisième stade, à la troisième phase, se dégage cette sincérité affinée, contrôlée, lucide, qui lui permet de jouer, de paraître, de simuler le personnage qui lui a été confié et de rejoindre ainsi, mais sans jamais avoir brisé l'élan de sa sensibilité, ce « spectateur froid et tranquille » rêvé par Diderot[69]. » Et Jouvet conclut : « La lucidité du comédien n'est que sa sensibilité contrôlée par elle-même[70]. »

65 Denis Diderot, *Paradoxe sur le comédien*, Paris, Les Éditions Nord-Sud, 1949.
66 *Ibid.*, p. 124 (postface).
67 *Ibid.*, p. 124 *sq.*
68 *Ibid.*, p. 125.
69 *Ibidem.*
70 *Ibidem.*

LE *PARADOXE SUR LE COMÉDIEN*

Par astuce, par ignorance, ou par imprudence, depuis une centaine d'années, on discute en toute bonne fois sur le *Paradoxe sur le comédien*, et c'est à Diderot que nous devons ce quiproquo et cette confusion.

Cette investigation, ce débat que certains continuent encore aujourd'hui avec candeur nous a valu un certain nombre d'ouvrages indigestes, un détournement, un abusement, un obscurcissement de la question du théâtre.

Que le grand acteur soit celui qui domine son émotion, que l'acteur médiocre au contraire soit un sensitif, est une dispute sans valeur. L'acharnement qu'on a mis pour s'accorder là-dessus sans d'ailleurs arriver à une conclusion, déplace la question et la conversation. L'agacement, l'amour-propre et l'inutilité créés par ce point de vue ont assez duré. L'acteur, c'est entendu, subit un doublement. Si ce cher Diderot s'était interrogé lui-même honnêtement, il eut constaté que, sans monter sur la scène, au long de ses journées, un dédoublement, un mirage aussi redoutable le saisissaient ; eût-il élucidé ces états, ce n'est pas ce qui aurait résolu le problème de sa vie et de sa destinée.

Dédoublement de l'acteur ! Hélas que j'en connais qui sont irrémédiablement soudés à eux-mêmes et chez qui il serait bien impossible de dissocier ou dédoubler quoi que ce soit ! D'ailleurs, le spectateur ne subit-il pas non plus ce dédoublement ? Et plût à Dieu que Diderot, délaissant ses théories et sa sensiblerie, eût éprouvé lui-même le dédoublement nécessaire et naturel à un auteur lorsqu'il écrivit des pièces !

L'entreprise de Diderot dans son *Paradoxe sur le comédien*, pour pénétrer le théâtre et rendre clair son usage, comme toutes les entreprises qu'on a tentées avant et après lui, est une entreprise vaine.

Le théâtre n'existe que dans l'acte du théâtre, dans cette fusion et cette effusion de la représentation, dans le moment dramatique.

Ce qui précède ce moment n'est pas encore le théâtre et l'on ne peut en disputer. La pièce, ses répétitions et la mise en scène ne sont, malgré toute leur importance, que des préparatifs. Ce n'est pas encore l'acte du théâtre. Et ce qui fait suite ou prolonge la représentation ne relève plus du théâtre. Propos, discussions, palabres et critique n'en sont que les conséquences et les résidus.

L'acte est passé, il est accompli.

Celui qui veut parler du théâtre avec conscience et logique, – Aristote ou Diderot – ne peut en parler qu'avant ou après l'acte, froidement. S'il peut raisonner, c'est qu'il n'est point encore mêlé à l'action ou qu'il s'en est déjà retiré. Auteur, acteur ou spectateur, aucun d'entre eux, dans l'instant où il éprouve cet acte, où il le commet, ne peut en parler ou en juger sans cesser aussitôt d'y participer, sans quitter le jeu et s'exclure de cette communion.

Et le théâtre n'existe que dans l'acte du théâtre, à ce moment unique où les éléments, les participants – acteurs, spectateurs, auteurs – entraînés, dépossédés d'eux-mêmes, dessaisis de leur caractère et de leur choix, restitués à une sensibilité neuve, à une intelligence souveraine, se fondent et se dissolvent peu à peu les uns dans les autres, à ce moment où ils perdent leur personnalité, où toute faculté consciente et raisonnante ne résiste plus à la chaleur de l'acte même.

À ce moment où, dit Rimbaud, « *Je* est déjà un autre que *Moi.* »

Par une magie singulière, dont les causes ne sont pas simples, tous ceux qui franchissent le seuil d'un théâtre subissent en eux-mêmes un transport, une modification. Un être nouveau se révèle en eux. Des disponibilités, des facultés nouvelles jaillissent et affleurent, les dotant d'une sensibilité, d'une intelligence neuves. À peine passée la porte du théâtre, que ce soit par l'entrée des machinistes et des artistes, ou que ce soit par le vestibule du contrôle : « *Je* est déjà un autre que *moi*… »

CONTRÔLER SON JEU

C'est dans cette seconde phase [la découverte du personnage] que se produit le dédoublement de l'acteur, c'est-à-dire la faculté qu'il a de contrôler son jeu de scène.

Sur cette remarque, sur ce pouvoir, Diderot a édifié une théorie du comédien.

La théorie du comédien n'est pas si simple qu'il l'a cru.

Voici un des exemples que donne Diderot de ce dédoublement à propos de l'acteur Lekain dans le rôle de Ninias :

> Le Kain-Ninias descend dans le tombeau de son père, il y égorge sa mère ; il en sort les mains sanglantes. Il est rempli d'horreur, ses membres tressaillent, ses yeux sont égarés, ses cheveux semblent se hérisser sur sa tête. Vous sentez frissonner les vôtres, la terreur vous saisit, vous êtes aussi éperdu que lui. Cependant Le Kain-Ninias pousse du pied vers la coulisse une pendeloque de diamants qui s'était détachée de l'oreille d'une actrice. Et cet acteur-là sent[71] ?

La vérité du théâtre n'est pas une vérité réelle, le spectateur et l'acteur le savent tous les deux. La dualité, ce dédoublement, le sens qu'on a de soi et des autres en même temps, n'est pas le privilège exclusif du comédien. Le dédoublement ou la dualité est le fait de tout le monde.

« Si jamais vous vous battez en duel », conseille Stendhal, « afin de garder votre contrôle, comptez les feuilles des arbres pendant le temps qu'on charge les pistolets ».

Dans son journal, Jules Renard décrit la mort subite de son frère, il décrit ce qui se passe dans la chambre mortuaire, ses distractions, ses pensées et le souci qu'il a de se comporter comme il faut : « J'écris des dépêches sur des bouts de papier, dit-il, et devant tout le monde j'écris mal pour faire croire que je tremble. »

Qu'est ceci, sinon l'hypocrite dédoublement du comédien ?

Le fâcheux est que Diderot explique tout le comédien par ce principe.

Mais les anecdotes qu'il raconte pour montrer le dédoublement de l'acteur sont plus divertissantes que probantes. Les innombrables commentateurs de son *Paradoxe*, s'ils avaient eu souci de vérifier ces exemples, auraient mis moins d'acharnement dans leurs travaux et découvert la fragilité et l'insuffisance de sa théorie.

---

71 Denis Diderot, *Paradoxe sur le comédien*, *op. cit.*, p. 49 *sq.* Ninias est un personnage de la tragédie de Voltaire *Sémiramis*.

ÊTES-VOUS CONSCIENT QUAND VOUS JOUEZ ?
24 octobre 1939

On ne résout pas un problème en le niant (ou en niant qu'il se pose). Dans toutes les enquêtes auprès des acteurs (voir *La Revue d'art dramatique* et autres) sur cette question de la dualité, de la participation de l'acteur au rôle faite avec conscience, quelle que soit la position prise par eux… pour ou contre Diderot, leurs aveux témoignent par la conscience, le contrôle qu'ils ont d'eux-mêmes en jouant, de la dualité incontestable de l'équivoque dans laquelle ils jouent.

Actuellement d'ailleurs les enquêteurs, les indiscrets par nécessité, qui posent des questions là-dessus, ne demandent plus *êtes-vous pour ou contre ?* Mais *qu'en pensez-vous ?* À l'époque de Mounet-Sully la plupart s'indignent qu'on puisse les soupçonner *d'insincérité* et c'est la seule raison pour laquelle ils sont anti-diderotiens.

SE CONTRÔLER
20 septembre 1939.

Le dédoublement au sens habituel (Diderot) est faux, c'est une disponibilité du comédien.

Se voir et s'entendre s'accompagne chez le comédien d'un sens critique – exige de lui un *détachement* du rôle. Crée à l'intérieur de lui-même une scission entre ce qu'il paraît et ce qu'il est – entre le rôle et lui-même – une disjonction à la faveur de laquelle, dans l'intervalle, la fissure qui se produit, la séparation – apparaissent des phénomènes, des réminiscences, des fulgurances d'impressions antérieures, toute une série de phénomènes quasi mécaniques, dont la conscience, la perception, exige un développement du sens de contrôle, du sens critique, le comédien en est souvent inconscient, et soucieux, obligé qu'il est d'être présent dans son rôle, dans le sentiment du rôle et dans le physique du rôle, son sentiment de présence s'exerce dans ce sens. Dans ce courant d'air, créé par le déplacement de sa personnalité, il se produit une circulation sensible entre les deux états, entre le jeu et la conscience du jeu, ce qui donne une nouvelle et étrange conscience de soi, une conscience de son état par opposition. Il y a une sorte de liberté. Il y a une libération produite, qui au lieu d'être un déséquilibre, comme il pourrait le paraître, est un équilibre vrai de la personnalité – une spiritualisation – un détachement de la bête, *l'ange* est plus à l'aise, il est soulagé du poids matériel de l'autre. Dualité révolue.

C'est là que s'exprime le contrôle, la connaissance de soi-même et quelque chose de plus, une culmination, un essor, qui d'abord ne peut se perdre dans l'espace spirituel, mais qui, s'il est contenu, provoque, exhorte, prépare – est chez le comédien le principe même de son *inspiration*, de cet état de grâce qui appartient à toutes les professions, dont toutes les occupations présentent quelques exemples, quelques moments, qui est le sens de son enseignement et de la connaissance de soi-même, de son perfectionnement.

Il n'y a pas d'habitudes pour le comédien ; c'est un mauvais mot, c'est plutôt *un mécanisme*, et ce terme est encore inexact, car il y a dans l'accoutumance de l'exécutant sur scène, une sensibilité qui persiste, c'est automatisme du sentiment, de la sensibilité et de la sensation. Le comédien n'a pas d'habitudes – avec déclenchement par déplacement de personnalité – *d'une personnalité nouvelle.*

Ce qui est remarquable dans cet automatisme, c'est justement l'état de sensibilité aiguë qui l'accompagne : le comédien ne peut atteindre à l'automatisme que lorsque son sentiment est facile, lorsqu'il est rassurant. Lorsque le comédien est assuré d'être « en situation », c'est-à-dire d'éprouver pleinement l'état du personnage. On peut employer le mot habitude, seconde nature ?

« Disposition acquise par des actes réitérés[72] », habitude de jouer, *mais il n'y a pas d'habitudes dans un rôle*, au contraire. Habitude : mécanisme, automatisme. L'important est de remarquer que l'effet sur le comédien est de libérer sa sensibilité, et de contrôler ses évasions sensibles.

En jouant *Knock* plus de mille fois, j'ai fait sur moi-même, étant donné les circonstances très différentes dans lesquelles j'ai joué ce rôle, des observations qui me frappent aujourd'hui.

72 Jouvet reprend ici la définition de l'habitude donnée par la plupart des dictionnaires.

C'est un rôle mécanique, à cause du texte même, très articulé, à cause de la construction des scènes, de la balistique, de l'agencement des répliques. Mais il est impossible de s'habituer à ce texte dans le sens où l'on pourrait l'entendre et où le public croit d'habitude que les comédiens s'habituent ; c'est-à-dire de dire le texte sans le penser. Le sens des phrases est tel, leur densité est si pleine, que ce n'est que par éclair, dans l'émission d'une incidente, d'une phrase, ou dans l'intervalle d'une réplique, qu'il est permis de s'abstraire, d'être conscient d'autre chose. Mais cette conscience, cette distraction, peut aller très vite et très haut à cause de l'état d'intensité, de congestion, de contraction dans lequel le comédien est placé, à cause aussi du danger où il est.

Disponibilité du comédien, de la personnalité du comédien à l'intérieur du jeu, dans l'exécution d'un rôle.

Contrôle. Connaissance de soi. Le comédien *s'éprouve*, se voit, s'entend, s'écoute. Il y a en lui, en plus des reflets, réminiscences, une vie particulière spéciale dans l'état d'interprétation, de jeu.

Cette subconscience que nous pratiquons dans la vie aussi lorsque dans les rapports sociaux, on garde par devers soi, par retenue, calcul, politesse, c'est-à-dire hypocrisie, des sentiments personnels, et secrets. Ce n'est là que du mensonge, qu'une dissimulation.

Cette fausseté chez l'hypocrite véritable qu'est l'acteur n'est pas de même nature. Cette tromperie n'est pas basse, calculée, intéressée ; il est libre, il est heureux de la pratiquer, elle est chez lui une délivrance, une confession ou un élan.

Il y a refoulement dans le premier cas, ici au contraire, c'est un aveu, une libération. Et c'est le caractère généreux, sportif, hygiénique de ce métier qui fait du comédien un homme supérieur, qui peut être supérieur. Son attitude envers les autres et envers lui-même est à l'opposé des rapports sociaux parce que la convention y est supérieure. L'habitude de ces états, de ce comportement crée chez le comédien une *noblesse*, une exaspération superficielle, un état de *libération*, qui fait de lui un homme différent.

Le mécanisme de sa sensibilité dans ces conditions, s'il en est conscient et s'il l'utilise, peut être extrêmement intéressant à observer et à étudier.

Il y a dans un rôle des abstractions volontaires, des distractions pour pouvoir penser à autre chose. Souci d'un postiche du partenaire qui paraît se décoller. Réactions sourdes inhabituelles de la salle qui intriguent ou inquiètent. Rumeur de coulisse qui fait craindre je ne sais quelle perturbation. Crainte d'un comédien en retard ; sonneries répétées ; pas précipités dans les escaliers, chuchotements. Toutes sortes de dangers qui exagèrent la présence sur scène, l'augmentent par les sollicitations ou distractions qui viennent du dehors. Ces difficultés qui font aux répétitions que le comédien s'arrête, tapant du pied et réclamant le silence dans les coulisses en déclarant qu'il lui est impossible de jouer son personnage, de travailler dans ces conditions pendant les représentations – il les supporte. C'est même par les difficultés et les contraintes qu'il se maintient le mieux dans son rôle, mais aux répétitions il cherche à acquérir un mécanisme qui sera la base de sa sécurité.

Il y a la fatigue, les nuits passées où, brisé de fatigue, j'ai cru m'être endormi en jouant car je me suis senti me réveiller sur scène – l'espace d'une seconde – pendant la réplique du partenaire, j'ai dû commencer à tomber dans l'inconscience du sommeil, personne ne l'a vu ; je ne l'ai éprouvé que le temps d'un éclair, cet état contre lequel tout le monde a plus ou moins lutté pendant de longues minutes. La sensation ici était si violente que je ne crois pas l'avoir jamais éprouvée aussi fortement. La crainte que j'ai eu de dormir n'a jamais été si angoissante, le sentiment du danger de s'endormir pas moins violent qu'au bord d'un précipice ou à la guerre.

C'est ce même automatisme qui naît, se développe en moi, en voiture, en chemin de fer, dans une salle de théâtre. Je dis automatisme, je veux dire espèce d'insensibilité physique : *distraction – vide – absence*, sans dédoublement ni contrôle – état brut d'un état second.

Je remarque l'enregistrement de brusques sensations, ou l'impression – tel paysage, sur une longue route, m'apparaît dans ce long voyage, comme la seule sensation notable, ce qui m'est resté. Deux hommes dans une montée, sur une route glissante, la route encadrée d'arbres très verts. Il est vers midi, le temps d'automne. Il n'y a rien de précis que pour moi dans ce tableau. Il est nul quand je le décris, je pourrais le peindre seulement.

Ces images s'inscrivent fortement dans les moments de fatigue – absence – sans attention et sans tension où l'on a sans doute une plus grande réceptivité.

Et le jeu provoque la même viduité, le même relâchement, le même vide, parce que mon intérêt sensible est fixé, mécaniquement, alors ces images reviennent.

La naissance de l'impression et son retour en moi correspondent aux mêmes moments, ils sont de même nature.

Ceci est possible durant le jeu, mais pas les conversations de Diderot. L'exemple est trop gros et inexact professionnellement.

Retour du nord, mouvement des fils télégraphiques, jaune des poteaux… Cailloux du ballast, bosquets d'acacias. C'est une autre chose que je vois. Quatre heures, soleil d'été, arbres, plantés en quinconces qui me fusillent, une route la nuit, un fragment de route. L'arcature d'un pont sous lequel on passe, images enregistrées, photographiées plus violemment, dans cet état d'automatisme, de vide ou de fatigue, je ne sais… et soudain il m'est arrivé de trouver en moi, durant le jeu, ces images. Parfois j'ai suscité des images, gaies ou tristes, des souvenirs qui m'aideraient à rechercher mon équilibre ou à provoquer les sentiments qui me sont nécessaires. Détails, fragments de détails enregistrés.

Petite chambre de Spire[73], grands rideaux verts, guéridon à tapis vert, trois grandes fenêtres, chromos aux murs, lit d'acajou avec couvre-lit tricoté, fauteuils, sentiment de pesanteur, de confort étouffant, une impression de l'Allemagne romantique, une représentation à Landau ou Lauterbach. *Le Misanthrope* dans une salle de mairie avec le général, les officiers – quelques sergents – l'un avec un petit enfant sur les bras.

Les loges… l'humeur de la loge ce soir-là.

Une promenade avec Bouquet dans le jardin du casino de Baden ou est-ce Karlsbad.

Ces images reviennent durant le jeu, sans être provoquées, brusquement.

L'idée de la campagne la nuit ou au crépuscule, contraste soudain avec l'artificialité de notre métier (qui exalte sa beauté, ou qui me fait regretter momentanément ma vocation). Souvenir d'enfance Les Moulettes[74]… Capala. Madame Badiau.

Si bien que ces états fixés me font penser que je ne suis qu'une collection de petits tableaux et je vois sous verre une collection de papillons épinglés, multicolores.

---

73 Ici et dans les lignes suivantes, Jouvet se souvient des tournées effectuées en Allemagne avec le Vieux-Colombier du 4 au 11 juillet 1921 et du 17 août au 26 septembre 1922. Il y retournera ensuite en juin 1950 pour jouer *L'École des femmes*.

74 Lieu-dit à Vorey-sur-Arzon, où Jouvet a passé une partie de son enfance.

Comment ces images se produisent-elles ? Pourquoi celles-là et pas d'autres ? Comment certaines oubliées de l'enfance reviennent-elles brusquement ?

Mais ce qui est essentiel, c'est *la faculté, le pouvoir, la constatation de ces extériorisations*… J'ai dit le mot et je repense à mon oncle m'expliquant sa théorie de l'extériorisation du moi, la chute, reviviscence de la mémoire. *Disponibilité créée par l'extériorisation.*

Ceci ne peut s'expliquer que par une sorte de possession par le personnage, de transfert dans lequel la personnalité devient absente, où la mémoire sensible, affective et la mécanique ont toutes libertés.

Le sentiment fait la possession par le personnage… procure les mêmes reviviscences que la chute, vivant et intensité.

Ceci est le premier degré d'explication *de l'abstraction de l'acteur dans le jeu, de faculté de dédoublement.*

Il faut aller au-delà et montrer comment porté à un degré plus achevé et plus parfait, l'acteur peut arriver dans une transe véritable – catalepsie – à des sensations, des sentiments et conséquemment à des notions à lui seul réservées.

Ces notions ne seront peut-être pas à l'abri de tout illogisme, de sophismes, mais en ces matières tout est bon pour arriver à voir clair et à juger rigoureusement d'un point de vue neuf qui ne soit ni celui des antiquaires, ni celui des bavards.

VARIATIONS

*L'ACTEUR SUJET ET EXPÉRIMENTATEUR**
20 novembre 1939

Un acteur est incapable de raconter une pièce. Il décrit en les jouant une ou deux scènes essentielles.

Les citations qu'on peut faire à ce sujet montrent cette impossibilité. Ces explications sont insuffisantes, ou insatisfaisantes pour l'acteur lui-même.

La connaissance de l'acteur est une somme de définitions successives, suivant le point de vue où on l'envisage par rapport à l'auteur, au public, à lui-même, par rapport à son mécanisme, à sa psychologie.

L'acteur est empêtré de lui-même. Il ignore plus qu'un autre qui il est, ce qu'il est. Le savoir, les connaissances qu'il croit acquérir sur son métier ne sont que le total d'un certain nombre d'habitudes, de façons de faire ou de penser.

Se connaître semble impossible à l'acteur à cause de ce jeu de reflets entre le rôle et lui, où il cherche à se voir, où, en même temps qu'il cherche à se voir, il s'escamote lui-même. Il se sent apparaître et disparaître dans un mécanisme qu'il a lui-même agencé. Mécanisme du rôle, volonté d'être un personnage ; il cherche à être le personnage, il va l'être, il sent qu'il l'est, son moi disparaît ; puis brusquement, il sent qu'il ne l'est plus, c'est son moi qui réapparaît. Sentant que son moi réapparaît, il cherche à passer de nouveau dans le personnage. C'est un jeu de cache-cache avec lui-même.

Le dédoublement, cet état instable entre la sensation que cherche l'acteur et celle qu'il éprouve, l'empêche apparemment de se retrouver, c'est-à-dire de pouvoir s'examiner et prendre conscience de lui-même pendant cette opération.

L'acteur ne peut avoir de connaissance que dans ce dédoublement, dans ce déplacement de sa personnalité, par la brusque conscience du déplacement qu'il vient de faire. Il ne peut se voir ou s'entendre lui-même que lorsqu'il est déplacé dans le personnage. Il ne voit et ne connaît le personnage que, lorsque, retournant soudainement en lui-même, il cherche à éprouver de nouveau, à retrouver la sensation obtenue dans le personnage.

Cette connaissance excentrée de lui-même ou du personnage, il la pratique soit en jouant, dans l'alternative d'une réplique qu'il dit et la réplique que lui donne le partenaire, soit dans cette alternative plus ample de la représentation et de sa vie privée. C'est par le dédoublement, par ce mécanisme de transport répété qui semble mettre l'acteur dans l'impossibilité d'avoir une connaissance, que se trouve cependant le moyen pour lui d'atteindre à une science de son métier. L'acteur est à la fois le sujet et l'expérimentateur. Il est impossible que, juge et partie, il puisse tirer de lui-même des déductions claires. Le raisonnement et la logique sont ici contredits ; aussi n'est-ce point par déduction que l'acteur atteint à cette connaissance, mais par une pratique empirique.

Le fait, pour l'acteur, de se déplacer continuellement entre soi-même et le personnage, de se dépouiller dans une certaine mesure de lui-même pour se comporter autrement, tout au moins pour copier un autre personnage, de tâcher à être autre ou différent de lui-même, en gardant un certain contrôle de soi, nécessaire à la pratique de ce métier.

C'est par cet exorcisme intermittent de soi-même auquel l'oblige son métier – qu'il cherche à pratiquer en gardant le contrôle de cette opération – que l'acteur atteint à une connaissance.

On comprend que ce que l'acteur peut dire sur le personnage quand il en parle – quand il ne fait que chercher à décrire les sensations successives qu'il a éprouvées, et dont il se souvient d'ailleurs fort mal – soit assez peu compréhensible, que le total de ses propos ne puisse pas rivaliser avec les réflexions d'un critique. On comprend aussi que l'acteur, s'il parle de lui-même par la connaissance qu'il en a faite, et en s'examinant avec les yeux du personnage, soit assez embarrassé ou vague.

La lecture de ces propos serait déroutante, mais la connaissance de l'acteur, ce que j'appelle *l'intuition*[75] est autre chose que la somme de ces connaissances réfractées à travers le moi réel ou le moi fictif de l'acteur.

Cette connaissance, l'intuition, est une compréhension, une sensation intuitive résultant du déplacement même de la personnalité.

En accélérant l'alternative où est constamment placé l'acteur, la fréquence de ces déplacements, leur répétition quotidienne à une très grande allure, on voit que les solutions de continuité entre les points extrêmes où l'acteur est placé, entre lui et le personnage, les sauts entre les deux pôles de cette activité sont précisément les moments où une sensibilité nouvelle se produit.

Entre l'état sensible du personnage éprouvé par l'acteur et l'état sensible dans lequel il s'éprouve lui-même par ces passages répétés, accélérés, naît une sensibilité supérieure qui est sans doute le produit des deux, où le dédoublement, la dualité s'expliquent très bien.

L'acteur n'a pas besoin de s'indigner que Diderot ait démontré sa lucidité et sa froideur nécessaires. Le public n'a plus à s'étonner de ce faux semblant auquel il répugne à croire : comme dans ces appareils d'optique où une série d'images, visibles d'abord dans la succession de leur mouvement, prend, par accélération,

75 Ce concept essentiel dans la pensée de Jouvet sera développé au chapitre suivant.

une continuité d'abord chaotique, puis régulière, continue qui donne l'impression du mouvement, de même chez l'acteur, il y a une continuité sensible dont le secret est dans la rapidité, c'est-à-dire ce qu'on appelle au théâtre, le *mouvement*.

La définition du mouvement au théâtre est aussi difficile qu'en physique. Le temps et l'espace sont ici des notions secondaires.

La connaissance de soi-même et la science du métier sont inséparables chez l'acteur. Tout le secret de l'acteur est dans l'attitude à prendre, dans le comportement à observer dans l'exercice de son métier.

Dans le déplacement que l'acteur pratique continuellement entre le personnage et lui-même, il serait incapable de la moindre déduction. Il n'y a possibilité pour lui de connaître que par le moyen, que dans le moment de son extériorisation, de son passage entre ces deux pôles.

C'est dans ce voyage entre ces deux maisons qu'il habite, dans ce moment de dépossession complète qu'il peut le mieux éprouver, entre sa demeure personnelle et ce palais en location, c'est-à-dire le rôle. Ce sont deux lieux qu'il habite successivement et alternativement.

Ce que dit un acteur sur un rôle qu'il a joué ; la façon dont il en parle. Ce que dit Mounet-Sully est incohérent ou ridicule. Les explications de Talma sont prétentieuses et savantes.

Mounet sait admirablement, par une préparation intuitive ; il atteint le rôle au moment où il l'exécute. Il y a un degré d'inconscience beaucoup plus grand chez Talma. La préparation chez Mounet arrive déjà à l'inspiration. Lorsqu'il se trouve sur scène, cette inspiration préparée par certains repères techniques joue automatiquement.

La composition de Talma est bien différente. Le rôle sent l'astuce et la stratégie. C'est un calcul longuement préparé. La sincérité de Mounet est totale. Il peut manquer tout le rôle d'un bout à l'autre, sa générosité l'emporte. Chez Talma, tout est préparé méthodiquement ; c'est une inspiration calculée tout le long de son rôle, comme pour un plan de bataille. Il a échelonné ses effets. Talma combat le public. Il lui livre bataille. C'est une mosaïque d'effets cherchés et disposés avec habileté. C'est une science de théâtre. Le délire de Talma est exécuté, préparé d'avance. C'est par le sentiment seul, au contraire que Mounet entre en scène et le combat, il le livre avec cette inspiration dans laquelle il cherche à se maintenir tout au long de l'exécution qu'il a longuement préparée avant la représentation, qu'il cherche à retrouver chaque fois qu'il va jouer, en se préparant à la représentation. Il est dans sa loge trois heures avant. Le matin du jour où il va jouer, il se prépare. Isadora[76] était ainsi, la Duse aussi.

---

76 Isadora Duncan (1877-1927) ouvrit la voie à la danse contemporaine en privilégiant les formes pures et naturelles inspirées de l'Antiquité, contre les règles strictes et contraignantes du ballet classique.

On ne peut cependant pas faire de classement entre Mounet et Talma. L'illusion obtenue par Talma valait sans doute pour son public, convenait à ce public et aux auteurs qu'il représentait. En tant qu'acteur, je préfère celui de Mounet. C'est une question de tempérament.

Le fâcheux est qu'un acteur qui lit les explications de Talma sur ses rôles, les innombrables bobards qu'il a faits, se croit tout à coup très inférieur s'il n'est pas capable d'en faire autant un jour.

Cabotinage pour cabotinage, l'un vaut l'autre. C'est une forme différente de la prétention. Les prétentions de Mounet et celles de Talma, par la façon dont elles s'expriment l'une et l'autre, s'équivalent, prêtent tout autant au ridicule. Je préfère Mounet-Sully ne reconnaissant plus Tristan Bernard après *Œdipe-Roi*[77] à Talma écrivant des considérations critiques sur lui-même.

*UN REMPLISSAGE QUI NE COMBLE RIEN (DIDEROT)**

Toutes les questions sur le théâtre sont insolubles car elles sont dépendantes. On ne peut traiter l'une d'elles sans toucher à toutes les autres et ainsi elles demeurent entières. Alors qu'on croit une question résolue, on se trouve tout à coup amené à l'examen des questions voisines, et l'on s'aperçoit, à considérer celles-là, qu'il faut remettre en cause la première sur laquelle on a déjà tant réfléchi.

On comprend alors le procédé de Diderot qui consiste surtout à bavarder, à « faire le tour » des questions en risquant de temps à autre une petite incursion à l'intérieur du sujet, mais en étant d'abord préoccupé de le cerner exactement. Il s'agit de « se promener » (péripatétisme). C'est un remplissage qui ne comble rien. C'est un autre remplissage qu'il faut au théâtre, dans un rôle ou dans une pièce, il ne s'agit pas d'expliquer, mais de remplir par la sensibilité, par des sentiments humains, par des sensations, ou de modestes réactions sur lesquelles il est dangereux de palabrer longtemps ou trop profondément.

Le théâtre est une machine à faire réagir : à faire réagir l'acteur, à faire réagir le public. Toutes les traces qu'il laisse, souvenirs, impressions critiques même, ne sont que des réactions. Et c'est à quoi il doit se borner. L'erreur est de croire que celles qui sont écrites sont supérieures.

---

77 Après une représentation Mounet-Sully était tellement investi dans son personnage qu'il n'a pas reconnu Tristan Bernard qu'il connaissait pourtant très bien.

Troisième phase : le sentiment dramatique

L'INTUITION

L'intuition est une perception supérieure, un don d'intelligence particulier. Jouvet développe dans ce chapitre la phase ultime, la plus rarement atteinte, celle où « l'exécutant domine enfin sa sensation. Tout ce qu'il éprouvait dans sa seconde phase se distille et se sublime encore jusqu'à l'extrême point d'une sensation haute, chaude, qu'on pourrait dire intuitive. L'acteur approche du sentiment dramatique », écrit-il dans Témoignages sur le théâtre (*op. cit.*, p. 296). Arrivé à ce point, le comédien vit sur scène une action qu'il sait imaginaire et accède à une conscience supérieure du personnage, exacerbée par sa sensibilité et pourtant parfaitement contrôlée.

RESTER MAÎTRE DE SOI DANS LA DÉPOSSESSION DE SOI-MÊME

1er novembre.

L'intuition est un état, provoqué ou non, mais l'essentiel est d'en prendre conscience, de s'en apercevoir, c'est le résultat d'un effort soutenu de sensibilité. Équilibres successifs d'une sensibilité qui oscille en s'élevant, comme un vol d'alouette, jusqu'à un point d'orgue ; une vue panoramique. Le difficile est de suivre les élans de cette sensibilité, de ne pas la perdre, de se suivre soi-même pour arriver à cet état final, bénéficier de ce moment extrême, de cette pointe rapide, de cet éclair dans la hauteur et la compréhension.

Ce qui m'a le plus habitué à ce dédoublement sensible, à cette observation personnelle durant le jeu des phénomènes de l'exécution, c'est que j'ai dû toujours jouer avec tout un bagage de préoccupations, régisseur, metteur en scène, directeur, électricien ou machiniste, je n'ai jamais participé à un spectacle seulement par mon rôle d'acteur, et j'ai joué presque toujours dans un dédoublement obligé par mes responsabilités, et par lequel j'ai pris l'habitude d'une exécution contrôlée sur moi et sur les éléments du spectacle.

Ce constant souci de quelque chose d'autre sur la scène m'a appris à sortir du rôle et à y entrer avec facilité, à prendre conscience de cette simulation sincère qu'est l'exécution, à en surveiller en moi et dans les autres le mécanisme. Les répétitions, art supérieur à celui des représentations, m'ont obligé aussi à une surveillance du comédien, à des observations dont l'extrême variété finit par se réduire à quelques remarques concluantes, à un résumé de leurs habitudes de faire et de penser. Un acteur est toujours nouveau à comprendre et à voir au travail. Chaque fois qu'il est en proie à un rôle, il offre un cas nouveau. La variété des cas fait de chaque acteur un type, une espèce particulière, mais les constatations amènent aux généralités, à des idées générales, aux préoccupations personnelles et c'est de ce point de vue des phases successives de leur sensibilité que je les ai toujours considérés avec attention et sympathie. Sur scène j'ai continué aussi ce travail d'observation. Et cette disposition d'esprit qui m'a porté tout jeune débutant à voir et à entendre autour de moi a tourné aussi ces facultés d'observation rapide vers le public, à pousser, à porter jusqu'à une extrême complexité mon sentiment de présence, de conscience des autres et de moi-même, dans cette partie, ce jeu à trois qu'est la représentation et où l'acteur participe en prestidigitateur sincère de lui-même, où partenaires, public et rôle sont les trois adversaires associés que l'on cherche à duper par une duperie de soi-même.

Prendre conscience de cet exercice, le pratiquer avec sincérité, avec passion, sans s'attacher au succès autrement qu'un vrai joueur, c'est-à-dire sans savourer les acquiescements qui, de-ci de-là, marquent la chaleur nécessaire à l'animation de ce jeu, les applaudissements qui ne sont pas toujours l'expression d'une sanction juste, se plonger dans cette bouilloire, cet autoclave[78] à sensibilité, où mijotent les spectateurs au contact de la pièce qui fond en dégageant la chaleur humaine dont elle est faite, recevoir avec sympathie l'ardeur de l'interlocuteur qui vous donne la réplique en s'échauffant soi-même par son personnage, c'est dans cette

78 Récipient à fermeture hermétique, destiné à réaliser sous pression soit une réaction industrielle, soit la cuisson ou la stérilisation à la vapeur.

effervescence, dans cette incandescence où l'on se sent conductible et accessible à tout que se trouvent les conditions et le caractère de l'intuition. Orientée ou provoquée ou indépendante, à ce point de fusion, dans ce rayonnement, où le thermomètre de la sensibilité marque ses plus hauts degrés, dans l'aveuglement de cette réverbération, la suffocation de cet air torride, dans cette angoisse heureuse, les pensées préparées, les souvenirs, les associations d'idées, les sentiments, les sensations, les habitudes, les rappels du passé, les détails de la vie, la culture, l'éducation esthétique, morale, logique, toute la philosophie se transmue comme dans un creuset d'alchimiste, pour offrir sous un aspect nouveau, dans un scintillement surnaturel, des sensations inattendues, des pensées, des compréhensions insoupçonnées, originales, dans une impression de découverte de monde nouveau. Tout s'explique, tout se volatilise dans le feu de cette action sensible et consciente.

Il en est de ce sentiment (de cet état) comme de bien d'autres sentiments. Beaucoup d'acteurs vivent et jouent en l'éprouvant, sans s'en apercevoir assez pour en prendre conscience et par conséquent sans avoir jamais tenté de se conduire, dans leur vie, selon cette excellence professionnelle.

C'est un don que l'acteur possède mais qu'il méconnaît ou ignore en lui-même.

Mais cette intuition présuppose un effort, une habitude, une longue patience, pour arriver à se délier à ce degré, à rester maître de soi dans cette dépossession de soi-même qu'exigent le rôle et son exécution, dans cet ascétisme que les contraintes, les efforts, la discipline du jeu fait pratiquer sans que l'on s'en doute (et qui en est aussi une cause ou un moyen) dans cette purification, sublimation, cette élévation de la sensibilité où la purgation d'Aristote est pratiquée de la façon la plus extrême et la plus parfaite par le comédien, beaucoup mieux que par le spectateur, dans cette générosité obligée du jeu, qui est la première qualité pour obtenir la ferveur nécessaire.

C'est un amour agissant qui devine et comprend parce qu'il s'oublie, parce que, semblable au mystique, il accepte l'effort de ces métamorphoses, de ces tyrannies nécessaires, de ces supplices consentis, pour se fondre dans l'atmosphère, l'ambiance provoquée, où il participe comme l'ouvrier le plus actif, le combattant le plus généreux, le partisan dévoué.

C'est seulement à ce degré d'élimination de tout ce qui est soi-même que l'on peut revenir en soi pour s'y interroger, se retourner vers soi, pour placer au centre de son esprit ou de son cœur une préoccupation élevée, une idée, une pensée. C'est dans cette phase de raffinement où ses facultés ont soudain la vertu du spectroscope[79] d'analyse que le comédien peut grâce à cet état sensible subtil avoir sa vie intime, se contrôler supérieurement, penser et sentir à une hauteur que sa vocation, sa servilité, cette abjection qu'on lui reproche par abandon de personnalité, ne semblent pas lui permettre, c'est à ce moment qu'il est lui aussi un artiste.

C'est la culture de la sensibilité, c'est la sensibilité en tant que moyen et résultat, sensibilité appliquée rationnellement.

C'est un moyen d'analyse et de pensée originale de conception où se trouve récompensée cette inintelligence initiale, cette naïveté, cette innocence nécessaire pour pratiquer le métier.

C'est l'atteinte d'une liberté intérieure, après toutes les contraintes de la pratique du métier, les efforts, les luttes, les troubles, les crises, la dépense physique, la sujétion, l'asservissement au texte, au public, etc., la tension obligée, l'humeur ou la transe nécessaires – c'est un quiétisme dramatique –, l'acteur dramatique à sa plus haute puissance, le spiritualisme de l'acteur. Les documents accumulés, les notes écrites, les discussions, embarras, controverses, les raisonnements, tout ce que le rôle a apporté, toutes le embûches, les pas et les faux pas… la jalousie, les malentendus s'évanouissent et disparaissent dans ce plaisir extrême, ce sentiment fondant.

L'acteur devient capable de penser les choses et les sentiments et les idées. Tout ce qui est sensation se mue en idées, concepts (fugitifs c'est vrai, il faut insister là-dessus) et ces idées qui n'ont pas de rapport avec la notion d'idées, se font, s'obtiennent sans l'intermédiaire d'idées, de raisonnement laborieux, sans la nécessité de penser. Ce sont de vives représentations, des imaginations vivantes et vraies, avec une impression de découverte. C'est la révélation des apôtres, dans un domaine qui pour n'être pas sanctifié par l'Église, ne se trouve pas si éloigné de l'attitude religieuse.

C'est l'endroit où se consument toutes les contraintes subies et se manifeste une intelligence originale qui n'appartient qu'à l'acteur. Ce que les mystiques appellent « l'acte direct ».

---

79 Appareil servant à disperser par réfraction les rayons lumineux afin de permettre d'observer un spectre.

C'est dans ces moments que le comédien, sur ces valeurs dramatiques dont il a charge, ces sentiments dont il se nourrit, pour offrir le spectacle de leur transsubstantiation, assimilation, aimante dans les spectateurs ce qu'il y a de plus rare dans leur sympathie et leur consentement ; c'est dans ces moments qu'il atteint une « approximation dramatique », qu'il approche non seulement physiquement de l'auteur, mais de l'état dramatique où était l'auteur au moment de sa création. Il ne se peut pas que cette approche se passe sans résultats. Il semble que dans ces moments on touche à quelque chose d'infiniment simple, d'extrêmement simple, tout paraît simplifié, tout ce qui paraissait compliqué paraît rassemblé dans un point unique, une pointe de sensation, ce que personne n'a jamais bien réussi à dire, parce que ce n'est pas aisé à dire, car cela dépasse l'expression, c'est multiple, rapide, fusant, dissolvant comme une innervation très courte et très vive ; c'est à la fois physique et cérébral. On comprend soudain pourquoi « on » a tellement dit, écrit, pensé par le seul secours de la pensée, sur notre métier, n'en ayant pas d'autre, n'ayant pas la rareté exceptionnelle de la lucidité que nous éprouvons. On comprend pourquoi il a tant fallu formuler. On s'explique la diversité de tant d'aspects, de descriptions, d'interprétations d'un rôle ou d'une idée dramatique par la critique. On aperçoit nettement que ces contradictions ne sont que des corrections successives, des corrections de corrections, des théories de théories qui veulent se compléter en se rectifiant « par des complications qui appellent des complications ; par des développements juxtaposés à des développements[80] » (Bergson).

Dans la fusion de la sensibilité où la mémoire a versé soudain d'un seul flot tous les souvenirs livresques, tout se concilie, tout est assimilé. *On sent que c'est de distance qu'on était gêné et que l'on souffrait et qu'on est proche.* On éprouve une « simplicité ».

On a atteint la fin de l'acte dramatique de l'acteur. On a touché le but de l'effort sensible. On a pénétré dans l'intérieur du sanctuaire du temple dramatique, pour un moment le voile est levé. Le paroxysme de ces sensibilités, de ces transes, de ces crises qui semblaient inutilement se produire dans des impasses trouvent un terme, leur issue et leur point d'arrivée.

80 Henri Bergson, *Essai sur les données immédiates de la conscience*, Paris, Alcan, 1889.

FORMES D'INTUITION CHEZ L'ACTEUR. SENSIBILITÉ INDUCTIVE

Il y a dans l'intuition différentes formes ou phases :

1) L'intuition détective : l'acteur pressent, prévoit. C'est une sensibilité, comme un *pressentiment*. Sentiment que le public ne sera pas nombreux – on le devine et pas seulement à l'oreille – on n'est pas étonné de voir la salle avec des vides quand le rideau se lève. Quelquefois aussi on s'est trompé mais ce qu'on avait deviné est vrai, il y a une autre raison à notre déception : le public ne sera pas bon, ou les camarades n'auront pas d'entrain. Il est rare que ce sentiment soit faux. Il se peut qu'il ne persiste pas parce que ce qu'on avait décelé ou pressenti ne subsiste pas, se résorbe mais ce pressentiment est juste. *La sensibilité de l'acteur est toujours émue, remuée par une raison vraie.* Si elle est en émoi, c'est qu'il y a une raison. C'est son rôle d'être détective, même à faux. S'il n'avait pas de pressentiment, il n'aurait pas de sensibilité.

2) La *sensibilité interne dans l'exécution faite de choc en retour, de rétroaction.* Le personnage qui s'anime et qui agit sur le public, provoque des sensibilités rétroactives dans l'acteur.

3) La sensibilité poussée à son degré de chaleur le plus grand apporte alors l'intuition, état supérieur.

Exemples :

– Avant de jouer, ressouvenir, Molière a joué le rôle. Sensibilité consciente placée sur cette pensée.

– D'autres fois, *j'oriente ma pensée vers le public du* XVIIe *siècle.*

Les moments d'intuition me donnent tout à coup l'impression d'un public, notion, idée générale, idée générale sensible par impression, sentiment, sensation. Je sens des moments dramatiques semblables à ceux qu'a dû procurer la pièce autrefois[81]. Je ne vois pas, mais j'ai une

81 Jouvet a été marqué à ce point par cette étrange expérience qu'il en fait part à ses élèves du Conservatoire : « J'avais donc lu un grand nombre d'ouvrages sur les représentations, la disposition de la scène, les habitudes ; J'avais des connaissances architecturales, je connaissais le *Registre de La Grange.* Et brusquement, le soir, en jouant, je ne sais pourquoi, peut-être par une chaleur particulière dans la salle, j'ai été saisi et j'ai ressenti en moi l'idée de la représentation telle qu'elle était au XVIIe siècle. Cela a été une sorte de saisissement rapide mais terrible, tout ce que je savais sur le XVIIe siècle m'a atteint, a

impression telle que je n'aurais qu'à me laisser aller pour *voir*. Seconde ravissante mais hélas impossibilité de rester là et de décrire. *Il faudrait s'arrêter*, suspendre tout, et que dans le silence on puisse dicter.

Alors on se retient, on tâche de garder cette idée-sensation ; et on joue en trichant, pour pouvoir se la remouler et *fixer cette idée.*

Hélas, *ce n'est plus souvent qu'une sensation*. Ce qu'il y avait de clair et de formidable, la pensée est évanouie.

– Dullin et Smerdiakov. Conversation[82].

– *Le père Karamazov*[83] : au III, après le souper, c'était pour moi une véritable participation au personnage. Avant, j'avais du mal, je le composais jusque-là ; puis, dès le souper, j'étais à mon aise, j'étais heureux de jouer. Cette goinfrerie, cette ivrognerie, avec excès de toutes sortes, la crainte de l'enfer, mêlé au goût canaille de la débauche, n'étaient pas pour me déplaire. J'aimais ce personnage, il me pénétrait.

– *La Folle Journée*[84] : je l'ai vu, je ne sais pourquoi, je l'ai entendu, je l'ai souffert. Le personnage me crispait. Je me retenais de toutes mes

---

fondu en moi et m'a donné une image vive devant cette salle du XXe siècle, de l'audience du XVIIe ; j'ai vu la construction intérieure du théâtre, j'ai senti l'audience, une audience plus lourde que la nôtre, plus simple. J'ai senti cette salle avec un poêle bourré au rouge, et les coulisses obscures (en dépit de la lumière que nous avions), et le maquillage des acteurs, et leur comportement. Je l'ai pendant un instant vécu comme si j'y étais. » (Cours du 8 mai 1951).

82 Dans son cours au Conservatoire du 11 novembre 1947 (non publié), Jouvet dit à propos de la capacité qu'avait Dullin de s'imprégner de son personnage au point de ne pouvoir s'en défaire : « Quand on le voyait passer dans la rue Fontaine, c'était Smerdiakov. » Dullin a joué le rôle de Smerdiakov dans la mise en scène de Copeau au Théâtre des Arts puis au Vieux-Colombier (voir note suivante).

83 Rôle interprété par Jouvet dans l'adaptation de Jacques Copeau et Jean Croué du roman de Dostoïevski, *Les Frères Karamazov*, La pièce a été créée le 3 octobre 1911 au Théâtre des Arts et reprise au Vieux-Colombier le 10 février 1914.

84 *La Folle journée* d'Émile Mazaud, créé le 1er juillet 1920 au Vieux-Colombier dans une mise en scène de Copeau et repris à la Comédie des Champs-Élysées par Jouvet le 24 octobre 1924. Jouvet interprétait le rôle principal, Truchard. Dominique Blanchar, qui assistait aux représentations de la pièce au cours de la tournée en Égypte en 1948, se souvient de Jouvet dans ce rôle : « Dans *La Folle journée* il jouait un vieux frotteur, un vieil ouvrier. C'était une composition humainement déchirante et, par moments, de petites choses étaient irrésistibles de drôlerie mais on avait envie de rire comme de sangloter. C'était extraordinaire comme un homme de l'envergure de Jouvet parvenait à rendre, à restituer, cet homme du peuple aussi simple et aussi émouvant, qui espère qu'un ami qui a réussi va le retenir à dîner. Mais, je ne sais pas, c'étaient ses compositions. Tout était changé : l'apparence, la démarche, les gestes, même la voix était différente. » (Extrait d'un entretien avec Marc Véron, le 30 octobre 1998). Manifestement, Jouvet nourrissait ce rôle de ses premières années parisiennes où il n'avait que de très maigres ressources.

forces à l'intérieur de ce corps sans ressort, une barre au diaphragme, crispation totale et refus du rôle, fatigue comme une crampe, courbature.

– *Knock* : sport, crispation des jambes et des mollets… musculaire, rythmique

– *L'École des femmes*[85] *:* bonheur de dire quelques vers fluents et tendres, bons à la bouche et doux au cœur.

– *Participation physique au rôle.* Différence d'un rôle à l'autre, sentiment d'un ascétisme pratiqué. Fakirisme qui conduit aussi à l'intuition – exercice physique.

– *Aguecheek*[86] *: décontraction physique, uniquement contraction musculaire respiratoire pour rester dans le rythme du texte – idem pour Le Barbouillé*[87]. Le mouvement, rythme, seul impose et commande toute l'exécution. La pulsation du sentiment est tout. Elle doit d'abord se traduire physiquement.

Il y a des personnages qu'on peut truquer, c'est-à-dire jouer n'importe comment, suivant ses moyens, ce sont des pseudo-personnages, des mannequins.

Mais le vrai personnage doit se jouer dans son rythme, dans le rythme du vrai sentiment. On ne peut que transposer dans un autre ton.

Lors de la troisième phase, dans la conscience, on précise, on contrôle.

1er degré : sensation éprouvée, brutale, non réfléchie, jaillissante, fraîche.

2e degré : sensation élaborée, pour trouver ou retrouver, des idées, des données dramatiques ; les confronter peut-être avec des hérédités dramatiques, spirituelles, les faire retourner dans le spirituel, non dans un effort de logique mais d'induction interne, en soi, vers d'autres sensations supérieures, vers des idées, des imaginations, c'est un travail difficile à pratiquer dans le jeu. Mais la juxtaposition des sensations-idées que donne le rôle, et des idées-sensations qui vous viennent (et sont de l'ordre des préoccupations établies en soi) donne une critique, un discernement : on suppose des échappées nouvelles. C'est ici une *attitude dans la conscience* – contrôle supérieur – vue passive – lecture de soi.

---

85 Jouvet ne précise pas le titre de la pièce qui lui a procuré ce « bonheur ». Il s'agit probablement de *L'École des femmes*.

86 Personnage de *La Nuit des rois* de Shakespeare, interprété par Jouvet au Vieux-Colombier ; la pièce a été créée le 22 mai 1914 dans une mise en scène de Jacques Copeau. Ce sera la dernière pièce du Vieux-Colombier avant la déclaration de guerre.

87 Dans la mise en scène de Copeau de *La Jalousie du Barbouillé* de Molière au Vieux-Colombier (créée le 1er janvier1914), Jouvet interprétait le rôle du Docteur.

Correspondance. L'acteur rejoint l'état physique où est Racine (non pas la conception intellectuelle) lorsqu'il dit : « Ma tragédie est faite ». État physique où est le créateur ou l'inventeur dans cette énergie concentrée.

« L'acte de connaissance coïncide avec l'acte générateur de la réalité » (Bergson).

Sorte d'épanouissement dans la lumière qui permet à l'acteur d'attendre et de s'insérer sensiblement dans l'état de créateur, sans cependant en avoir le pouvoir actif, les vertus créatrices.

De la création. Entrer dans les choses, les êtres par la sensation appropriée mise à leur disposition (efficacité ou pouvoir) par une docilité préalable. *Exemple* : je me mets en contact, je participe au rythme du train. Je fais partie peu à peu de son mouvement ; je m'y insère, je fais corps avec lui.

Premier état de la connaissance (par introspection) par intégration, par une participation physique.

Puis, logé, blotti dans l'œuvre par l'exercice même du jeu, par ce commerce, arriver à une pénétration.

Répéter, jouer… puis introduire dans le jeu une sorte de méditation, de la sensation dans cet immédiat, il se produit un travail sensible, par exhortation aussi, le sentiment et le mouvement naissent, découvrant dans les sommets de cet exercice, par le phénomène de l'intuition, le royaume de la création, l'état de créateur.

Tout apparaît soudain, simple. Tout paraît à la portée de l'esprit. Et l'on comprend que la création est un certain état intérieur, une élévation d'esprit.

Ce qui est difficile, ce n'est pas d'œuvrer, d'écrire, c'est d'être naturellement à cette hauteur, dans cet état d'esprit et l'on conçoit qu'il y a moyen d'y accéder.

30 octobre.

Donc la supériorité de l'acteur dans sa vision est la perception (sensation) vécue *au sein même* de l'œuvre, dans une histoire qui s'accomplit. Comme disent les philosophes « une actualité de conscience épanouie en lumière dans le rythme même de l'œuvre ».

Au lieu du morcelage habituel de la pensée qui zigzague, on a une impression de continuité fluide, par un sentiment parfait. Le difficile est de pouvoir traduire ensuite ce sentiment au repos par une pensée directe et simple.

C'est comme si l'être était l'action. L'existence et la pensée coïncident. C'est entrer dans le vif du réel.

L'intuition suppose, défend le discours, l'explication. C'est le discours qui l'engendre et le provoque chez le comédien. Mais elle semble lui interdire ensuite de parler. Elle fait disparaître, elle disperse le raisonnement. C'est un éclair aveuglant. C'est une organisation de sentiments simples qui tout à coup se réunissent dans une évidence, en gerbe de vérité, allant jusqu'à *la divination prophétique*, une assimilation suprême.

La connaissance intuitive s'oppose à la connaissance abstraite, de conception. C'est une connaissance par le dedans, semblable à un sentiment où l'on atteindrait dans la lumière d'une possession intime, l'existence d'un objet ou d'un être :

– *Sympathie révélatrice*, comme *l'amitié* nous fait connaître une âme.

– *Constat* étranger à toute analyse.

– Fusion *de l'espace et du temps*, éprouvée, réalisée par une sensation qui justifie tous les principes, utilisés dans l'art dramatique, à toutes les époques.

– *Perception de vérité* ; sans analyse préalable, par le moyen du sentiment ou de la sensation, au cours *d'une activité* qui n'est ni logique, ni intellectuelle.

Attitude plus féconde et plus importante que la démarche logique, l'intuition peut être trompeuse cependant et n'est pas infailliblement révélatrice de vérité, elle se laisse prendre à des mirages, elle est toujours provisoire. Après que l'intuition s'est produite, une vérification s'impose. C'est un phare dont l'intensité aveugle.

Il faut aussi *consoler l'intuition* ; quelquefois *l'apprivoiser* et la guider. Elle a toujours quelque chose d'individuel et de subjectif. C'est la variété de l'interprétation, car l'intuition pour le comédien, *c'est le sentiment dramatique porté à son point le plus utile et parfait.*

Il faut l'éduquer, la cultiver, qu'elle ne reste pas à l'état naïf, mais devienne savante, que l'acteur en prenne conscience et l'utilise, et la vérifie.

Consommation de l'expérience et du savoir de l'acteur, l'intuition est en même temps *le but et l'instrument de l'acteur*, comme il est lui-même instrument et interprète.

On appelle intuition cette espèce de *sympathie intellectuelle* par laquelle on se transporte à l'intérieur d'un objet pour coïncider avec ce qu'il a d'unique et par conséquent d'inexprimable (Bergson).

C'est toujours une connaissance de l'immédiat et dans l'immédiat.

Mais une sensation intuitive peut être le résultat de nombreuses sensations accumulées par le hasard des répétitions et des représentations préalables. Elle acquiert donc ici une sorte de valeur logique, il suffit de relier, solliciter entre elles, ces sensations, d'en trouver l'enchaînement jusqu'à leur « déflagration », jusqu'à la lumière de leur combustion ; et d'expliquer ensuite par le raisonnement les conséquences de la vérité qu'elle offre.

Résultat d'un idéal cherché, l'intuition peut être loin de l'idéal interne de l'œuvre, car celle-ci est confrontée avec un public, élément détecteur, et cet idéal trouvé sera peut-être déplacé à gauche ou à droite de l'idéal véritable. Mais il sera dans le sens et l'orientation de celui de l'auteur, dans ses intentions.

C'est la compétence acquise de *ce connaisseur* qu'est aussi l'acteur, par un travail lent et laborieux.

L'intuition ne peut être, dans ce sens, obtenue que par une longue pratique, attentive, où l'analyse familiarise l'acteur avec les données de son travail.

Idées préconçues, traditions, observations, toute cette énorme masse qu'est l'expérience se vivifie, se transforme, se justifie, à l'aide de l'intuition après que ce savoir pratique, cette science empirique l'a provoquée. Confiance gagnée par une longue camaraderie avec soi-même et avec cette société des personnages interprétés. Nécessité du ressouvenir des anciennes interprétations.

Il y a de la part de l'acteur, très souvent la même *ingratitude*, la même légèreté, avec les personnages qu'il a animés ou qui l'ont hébergé, que cet oubli ou négligence qui est une des fautes graves de l'amitié.

L'état de grâce intuitive suppose, exige, *une préparation préalable*, une concentration, *une pratique supérieure*, de faire son métier dans une sorte de préoccupation spirituelle, de considérer l'œuvre non plus comme un moyen, une occasion, mais comme le but même de notre vie.

Le rôle n'est pas qu'un moyen de succès ou de séduction, mais un état d'exercice, une discipline provisoire, un régime temporaire, une métamorphose momentanée et cet état d'esprit, cette préparation ainsi pratiquée est justement le moyen d'atteindre à l'intuition.

Le rôle devient une préparation à une intuition, une conscience supérieure d'un personnage ou d'une œuvre par contrôle de soi et humilité envers le rôle.

C'est une tension intérieure, un effort de conscience et de contrôle, maturation sensible à l'intérieur d'un acte, d'une action où l'acteur s'imprime, comme dans un cercle magique. *C'est la méthode et discipline de l'acteur.* Sens et recherche d'un réel spirituel. Coordination, lien entre des idées, des sentiments, lentement accumulés en soi, par cette opération où la masse du public élève la température, donne l'état de fusion nécessaire :

– sons épars, entrecoupés, soudain liés dans une phrase musicale.

– sentiment dont les lacunes, les blancs se remplissent soudain et qui devient clair à l'esprit et agréable au cœur.

Dans cet état d'intuition, le morcellement des idées, la multiplicité des points de vue, même les oppositions, les idées contradictoires de la critique, se fondent et paraissent justifiables. Rien ne tient de ce qui gênait l'esprit, par des ressouvenirs d'idées ou de conception.

Points de départ : un souvenir persistant, fécond pour moi, pour trouver le personnage, pour trouver le décor, dans *L'École des femmes* a été Joliet[88] avec son chapeau devant le visage pouffant à : « Il m'a pris le ruban que vous m'avez donné[89] », et le problème du théâtre naturaliste, comment jouer vraisemblablement sur une place publique des scènes d'intimité ?

C'est sans doute à l'aide de ces deux points que je suis arrivé à trouver toutes mes idées sur *L'École des Femmes* et non par les lectures de la critique.

L'imaginable et le sensible, tout est là. Ce sont, pour l'acteur, les seuls moyens de connaissance du théâtre.

---

88 Auguste Joliet (1839-1915) entre à la Comédie-Française en 1872 où il fait toute sa carrière en tant que pensionnaire. Il a joué dans toutes les représentations de pièces de Molière à l'époque. Mounet-Sully qui le considérait comme un comédien dévoué et consciencieux avait beaucoup d'affection pour lui.

89 *L'École des femmes*, acte II scène 5. Réplique dite par Agnès.

L'INSTINCT DRAMATIQUE

Considérer l'état d'oraison des mystiques, l'illumination des chercheurs ou inventeurs, l'état chaud, l'esprit lucide de tout ouvrier, de tout corps qui s'échauffe et ne cherche rien d'autre que cet échauffement, cet oubli de soi, qu'on veut obtenir, ou que l'effort oblige à faire ; ce déchaussement de tout ce qui est en soi acquis, artificiel, quotidien ; cette purgation par exorcisme dans l'effort ; c'est aussi un commencement, une introduction à l'intuition.

Voir la question de *l'attention* chez Simone Weil[90].

Ceci est *l'instinct dramatique* – autre appellation pour désigner cette connaissance professionnelle, ce savoir implicite, virtuel, habitude sensible d'un métier, la communion avec le personnage et le public ; tout ce qui commence confusément avec le goût de traduire ou d'exprimer, le besoin de se délivrer, de se changer, de se métamorphoser, d'être différent et d'être mieux, qui est *le début de la vocation*… et qui pratique, exerce, donne d'abord à l'acteur un comportement professionnel, qui peut atteindre très haut, qui peut s'élever jusqu'à un instinct développé, éduqué, où le contrôle et le dédoublement conscient servent à cette amplification de l'instinct jusqu'à une science occulte, véritable intuition.

C'est un instinct, devenu désintéressé, conscient de lui-même, capable de réfléchir sur son objet et de l'élargir indéfiniment. (Bergson).

Propos d'acteurs :

Cette science, c'est le « *ça va* » ou le « *ça ne va pas* » du théâtre, comme on l'entend dire ailleurs dans d'autres préoccupations, métiers, où l'on reste ignorant parce qu'on n'est pas au fait, parce qu'on n'y connaît rien.

« C'est ça, c'est ça, – non tu n'y es plus –, ça y était presque, encore un peu plus vite, tu vas le trouver, ralentis ici, détache ce mot, ton mouvement est faux pour le sentiment ».

---

90 Jouvet était un lecteur assidu de l'œuvre de Simone Weil. Dans son cours du 14 novembre 1950, il commente devant ses élèves des passages de *L'Attente de Dieu* – un des derniers ouvrages qu'il ait lu – où il est question de l'attention. Le 16 janvier 1951, il se réfère de nouveau à Simone Weil, cette fois à propos de la vocation.

C'est aussi un commencement, une recherche de l'approximation, de l'approche d'abord à *l'expression* juste, puis l'expression trouvée, devenue habituelle et mécanique :

1) *au bénéfice du public* ; devant le public
2) en soi
3) par rapport à l'interlocuteur
4) à un incident
5) à une distraction
6) à un souvenir
7) à une idée
8) à une sonorité
9) à un contrôle physique, une *dégustation* dans le personnage. On se multiplie dans des sensibilités différentes – elles sont nombreuses, quatre ou cinq *extériorisations*, où l'on se place pour ressentir et voir l'expression autrement. Puis, enfin, libéré, on s'élève plus haut encore que ces angles successifs où l'on s'est dédoublé. On éprouve l'expression, à son degré le plus haut de consommation. On culmine par tous les procédés voulus dans une zone supérieure, soit que le personnage vous y remorque, soit que vous y puissiez dominer le personnage monté très haut dans la réverbération des éléments d'en bas, en fusion.

Quelques moments comme ceux-là et l'on est exténué et ravi après, si le public a compris et approuvé l'ensemble.

C'est une puissance de connaître (mais qu'on est impuissant à formuler). C'est aussi *un encouragement à l'effort* et une force pour l'effort d'un nouvel élan. *C'est une récompense* et une explication soudaine de tous nos tourments, une justification des difficultés et des peines, une explication de la profession et une découverte enfin de son *secret*, d'un secret que la constatation de notre impuissance, de l'infériorité de notre situation ne pouvait pas nous faire soupçonner.

Obstacles évanouis, c'est un « imprévu ». Nous savons, nous nous expliquons notre inintelligence constatée et subie, notre mécanisme primaire, si pauvre. Nous comparons notre dépendance, notre servilité, et notre impuissance initiale, à son *indépendance* (indépendance de l'acteur) et à sa jouissance.

Sentiment qu'on a des degrés à franchir avant d'atteindre jusque-là.

C'est d'abord une science secrète obscure, indistincte, confuse, incapable de se formuler. Nous sommes incapables d'en parler avec quelqu'un qui n'est pas du métier sans ouvrir d'interminables et inutiles débats sur la différence entre la critique et le comédien. Exemple de Mme Horn[91]. J'ai pensé souvent au *Misanthrope* en jouant *L'École des femmes* et je lui donnais cet exemple comme une recherche d'intuition orientée, comme un moyen sensible pour moi d'épouser Molière dans Molière même. Elle pensait à une similitude entre Alceste-Célimène et Arnolphe-Agnès ; à cause de leur déchéance ou de leur humilité devant l'objet de leur amour.

Entrer en son auteur, s'y installer, le produire sous ses aspects divers (et comment ?), le faire vivre, se mouvoir et parler comme il a dû le faire, le suivre en son intérieur et dans ses mœurs domestiques aussi avant qu'on le peut… On l'étudie, on le retourne, on l'interroge à loisir, on le fait poser devant soi… (Pour qui se prend-il ? Et les autres ?), chaque trait s'ajoute à son tour et prend place de lui-même dans cette physionomie… Au type vague, abstrait, général, se mêle et s'incorpore par degrés une réalité individuelle… On a trouvé l'homme.

Palpation continuelle, comme les antennes de certains insectes, qui fait la guerre à un automatisme intellectuel, aux idées toutes faites, à la déduction directe ou linéaire. Intensification de la personnalité vraie, par affranchissement de bornes individuelles. Personnalité vraie, obtenue par le revêtement docile d'une personnalité fausse – mais adoptée – choyée – révérée – par une religion particulière où l'idolâtrie de soi-même (vanité de l'acteur) se confond avec l'amour du personnage.

C'est le culte de l'extraordinaire, du spirituel à tout prix, le goût volontaire de la vision, de la sensibilité raffinée.

Il n'y a rien de plus véritable que ces états. On ne peut les nier. Mais ils sont rebelles à toutes explications, analogie ou combinaison de phrases. On ne peut pas expliquer ces états. Mais on peut les vivre. Mysticisme normal.

Trois caractéristiques :

1) Renoncement à l'intelligence au profit du sentiment.

2) Union avec le personnage, séparé d'abord de l'acteur.

3) Connaissance intuitive, simple, par le passage à travers les difficultés ; à travers et au-dessus du personnage – le dédoublement est conscient et

91 Madeleine Horn-Monval (1886-1972), historienne du théâtre et bibliothécaire, a travaillé aux côtés d'Auguste Rondel à la gestion du très important fonds théâtral qu'il avait légué à l'État. Elle poursuivit cette tâche avec le soutien de sa sœur Marcelle après la mort de Rondel en 1934.

utilisé. Connaissance simple, par consommation du personnage, après une série de dispersions de soi-même, de barrages, de portes fermées, de chambres mystérieuses par où finit la découverte.

C'est un retour à l'immédiat (sensation) ; une coïncidence entre la pensée et la réalité éprouvée. C'est une méthode d'oraison pour l'acteur.

Le démon de Socrate arrête d'abord la volonté du philosophe.

Ainsi fait l'intuition, elle défend. Devant des thèses évidentes, des affirmations, elle dit : impossible. Elle est puissance instinctive de négation. Puis extériorisation, puis retour à soi-même. Suite de départs et de retours, dont les zigzags provoquent enfin une doctrine.

Je sais que j'ai cherché à dire plutôt que je n'ai dit véritablement.

Une pensée qui apporte quelque chose de nouveau au monde est bien obligée de se manifester à travers les idées toutes faites qu'elle rencontre et qu'elle entraîne dans son mouvement : elle est relative à l'époque où le philosophe a vécu. Mais ce n'est qu'une apparence. Le philosophe eût pu venir plusieurs siècles plus tôt, il aurait eu affaire à une autre philosophie et à une autre science, il se fût posé d'autres problèmes ; il se serait exprimé par d'autres formules : pas une ligne, peut-être, de tout ce qu'il a écrit n'eût été ce qu'elle est et pourtant il eût dit la même chose. (Bergson).

Autre forme d'intuition. Série de sensations immédiates successives à travers lesquelles on passe, d'où naissent des idées, et idées et sensations se succèdent, se montent les unes sur les autres, pour atteindre à un point qui serait inaccessible d'emblée, la sensation seule n'arriverait pas d'un seul élan ; mais la répétition de cette sensation, la sollicitude qu'on lui prête, les idées qu'elle donne, reportées le lendemain ou plus tard, sur une nouvelle sensation, finissent par l'amplifier au point de la connaissance intuitive.

L'intuition est un au-delà dramatique.

Nulle part n'est plus évidente la misère des mots humains et de l'idéologie et pourtant l'on ne saurait s'en passer ici. Les exemples mêmes ne suffisent pas sans commentaires.

Impossibilité de traduire le sentiment de cet au-delà dramatique sans en faire un en-deçà, et il est encore très difficile de parler de cet en-deçà… de cet intérieur du comédien dans le jeu.

Ce que n'est pas cette intuition : chez le comédien, ce n'est pas comme chez le philosophe. Ce sont surtout *des sentiments intuitifs plutôt qu'une véritable intuition.* Les comparer avec leur point de départ, la sensation primitive du travail de répétition, puis décrire les habitudes à prendre ; l'art de se dédoubler avec application, l'art d'être à l'aise dans sa sensation double, tantôt d'un côté, celui du personnage, tantôt de son côté à soi-même. La façon de se comporter pour rester en contact avec le personnage et avec soi-même, d'aller vers ces états, de les éprouver simultanément, art de se tendre et de se détendre d'abord dans la sensibilité, jusqu'à ce que l'habitude permette la détente intellectuelle dans une tension sensible : l'art de se maintenir en correspondance avec soi-même alors qu'on est perdu dans le personnage – une maîtrise de soi-même dans un déséquilibre voulu, provoqué et maintenu à volonté.

Enfin la façon d'éprouver, ou de penser dans cet état, ce paroxysme normal, d'évoquer des images, d'appeler des souvenirs, de verser en soi les opinions des autres et les siennes propres, dans les convergences et les divergences de ces deux êtres, dans l'infini de la sensibilité du public ; dans la perspective d'une présence humaine.

C'est plus facile à éprouver qu'à dire. C'est au-dessus du discours pour le traduire, et les effets de ces états intuitifs sont aussi très au-dessus de tous les discours.

CE QU'ÉPROUVE L'ACTEUR EN JOUANT

Intuition : saisie, appréhension, prise en contact de vie intime et sympathique du rôle, entrée en accord d'amitié divinatrice : l'amitié, la sympathie pour un personnage, nécessaire à l'acteur pour pénétrer et animer ce personnage.

Il y a *une séduction dans tous les rôles*, une sympathie à trouver pour le personnage – c'est l'essentiel – une coïncidence momentanée entre le personnage et soi, insertion dans le rôle. Tous ces états provoquent un éclair d'invention ou de découverte par la conscience qu'on en a, ou qu'ils apportent.

Arrêt subit qui suspend la vie personnelle, illuminant des perspectives, éclairant les préoccupations, les recherches, les problèmes professionnels, et éveillant *un sentiment de vive présence tout nouveau* (Sentiment du dramatique).

Habitudes mécaniques, presque uniquement physiques, qui amènent à une sorte de méditation et font naître chez l'acteur la pensée.

Déplacement et transport de l'attention mécanique, la pensée sensible s'élève à une pensée théorique, intuitive, puis à une connaissance, sentiment de présences et de puissances, puis *une évidence* d'une réalité supérieure. Sorte *d'inquiétude apaisée* (Sentiment du dramatique).

État entre le sommeil et la veille.

Méthode entre la réalité apparente et la réalité supérieure, va et vient sans effort entre deux mondes. Procédé de transmutation du faux au vrai. Alchimie dramatique.

Introduction à la vérité dramatique, au sens dramatique vrai.

Terminologie difficile. Sens commun des mots, mais *ils ont dans l'action un sens nouveau, interne.* Il en est de même du texte qui, dans l'état supérieur, a une efficacité nouvelle, différente.

Dans *la répétition*, le texte permet à l'acteur de s'échauffer, d'acquérir une certaine puissance, d'existence et de vérité, saisissable aux yeux et aux oreilles, pour le spectateur. Mais, cet effet obtenu, *le texte* devient pour l'acteur *un élément en soi. Il éprouve à se l'entendre dire le même plaisir qu'il peut donner au spectateur.* On s'étonne soi-même de l'entendre, car on l'entend. Puis le texte se sublime encore, dans une *distillation* supérieure et devient un langage exceptionnel, supérieur aussi, unique. Tout dans le jeu, mouvement, son, voix, attitudes, jeu de scènes peut prendre cet *aspect délirant.*

On a, à un certain moment, *le sens de quelque chose d'anormal en soi* (sens dramatique).

Cette intuition semble toucher et concerner dans l'homme qu'est l'acteur, *tout un milieu réservé*, encore secret en lui, un sens qui n'a pas l'habitude de fonctionner, un sens nouveau.

On sent soudain qu'on disait, rabâchait, par : 1) peur de se tromper ; 2) goût de sympathie ou de succès près du public ; 3) plaisir personnel qu'on y trouve, ou physique ou sensible ; 4) oubli de ses infirmités morales ou physiques ; 5) besoin de l'action, goût de se dépenser. On découvre que le texte n'a pas que ce sens-là : il n'était dans ces conditions qu'un prétexte, il n'a pas sa fin, ni sa valeur, on peut le ressentir et le penser d'une certaine manière et ce « pensement » mène à une plus haute signification. Le sens parfait des phrases nous atteint au bout d'un certain temps. Ce sens augmente avec les représentations. Il se charge d'un poids, il a une plénitude surprenante. Le texte se creuse et s'alourdit, on redoute parfois tout à coup le sens trop lourd d'une phrase. La diction l'a approfondi, et le sens amplifie la diction à son tour, au fur et à mesure qu'on le répète.

On attend avec plaisir ou gêne certains passages (correspondance certaine avec l'auteur). Puis quelquefois ce texte perd son sens, sensible ou intellectuel, qui s'est amplifié jusqu'à nous gêner ou nous combler. Ce sens semble disparaître. C'est qu'il a atteint sa température de fusion, l'endroit où il se fond à nouveau dans la création, le sentiment de l'auteur. On le dit sans effort, sans conscience, et il apporte en soi, *une étrange présence, une voyance,* état *mystique.* Les associations d'idées vous pénètrent brusquement, la réalité semble passer à l'état de symbole, le monde semble tout spirituel, on a atteint à un inaccessible, on se sent dans une connaissance et une présence supérieure. (Confusion d'être et de connaître).

Dans la pensée, quelque chose de supérieur à la pensée se manifeste, un état de pensée suraigu et poussé très haut. On attribue parfois ce privilège au personnage qu'on semble avoir atteint. On est habité par un autre, puis on se sent le même que le personnage. *On se trouve plus que soi-même, par une surprise.* Et surprise de se retrouver soi-même

C'est une *Philosophie de l'acteur* si la philosophie est une façon de percevoir et de penser, je dirai même *une certaine façon de vivre et d'agir*, une attitude, une démarche, une méthode, une discipline. C'est donc *une forme de savoir et d'être. C'est un « esprit » de théâtre.*

Effort vers la pleine conscience et l'autonomie du jugement, effort pour porter la lumière de la réflexion (critique) jusqu'à la racine même de son être et de sa pensée, jusqu'au principe le plus secret de ses affirmations, de ses états, de ses démarches ; bref, effort pour résoudre en unité supérieure la dualité du sujet et de l'objet.

Mais ici se manifeste la dualité avouée, cultivée de l'acteur, du perçu et du conçu, du sensible et du rationnel :

1) De la sensibilité agie : personnage
2) De la sensibilité qui en résulte en soi-même
3) De la sensibilité, par choc en retour, du public.

Le personnage, à certains moments, existe entre l'émotion du public et celle de l'acteur. Il y a déplacement de ce fantôme, de soi hors de soi-même, évasion hors de soi, entre soi et le public ; et cette extériorisation du personnage, cette projection hors de soi-même, semble donner à ce fantôme une réalité qui, lorsqu'il se réintègre, lui donne une existence nouvelle.

C'est *le phénomène des trois phases pris par le personnage* :

1re phase : *le personnage est larvaire en soi.*

2e phase : *il se dédouble*, il vous habite

3e phase : *Il est projeté hors de soi*, dans une extériorisation qui dure plus ou moins longtemps. Il vous échappe à ce moment, comme il vous échappe, quand, dans la première phase, il fait partie de vous-même. On le voit hors de soi au lieu de le sentir en soi, mais il est encore indépendant et étranger. Quand après cette troisième phrase, il revient en vous, *il s'incarne vraiment et existe.* Ce que l'acteur voit et sent à ce moment-là est un état unique, presque certain, du sentiment dramatique (sécurité, étonnement d'être enfin le personnage, vision nouvelle, aucune gêne, aucun effort) : *résolution de la dualité*, le personnage et l'acteur ne font plus qu'un.

L'existence du personnage n'est réelle, vraie, que lorsqu'ayant été projeté hors de l'acteur, il s'y réincarne, lorsque l'acteur le sent s'incarner en soi, et non plus dans ce sentiment de gêne, de dualité qu'il a éprouvé jusqu'ici.

De l'existence du personnage et de sa recherche :

1) L'existence est d'abord le résidu des interprétations, des animations précédentes. Il y a dans le nom de Tartuffe ou de Dom Juan une patine dramatique qui vient de toutes les sueurs de sensibilité, de toutes les angoisses physiques d'expression et de jeu qui ont mouillé ces personnages. *Hérédité des Personnages. Résidu des exécutions antérieures.*

2) L'existence avant la répétition et le travail, doublée d'une existence virtuelle, vient de vieilles conceptions, y compris celle que l'exécutant a en lui à ce moment et des influences qui l'entourent. *Réalité idéologique du personnage. L'acteur aborde le personnage.*

3) L'existence est une révélation nouvelle, extérieure à l'acteur. *Effort vers une nouvelle incarnation. Réveil d'un personnage.*

4) Puis la naissance d'une nouvelle existence du personnage à formes plus ou moins parfaites suivant les phases dans l'acteur. *L'exécution du personnage.*

C'est à la troisième phase qu'il atteindra la vie, le personnage même (Les Réalités spirituelles)

Dans la confusion où sont les acteurs de ce qui se passe en eux sur scène, le manque surtout d'objectivité vis-à-vis de leur personnage, l'absence de sollicitude, de tendresse aussi, de croyance à l'existence de ce personnage, beaucoup diront que cette interprétation n'est qu'une subtilité, mais je crois *que, s'ils cherchent à vérifier par eux-mêmes ce mécanisme, ils le trouveront exact* et que ceux qui voudraient apprendre à jouer, c'est-à-dire à trouver un personnage par ce moyen, s'apercevraient très vite de l'efficacité de cet examen personnel. À condition toutefois qu'ils prennent quelques précautions à l'égard de ce personnage, *qu'ils lui confèrent et reconnaissent une existence préalable* et qu'ils cherchent par des moyens convenables à le comprendre et à l'imaginer, c'est-à-dire à l'aimer.

COMMENT NE PAS ABORDER UN PERSONNAGE

« C'est un rôle en or ». « C'est un personnage tout cuit ». Impression qu'on peut le modeler (*on rentre dedans tout de suite*). Cette notion avouée de l'existence du personnage est également dans « il est difficile à habiter, à animer », « il est ingrat », « pas commode », « c'est un raseur », « un baladeur », « c'est parce que tu ne sais pas bien le prendre », comme si on parlait d'un animal.

D'autres fois : « Ce n'est pas un personnage » et c'est peut-être vrai.

Mais le vrai c'est qu'en avouant par ees propos *l'existence*, la réalité et la vérité d'un personnage, les acteurs n'ont nullement, ou du moins pas assez, l'imagination de cette réalité ; *ils ne pensent qu'à eux en pensant au personnage.* C'est comme lorsqu'on discute avec quelqu'un en pleine amitié et qu'on n'entend pas ses propos.

Cet oubli, *cette ignorance des réalités supérieures (royaume des idées)*, cette incroyance même – parce qu'ils ne croient pas assez à la réalité, à l'existence du personnage – vient non seulement d'un manque de foi et de religion théâtrale, mais encore d'une imagination égoïste qui, dans l'inquiétude de leur recherche, les fait *vouloir voir, trop vite, dans une hâte anticipée*, avant même d'y croire et d'avoir reçu l'empreinte, les stigmates de ce personnage, les fait vouloir *inventer*, visuellement, mimiquement, le personnage même.

Les personnages sont des êtres réels, qui ne livrent leur secret qu'à ceux qui le cherchent, qui croient à leur existence, et à leur révélation, qui témoignent à leur égard d'un respect.

« Mon vieux pour jouer celui-là il faut d'abord… »

« Moi, je ne le vois pas du tout comme ça… »

« C'est un type qui doit faire ça… Il a l'habitude de… »

« X ne peut rien faire là-dedans… »

Ces déclarations sont toujours trop rapides, et surtout les acteurs sont faussés par *les jugements, appréciations des critiques* et autres. *La méthode de l'acteur doit être diamétralement opposée.* C'est une méthode par persuasion, exhortation, méditation, soumission, mais surtout par *la croyance sincère à la réalité indépendante du personnage.* Que fait le personnage ? Que dit-il ? Quel peut être son état d'esprit ?

Quand on est arrivé à aimer objectivement des personnages, on songe avec terreur et attendrissement à la souffrance qu'ils doivent éprouver lorsqu'au hasard de la fourchette d'une distribution, ils se voient tout à coup articulés, par des réflexes qu'ils n'ont jamais eus, des sentiments contraires aux leurs ; bref un ton et des habitudes totalement étrangères, un locataire intolérable. Sainte Célimène, martyre des comédiennes.

Bonheur dans l'intuition : « […] sentir son âme immense et au centre son corps minuscule, comme un noyau » Jean Giraudoux : *Amica America*[92]

De la consommation des personnages.

Le problème de l'acteur est dans la *consommation du personnage*, c'est-à-dire sa participation, son association, sa coopération, sa collaboration (opérations diverses) jusqu'à provoquer sa naissance ou sa création, une existence virtuelle et spirituelle. C'est un accomplissement passager, non une *véritable incarnation* (terme faux). L'incarnation n'est que momentanée, provisoire dans les états successifs où est le comédien ; il n'y a incarnation que pour le public, objectivement et par imagination.

Se sentir le personnage pour l'acteur est exceptionnel, et grave de conséquences. Il est dangereux de vouloir être certains personnages.

92 Roman publié en 1918.

C'est un défaut, la conséquence d'un arrêt à la seconde phase. À la suite de cette période où l'acteur devine la dualité, le dédoublement, il croit à la nécessité d'obtenir l'unité, *par conviction et par autosuggestion il cherche à devenir.* C'est le contraire de l'exécution. L'acteur accomplit une sorte d'exhortation, d'évocation du personnage, par lui, à travers lui. S'il l'incarne, il enlève au personnage sa vie spirituelle, sa vibration.

Arrivé à la seconde phase, l'acteur découvrant la dualité croit que *la sincérité* est dans *l'authenticité*, que son devoir est de devenir et d'être en réalité le personnage. Il retourne ainsi à la première phase. C'est un progrès par rapport à la première phase, mais c'est une consommation où le personnage se trouve aboli, résorbé dans l'acteur, et sa vie spirituelle est arrêtée aux limites mêmes de celles de l'acteur. Le personnage n'atteindra pas sa vie propre ; sa croissance spirituelle est arrêtée par cette fixation que la sincérité de l'acteur lui impose (*Égoïsme de l'acteur*).

Différentes formes d'égoïsme. Les acteurs qui disent « moi je ne sens pas ça ; moi je ne sens pas comme ça ». Phrase affreuse. Mauvaise humeur. Manque de soumission ou d'humilité, pour pratiquer l'exhortation, pour atteindre au personnage. L'obéissance au personnage est nécessaire. On ne saurait assez la pratiquer. C'est par cette attitude que l'acteur s'enrichit, et qu'il atteint des sentiments qu'il ne saurait naturellement avoir en lui.

« J'ai toujours fait ce qu'on me demandait, me dit Renoir[93], même en le désapprouvant. L'essai est nécessaire. Quelquefois j'atteignais au sentiment. D'autres fois j'en étais quitte pour donner mon opinion après des tentatives sincères, et dire le résultat de cet essai. »

Il me cite le II d'*Électre*[94], où il n'a jamais été à l'aise malgré tout ce qu'il a fait pour essayer de suivre nos suggestions et conseils : « Au I, j'étais très libre et confortable, au II jamais. »

Cette critique de l'acteur est la seule vraie, dans les conditions où l'expérience est faite de bonne foi, et Giraudoux le sentait sans s'expliquer

93 Pierre Renoir (1885-1952) est un des fils du peintre Auguste Renoir et le frère du cinéaste Jean Renoir. Comédien, il est engagé dans la troupe de Louis Jouvet en 1928 où il joue notamment plusieurs pièces de Jean Giraudoux. Il mène parallèlement une carrière d'acteur de cinéma. Ami proche de Jouvet, c'est à lui que ce dernier confie le Théâtre de l'Athénée lorsqu'il quitte la France avec sa troupe en 1941. Durant l'occupation allemande, Pierre Renoir est avec Gaston Baty et Charles Dullin à la tête de l'Association des directeurs de théâtre de Paris dont il se sépare en 1943. Après la mort de Jouvet, il administre de nouveau le Théâtre de l'Athénée avant de disparaître à son tour quelques mois plus tard.

94 *Électre* de Jean Giraudoux, pièce dans laquelle Pierre Renoir interprétait le rôle d'Égisthe.

pourquoi. Il voulait toujours retoucher cette scène : « Manque de préparation ; il y a quelque chose qui manque, disait-il. » La lacune était en lui, il y avait une saute sans doute.

Parfois, dit Renoir, *le personnage est plus clair pour le public que pour soi-même*. Les gens au II comprenaient mieux que moi, car ils me l'expliquaient.

Ils m'expliquaient les sentiments de la scène et ses nuances, alors que je les avais à peine devinés : « Te rappelles-tu *Suzanne*[95], de Steve Passeur ? Au I et au II nous étions tous parfaits, à l'aise, heureux de jouer. Au III nous étions tous mauvais. Nous étions gênés, nous ne pouvions pas jouer. »

Ceci me fait croire que Steve présente comme auteur un cas particulier qui est que ses personnages le trahissent quand, avec son acharnement ou son entêtement, il veut leur faire faire quelque chose à son idée. Il a le don de créer des personnages et de les faire parler. Mais il force ces personnages, pour les tirer de leur situation, ou pour les faire conclure, arriver à un dénouement, ou une démonstration, une fin, ces personnages s'y refusent. Ils se sont évadés, nous le sentions admirablement. C'étaient les personnages qui jouaient les deux premiers actes, et nous, les acteurs, nous jouions le dernier lamentablement et *comme* dépossédés, démunis de la société des personnages. Ils nous avaient quittés.

Le problème de *l'acteur* tel que je l'explique, on le voit se poser après la comédie italienne. Jusque-là, il n'y a pas de vraie dualité. Les gens des mystères n'ont pas été plus loin que la deuxième phase… avec leur sincérité ils n'ont apprécié la dualité que comme un défaut de l'exécution et non un moyen (acteur mourant sur la croix, tuant le centurion, etc.) Question liée à la question des emplois.

Le personnage est un Héros.

95 Jouvet avait mis en scène *Suzanne* à la Comédie des Champs-Élysées en 1929.

DE L'IMMÉDIAT

Immédiat Première impulsion ressentie profondément.

Le comédien vit, travaille dans l'immédiat, c'est-à-dire un besoin d'exprimer spontanément, une nécessité de lire, de dire à haute voix, de gesticuler, d'extérioriser ses sentiments dans une habitude de contrôle, avec une tête froide, au moins avec un sens critique, un second lui-même spectateur.

L'immédiat : c'est la réaction sensible, la sensibilité spontanée dans laquelle l'acteur commence à se voir et à s'entendre, utilise et développe sa faculté de spectateur. L'improvisation, le commencement de l'exécution, la sensation à l'état brut. C'est l'approfondissement, la prise de conscience, le contrôle, l'affinement de la sensation première, la sensation au deuxième degré, la sensation au travail, le commencement de l'introspection, de l'intuition.

L'acteur doit aller chercher dans son expérience personnelle, à la source même de son sentiment, là où il n'y a pas les falsifications discursives des commentateurs ; *dans l'immédiat de son jeu, c'est là qu'est le commencement de la Révélation*, dans ce « résultat primitif » de l'expression envisagée en lui-même, éprouvée par rapport au public, et réfléchie ensuite sur l'œuvre même. *L'acteur est un empirique.*

Culture personnelle de l'acteur. Inculte en général, et il n'est pas nécessaire qu'il soit instruit

Sa culture varie avec les époques : elle paraît avec le XVIIIe, s'aggrave au début du XIXe et retourne au primitif avec le théâtre romantique. Le théâtre naturaliste n'exige rien de l'acteur. Agrégé ou docteur, si c'est pour jouer le cantonnier de *Blanchette*[96], il n'a que faire de son instruction. Aujourd'hui cultivé, mais à demi, et dans une ignorance presque totale de l'histoire du théâtre, à part quelques exceptions, mieux vaut un acteur inculte. Les notions qu'un acteur peut avoir sont généralement

96 Pièce d'Eugène Brieux, créée en 1892 au Théâtre-Libre à Paris dans une mise en scène d'André Antoine.

des impedimenta, des bagages gênants, ou alors il faut qu'il se mette à l'étude, mais il n'y a pas de grands livres où l'on puisse s'instruire sur le métier, de manuels dits techniques, c'est-à-dire représentant la technique d'un acteur ou d'un diseur pour un emploi, un physique et une époque.

Comme tel, l'acteur doit chercher sa vérité à partir de ses sensations et de ses sentiments, et non dans les idées et les concepts.

«*Je sens* (donc je suis) *donc le personnage* est» c'est la base et le point de départ, peut-être, de son éducation et de sa culture.

Le personnage existe d'abord par la sensation, le sentiment de l'acteur. C'est sa seule existence (non par les explications psychologiques).

Faire revenir l'acteur à l'état primitif, puis lui faire tirer de lui-même – avec l'aide des savants qu'il pourra contrôler grâce à cette éducation première – une conception personnelle. Actuellement, les acteurs sont moyennement cultivés, et leur culture est scolaire et non vraiment théâtrale ; elle est donc nocive à leur travail, à l'état de grâce de la sensation.

Sensation immédiate, primitive et pure : c'est le stade qui précède l'usage et ensuite la théorie – apparitions de sensibilité en soi – c'est le *commencement de l'action*, permettant l'*exécution.*

Il n'y a pas *d'autre point de départ vrai.*

Étant donnée son inexpérience, l'ignorance où il est de ce mécanisme et la faiblesse de ses sensations, l'acteur qui débute est hélas contraint de considérer les exécutions, les types d'acteurs qui ont fait impression sur lui ou de fouiller dans sa mémoire ou dans les livres pour trouver des idées qu'on a accrochées à la matière dramatique. Il se nourrit, il s'alimente de ces propos ou de ces exemples, sans contrôle, croyant toucher au fond même d'une œuvre. Mais c'est sans doute à ce commencement, à cet âge, que la prudence et la lenteur sont le plus nécessaires, et c'est justement l'âge où l'on est le plus impatient de réaliser, de jouer.

N'avoir à faire qu'à l'immédiat et cela est très difficile, sinon impossible, le sentiment de l'acteur dans cette recherche n'est pas neuf. Son éducation l'a déjà instruit, lui a fourni des indications, donné des tendances, la pièce classique existe déjà dans son interprétation actuelle, résidu, résultat des représentations, qui se sont faites depuis sa création. Le public lui-même a sur la pièce une sorte de connaissance diffuse, stupidement basée sur des « slogans » tirés de certaines répliques.

Il faut donc, il faudrait prendre la pièce classique comme une œuvre nouvelle.

Cette façon de voir serait plus commode pour le travail, mais elle serait fausse, en partie, tout de même. L'œuvre appartient à l'époque de sa création, au XVIIe.

Il faut opérer *par substitution de point de vue*, jusqu'à ce qu'on ait trouvé en soi et par le public, une signification efficace, une utilisation heureuse.

L'immédiat ne vaut que par un contrôle, une mise au point. Il faut donc travailler dans l'empirisme avec intelligence, jusqu'à ce que toutes ces relations mystérieuses entre l'œuvre et le public, à travers l'acteur, indiquent intuitivement à celui-ci qu'il a atteint un certain sens de l'œuvre.

L'acteur placé au centre de l'œuvre, ne s'occupant que de son rôle, aurait difficilement de l'œuvre une conception générale, mais en tant que « spectateur », il peut y atteindre. C'est en tout cas le rôle du metteur en scène, si souvent contesté et malaisément défini.

C'est entre le sentant et le ressenti de son personnage que l'acteur vit de sa vraie vie, la vie de la scène.

Entre le donné du personnage et son donnant à lui, acteur.

L'immédiat : c'est le moment où l'interrogation et la réponse coïncident, où la connaissance par sensation et l'être même, le comédien, ne font qu'un ; où le personnage, se révélant en l'acteur, celui-ci prend connaissance de lui-même, sans autre contrôle, ni sens critique, que cette impression embrouillée. Il ne peut y avoir opération mentale, que fragmentaire, fugitive. C'est une révélation sans possibilité d'analyser à ce moment. Ce n'est que plus tard, après avoir subi l'épreuve du public, que cette impression fixée par l'acteur (encore est-elle variable d'un soir à l'autre) pourra, avec l'habitude du rôle, avoir une valeur de témoignage (impression répétée, provoquée, contrôlée).

L'immédiat, c'est le commencement du rôle. C'est le commencement de cette connaissance intuitive à laquelle doit viser l'acteur – importance donc de son contrôle – réflexion nécessaire à son sujet avant de répéter le rôle, de jouer la pièce.

Et l'acteur, hélas, ne débute pas par cette connaissance de l'immédiat. Il s'en occupe très peu. Il veut *d'abord* ressentir à son compte. Il ne s'interroge pas devant cette déglutition vorace. Il commence par s'alimenter lourdement, par se charger de sensations, de sentiments, ou par faire des imitations qui restituent en lui ses impressions de spectateur, et que son admiration pour l'acteur qui les exprimait lui fait répéter.

L'immédiat serait donc le premier acte *spirituel* de l'acteur, le commencement de la connaissance en soi par le sentiment.

Influences subies par l'acteur à ses débuts.

Cette pratique n'est pas créée par lui, elle existe lorsqu'il entre dans la profession ; la tradition en est une forme – la nature et la qualité de la convention dramatique à son époque, c'est-à-dire la valeur dramatique des œuvres des auteurs contemporains –est un indice des influences qu'il subit.

Il est évident que la connaissance de l'acteur n'est pas analytique, qu'il peut commettre des erreurs. Mais le critique littéraire non plus n'a guère le moyen de redresser ces écarts. Il est en dehors de l'œuvre depuis bien longtemps, égaré dans des prolongements intellectuels, qui n'ont qu'un rapport lointain avec le but de l'œuvre et son sens dramatique proprement dit, son utilité, son divertissement.

L'immédiat, commencement de l'intuition

Possibilité d'erreur et de mirage dans cette intuition – péril d'hallucination – clarté aveuglante – sentiment indéfinissable. Quels sont les « critères », les marques et les signes de leur valeur et de leur vérité ? D'abord le public.

L'immédiat, c'est l'opératoire, c'est *l'exécution consciente* – ensuite insistance, répétition provoquée, confrontations postérieures et réfléchies, travail de leçons et de répétition. C'est la suppression des *problèmes extérieurs à l'œuvre.* L'immédiat, le donné pur, le donné immédiat à l'acteur se manifeste comme supérieur à toute autre possibilité pour lui, à toute théorie, car immanent à eux tous, les réconciliant tous.

L'immédiat est le vrai centre de l'œuvre ; centre dont toutes les théories sont dérivées, parce qu'elles ne sont que des dissociations ou des analyses des différents aspects que cet immédiat a provoqués.

Si je veux communiquer à celui qui ne sait pas le grec l'impression simple que me laisse un vers d'Homère, j'en donnerai la traduction, puis je commenterai ma traduction, puis je développerai mon commentaire, et d'explication en explication, je me rapprocherai de plus en plus de ce que je veux exprimer, mais je n'y arriverai jamais.

Seule la sensation consciente vaut. (Bergson)

L'implicite ne se livre et ne s'épuise dans aucun discours. Il est une *source* qui laisse couler une infinité de filets d'eau (tièdes généralement).

Immédiat : toujours fécond. Aucune théorie ne peut le faire évanouir. Les théories le paralysent, l'atrophient ou le dessèchent, et la tradition prend peu à peu l'esprit de la théorie.

Les théories sont le danger du théâtre exécuté. Ce sentiment d'immédiat ne s'obtient, hélas, il faut bien le dire, qu'après une assez longue pratique ; à l'état pur par une expérience consommée. Mais c'est sur cette introspection, ce contrôle qu'il faut orienter le comédien à son début.

C'est vers cette concentration sur sa sensation dans le rôle qu'il faut encourager le comédien, car c'est la source de toute vérité, le seul pouvoir, la seule façon qu'il ait de se guider.

Différence entre l'acteur qui possède son discours et celui qui domine ce discours en y contrôlant sa sensation. Don naturel, aptitude native, ou don acquis – à mon sens, la véritable marque de l'acteur supérieur.

C'est d'après ces réactions intérieures, ces sensations au sein même du savoir discursif (texte) qu'on peut décider et juger du sentiment dramatique.

Immédiat – ce qu'il y a de profondément vécu au cœur de la réalité du rôle qu'il faut dégager à l'état pur, et ce qui permet de ressaisir au loin dans le passé (télépathie – sympathie), *vrai lien professionnel, par le simple effort physique*, reliement et ressuscitation de la *vraie tradition*, dans cette répétition de geste, mais d'un geste intérieur.

C'est *une reconstruction au-delà de l'expérience mais basée sur ce qu'il y a d'essentiel, la sensation ou le sentiment humain*, non sur des idées.

C'est *une soudaine prise en considération de tout ce que la pièce a présenté ou présentera*. Idéal d'expérience vraie, *perception absolue*, image intérieure, riche d'une richesse virtuelle infinie, *de l'humain à l'état pur. C'est une connaissance entièrement revivifiée, convertie en action vive, revenue de l'abstraction*, de la critique et des commentaires, un état pur de théâtre, *jailli d'un texte énoncé.*

C'est par une *autoliquéfaction de l'idée* peut-être, cela m'est égal.

Matériaux ou réactifs : c'est pour les utiliser dialectiquement, afin de nous remettre à l'état de perception pure et vivante, dans la libération d'une sensibilité qui va s'épanouir librement et fonctionner sans entraves et qui nous apportera des idées, des conceptions dramatiques vraies et vivantes.

Cette analyse de l'analyse est faite pour éprouver sinon détruire les idées qu'on ne peut pas ne pas avoir sur une œuvre. C'est par elle qu'on pourra dissoudre ou contrôler au moins les artifices antérieurs et les nôtres, qu'on rompra des habitudes, qu'on dissipera d'autres illusions, en changeant le point de vue.

Cette capacité de vue simple par l'immédiat – c'est-à-dire la sensation à laquelle on n'arrive qu'à force de pratique et de contrôle personnel, de méditation active – c'est la possession pleine, la maturité de l'acteur, *la maîtrise.*

L'immédiat, c'est d'abord la donnée sensible sans trace d'élaboration discursive, sans bobards. Ce sens critique, ce raisonnement, cette élaboration par le physique m'a transformé moi-même et m'a donné toutes les possibilités de mon travail et mes vues sur le théâtre classique.

Jusqu'à quel point l'immédiat, (l'intuition encore non raisonnée) peut être réalisé à travers le jeu, dans l'atmosphère des discours, du texte, et comment peut-on raisonner ensuite pour atteindre à l'intuition, c'est une série d'à peu près, d'oscillations que je laisse aux philosophes le soin d'élucider.

Le donné, l'immédiat, est ce qui est pris comme point de départ d'un travail, comme matière à œuvrer, comme base d'une connaissance, obtenue, plus tard par une pratique raisonnée, consciente. *C'est la première impulsion ressentie profondément.* C'est un *coup de sonde* dans le rôle ou la pièce, et c'est après une sorte de *constatation*, qu'on analyse peut-être, qu'on identifie, qu'on *contrôle par d'autres essais*, toujours plus sensibles qu'intellectuels.

L'acteur objet, peut-il parler d'un personnage sujet ? L'acteur dans ce dédoublement peut-il contrôler le mouvement de retour du public sur ce personnage sujet ? Oui, je crois, et c'est par le retour à cette conscience spontanée, cette sensibilité éveillée, rapide et comme photographique qu'il refait ou qu'il *fait de l'immédiat continuellement.*

Étant donné notre goût des idées, le théâtre finit toujours par de la théorie, de la critique, et s'y épuise et s'y dessèche. C'est pour cela qu'il faut pratiquer l'immédiat, l'instantané, l'ex-temporaire. C'est l'ouverture, c'est le commencement obligé.

C'est dans cette pratique constante de l'immédiat, de la sensibilité réceptive et agissante à la fois, qu'est *l'état de grâce du comédien*. État avant l'intuition, nécessaire au jeu.

INVENTION DE L'ACTEUR

« Les découvertes *se devinent* avant qu'elles ne se démontrent ».

Le personnage se découvre par intuition et *s'exécute ensuite.*

« *On démontre par la logique, c'est par l'intuition qu'on invente* ».

Dans la découverte d'Archimède, l'Eurêka précède la démonstration (Henri Poincaré).

C'est dans l'expérience *vive* et *pure* (dans l'instant donc où l'acteur sent vivement en lui le personnage et son effet sur les auditeurs) dans cette sensation double, que la conscience de l'acteur se livre à un travail de *torsion sur soi*, à *un retournement*, qui lui révèle une vérité dramatique. Cette vérité est une « invention » révélée par sensibilité – à travers cet état curieux de fusion intérieure donné par moments à l'acteur dans la chaleur du je – par des imaginations, des associations, une fantasmagorie de pensée rapide, qui concorde (coïncide) avec les sentiments éprouvés et semble les expliquer ou les justifier.

Cette *invention* se pratique par une *vérification* intime. Il faut noter que cette invention provoquée par l'exécution en public ne vaut que par l'instant ou le moment. Elle varie d'intensité ou se déplace dans le rôle d'un soir à l'autre. Elle n'acquiert une valeur d'invention réelle que sanctionnée longtemps. Encore ne sera-t-elle probablement pas durable au-delà d'une certaine période (durée d'une époque tout au plus). Ce genre d'invention dans l'interprétation change avec les acteurs et les publics, créant des écoles, des tendances nouvelles à chaque génération. *Notion de renouvellement dans l'interprétation et la conception dramatique.*

Il ne faut pas non plus confondre cette « invention » de l'acteur avec l'invention dramatique proprement dite où intervient le rôle de l'auteur (proposition) et ce complément nécessaire à l'invention dramatique, la foi, l'adhésion du public, qui varie de son côté.

Le classique se différencie de toutes les autres œuvres par la pérennité, la durée de son action sur le public et les acteurs à des époques données, c'est-à-dire avec des acteurs et des spectateurs différents de la création.

COMMENT FONCTIONNE LE COMÉDIEN ?
Rio, janvier 1942 ; Montevideo, 17 octobre 1942

Mécanisme du comédien. *Quoi est premier ; la sensation, ou le sentiment ? L'état physique ou l'état psychique* ? Cette intime couture entre l'âme et le corps rend cette question bien pédante, mais il est utile ici de la poser.

Le comédien, comme un lecteur spécialisé, lit d'abord le texte. Ce qu'il éprouve ? Un saisissement plus vif, plus physique, plus intense qu'un autre, des mouvements d'imagination plus tumultueux, des prolongements dont l'autre lecteur n'a pas besoin.

– En tous cas, *une façon d'éprouver qui lui est spéciale*, plus spéciale que n'est particulière à chaque lecteur sa façon de lire ; habitude que lui a donnée aussi son métier. Un texte est pour lui d'abord matière à gesticuler, à marcher, à sonoriser, à agir.

– Les répercussions d'une phrase sont en lui plus physiques qu'intellectuelles ; il part du mécanisme respiratoire et articulatoire, de la profération dans un minimum du sens, d'intelligence, mais l'inflexion, la position de la phrase à l'oreille, l'attitude qu'il prend pour la dire, ont une intelligence surprenante pour l'auditeur ; il est incapable de l'expliquer, de la commenter, grammaticalement bien sûr, mais dans son sens littéraire, disons livresque, c'est son intelligence à lui, elle est supérieure à toutes les autres, car elle est la finalité même du texte.

Le texte a été fait pour cette seule expression, pour cet usage, parce qu'il est fait pour être entendu, vu, agi. La pensée ne peut s'y attacher que dans ces conditions physiques. Est-ce à dire que cette opération ne soit que physique ?

Non certes, mais ce qu'elle a de spirituel est supérieur à toutes les autres opérations de l'esprit parce qu'elle exige justement une participation totale de l'être humain, corps et âme.

Aussi pour d'autres raisons. Elle est la plus *libre* de toutes les opérations de l'esprit et du corps humain, la plus *accessible* à tous, la plus *aisée*. Elle est d'invention humaine, c'est-à-dire qu'elle est vraiment l'expression de la poésie depuis sa forme la plus humble jusqu'à son degré le plus divin.

Le poète dramatique dans son inspiration est comme Saint Jean à Patmos[97] ; c'est un prophète. Il faut ici placer l'explication (est-elle platonicienne ?) de la caverne à personnages, de cette zone intermédiaire entre l'au-delà et nous, de ce plafond spirituel sous lequel nous vivons et qui vivifie encore, de temps en temps, nos esprits, par le culte du souvenir, par une reviviscence de tous ces morts qui vivent encore spirituellement et que le poète réveille pour nous dans la rue.

Rio, janvier 1942 ; Rosario, 1er octobre 1942.

Tout part chez le comédien, tout doit venir d'un état physique. Le texte lui procure une sensation qui concerne plus ou moins de facultés, mais le moins vaut mieux que le plus pour l'exercice de son art.

Le sentiment, si le texte lui en donne, n'est qu'une amorce, une mise en marche, une provocation à un état physique, une mise en état, et il doit en devenir conscient par nécessité professionnelle, afin de l'utiliser corporellement.

La conscience de ce sentiment dans l'exercice du rôle ne peut être qu'un état second, une conséquence, un résultat de l'état physique, un état supérieur peut-être mais déjà cérébralisé.

Ce sentiment peut le porter jusqu'à cette extrême pointe, où, au lieu de jouer et représenter (c'est mon cas), il s'exprime par des paroles et des idées. Elles sont généralement, et ce n'est pas le fait de manquer d'intelligence, absolument étrangères à son sentiment. Je veux dire qu'il lui est impossible d'exprimer clairement ce qu'il ressent, dans ses nuances. Le comédien professeur qui parle, est obscur. Il a les mêmes façons de s'exprimer que l'enfant qui boit pour la première fois de l'eau gazeuse et qui explique que ça a le goût de la jambe qui pique, de sa jambe quand elle est engourdie.

97 Saint Jean reçoit les visions de l'Apocalypse alors qu'il est exilé sur l'île de Patmos.

Il faut faire une parenthèse pour noter que le critique, l'écrivain qui commente l'œuvre ne part jamais de la sensation physique, mais d'un état de repos, où son cerveau seulement travaille. S'il a une sensation physique, elle n'est que par vive imagination et réflexion, à partir de considérations trop intellectuelles pour être vivantes. Ce sont des figures de rhétorique.

Le commentaire du comédien vient de trop loin, de trop profond. Ce sont suscitations qu'il note, plutôt qu'effets produits. D'ailleurs l'effet produit se différencie suivant l'état de ceux qui écoutent et voient. Le comédien traduit des impressions de chien de chasse ou de cheval de course. C'est inutilement qu'il cherche à se traduire ; c'est trop loin ; l'expression est trop loin de la source. S'il s'exprime par des inflexions, des gestes, ce ne peut être que sa seule manière de s'exprimer. Gestes et inflexions ont encore une sorte d'obscurité qui permet l'interprétation. *L'interprétation, c'est pour les auditeurs, pas pour nous*, ou les lecteurs. *Nous* sommes commandés, dans la mesure où nous n'interposons rien, où nous ne nous interposons pas nous-mêmes, c'est parfait. Il n'y a pas d'interprétations des œuvres, il y a un certain nombre de conditions pratiques et conventionnelles qui, une fois établies, admises ou reçues, en bref posées, commandent, déterminent toute la puissance du medium, de l'acteur – il n'est pas autre chose.

Le commentaire du critique part d'une contradiction entre ce qu'on lui offre d'incertain et ce qu'il imagine violemment, d'une déception personnelle, entre l'idée qu'*il s'est faite*, qu'on lui a donnée par ailleurs, le plus souvent, par une transmission, tradition douteuse où se sont glissés toutes sortes d'apports, de contrefaçons, de filouteries, canailleries, faites d'ailleurs de la meilleure foi du monde pour le succès d'une œuvre, son soi-disant enrichissement, le déversement de *toutes sortes de sensibilités d'époque.*

La pièce est un tissu dont on a fait un manteau que chaque époque a mis à sa mode, et qui pour certains est devenu tellement usagé, tellement troué, peu entretenu, recousu et restoppé, qu'elle n'est même plus reconnaissable.

Œuvre inépuisable si elle est vraie et authentiquement du théâtre, c'est-à-dire de sensibilité et intuition humaine, divinement humaine et *œuvre remise à la mode, transformée, adaptée, déformée à chaque instant, déformable à volonté.*

Pièce classique : un *arbuste singulier* qui, suivant les saisons, les époques, fleurit singulièrement et différemment, sensible aux effluves des saisons, à la nature des rayons qui le sollicitent. Il pousse tantôt des bourgeons, tantôt d'énormes fleurs, qui le transforment et lui donnent chaque fois une apparence nouvelle, à ce point qu'on ne le reconnaît plus d'année en année. Certains plus soucieux, les traditionalistes, ceux qui veulent en prendre soin, se mêlent de l'expliquer, de le décrire à chaque saison, de nous en donner une image définitive, mais ce monstre végétal, ce miracle botanique semble défier toute explication et les ramures, les fleurs et les fruits qu'il porte à la nouvelle saison sont à nouveau différents. Certains même font des greffes…

Ce qu'il y a d'essentiel, c'est sa *sève* dramatique, c'est de cela dont il est question dans Shakespeare comme dans Molière, et la sève monte différemment en chaque arbuste.

Chacun a son mécanisme personnel – le critique (l'auditeur conscient et qui veut juger) et le comédien – chacun a une façon de procéder. Le comédien cherche à atteindre la manière de l'auteur.

L'auteur inspiré écrit et en tire des sensations photographiques ; elles s'inscrivent à fur et à mesure qu'il écrit et se cristallisent, l'emprisonnent ; cette crampe de l'avant-bras, qui reçoit toutes les sensations. Cette maladie mystérieuse, c'est l'effet de ce sortilège de l'inspiration.

Le comédien cherche en s'appuyant confusément sur ces idées, ces phrases, ce rythme de la phrase, son nombre, sa tonalité, à découvrir l'état physique de l'écrivain et ainsi à retrouver son inspiration, son sentiment.

Le critique s'accroche aux idées (l'état physique est absent) et veut conclure à des idées, inférer à des concepts, induire ou déduire à des correspondances, dont le spectateur n'a pas souci, ne doit pas avoir souci et qu'il démêlerait tout seul s'il le voulait faire. Le critique n'est qu'un spectateur moyen, impudique et indirect, toujours bavard, un mauvais spectateur pour lui-même et partant pour les autres.

Une pièce est une collection de sensations, presque toujours obligatoirement semblables ; les acteurs redisent dans une même inflexion rigoureuse des textes qu'ils ne se sont jamais entendu dire – diction est sensation rythmée… inflexion sensation définie, pesée ; la marche, le pas, le geste sont quasi semblables.

Différence de respiration dans les textes de ces auteurs, et donc d'état physique, d'attitude au départ comme sont différentes les respirations du coureur, du sauteur, du boxeur ou du nageur. Métaphores et versets respiratoires.

ONDINE
Alexandrie, 18 avril 1948, le soir,

Je force en matinée et en soirée et soudain dans cette grande salle je me sens détendu et j'essaye de jouer dans ce ton dégagé dont parlait Jean Giraudoux. Je n'ai plus aucune angoisse du texte. Pierre[98] et Monique[99] ont remarqué et aussi Minou[100] le changement que j'ai fait et m'en félicitent.

J'ai donc joué, et je le sens maintenant, le personnage dans un ton qui n'était pas juste, qui était trop tragique. J'étais mal à mon aise, d'ailleurs. Si je butais sur un mot et j'en avais une terrible appréhension, je serais resté coi ; or aujourd'hui, j'ai même fait du texte, modifié le texte sans éprouver aucun trac. D'où vient cette erreur ?

– L'incompréhension de l'œuvre en commençant à la mettre en scène ?

– La participation aux autres rôles, qui me donnait à moi-même un ton faux ?

– Le goût du tragique ?

– L'emprise de ce troisième acte, de l'angoisse douloureuse qu'il dégage et dont il imprègne les interprètes ?

On peut choisir et mêler.

Mais évidemment le sentiment éprouvé en le jouant ce soir est plus heureux, plus agréable et la pièce gagne en clarté et en tragique encore, et le trac excessif que j'avais a disparu. Ma mémoire est sereine.

---

98 Pierre Renoir.

99 Monique Mélinand.

100 Dominique Blanchar, dite Minou, est la fille de la comédienne Marthe Vinot et du comédien Pierre Blanchar. Jouvet l'engage en 1946, alors qu'elle prépare le Conservatoire et n'a encore aucune expérience de la scène pour jouer le rôle d'Agnès dans *L'École des femmes*, laissé vacant par le départ de Madeleine Ozeray, puis de Micheline Buire (*cf.* témoignage, p. 415). Elle y obtient un immense succès. Elle reste dans la troupe jusqu'à la mort de Jouvet et joue dans *L'Apollon de Bellac* et *Dom Juan* en 1947, *Ondine* en 1949 et *Tartuffe* en 1950. Elle poursuit ensuite une carrière de comédienne au théâtre, au cinéma et à la télévision.

Ondine à propos de Jean Dalmain[101]. Il a perdu tout *mouvement*. Je m'en aperçois aujourd'hui. Par souci de composition peut-être, il exécute son rôle en disant ses répliques dans un temps appris, où les répliques des autres personnages sont des blancs, des mesures qu'il respecte, mais le besoin de dire, la nécessité de ses propres répliques a disparu et avec elles *le mouvement*. Ses répliques ne sont plus des répliques, des réactions, mais une suite interrompue de phrases qui sont presque monotones, et sans relations avec des sensations, des sentiments. Ce sont des idées successives qui se développent dans une cadence molle, comme un récitatif.

C'est la conséquence de la tendance à réciter Giraudoux, une psalmodie où il faut laisser cependant le jeu, les réactions, la vie.

Ondine, à propos de Minou. Elle parle parfois certaines répliques, les ponctue ! IIIe acte « Je ne te crois pas… c'est son mariage… »

« Il n'y a pas de points entre les phrases quand on les dit », déclarait Jean Giraudoux. Il y a un équilibre difficile entre le parler et le dire, entre la récitation, la déclamation et le jeu.

ÉTAT DU COMÉDIEN DANS LE JEU

Mystique, dogmatique, je le sens tout le monde l'est plus ou moins, comme on ne peut pas nier d'être plus ou moins superstitieux ou tendre, ou canaille, ou hypocrite.

Ce n'est que lorsqu'on atteint à l'inexplicable et à l'incompréhensible que notre métier a une signification, que nos gestes prennent un sens.

C'est une constatation maintes fois faite que les raisonnements par quoi on s'aide à pénétrer une œuvre, sont rapidement abolis dès que l'on commence à s'évertuer à répéter.

Le rôle, l'aboutissement du travail du comédien, est un état sensible, obtenu incompréhensiblement car tout ce qui a concouru à l'y aider ne semble plus avoir aucun lien ou aucun rapport avec cet état.

---

101 Jean Dalmain (1915-2010), acteur et metteur en scène, a été élève de Jouvet au Conservatoire et membre de sa troupe de 1945 à 1951. Il s'installe ensuite à Montréal où il rejoint le Théâtre du Nouveau Monde et co-dirige l'école qui lui est associée jusqu'en 1956.

Si le comédien s'interrogeait, il éprouverait un étonnement de sa transformation, mais il n'a pas l'habitude de le faire, préoccupé d'agir et d'exprimer. Cependant l'incompréhensible, l'inexplicable est bien ce qu'il y a de plus essentiel dans l'état où il est.

Il est facile de parler sur une œuvre avant de l'avoir montée, répétée, jouée. Une fois que cette opération a été réalisée, on ne peut plus en dire quoi que ce soit de valable (seuls les critiques commencent alors à en parler).

Une pièce n'est enfin mise en scène que lorsque tous les éléments de l'œuvre, personnages et faits, ont atteint, au-dessus de toutes les raisons et psychologies qu'on a cherchées comme point de départ, ressorts, sollicitations et provocations, cette apparence où tout est incompréhensible et inexplicable autrement que par un luxe de raisons inverses (les critiques) qui cherchent à retrouver les raisons de départ. En fait, c'est un jeu d'effort pour une ascension vers l'inexplicable (l'au-delà) et une retombée, une cascade de commentaires.

Nous nous efforçons à retrouver l'inexplicable et il revient sur nous. C'est l'appareil de lexiviation[102], mouvement sans fin d'un liquide qui monte et redescend, mais dans cette ascension il y a un moment, un point où il y a échauffement.

Le sens, le sentiment d'une œuvre (mot vague), c'est-à-dire cette conviction toute intérieure qui fait jouer, qui nous fait dire d'une telle façon, l'attitude intérieure que demande le jeu, cet « état de grâce » qui est l'apanage du comédien, le moins intelligent et le moins réfléchi, par quoi il peut traduire un rôle et qui le fait se rendre admirable lui-même, cette modification de l'état physique, cette impression d'être intérieurement tapissé d'une autre sensibilité, d'être habité par un autre être, n'est atteint, obtenu qu'avec une totale impossibilité d'en parler, un étonnement, un sentiment d'inexplicable.

Après toutes sortes d'efforts différents où tout l'être est concerné, où tout l'être participe, toutes sortes de phases laborieuses, le moment de l'exécution s'atteint, s'obtient, et l'on est étonné incompréhensiblement de cette transformation tant cherchée, tant souhaitée, mais

102 Le terme de lexiviation désigne les techniques – utilisées notamment en pharmacie – permettant l'extraction de substances solubles par un solvant, comme de l'eau, par exemple.

on est incapable d'en parler. Ce qu'on éprouve surtout, c'est dans une interrogation aiguë et sensible au-delà des sentiments ordinaires, un état de nouveauté, intraduisible et inexplicable, un sentiment de révélation.

Cela ne va pas loin, mais cela s'éprouve ; on ne peut en parler qu'en épiloguant, mais le discours ne dit pas cet état, par des raisons raisonnantes, des digressions, des manières d'explications, il raisonne cet état et lui donne des causes, en expliquant soit le personnage, soit l'action.

C'est un état supérieur, pas très haut, mais qui est neuf, où il semble qu'il ne faudrait dire que des idées générales, et elles sont informulables.

Tout est évident dans ce nouvel état, dans ce but atteint, ce sommet, mais rien n'est traduisible, et l'on s'épuise à parler, c'en est la conséquence. C'est aussi le fait du spectateur lorsqu'il a été touché ; seuls les auteurs ne parlent pas.

Cette révélation, cet état de révélation plutôt, car ce n'est qu'une révélation physique, intérieure – rien n'étant dit, révélé, mais éprouvé comme une révélation – un état obtenu – c'est par ce qu'il a d'inexplicable qu'il me semble remarquable.

Tant qu'on peut parler aux répétitions, cela n'y est pas. C'est le moment où tout se traduit par « c'est ça, tu y es » que l'acteur arrive au rôle. On le voit alors s'étonner de cette sensation tant recherchée, de ce geste qu'il a fait, et il vous regarde comme cherchant à retourner en lui ce qui vient de s'y produire, la sensation qui l'a traversé, et il répond « ah, c'est cela ? ». Il a atteint l'expression juste. À partir de ce moment, sauf dérogation, déviation produites par influences extérieures ou par altérations, manque de surveillance de soi et qui oblige à le remettre dans l'état premier – tout est sans explication.

C'est par imitation que le rôle se joue ensuite par d'autres.

Étrangeté de cette imitation qui redonne à deux acteurs différents, qui ne se sont pas vus ou entendus, les mêmes respirations, les mêmes inflexions. Juxtaposition par le texte, communication.

Cette similitude, cette analogie, d'où viennent-elles ?

Elles ne se produisent que par le *texte*.

Le rôle obtenu reste une énigme. L'acteur raisonne mais ne saurait donner de ce qu'il fait une description ou une explication, et s'il raisonne sur lui-même, il ne trouve en fin de compte qu'un étonnement de son état. Il sent qu'il est lui-même le jouet de quelque chose, de quelque chose autre que lui, que les explications qu'on lui a données ou qu'il s'est données.

Étonnement. État suspensif.

Et pour le spectateur, comment cela se produit-il ? Est-ce l'effet des mots ? Cependant il est à l'unisson de l'acteur et le rideau qui se baisse, qui l'isole de lui-même, le laisse aussi étonné et stupide, remué, bouleversé, sorti de lui. Il a de la peine à s'y remettre. Qu'est-ce que cette lévitation de soi, sublimation ? Ce transport ? Ce haussement ?

Une actrice répète et elle pleure. Soudain elle s'arrête, s'essuie les yeux et se met à rire.

Elle rit de ses larmes. Elle rit de pleurer.

Rupture provoquée par une fatigue nerveuse, qui se traduit à ce moment par un rire spasmodique, peut-être, mais ce n'est pas seulement cela. Sentiment d'impudeur, par cette conscience de soi qu'exige l'exécution, dans un équilibre constant entre le rôle et ses sentiments. Il y a quelque chose qui s'est introduit en elle, sentiment d'impudeur peut-être, fausseté ou puérilité de sa sincérité, et cela suffit à détruire cet équilibre ; une disproportion, une ridicule invraisemblance.

Jouer exige cet équilibre constant et instable. Le public le confère.

On peut deviner par cette habitude, l'être étrange, l'étrange animal qu'est le comédien. On peut comprendre que tout en lui est attitude de croyant, doublé de coquinerie, d'hypocrisie, dans un mélange qui est l'expression la plus parfaite de ce qu'on appelle la sincérité, c'est-à-dire un accès, un paroxysme, qui n'est que reflet, frisson de l'âme ou du corps, passage, feinte voulue.

Faire monter en soi des sensations, des imaginations pour atteindre à des sentiments, les doser, les ajuster, puis les lier, les faire dépendants les uns des autres, les unir en les rendant conséquents, jusqu'à en faire un tout. C'est là jouer un rôle.

Le théâtre est un débat, une provocation.

Il est impossible d'en parler. Personne n'a jamais « parlé vrai » là-dessus. Trop complexe (auteur, acteur, spectateur) changeant à chaque époque. Quelques initiés ont écrit ou tenu des propos abscons, hermétiques (Rainer Maria Rilke, Gozzi, Hoffmann)

Quoi qu'à l'analyse le théâtre soit chose physique, c'est chose mentale dont il s'agit. Illusion, dédoublement, imitation physique, sensation acquise, sentiment et vie factice mais réelle de la scène.

Je ne suis pas le premier ni ne serai le dernier à parler du théâtre. J'en parle comme Français émigré en ce moment au Mexique.

Ce que je peux dire ne vaut que temporairement, mais mes préoccupations sont toutes spirituelles.

C'est à vous de l'entendre plus qu'à moi à l'expliquer. Je ne veux que provoquer l'esprit, le tendre, l'orienter vers cet inexplicable.

LE SENTIMENT DRAMATIQUE

Ce goût, ce plaisir du théâtre, qu'est-ce ? Pas seulement pour l'acteur mais pour le public.

Ce trouble, dont il a besoin, qu'Aristote traduit par la purgation. Catharsis, qu'est-ce ? Les premières raisons visibles, immédiates sont pauvres. Celles des amateurs sont aussi médiocres. Les vrais fidèles, là comme ailleurs, sont rares et ce sont les pauvres d'esprit, ou les simples, c'est-à-dire ceux qui sont les plus riches de sensibilité et de bonne foi.

Pour l'acteur, ce sont les raisons mêmes de sa vocation, elles sont dérisoires à première vue. La vanité en est le mobile principal. Si l'on cherche soi-même, on trouve des raisons obscures et troubles comme dans toutes vocations. Le métal en est pris dans une gangue de désirs douteux ou incertains. Seul l'exercice du métier purifie ces raisons. C'est cela l'objet de mes conférences, de mes aveux, car c'est là que l'on peut parvenir à une connaissance vraie du théâtre, par la connaissance de soi-même.

Aujourd'hui, je peux le dire, c'est un certain goût du mystère que j'éprouve dans ce métier. C'est ce que j'éprouvais confusément dès les premières journées passées au théâtre, en dépit de toutes sortes d'autres raisons où la vanité, le goût de l'évasion, la fuite du réel se mêlaient et qui maintenant n'interviennent plus guère, si ce n'est le goût même du succès, de la réussite, dans ce qu'elle a de plus noble, le besoin de faire triompher le sentiment et l'esprit, ce qui est beau, ce qui est humain et surprenant et qui crée à la fois la sympathie et l'amour.

C'est un sentiment indéfinissable comme tous les sentiments simples, fondamentaux et qu'il faut désigner par un nom, à défaut d'autres disons le sentiment du dramatique. Il englobe bien des nuances, bien des ressorts du cœur humain, bien des opérations de l'esprit. Trop simple et trop universel pour le définir, mais on peut en détailler des aspects, dire ses manifestations. À partir du lieu, *le lieu dramatique*, ou de *la situation dramatique* ou du sentiment dramatique.

À partir de tout ce qui est dramatique, sous sa forme la plus aiguë, la plus parfaite, par une communion plus ou moins haute entre les participants, dont chacun porte en soi les possibilités *réceptives* et *actives*, et qui est un sentiment de vie intérieure plus vive, consumante, qui semble une révélation de soi-même, qui vous fait exister en dépit de vous-même et qui, vous dépossédant de vous-même, vous donne pendant ces instants un sentiment de présence de soi-même, de possession de soi-même, d'existence vraie, totale, fragile d'ailleurs, fugace, mais dont la violence, la force, vont jusqu'à la distraction, l'abstraction de son moi, pour révéler le soi d'une façon totale.

Une solitude humaine authentique, à laquelle il est à peu près impossible d'atteindre et pour laquelle il semble que nous sommes faits.

– Moment où l'imagination (mot incomplet et impropre) seule compte, où l'être a des prolongements, où ses contacts sont multipliés et cependant où il se sent respecté.

– Distraction totale où tout disparaît, toutes les entraves faites par les maux, les ridicules, transfert dans un autre monde, évasion,

– Méditation active sur des sentiments que l'on éprouve d'autant plus profondément parce qu'ils sont venus exprimés, communiqués par d'autres ; réveil en soi de sentiments plus parfaits, plus aigus ; récompense que sont ces sentiments en soi-même et sorte de justification de soi.

– Ce sentiment a des formes particulières à chaque circonstance et à chacun de nous dans la même circonstance. Il le faut parfait et égal pour l'art dramatique et qu'il soit unanime.

VARIATIONS

CRITIQUE DE L'ACTEUR*

Le début de l'étude sur l'acteur comporte nécessairement une critique de l'acteur, examen de conscience touchant la valeur, le sens, la portée et les conditions de ses actes.

Discipline qui se pénètre et se possède elle-même, compréhension de sa propre genèse, effort d'intelligence pour se situer et se juger[103], pour résorber enfin l'opposition, la dualité portée à un très haut degré chez l'acteur, beaucoup plus que chez les laïcs, du sujet et de l'objet du personnage et de soi-même.

C'est la connaissance de l'acteur. Il s'agit moins d'apprendre que de comprendre, de progresser en profondeur ou en hauteur, vers des réalités spirituelles. L'acteur cherche et retrouve la pensée de sa pensée absente. Recherche d'une assomption.

Vivre intérieurement ses états et ses actes, c'est le rôle des philosophes et des contemplatifs. Le comédien ne s'en différencie que parce *qu'il s'en sert en même temps*, et qu'il est plus incapable d'en prendre connaissance. Cependant l'habitude et l'effort persistant de conscience peut peut-être lui donner une idée claire de son métier, de sa fonction.

Vraie consommation du rôle par l'acteur, par une sorte de communion supérieure. Utilisation spirituelle.

– L'expérience concrète, le rôle, pratiqués d'une manière intuitive, en s'appliquant à saisir dans chaque nuance le sens intérieur, 1) d'un sentiment ou d'une sensation, produite d'abord par provocation en soi, puis 2) poussée jusqu'au partenaire, puis 3) éprouvée par le public, puis 4) enfin réintégrée en soi-même, dans un sentiment encore de dualité, mais qui, à ce degré, à ce point extrême, est d'une qualité exceptionnelle, unique.

– Sentiment de propriété par retour en soi de la sensation première, appropriation... puis extériorisation de cette sensation supérieure, avec l'impression de la création d'un fantôme ; puis quelquefois, retour en soi du fantôme, qui se plaque contre vous, qui vous inquiète, puis qui ressort.

---

103 Particulière impossibilité de l'acteur à ce sujet : l'exercice de son métier fait que son intelligence est abolie, nécessairement, au moment où il joue. Mais l'étude des états dans lesquels il se met nous montrera au-delà d'une certaine zone, dans une période plus parfaite, une faculté unique à l'acteur comme à tous ceux qui vivent dans la sensibilité, à un haut degré, un don d'intelligence particulier bien supérieur à l'intelligence même, une perception supérieure. Appelons-la intuition, présence supérieure, etc. (Note de Jouvet).

Puis impression d'un être spirituel, le rôle, l'état supérieur qui vous donne un état de perfection, puis présence de soi supérieure. Le rôle vit, agit, comme une évocation matérialisée. Et l'habitude fait que l'acteur jouera alors le rôle dans son vrai sens, spirituel, poétique. Le personnage aura retrouvé son animation de création, sa vie spirituelle, à des degrés plus ou moins heureux, suivant la qualité de la salle et des acteurs, selon les soirées, la pièce sera dans son esprit.

Création de l'acteur. Le problème de l'acteur est dans *la création spirituelle* du rôle et des moyens d'y parvenir. C'est par la sensibilité, une sensibilité de méditation.

Conduite à tenir dans les différentes opérations du travail de l'acteur, et du contrôle qu'il doit faire de lui-même.

Ce travail est donc d'abord un effort de vue directe, profonde, nécessaire à l'action, au discours de l'acteur, en vue d'en traduire plus tard la nature intime. C'est la pensée dans la réalisation, l'exécution.

Mais cette pensée n'est qu'un résultat, une perfection d'un travail parfaitement exécuté. Ce travail ne saurait être à l'origine dirigé par la pensée.

Le travail de l'acteur vient d'abord par la sensation ou le sentiment. Sa pensée n'est que sensation ou sentiment clarifiés.

Sommet d'achèvement et de perfection, pointe de fuite quasiment inaccessible, mais dont la vision suffit à donner à ce comédien une conscience claire, une orientation, une attitude efficaces.

La question est ensuite dans son « alimentation ». On ne saurait pratiquer cette façon de faire avec les pièces du Théâtre-Libre. (L'acteur est supérieur à ce qu'on lui fait jouer). Je parle d'œuvres qui sont nées dans une inspiration dramatique véritable.

L'acteur doit donc pratiquer un constant dépassement de lui-même et garder, jusqu'au vertige, conscience de lui, contrôle de sa pensée.

Hygiène de l'acteur : « Dis moi qui tu "hantes" – et le mot ne saurait être plus juste – je te dirai qui tu seras ».

Percevoir pour l'acteur, c'est avoir le sentiment d'une communion vécue entre lui et son personnage, d'une union vivante avec son personnage : 1ère phase union par la sincérité ; mais à la 2e phase, sentiment de soi et du personnage ; à la 3e, cette dissociation donne une existence plus intense encore à l'un et l'autre jusqu'à une sorte d'extériorisation, où le personnage et l'acteur luttent l'un l'autre, tantôt dans l'union, tantôt dans la désunion. Ce qui pourrait se résumer ainsi :

1ère phase : vérité relative, monosensibilité, sincérité ;

2e phase : vérité apparente, bisensibilité, dédoublement ;

3e phase : vérité supérieure, réalité invisible, sincérité supérieure, sens supérieur, instinct. Vérité de contact et de fusion, d'amitié divinatrice avec le personnage.

L'acteur n'est pas un mystique. Taine dit que le philosophe doit faire deux parts de soi : l'homme de vie et l'homme d'action pratique. Cet homme-là, le philosophe doit le laisser à la porte. L'autre homme, instrument de vision et de raisonnement, de perception et d'analyse est seul accessible à la philosophie – pas chez l'acteur.

De l'histoire intérieure d'un sentiment où l'on s'exprime et se révèle, qui prend possession de soi, qui se transforme en geste, en sons, en mimique, qui peu à peu devient lumière et vie, et gagne une existence, résulte un personnage. Il crée une âme et devient pensée ou vision supérieure ; c'est *l'évolution d'un rôle.*

L'idée est un arrêt de la pensée. (Bergson).

La conception chez le comédien, cette façon de s'éprouver, s'obtient dans les arrêts, les pauses connues du rôle : durant l'exécution.

L'acteur, en jouant, éprouve des *directions*, un sentiment de changement. Il se sent continuellement *orienté.*

Le rôle dans ce sens est une succession de directions, plutôt que *d'états*, une suite *d'impulsions, de mouvements de sentiments.*

C'est dans les arrêts que subissent ces mouvements, par suite des répliques du partenaire, que l'on s'éprouve, que l'on perçoit comme des prolongements de sentiments, qui sont sans doute plus sensibles, plus savoureux que les états eux-mêmes.

Il s'ouvre comme des perspectives, aussitôt fermées ou détruites par la nécessité de continuer, d'avancer dans le rôle. Il y a des moments où l'on voudrait s'arrêter dans le rôle, pour *éprouver* :

– où la sensation et le sentiment auraient besoin d'être suspendus pour donner toutes leurs significations

– où l'on a envie de méditer tout à coup sur l'état dans lequel on se trouve,

– où il semble que des idées claires, profondes, jailliraient – que le moment est plein.

Ce sont des points d'orgue de sensibilité personnelle. On ne les retrouve pas toujours le lendemain. On voudrait s'arrêter. Et quand, dans la hâte de l'entracte, on veut écrire sa pensée, ce n'est plus qu'une sensation intraduisible, vide de sens, insignifiante.

Il y a des cheminements de la sensibilité, sourds, souterrains, provoqués par la sensation et par le public de ce soir-là.

L'intelligence de l'acteur. C'est sa vitalité, son dynamisme, son action, sa tendance, *son* énergie, un sentiment qui vit et qui provoque en lui, à un certain degré, par une certaine habitude, un regard en profondeur, une *condensation* de sa sensibilité, une conscience de soi. C'est la *pensée action*. Le sens du texte est beaucoup plus bas. Ce n'est qu'un *guide* pour l'acteur. Les allées et venues des sentiments de l'acteur correspondent aux ondulations de la pensée ou du texte de l'auteur. Le sens mouvant des mots les fait vibrer l'un et l'autre, à l'unisson.

Le rythme de la parole, du sentiment et de la pensée concordent sans effort.

Pour l'acteur tout est *immédiat*.

Rôle : suite de répliques, de mots, signes, fragments, propos et idées qui ne sont pas des sentiments – comportements divers – gestes. Raies brillantes ou sombres que l'acteur doit recomposer en lui, pour retrouver, redonner, le spectre actif, la richesse virtuelle du rôle, pour faire un personnage. Sautant par bonds successifs et inégaux d'une réplique à l'autre, le rôle n'est qu'un morcellement, un puzzle. Les pièces qui manquent sont posées, sans couleur, par le partenaire, avec plus ou moins d'habileté, de talent. Il n'est pas nécessaire que dans l'exécution l'acteur sache, éprouve, s'intéresse à l'action du partenaire, à ses répliques. Il ne saurait le faire comme pour son rôle. Il ne se sert du partenaire que comme d'un point d'appui.

Noués et dénoués sans fin, en d'innombrables figures de danse, les sentiments de l'acteur vibrent, s'agrègent, se désagrègent, se transforment, se développent, se groupent, se dispersent, se séparent ou se pénètrent tout le long du rôle.

Puis brusquement ces sentiments s'orientent vers un même pôle, comme une troupe, une meute qui se concentre, sur une idée, un principe, *une sensation majeure, qui devient intuitive*, d'une façon désordonnée peut-être, mais dont l'origine, la naissance vient bien plus de la pièce même, de la vie intérieure de l'œuvre, que des digressions intellectuelles, des déductions de la critique que *la réflexion* engendre.

Une attention active, une conscience, un contrôle de soi-même, une surveillance habile et expérimentée a provoqué cette intuition.

Et dans ce sens on peut *penser un sentiment*.

La Malibran[104] disait d'une note. « Je l'ai bien pensée ». Une fois le sentiment imaginé, éprouvé profondément, ressenti en soi et noté, l'expression vient aisément. Ce que l'on ressent bien, s'exprime aisément. *Sentir le rapport entre le sentiment et l'expression, c'est la pensée de l'acteur.*

104 La Malibran (de son vrai nom Maria Felicia Garcia, 1808-1836) est une cantatrice française d'origine espagnole, fille d'un célèbre ténor, Manuel Garcia ; elle monte sur les planches à l'âge de 17 ans et fait une fulgurante carrière internationale jusqu'à son décès prématuré à la suite d'un accident.

Sentiment d'avoir le secret du rôle « sur les lèvres ». Sentiment que certaines idées sur le rôle sont fausses. *On sent le rôle.*

On aperçoit les choses d'un seul regard et non par progrès de raisonnement (Pascal). Saisir d'un coup, dans un sentiment simple, dans l'illumination d'un éclair intérieur, le mouvement d'ensemble, la vie intérieure, l'unité d'un rôle, comme lorsqu'on sent tout à coup la solution d'un problème, comme lorsqu'on va trouver le mot juste – c'est un sentiment d'invention prochaine qui ne peut être que dans l'improvisation du rôle.

La faculté de compréhension de l'acteur est proportionnelle à sa puissance d'éprouver.

« Interpréter, c'est percevoir », découvrir une signification à un ensemble de sentiments.

Comment se fait ce travail ? Le sentiment éprouvé est un réactif à l'acteur ? Va-et-vient de l'esprit entre le sentiment et une pensée ? Sorte de négociations intérieures qui s'achèvent dans un équilibre ? Contrairement aux autres, l'acteur va de l'action à la perception. Vraie connaissance mystique opposée à la connaissance mystique philosophique.

L'acteur, supérieur au critique ou penseur, se laisse conduire par le rôle. *C'est un empirique* qui respecte l'expérience, qui s'y soumet. La pièce pour lui, comme le rôle, n'a qu'une valeur active.

L'idéologue – l'idéophage – contrairement au pathophage qu'est l'acteur, soucieux de penser, pense avant l'action, il ne la fait pas, n'accompagne pas le rôle. Il y accroche superficiellement des idées. Dupe de l'illusion (plus fâcheuse que celle de l'acteur) qu'on peut décréter des résultats et *s'élancer à partir des principes*. Il construit d'avance et au-dessus des faits, des actions.

L'acteur est un empirique qui arrive à penser.

Le penseur reste au-dessus des faits. Il discourt de loin

L'acteur pense par une tension d'énergie. Il atteint une pression intuitive par la palpitation du rôle, par la continuelle réalisation naissant en lui *avec l'insistance et la plasticité de ses forces tendues vers un sens supérieur.*

Pour un acteur. La pratique d'un auteur est une nouvelle manière de se connaître soi-même. Et s'écouter, se voir, s'éprouver dans un auteur est un moyen de le comprendre, et de pénétrer son sens. Un service qui élève à une dignité, une introduction et une initiation.

L'acteur a une *invention vraie.* Il atteint au rôle, à sa pensée, à son sentiment, par impulsion, direction, par son élan.

Dans la nuit du rôle, répété, joué longuement, à travers ce chaos de sentiments, une vérité intervient, se fait jour peu à peu, une vérité naissante, comme l'essentiel, l'âme profonde du rôle, une manière de *penser.*

L'acteur accède à la troisième phase, *une réalité supérieure, spirituelle, invisible.* Il atteint à un certain fantastique.

Les hommes ne vivent que dans la recherche *d'un idéal*. Faillite incessante de ces recherches. Passions successives. Dans *Rosmersholm*, Ulrick Brendel vient demander « une paire ou deux d'idéaux[105]. » Le comédien vit tous les jours dans l'assouvissement de ces passions, dans ces recherches. C'est la catharsis, la purgation d'Aristote. C'est le métier le plus sain… et le comédien est un monsieur dont les « déformations » le sauvent de la déformation.

Psychologie du comédien : sensible, imaginaire, sans intelligence.

Dans mes lectures, le ton, le sentiment, les détails, sont ce qui me frappe le plus. *Je lis avec mon imagination et j'ai du mal à suivre les idées.* Les idées qui me restent sont celles que suscitent en moi, éveillent, des impressions justes, par associations avec d'anciennes impressions. Mais les concepts, les idées de l'auteur me quittent. Je suis incapable de résumer après ses idées. Je ne suis *pas capable* de redire les textes lus dans la logique du discours.

Parfois, après le spectacle (Mounet-Sully), l'acteur se réveille comme *un homme qui se souvient d'avoir rêvé* et cherche les détails de son rêve. La vie de l'acteur est un songe. Et les acteurs de théâtre dépassent les bornes de la pensée. Il faut saisir le personnage avec son âme – pour cela, il faut en avoir une et s'y exercer.

Dans la recherche du rôle, on met en branle l'*imagination*, comme un pendule. On la laisse vaciller, comme le pendule oscille, et tout à coup, pendant un instant, quelques secondes, on sent un rythme exact entre le sentiment et le texte. On a touché, on est à l'unisson, d'une phrase, ou d'un sentiment. Il suffit de persister. On a découvert un des coins de cet « empire enchanté ».

Envoûtements de l'acteur.

Il y a des rôles, personnages artificiels, qui ont été animés par l'âme d'un esprit mauvais. L'auteur s'est exorcisé d'un de ses démons.

Pressentiment en jouant, durant l'exécution de choses, de significations qui dépassent notre horizon. *Moments étranges* où le sentiment semble « interdit », où il ne faudrait pas entrer.

Ces relations avec l'immatériel créent chez l'acteur un organisme (psychique) particulier, où siège son intuition.

Modes d'exécution. Simulation du rôle. Le personnage est obtenu *par imitation jusqu'au sentiment vrai* qui pénètre l'acteur (Copeau, l'acteur s'y confine, c'est vers quoi il tend, mais le public n'a plus rien. L'acteur joue plus pour lui que pour le public. C'est le naturalisme supérieur dans l'exécution de Stanislavski,

---

105 La pièce d'Henrik Ibsen *Rosmersholm* (1886) avait été montée par Copeau au Garrick Theatre de New York en 1918. Jouvet y interprétait le rôle d'Ulrick Brendel.

Tchekhov. Consommation égoïste) ou *escamotage*, substitution du personnage par l'acteur, énucléation, bernard-l'hermite, *divers modes de parasitismes*, plus ou moins généreux, plus ou moins excusables, d'où peuvent résulter tous les autres modes d'exécution.

HISTOIRE DE L'EXÉCUTION*

Rio, 13/14/15 novembre 1941.

Grâce à Dieu, je n'ai pas d'idées, je ne suis pas déformé par un exercice quotidien de pensée. Je n'ai pas, ayant pratiqué cet exerciseur auquel sont soumis les gymnastes de la pensée, de facilités pour déduire, induire, associer, typer ou contretyper les idées, faire des figures de rhétorique qui sont les mots croisés de l'esprit. L'idée ou la pensée qui me viennent, sont de lentes, profondes élaborations, qui sourdent lentement, monstrueusement du fond de ce chaos de sensations en mouvement, chaos aveugle qu'est le tréfonds d'un acteur. Cela est mieux, cela est bien. L'escrime des paroles et des idées, *les facultés disciplinées ne sont pas si bonnes que le lecteur le croit.*

Les discussions savantes dans lesquelles le lecteur suit l'écrivain d'imagination pure, lui sont souvent de plus divertissantes qu'instructives promenades, ce footing de l'esprit, ces excursions, dont les chemins sont plaisants par leur grâce ou leur charme, sont comme certains paysages ravissants, dont on n'a rien gardé. Il n'y a pas de charme ici. *Je n'en ai point.* J'essaye d'ajuster, de capter un fond d'observation, si l'on peut appeler ainsi le produit de cette *fonction* qui s'essaye à être sensible consciemment. Derrière le tumulte désordonné du comédien dans sa vie, où le raisonnement, la pensée viennent toujours après les réactions sensibles ou émotives, il n'a de sang-froid et de jugement que pour les contenir, les utiliser, les classer ; les contrôler est déjà un mot trop fort. Il est toujours empêché par un excès de sensibilité, par une sensibilité toujours première.

Ce que nous pensons, savons, cet exercice épuisant qui nous donne à la fin une idée sensation, ce que nous finissons par penser vient d'un travail physique sensible, obscur, lent, long, profond mais la conclusion, l'idée, l'affirmation produite, si pauvre soit-elle, est *sûre.* Il n'y a pas d'étincelles, c'est une lueur faible, vague, mais fixe et qui est un produit réel, authentique et non un choc de l'esprit qui s'aiguise sur le silex des idées mères. Ce sont des idées sensations. C'est avec cela qu'on fait la sagesse des nations et celle de M. de La Palice, qui sont aussi utiles quoique moins brillantes que les divagations philosophiques ou psychologiques de tant d'esthéticiens.

Savoir faire la différence entre le comédien aux époques successives de l'histoire du théâtre n'est pas affaire de rhétorique, de propos, de pénétration, de déduction, mais d'imagination sensible lourdement vécue, péniblement ressentie à l'aide de textes où l'esprit n'a pas à s'agiter, et à virevolter de perchoir en perchoir. Mais où il faut placer profondément et longuement sa sensibilité, l'y laisser tremper, jusqu'à ce que de cet exercice une vague idée vous éclaire : on surveille avec application, on contrôle un autre jour, on vit sur scène pendant des mois avec cette expérience comme un homme de laboratoire, et puis tout à fait à la fin filtre une toute petite observation clinique, grande comme ça, et qui n'intéresse pas beaucoup de gens parce qu'ils ne sont pas de la profession et que cela ne fait pas beaucoup d'étincelles. C'est sur cette observation, de cette petite découverte, péniblement et lentement acquise, que l'imagination travaille.

L'imagination n'est pas chez l'acteur la faculté de saisir des rapports entre les idées et les objets, mais est une vertu qui vient du corps. L'imagination ne peut être pour l'auteur que divine, pour l'acteur que corporelle. La vie rejoint les deux sources, les rapproche. C'est une immense oscillation physique commencée par l'un ou l'autre pôle. Sur la sensation physique, l'imagination de l'acteur travaille. Des sensations nouvelles lui viennent qui engendrent d'autres idées. Ce n'est jamais un travail pur de l'esprit.

C'est ainsi qu'il cherche, qu'il trouve, qu'il découvre et qu'il s'aveugle, mais qu'il agit et qu'il exprime dans un désordre ordonné, préparé, jalonné par les mots, les phrases, par des antennes, des vibrions[106], des organes de détection. La taupe travaille dans l'obscurité. L'acteur agit de même, aveuglé, guidé, éclairé seulement par des sensations physiques qu'il cherche à accommoder à un texte.

C'est le fin mot de ce métier : le texte commande *une respiration*, *une articulation*, *une phonétique* et donc *un rythme* qui lui est propre et qui est *le ton* nécessaire, c'est-à-dire *l'état physique obligé*, humeur ou transe, *les conditions de l'énonciation*, c'est-à-dire enfin *une diction* qui va de *la monodie* à la *déclamation chantée*.

Origines du Moyen-Âge, transes de sincérité où l'acteur s'hypnotise jusqu'à une authenticité, une sorte d'incarnation qui le fait jouer vrai et où les lois d'exécution ne servent qu'à l'identifier à son personnage, à le suppléer et à le prendre à son compte, à s'oublier soi-même, dans une divine extase de délivrance – exhortation primitive, Dionysos.

Qualité ou nature de l'incarnation : ces mots, *ces états*, *ces conditions* ou *la sincérité*, *l'exécution*, *l'attitude*, *la participation au rôle*, *la qualité de l'incarnation* reviennent incessamment quand on parle de l'acteur, il faut en trouver un

106 Bactérie en forme de bâtonnet recourbé muni de cils lui permettant de se déplacer.

plan précis pour considérer à chaque époque le comportement de l'acteur et différencier les genres entre les époques, les tons, les techniques. Il faut trouver aussi les autres caractères : recrutement social de l'acteur, son éducation, nature des publics, conditions du spectacle – la façon dont on joue, les locaux, les habitudes ; ce qu'est le divertissement à chaque époque, à quoi il correspond, etc., etc. et enfin le texte dramatique.

Comment, pourquoi l'auteur écrit-il, pour quel public, dans quelles intentions, l'acteur y participe-t-il ? Directement, préalablement. Si l'auteur écrit pour des comédiens ou non, si l'auteur écrit pour un public ou non.

Comment l'acteur apprend-il ? Comment répète-t-il et combien de temps ?

Comment s'exerce-t-il, se prépare-t-il à jouer et combien de fois joue-t-il, en quel pays ? Sous quelle latitude ? Tout fait varier, rend différente l'expérience.

La culture du comédien par le public et par l'auteur, la culture du comédien individuellement, techniquement, ne compte guère. Tout est fonction de son alimentation et de cette excrétion qu'est son jeu et qu'il vaut mieux comparer à une délivrance.

Pourquoi le comédien joue-t-il ? Différence entre les vocations. De quelle façon le métier de comédien est-il considéré à l'époque ? Est-il plus ou moins infamant ou glorieux ?

La façon dont le public aime les acteurs, ses rapports avec lui.

Ce sont des phases, l'histoire de périodes successives différentes, qu'on peut suggérer, dont on peut donner une idée, par cette étude comparative des acteurs. C'est la fonction même du théâtre, considérée de haut par ce serviteur et son comportement. C'est le mystère même expliqué par la différence de ses manifestations à des époques diverses. C'est l'esprit humain dans les divertissements, les mythes qu'il a employés.

Tout finit, tout s'explique et s'exprime par l'œuvre écrite. Les raisons n'en sont point explicables et c'est là le mystère du théâtre. Il y a trop d'éléments pour expliquer ou analyser, pour croire qu'ils sont déterminants de l'œuvre. L'œuvre est le reflet, le jaillissement, le boursouflement d'une société, d'une époque par un élu de cette époque, qu'il soit le boute-en-train de sa société, ou son esprit et son âme incarnés.

LA SITUATION DRAMATIQUE*

1er mai 1939

Pour parler du théâtre, il faut partir des sensations. L'acteur va déterminer ses limites et ses facultés de connaître.

Aimer le théâtre comme spectateur, ce n'est pas aimer le théâtre comme un auteur ou un acteur. L'amour n'est pas le même.

La situation dramatique, c'est le rapport entre l'action et le sentiment qui atteint le personnage à un moment donné de cette action. Le sentiment évolue avec l'action. C'est le sentiment agi par un personnage et ses conséquences dramatiques. C'est l'action commise par un personnage sous l'emprise d'un sentiment. C'est ce que nous autres acteurs appelons en termes de métier la situation dramatique, pour nous éclairer, pour nous guider, pour aider notre imagination et notre sensibilité, pour trouver le comportement physique (notation du rapport entre le corps et le sentiment, notation de mise en scène). Rapport entre les personnages par rapport à leurs sentiments. Explication élémentaire ou primaire, insensée, sotte mais nécessaire au comédien.

*RECHERCHE DE LA DISPOSITION POUR JOUER**

État intérieur, ton, humeur, attitude, inclinaison de la sensibilité, orientation physique et morale du cœur et du corps. C'est cela, mal dit, cet état qu'il faut considérer et rechercher. C'est à cela que doit amener la répétition, le travail du texte, la recherche de cet état intérieur, cette analogie, ressemblance par similitude, de l'état physique et de la disposition d'esprit avec le personnage.

Le comédien s'élance inconsidérément, et attend tout des paroles du personnage qu'il courbe et tord comme une tige, qu'il accentue, sur lesquelles il fait pression égoïstement, il pèse de toutes ses forces et de toute sa volonté pour faire jaillir le sentiment et le sens des mots et l'intention de la réplique. Il se torture aussi en répétant les phrases, et sans s'en douter très souvent pour peu qu'il soit docile ou plastique – par fatigue, par influence du partenaire, par l'emprise même des paroles qui finissent par peser à leur tour sur lui, par la représentation devant le public, soudainement. Cet état se produit en lui à son insu, naturellement.

Cette rébellion inconsciente et ignorante s'achève heureusement bien souvent en lui par l'état souhaitable. Tout l'apport et l'effort qu'il a fait avec désordre et excès cesse et tombe et lui donne accès au naturel souhaité par le personnage pour dire ses phrases, *mais ceci ne s'obtient que par l'exercice physique du texte*. C'est de cela qu'il faut le prévenir. Cette façon de se conduire vis-à-vis de lui-même et du personnage, ou son « moi », doit s'effacer pour laisser le personnage agir sur son « soi-même », sur lui, c'est le « soi » qu'il faut obtenir.

Il y a vanité, souvent louable mais vanité, dans le cas de l'acteur. Il ignore le personnage, sa puissance, sa vie virtuelle, beaucoup plus grande et efficace que sa vie à lui, éphémère et transitoire, que sa puissance humaine limitée. Celle du personnage est immense et immortelle.

Cette attitude, cette disposition du corps et de l'esprit est celle à laquelle j'ai été conduit après bien des *méprises* et des *surprises*. Chacun sans doute a ses voies, et peut-être d'autres tempéraments peuvent-ils, plus forts, plus personnels, épouser et contraindre un personnage. C'est qu'alors le personnage n'en est pas un, mais un rôle seulement[107], ou que l'acteur a déjà une grande identité avec le personnage, ou que son action sera non tempérée par cette modestie nécessaire, une violation, une déformation du personnage, une spoliation qui peut d'ailleurs être justifiée.

Ce qui me hante, c'est la description du personnage : Tartuffe, Dom Juan, Alceste, ces fantômes semblables et différents, inhabités parce que leur vie est multiple, immense, qu'elle contient toutes les passions humaines et leurs mobiles, à peine infléchis vers une action d'où ils tirent une couleur ou une nuance que nous intitulons hypocrisie, athéisme ou misanthropie.

Disposition : d'où part-elle physiquement ? D'où vient l'humeur, la chaleur relative, le ton de voix, l'éclat de l'œil, la vivacité appropriée au geste, la vie dans une série de caractéristiques, qu'est cette disposition de corps, d'abord, et d'âme ? Quels en sont les liens ? Et les provocateurs : cerveau ? Diaphragme ? État musculaire ?

Comment obtenir en soi, comme on le voit souvent, ce changement que donnent l'entrée dans une église, dans un salon, ce redressement après la fatigue et l'abattement, cette *modification intérieure* par laquelle on s'oriente pour écouter, entendre, sortir de soi-même et être dispos aux autres (pour mieux se posséder soi-même avec le sentiment d'être plus que jamais soi-même), à la disposition d'un autre ? Cette dépossession de soi qui vous donne le sentiment d'une existence plus vive, plus réelle, dépossession du moi, pour laisser sourdre et apparaître ce soi intérieur que notre agitation et nos raisonnements laissent trop souvent au fond de nous-mêmes, domestiqué, méprisé, mais connaissant mieux que le maître tous les secrets du logis.

---

107 Voir *infra*, le chapitre intitulé : le rôle, le personnage, le héros (p. 385-396).

CONCENTRATION, MÉDITATION DU COMÉDIEN*

Troisième phase, qui suit la *découverte du Personnage*, son indépendance, sa vie supérieure.

1) Le comédien se sert de son outil, l'imagination, avec maladresse d'abord, comme un lecteur, un commentateur ; c'est là qu'il s'égare. Il faut qu'il arrive à utiliser cette imagination pour trouver, retrouver *l'état physique*, l'état nécessaire physique pour dire la réplique, *créer la nécessité* de la réplique, et le besoin de la dire ; toute imagination intellectuelle, conceptuelle doit s'abolir au profit de la sensation pure.

2) Quand il accepte et sait utiliser les contraintes, il est un acteur, il a découvert en l'éprouvant *sa vocation.*

La *découverte des contraintes* vient d'abord par des découragements, désillusions premières que donne la pratique professionnellement entendue.

Découverte des désillusions, des désabusements, parodie, insuccès personnel, le théâtral, illusion, dérision.

Désenchantement nécessaire.

DU SENTIMENT OU DE L'ÉTAT DRAMATIQUE. PRÉSENCE DANS UNE SOLITUDE NEUVE*

C'est une absence et une présence, un renouvellement, une substitution en soi-même peut-être, par un exorcisme agréé qui commence par la vue ou un état physique, qui permet cette évaporation en soi d'un réel en contact qui fait échanger un soi pour un moi. Nettoyage par aspiration. Remise de l'esprit à l'état de neuf.

Dépoussiérage, aspiration, exorcisme, fatigue aussi provoquée, que ce soit par l'acteur sur le spectateur ou chez l'acteur même. Début de *L'École* ou d'*Électre*, Théocathoclès[108], début fatigant, obscur, piétinant, essoufflant de toutes les tragédies qui finit par aspirer hors de l'auditeur toutes les préoccupations, les pensées vulgaires et qui le spiritualise.

---

108 Dans *Électre* de Jean Giraudoux, Théocathoclès est le Président du tribunal, un personnage inventé par l'auteur, peu soucieux de la tradition du mythe.

Cette rupture d'hypnose, ridicule illusion brisée, est d'autant plus facile, dès que les moyens matériels, la pratique de la cérémonie faute ou trébuche ou se laisse deviner, dès que les conventions établies entre l'esprit du spectateur et les exécutants sont rompues, si faiblement soit-il, l'esprit par surprise saute comme la chaîne sur les pignons d'une machine, de l'engrenage où il se trouvait pris et qui deviennent fous et tournent à vide. Et l'on rit de l'accident ou de la faute, alors que l'on rit de soi-même. C'est dérision, esprit sublime qui ne sait pas rester sur le plan où il se croit.

Dépoussiérage, aspiration, choc esthétique du lever du rideau, choc, distraction, stupeur, au moins attention violente qui va permettre de commencer l'hypnose, choc stabilisateur qui détermine par la sensation brusque, l'attention physique d'abord, éveil de sensations, sorcellerie, magie grâce à laquelle des idées nous sont communiquées par des mots, des signes qui ne les expriment pas.

Le dramatique c'est un commencement, une brusque cristallisation en soi. L'acteur se sent dédoublé, investi d'un autre. Le spectateur se sent partir de lui-même pour se retrouver ailleurs.

Et dans tout ceci le décor lui-même, le lieu est dramatique à l'instant où sa solitude est parfaite – isolement ; c'est le tapis enchanté d'Aladin, le cheval magique des *Mille et Une Nuits*. Solitude qui appelle des personnages nouveaux, un renouvellement, une action inconnue, même si elle est connue, apaisement par cette solitude et nouvelle angoisse fraîche, pure, non redoutable, angoisse humaine fabriquée et artificielle, mais où dans les surprises et les coups de théâtre il n'y aura pas de conséquences pour nous. Elles n'exciteront que notre sympathie ou notre pitié ou un effroi, dont nous bénéficierons intérieurement mais qui ne nous laissera pas de marques, de traces, de cicatrices.

À Aix[109], c'est une vraie solitude humaine. Ce que les gens dans la journée ont de triste et d'inquiétant, de gai, d'encombrant, a disparu. Ils dorment sans doute, mais ils sont aimantés, renouvelés par la nuit. On ne sent même pas leur présence proche ; on ne peut l'imaginer. Il y a une solitude humaine privée des autres humains, une solitude en soi-même où l'on est prêt, dispos pour accueillir n'importe quelle révélation. C'est l'attente d'une révélation, d'une compréhension majeure, supérieure.

---

109 Louis Jouvet avait séjourné une première fois à Aix-en-Provence en 1940, où il s'était réfugié avec sa troupe après la défaite de la France. Marthe Herlin indique dans ses notes personnelles qu'il avait loué l'Harmos, une maison dans les collines appartenant à l'épouse du peintre Othon Friesz, où ses comédiens et lui vivaient en communauté de leurs cachets radiophoniques sur Radio Marseille. Jouvet est retourné à Aix ensuite après la guerre.

Les ruines, amphithéâtres, donnent cela aussi ; un lieu habité autrefois, comme une pièce vide, appartements déchirés (Rilke) et où on ne sait ce qui est dramatique, de l'imagination du passé ou de ce qui va advenir en cet endroit.

C'est aussi un art de fantômes.

Ce sentiment du dramatique, ce que j'éprouvais à Aix durant ces promenades nocturnes où j'étais si heureux, si apaisé, où les bruits des fontaines, de rue en rue, la lumière de la lune sur les façades des maisons, les silences et les ombres m'accompagnaient, m'escortaient, m'environnaient, créant autour de moi une vie nouvelle étrange et familière à la fois, où les cyprès du jardin municipal, les petits murs bas qui l'entourent, m'apparaissaient soudain avec des aspects nouveaux, dans une atmosphère poétique, une apparence rafraîchie, dépouillée de leur banalité, de leur quotidienneté. Ce sentiment, que j'éprouvais, c'était non seulement un apaisement, c'était au plus profond de soi une solitude heureuse, une vraie solitude humaine qui laissait poindre en moi une délivrance des menaces et des frayeurs dont la vie quotidienne accable, et tout me paraissait inhumain dans cet humain nocturne. C'était l'impression d'un rattachement direct à une vie, une action antérieure, à une vie, une action future que tout réclame en moi.

Faire du théâtre, vivre dans un théâtre, faire un décor, c'est créer en soi ou pour les autres cette solitude neuve où l'être peut s'écouter lui-même et s'entendre par une vie imaginaire, factice, dans un lieu artificiel.

Solitude inquiétante et apaisante éprouvée dans un décor par l'acteur et par le spectateur même lorsque celui-là est encore vide. Ce commencement qui va s'accomplir et qui suit la minute où le rideau se lève sur un vrai vide, sur un vide obtenu où tout est fait pour l'imagination et où rien ne subsiste de ce qui pouvait la gêner.

Solitude des greniers. Celle-là même que j'éprouvais.

Dans ce lieu qu'est le décor, peuplé tout autour de gens attentifs et qui nous observent lorsqu'on entre et qu'un autre personnage nous attend, on n'est jamais plus solitaire, plus seul ; jamais l'évidence d'une dualité totale, absolue, ne s'éprouve autant que dans un duo entre Hans et Ondine, en dépit des milliers d'yeux qui vous fixent, du souffleur et du régisseur dont les visages saillent dans la pénombre des coulisses, et jamais le spectateur non plus ne se sent aussi seul et unique que dans une salle pleine.

*L'ATTENTION. ÊTRE VIDE DE SOI**
Montevideo, Toussaint 1942.

L'attention totale, cette *concentration* où le corps ne participe plus, cette *réceptivité*, c'est cela qu'il faut d'abord considérer. Écouter, tendu, jusqu'à être *vide de soi*.

Tension extrême, qui fait que l'on est uniquement préoccupé d'entendre, d'éprouver plutôt que de comprendre par une perception purement intellectuelle.

Ce vide de soi, nécessaire pour s'emplir du sens de l'œuvre, ce vide nécessaire à toute opération sensible, c'est cela l'important. Apprendre cela, s'apprendre cela à soi-même. Déménager de son esprit, de ses sens, tout ce qui pourrait gêner cette audition, cette réception, et que la chose reçue n'ait aucun contact d'abord.

Vase que l'on va remplir où peuvent se verser, se répandre et s'épandre sentiments et idées (c'est le contraire de l'analyste et du critique qui fait appel à tout l'arsenal de son contrôle quand il introduit en lui les textes) – c'est une attitude ce vide, ce n'est pas une réalité ; c'est une manière et disposition de l'esprit et de la sensibilité. Ne te hâte pas de comprendre. Ne comprends pas trop vite, mais délivre-toi de toi-même. Tu ne saurais croire comme tu es encombrant pour moi (dit le personnage) et comme tu es encombré de toi-même.

Le comédien est un sac sensible une poche digestive des sentiments – point des idées, elles lui sont indigestes, dans lequel s'élaborent, se chimisent des produits supérieurs aux idées mêmes, qui sont les idées sous leur forme significative sensiblement, et digestibles à leur tour par l'auditeur.

Le comédien n'a ni raison ni mémoire ni imagination personnelle, je veux dire créatrice.

Sa raison ne fonctionne pas, son bon sens ne s'exerce pas dans l'exercice de son métier.

Sa mémoire n'est qu'un mécanisme sensible.

Aussi quelle difficulté pour parler à un acteur pour lui faire comprendre. Il n'est que d'*explication physique.* Il n'y a pas concept ni notion pure. Si jolies que soient les explications données, elles sont inefficaces.

Un exemple donné ou une comparaison ne valent pour l'acteur que sensibilisés physiquement par celui qui les donne ou celui qui les reçoit. Il faut qu'il imite physiquement. C'est une habitude et une nécessité pour le comédien de penser physiquement ; c'est le développement du comédien d'observer – animaux, enfants, dans une gradation où ce qu'il y a de plus instinctif est d'abord le plus intéressant.

Il faut d'autre part (axiome important) que le comédien soit ignorant pour être docile. Il faut le prendre pour le mettre en sensibilité par des biais, des à-côtés de la question, par ces comparaisons physiques, par des imitations, et enfin pour conclure par ce qu'on appelle sa vanité, qui n'est point un mauvais mot car c'est la vertu de son métier, ce désir de sympathie des autres, les spectateurs, et d'un autre, le personnage, entre lesquels il est placé et où son devoir le plus parfait est d'en obtenir l'amitié ou l'affectueuse admiration.

Que faire comprendre dans une affaire où l'on ne peut rien expliquer ? Que dire à un acteur ?

D'être sincère et qu'est-ce donc que la *sincérité* ? C'est le mot dont la signification change pour chaque auteur, à chaque instant. C'est *attitude nouvelle, spéciale*, particulière à chaque époque, à chaque auteur, à chaque public.

Être clair, penser à ce qu'il dit comprendre ?

Tous les moments heureux du théâtre sont pour moi ceux où, vide de soi-même, on écoute, on entend, on reçoit dans une sorte d'ignorance corporelle, on subit.

Cette réception docile qui abêtit, car l'exercice des mots croisés est bien plus intelligent, mais où l'on sent sourdre et jaillir au fond de soi une émotion, un plaisir où tous les sentiments et les instincts retrouvent un exercice naturel, primitif.

Comprendre, sentir, éprouver plutôt, ces mots trahissent le sens de cette audition, celle du spectateur, celle du comédien. Celle du comédien au départ est la plus physique, la plus dépouillée. Mais *chargé de ces sentiments, de ces sensations que lui donne le texte.* Ne pas aller trop vite, comme le dit Valéry, enjamber le sens trop évident, il y en a un autre derrière. Le bon sens interviendra plus tard, en dernier lieu, en matière de poésie ; c'est ce qui est le moins nécessaire. Comme la lecture d'une œuvre vous prive de toute intelligence, de toute logique de l'intelligence, on ne retient rien de ce qu'on lit, si ce n'est ce qui s'anime aussitôt ; ce qui est explication ne « passe » pas ; et l'on se reporte à la distribution, à la description du décor, à des circonstances qui sont effacées par le sentiment qui se dégage des répliques. Les retrouver, les ressusciter en soi, les reformer, les repenser, c'est-à-dire les penser d'une autre façon, celle qui vient par l'esprit, après celle qui vient du cœur et des sens, redécouvrir, reconstruire, reformuler à nouveau en créateur, en propriétaire, en constructeur.

Pratiquer le théâtre reste un des plus sûrs moyens pour croire à la spiritualité, à l'âme et à Dieu »

*LE DRAMATIQUE INTÉRIEUR**
7 février 1950.

Monique[110] redit le monologue de la fin du I de *La Folle de Chaillot* à table, et elle le dit facilement, mécaniquement. Puis, brusquement, la machine s'arrête. Je lui souffle, elle repart, puis s'arrête à nouveau, et elle dit : « Je ne peux pas le dire, je ne peux pas m'en souvenir quand *je ne le dis pas de l'intérieur* ». C'est l'expression juste de la mémoire du comédien.

*DÉFINIR LE SENTIMENT DU DRAMATIQUE**

Définir le *sentiment du dramatique*, c'est chercher ce qui échappe à la définition = *Le Vide.*

Sens de l'humain, solitude humaine.

Sérénité retrouvée et inquiétude nouvelle.

Dépossession et repossession de soi.

Remise en question.

Rajeunissement du moi.

Solitude neuve.

Présence peuplée.

Qui la provoque ?

Qui la comble ?

Distraction.

Présences nouvelles, inconnues.

État qui réveille des échos éteints.

Inquiétude nouvelle d'une nature particulière et qui définit et classe le dramatique.

L'angoisse silencieuse pré-agonique.

---

110 Monique Mélinand.

DE LA STUPIDITÉ NÉCESSAIRE À L'INTELLIGENCE DRAMATIQUE*

Dicté début août 1939

Protée ou caméléon, il paraît difficile pour un être dont la fonction est, d'un bout de l'année à l'autre, d'essayer de changer, de s'incarner ou de se désincarner tous les jours en des personnages furtifs, dont la façon de sentir semble impersonnelle puisqu'empruntée, un être humain qui n'a que des états sensibles provoqués, bref dont la vie essentielle est une collection de moments successifs qui se résume journellement en quatre heures de sensations ou de sentiments éphémères et *artificiels* – il paraît difficile de croire ou d'imaginer que cet individu peut avoir une pensée personnelle ou une conscience fixe qui lui permette d'avoir des idées générales épanouies, ou même des idées tout court. Telle est la situation du comédien.

Rien en général de plus pauvre que leurs écrits, à cause de la vanité de la profession, vanité au sens de l'Écriture : vide, et vanité dans le sens le plus courant d'amour-propre vaniteux. La plupart des Mémoires ou des Études écrits par les comédiens sont fatigants à lire à cause de leur prétention ou de leur niaiserie, mais surtout par le souci qu'ont leurs auteurs d'attester à leurs descendants l'importance de l'emploi qu'ils ont tenu, et des rôles qu'ils ont joués (Goldoni, *Mémoires*[111]).

C'est vers la fin de leur carrière généralement, à l'heure où ils ont cessé toute activité, qu'ils écrivent leurs mémoires, voulant éterniser ce que la vie prend souci d'effacer à tout instant, contredisant par là le sens et l'esprit de la profession qu'ils ont embrassée, laquelle est bien le plus frappant mémento journalier de la vanité des choses de ce monde…, une affirmation et une apothéose quotidienne de l'éphémère. Il n'est pas un d'entre eux qui ne rappelle inlassablement les souvenirs de ses succès, représentation ou réception royales, discours prononcés (à des banquets), éloges décernés, médailles, récompenses, bons mots dits à un prince ou à un souverain, comparaisons flatteuses qu'on a faites sur leur compte avec un acteur célèbre qui les a précédés, etc.

Palmarès et éloges funèbres de leur vivant ; certains vont même jusqu'à s'édifier une statue sur leur futur tombeau (Léon Noël[112]).

---

111 Louis Jouvet a écrit une courte préface aux *Mémoires de Goldoni*, Paris, Éditions du Verger, 1946, p. VII-XI.

112 Léon Noël (1844-1913) est un acteur français, surnommé « le roi du mélodrame » ; Jouvet a beaucoup appris auprès de lui en jouant à ses côtés dans les tournées Zeller, à partir

Anecdotes de coulisses. Dérision du théâtre, obligée, nécessaire. Tendance à la parodie par suite d'une disposition du spectateur à n'être pas dupe, et aussi de la nécessité où est l'acteur de rester maître de lui et conscient de son rôle, de son pouvoir.

Dérision qui est aussi la conséquence naturelle de ce vide ressenti tous les matins et qu'on essaye de nier tous les soirs dans notre profession. Il n'y a pas de profession plus décourageante, plus désolante, plus négative – c'est la préparation pour beaucoup à la mortification finale et à la retraite définitive au couvent. Car vraiment tous les soirs : « Qu'est-ce qu'il en reste au matin ? »

Explication de la vanité du métier – ressentie et dépassée, niée, recouverte par une volonté de croire, une vanité de croire plus grande encore en apparence mais qui n'est que le cache-misère de cette misère, qu'on est obligé chaque jour d'éprouver avec amertume.

Vanité qui permet de supporter l'autre vanité ; c'est dans ce sens que je peux comprendre la « vanité des vanités » de l'Écriture (Dickens). Ce vide dont parle l'Écriture et qu'il faut bien supporter de quelque façon. La meilleure est au théâtre.

Il n'y a aucun jugement dans les propos des acteurs ni aucune idée profonde de leur métier. Est-ce leur faute ? Non car d'abord cet amour-propre, cette frivolité, cet attachement puéril à une activité d'éphémères, à ces perpétuels déjeuners de soleil, créent un contraste, offrent une protection contre la vie et les changements qu'elle impose.

En lisant les *Mémoires* de Fleury[113] ou de Préville[114], par exemple, pleins de petites anecdotes malicieuses, de souvenirs personnels, de récits de leurs succès ou de leurs triomphes, on a peine à trouver quelques renseignements valables, à lire quelques phrases qui ne dégouttent d'orgueil ou de susceptibilité. Nulle vraie préoccupation professionnelle, aucune idée profonde du métier qu'ils ont pratiqué. On pense à un vieux printemps qui aurait la vanité de se raconter dans son automne, pour éterniser sa verdure première, alors que tombent ses dernières feuilles. Si on ouvre les *Mémoires* de Talma, on rencontre des phrases du genre de celle-ci : « Il me faudrait un livre entier pour dire mes impressions sur un rôle, et chacun des chapitres de ce livre suffirait à peine à mes commentaires sur une réplique ou sur une exclamation de ce rôle. » Ce n'est pas si dérisoire, mais on sent qu'il ne parlerait que de

---

de 1909. Conformément au vœu exprimé dans son testament, un buste de Léon Noël a effectivement été scellé sur sa tombe.

113 Fleury, (de son vrai nom Jean-Abraham Bénard, 1750-1822) était sociétaire de la Comédie-Française. Ses *Mémoires* ont été publiés en 1836 à partir de notes trouvées après son décès.

114 Préville (de son vrai nom Pierre-Louis Dubus, 1721-1799) était sociétaire de la Comédie-Française, spécialisé dans les rôles comiques. Ses *Mémoires* ont été publiés en 1812.

lui et non du personnage. C'est un précurseur d'Harry Baur[115] – l'acteur qui reconstruit d'après lui – arrive à un degré de célébrité ou de suffisance tel que les personnages s'évanouissent.

Je fais ces réflexions au début du travail que j'entreprends, et que j'offre de bonne foi au lecteur et à mes confrères. Ce qui me frappe personnellement, c'est mon incapacité totale, par exemple, à lire une pièce de théâtre autrement qu'avec une curiosité désordonnée et sans contrôle, une sensibilité diffuse, où toutes mes facultés sont comme abolies par une convergence sur la situation dans laquelle sont les personnages et les sentiments qu'ils doivent éprouver. J'ai les plus grandes peines du monde à lire les indications que les auteurs mettent complaisamment en tête d'une pièce – il est vrai d'ailleurs que ces indications témoignent toujours, du moins généralement, de cette obscurité inintelligente pour l'exécution de l'auteur et de cet état où le met l'inspiration – à me souvenir, dix minutes après, du nom des personnages, et, s'il s'agit d'une tragédie ou d'une comédie du XVIIe ou du XVIIIe siècle, par exemple, il me faut faire des efforts louables pour comprendre les détails de l'exposition, le rapport ou la parenté des personnages, etc. Mes facultés, mon imagination ne sont que sensibles, et cette incapacité à comprendre d'une façon intelligente ma lecture fait que je m'exerce souvent, ayant lu une œuvre, à tâcher ensuite d'en faire le résumé avec clarté. Cette gymnastique d'esprit nous donne, au bout d'une longue pratique, un sens spécial, une intelligence professionnelle particulière, comme celle d'un artisan.

Exemples d'émotivité exclusive chez l'acteur. Inintelligence :

– Lecture d'une proclamation, message de Roosevelt ou de Pie XII, qui emplit de pathétique, mais nous laisse incapables de dire avec précision les idées qui y sont exprimées.

– L'acteur qui répète, qui étudie, qui joue cent fois une scène, un rôle, est incapable de répondre à une question brutale sur sa participation à l'action, de résumer ce qu'il fait ou dit dans une scène, de raconter l'action elle-même. Et d'ailleurs l'intelligence d'un texte ne peut être qu'un résultat du jeu, de la diction, de l'effort physique fait pour le dire, que modifie profondément l'interprète. C'est alors que l'intelligence de ce qu'il fait ou dit lui vient postérieurement, et c'est la meilleure intelligence qui soit parce qu'elle est compréhension totale. Impossibilité d'être autrement ; l'habitude développe chez l'acteur – même si au début de son travail il travaille avec conscience et réflexion – une façon de se comporter qui n'est que sensibilité.

115 Harry Baur (1880-1943) était un des comédiens français les plus célèbres de son époque au théâtre et au cinéma. Il a interprété le rôle principal dans *Volpone*, un film de Maurice Tourneur sorti en1941, aux côtés de Louis Jouvet et de Charles Dullin.

– L'émotivité est ressentie au point que le sens lui-même est absent. Exemple de Valentine Tessier[116] dans Alcmène, qui, peu à peu, en jouant, dans la facilité du rôle tant de fois joué, et par suite du raffinement et du plaisir qu'elle y mettait, lui faisait découvrir très tard, et seulement en présence du public, le sens nécessaire à la diction, point du tout le sens en soi mais le sens des idées – encore n'en était-elle pas consciente ; elle sentait qu'elle disait la phrase « mieux », plus facilement.

– On sent à la question posée à l'élève ou au comédien qu'il n'a jamais réfléchi, que ce point de vue ne s'est pas présenté à son esprit. « Que viens-je faire dans cette scène ? » À peine se l'est-il posée, qu'il l'oublie pour se précipiter dans le sentiment. Ou s'il y revient, c'est pour s'encourager, justifier son sentiment, avec un raisonnement faux en général.

– Hébétude de l'élève ou du comédien interrogé. Il est étonné car il est au-delà de cette zone, de l'esprit ou de la raison. Il est dans le sensible uniquement.

Tous les métiers d'expression sont des métiers qui comportent cet amoindrissement. Non que, dans l'exercice même de la vie, les exécutants sensibles soient moins intelligents que d'autres, mais dans l'exercice de leur métier, cette clairvoyance, cette lucidité, ce jugement ne leur sont pas particulièrement nécessaires. Et s'ils se placent sur le plan de l'intelligence, c'est au détriment de l'affectivité, de la sensibilité.

Ce mot de sensibilité prête à confusion. Il s'agit bien d'un état sensible, mais il vaut mieux ne pas employer ce mot et montrer l'acteur en proie au texte : *texte neutre* qui rend l'acteur comme le chien de chasse ; *texte violent* où il exprime tout de suite, toujours trop tôt ; c'est son erreur (exemple : texte dit avec charme et qui est écrit dans un sentiment violent). C'est de « *ferveur* » qu'il faut parler, d'un émoi. Et il faut parler aussi des contraintes et du danger (trac) de l'acteur. Contrainte, émoi, danger du comédien, qui lui donnent naturellement cette ferveur, cette sensibilité active.

Curieuse observation : texte, tirades dites, indiquées dans des tons, sentiments différents, et qui ne changent pas le sens d'un texte : mobilité, plasticité du

116 Valentine Tessier (1892-1981) débute sa carrière en 1914 au Vieux-Colombier où elle joue Grouchenka dans *Les Frères Karamazov*. Sa renommée se répand alors comme traînée de poudre parmi la critique et le public parisiens. Pendant la Première Guerre mondiale, elle participe à la tournée de la troupe aux États-Unis, où elle joue des rôles classiques majeurs. Elle reste fidèle au Vieux-colombier jusqu'au terme de l'expérience (1923-1924). Elle rejoint alors la troupe de Jouvet d'abord pour un temps assez bref – elle interprète la Patronne dans *La Scintillante* de Jules Romains en 1924 – puis pour une décennie à partir de *Madame Béliard* de Charles Vildrac (1925). Elle endosse alors les habits des principaux personnages féminins des mises en scène de Jouvet, notamment dans les œuvres de Jean Giraudoux et de Marcel Achard. Au cinéma, elle tourne sous la direction de René Clair, Jean Renoir (*Madame Bovary*, 1935), Julien Duvivier, André Cayatte…

sens pour l'expression, ou mobilité de l'expression par rapport au sens – suivant l'ordre premier qu'on donne au sens ou à l'expression – mais chez le comédien, c'est toujours l'expression qui est première.

– L'art, l'intervention agissante : la vie même du comédien n'est que, ne va que dans l'expression, l'état sensible. Le sens ne le concerne pas. Il en est frappé après ; il est saisi par le sens après seulement qu'il s'est exercé à l'exprimer, après qu'il a fait sien le texte de l'auteur.

– Recherche du texte, du sens en lisant tout haut (Paul Valéry).

Hermione jouée en mégère déchaînée ou en tendre sacrifiée, ou en ancienne amante délaissée. Les personnages sont différents, mais le texte, le sens, l'équilibre avec les autres personnages ne se modifient guère.

C'est la personnalité de l'acteur qui finit par compter ; sympathie immédiate ou non de l'acteur sur le public. *L'acteur est un être sensible dont la fonction est d'être en état sensible.* Au point que certains acteurs d'une grande intelligence dans la conversation, dans les rapports sociaux pour les choses coutumières de la vie, sont, dans l'exercice de leur métier, capables de témoigner d'une sorte de sottise, d'un manque d'esprit étonnants. C'est à cause de cette nature sensible, de cette sensibilisation qui est l'état ordinaire de l'acteur qu'on voit les plus avertis d'entre eux, lorsqu'ils abordent un rôle, se méprendre et commettre sur ce rôle les contre-sens que commettent les écoliers dans une version où le sens leur échappe beaucoup plus par la hâte aveugle où ils sont d'aller jouer, ou la crainte d'une punition, que par ignorance ou sottise véritables.

Il est nécessaire à l'acteur d'être dans cet état qui n'est que sensible pour s'élancer dans un rôle, pour s'orienter. Mais l'état sensible dans lequel il se met le prive d'intelligence et de faculté critique. C'est une pétition de principe et un cercle vicieux : *orienté par cet état sensible, il est cependant sans discernement.*

Comme un pigeon voyageur pour trouver sa route, il est en proie à une sorte d'instinct. C'est un état sensible qui lui révèle le sens, le ton, le mouvement d'un rôle.

Si, dans cet état, il se met à « raisonner » ou à tirer des conclusions, s'il lui advient de faire des déductions, c'est en général déplorable, catastrophique pour la pièce, sinon inutile.

Ce qui caractérise l'acteur, c'est ce qu'il y a de vague, de neutre, d'aveugle dans cet état sensible. Ainsi, on voit un acteur qui arrive sur le plateau, à qui on va faire répéter son rôle ; on lui a lu l'œuvre, il l'a lue, et il a même vu la pièce se répéter jusqu'au moment de son entrée en scène. À ce moment, il va entrer en scène, dire sa réplique et il parle faux. Cependant, c'est la première répétition ; c'est le moment où l'acteur désire donner le maximum de son effet ; atteindre au ton juste, à cette équivalence qui lui donne intérieurement sa seule et sa plus grande récompense, cette réussite dans la trouvaille du ton et du mouvement. Il désire, peut-être, d'une façon beaucoup plus pure que devant le public, donner l'impression de la justesse de sa sensibilité, obtenir de la part de ses camarades ou du metteur en scène un acquiescement beaucoup plus précieux, sinon plus flatteur, que celui du public. Et à ce moment-là, il parle, il joue, il dit faux, ses gestes sont faux. Il n'a ni le ton ni le mouvement. Il arrive même que sa première phrase soit dite à contre-sens, dans un contre-sens évident. Pourquoi ? La cause en est dans l'état où il se trouve, où il s'est mis. Il est dans les limbes de sa sensibilité ; il est aveugle.

Le metteur en scène arrête l'acteur, lui fait sentir qu'il se trompe en négligeant de souligner l'erreur de sens qu'il a faite dans son texte, car il ne faut pas le heurter, sinon sa sensibilité va s'évanouir. Pour essayer de lui faire comprendre le rôle, il n'est pas nécessaire de lui parler un langage poétique ou littéraire. On peut, à la rigueur, lui donner une explication de la situation dans laquelle se trouve le personnage qu'il est chargé de jouer, un compte-rendu psychologique de ce personnage, du cas qu'il doit partager avec le personnage (déplacement de l'amorçage de sa sensibilité, désamorçage de son intelligence personnelle.) Ceci est une manière d'« orienter » sa sensibilité ; mais bien souvent il est beaucoup plus simple d'opérer devant lui par son imitation physique, soit en indiquant directement le « comportement physique » dans lequel est le personnage, soit en le mimant. C'est assez parfois pour que, dans une sorte de révélation éclatante, l'acteur entre tout à coup dans le ton, le mouvement et la sensibilité de son texte.

« Étais-je bête », dit-il, et encore : « Comme ça, c'est beaucoup plus facile », ce qui est aussi une façon de s'excuser, par vanité, en voulant faire croire qu'il voyait « la pensée beaucoup plus subtile », et qu'il avait des intentions de jeu beaucoup plus compliquées. Cela simplement pour montrer *l'état de sensibilité aveugle dans lequel se trouve l'acteur.*

C'est le phénomène de l'introspection : saisir par l'extérieur ce qui se passe dans le dedans. Nous sommes capables de comprendre les sentiments des autres par les témoignages extérieurs qu'ils nous en donnent, et nous sommes capables ensuite de reproduire ces témoignages extérieurs en nous mettant dans le même état de sensibilité, en provoquant notre sensibilité par autosuggestion. C'est-à-dire qu'un acteur peut donner le sentiment de la colère, n'étant pas du tout en colère, en se mettant à haleter, par exemple, ou à se souvenir d'un incident personnel, irritant pour lui ; bref en se mettant dans *un état physique* qui porte les signes extérieurs visibles de la colère. Sentiment qui le gagnera petit à petit, et dont il devra toujours percevoir, pour une juste exécution, l'idée motrice et les limites d'expression. Ici se place une notion capitale, *l'intelligence de la sensibilité, l'intuition :* prolongement de la sensibilité, conscience de l'intuition, contrôle et perfectionnement du comédien.

C'est le véritable, le seul contrôle du comédien conjugué avec l'habitude d'écouter le public. C'est là qu'est sa véritable intelligence. Son automatisme, son mécanisme équilibré par cette intelligence qu'il a au suprême degré avec quelques autres : orateurs, « exhortateurs », faiseurs d'expérience et gens d'action – dans un dédoublement qui fait l'objet de l'étude de Diderot dans son *Paradoxe*.

Chez le comédien, cette intelligence, *ce contrôle* viennent du danger, de la précarité de son équilibre dans l'exécution. Et c'est la différence avec la critique. Le comédien est doté d'une sensibilité a priori qui le met à coup sûr plus près de l'auteur, du créateur, que le critique.

De l'humeur en comédie, de la transe en tragédie : potentiel, voltage, puissance intérieure, mais conditionnée par des considérations secondaires très nombreuses, principalement par l'influence du public et le goût du comédien à se désincarner.

Le critique déplace l'œuvre sur les rayons où elle est toujours classée, la mettant tantôt sur un rayon, tantôt sur un autre.

Le sens d'une œuvre théâtrale est imprécis nécessairement. C'est cette plasticité, cette audition toujours personnelle qui est intéressante, provoquée par un état physique du comédien et non une intelligence.

Celui qui lit l'œuvre objectivement peut en trouver un sens, une intelligence – pour l'intelligence mieux peut-être que le comédien. C'est le critique, l'érudit, le professeur. Sur la scène d'Hermione et de Pyrrhus, on peut développer des palabres savamment psychologiques qui permettront de conclure et de déterminer – par une méthode bien différente de celle de l'acteur – la façon de jouer la scène. On fera appel à ses connaissances, à son expérience, à ses lectures, à une introspection personnelle aussi car on ne sera pas tout à fait dépourvu de sensibilité. Mais cette sensibilité est a posteriori, elle n'est pas jaillissante et créatrice comme chez le comédien. C'est dans et par sa « méditation active » que le comédien, lui seul, rejoint l'auteur.

L'intuition à son plus haut degré porte l'acteur dans la voyance des idées et des actions où l'auteur a pénétré. À cette altitude, l'intuition touche l'inspiration.

Qu'un comédien écrive sur son métier paraît donc une chose sinon impossible, sinon vaine, du moins assez dangereuse, quelle que soit la conscience qu'il ait des difficultés dans lesquelles il se trouve, quelles que soient les précautions qu'il prenne vis-à-vis de ses habitudes de juger les choses en style de coulisses, ou pour le bénéfice de sa réputation. C'est une tentative bien téméraire de sa part, mais je ne vois pas pourquoi on lui en dénierait le droit, malgré tout le danger ou l'inutilité de cet exercice.

Les gens qui parlent sur le théâtre sont, en général, ignorants de notre métier.

Il leur est bien impossible d'en parler. Gens pleins de bonne volonté qui veulent nous expliquer dans des manuels (Arnavon[117]) la façon de jouer une œuvre, ou qui veulent, de la lecture même d'une œuvre, tirer une compréhension à laquelle le comédien doit s'efforcer.

Parler du théâtre, on ne peut le faire que comme *acteur* ou comme *spectateur*. L'acteur lui-même n'a de talent, à mon sens, que dans la mesure où il est d'abord un excellent spectateur. Il ne peut puiser les premiers éléments de son talent que dans cette vive imagination qu'il peut avoir ou se donner d'une représentation, d'une action dramatique et d'un personnage.

Les trois partenaires du comédien. Mécanismes du contrôle chez l'acteur : l'acteur prend à son compte le rôle. Cependant il doit rester maître des réactions que ce rôle produit en lui, car il ne doit pas outrepasser, soit dans le texte, soit dans les nuances de l'expression, les conventions admises par le public auquel il s'adresse. Il ne doit pas dépasser ces limites, et en même temps il lui faut mesurer l'effet de son jeu sur le public : c'est le public qui le fait avancer, l'encourage dans son expression.

Il y a trois partenaires qui limitent le jeu de l'acteur :

– un partenaire virtuel : le personnage,

– un partenaire réel : le public,

– un troisième partenaire au sein même, à l'intérieur de l'exécutant : c'est l'acteur se regardant faire ce qu'il fait lui-même, ayant conscience de son exécution. C'est la faculté de se voir et de s'entendre chez l'acteur. C'est le contrôle. La vocation s'exerce à un degré de raffinement où la faculté de se voir et de s'entendre devient à un degré supérieur la faculté de s'éprouver soi-même, de se ressentir.

Cette conscience de soi-même chez l'acteur, cet instrument de détection, devient un véritable sens. Et voici ce qu'on peut imaginer :

1) point de départ du rôle dans la fiction de l'auteur,

2) incorporation de ces fictions dans la personne de l'acteur,

3) appréciation par l'acteur de l'effet produit sur le public et réajustement de sa sensibilité en fonction des réactions du public par une série d'enregistrements qui le guident pour avancer dans le personnage.

Si l'acteur pouvait apprécier son état en le jouant, s'il pouvait parvenir par lucidité à saisir ou éprouver les correspondances, les unissons entre lui et le public, entre lui et le rôle, et cet unisson extraordinaire, l'unisson des trois : public, auteur et soi-même, il aurait atteint le point extrême où se place ce

---

117 Jacques Arnavon (1877-1949) a écrit de nombreux ouvrages sur Molière, certains proposant un projet de mise en scène associé à l'étude des pièces (pour *Le Misanthrope* et pour *Dom Juan*, notamment).

qu'on pourrait appeler le sens intuitif du rôle en action (idée de fusion dont le comédien est le « fondant », la matière fondante).

Si le comédien est capable, en ne perdant de vue ni le rôle ni la pièce, de sentir à un moment donné, avec le public, l'unisson de son sentiment avec le rôle, avec la pièce et qu'il éprouve en y participant une similitude de vibration entre le public et le rôle, à ce moment-là, l'acteur est sûr d'avoir rempli la fonction qui lui est dévolue, d'avoir exprimé pendant un temps si court soit-il l'intention de l'auteur, quels que soient l'époque, le lieu, les conditions dans lesquelles il joue son œuvre. Il a atteint ce que j'appelle un moment dramatique par excellence. C'est le sens professionnel de l'acteur. L'ouvrier manuel ne sait pas expliquer pourquoi il réussit certaines choses de son métier, mais l'excellence d'un homme de métier, potier ou boulanger, de ces métiers qui exigent un « tour de main », vient du fait que l'artisan a pénétré l'art profond de son métier par ce sens professionnel instinctif.

Chez l'acteur, c'est la seule façon qu'il a de pénétrer une œuvre, de faire des progrès, c'est la seule façon de pouvoir communiquer avec lui, de lui parler, de se faire entendre pour l'enseigner :

a) sens du public. La façon d'expliquer à un élève du Conservatoire ce qu'est le monologue. L'acteur doit d'abord comprendre qu'il doit commencer par « se donner à », qu'il devra dire son monologue au public comme à un seul spectateur.

b) sens du rôle et de l'acteur. On essaie de lui faire ressentir l'humeur dans laquelle il doit être pour jouer ce rôle et, qu'entrant dans le rôle, il ne peut pas s'y comporter sans se soucier du personnage même, c'est-à-dire qu'on essaie de lui donner la notion qu'il est un instrumentiste.

c) sens de lui-même. Troisième sens à développer. Par ce qu'il éprouve dans une exécution, lui faire percevoir en lui-même et sur lui-même l'équilibre des sentiments du rôle et des siens propres (et de ceux du public quand il jouera).

DISPONIBILITÉ DE L'ACTEUR ET SES CONSÉQUENCES*

Le caractère peut-être le plus important n'est pas l'inintelligence du comédien, mais *l'instabilité* dans laquelle il finit par être incessamment à cause de cet état réceptif de l'émotion qu'il recherche, pour traduire les sensations ou les idées. Par conséquent, cette *absence apparente de personnalité* (si tant est qu'on puisse se vanter d'avoir une personnalité, une individualité épanouie, un moi vraiment existant, un « je » réel) cet état d'instabilité à cause de cette réceptivité, le prive de contrôle, d'intelligence, et même de sens tout court. Il ne peut les recouvrer que dans le brouillard de l'exécution. Il part donc d'un emprunt, d'un sentiment qui lui est presque étranger (Rien de ce qui est humain ne m'est étranger, peut-il répondre), pour prendre conscience de soi (de son « soi » devenu un autre ?) au moins de ce qu'il fait, de ce qu'il vit ou agit. C'est un contrôle professionnel supérieur, une intuition spéciale. Il peut paraître aux yeux du vulgaire ou du commun comme très changé, surtout s'il joue des personnages en dehors de son milieu, de ses contemporains. Mais il a sans doute plus de conscience de ce personnage qu'il devient que ceux qui rient ou se moquent de son étrangeté. Homme « déformé », disent les laïcs. Comme un appareil de contrôle des sensations et des sentiments, l'acteur est sans contrôle de lui-même au moment où il s'essaye à ces sensations ou ces sentiments. Il ne peut commencer à être conscient que dans une habitude, l'exécution répétée, assurée. Il est comme une bobine que traverse le courant et s'oriente, se laisse influencer par le courant qui le traverse. S'il veut à ce moment raisonner, concevoir, il ne le fait que sur un autre plan. Il faut qu'à cet instant son intelligence suive docilement sa sensibilité d'abord.

INCONSCIENCE DE L'ÉTAT DRAMATIQUE*

Cet état physique d'abord de réceptivité, de vide, est la base, le point de départ de toute explication de l'acteur. Elle est aussi le fait de l'auteur qui ne raisonne plus ses mots dans l'inspiration qui le fait écrire. Il ne saurait donc être question de juger une pièce, la substance dramatique contenue dans une pièce par l'analyse, l'intelligence et la spéculation des idées qu'elle contient, comme le font les critiques. Le public lui-même ressent physiquement d'abord. L'intelligence des mots, on peut le dire, est presque secondaire. Il s'agit d'émotion (public ignorant le français et qui est atteint par Claudel ou Giraudoux). On entend avec un sens du dramatique spécial à chacun et à tout le monde. On entend d'abord avec le corps, avec le cœur, plus qu'avec l'esprit. (Histoire de l'étudiant de Medellin qui comprenait la messe et n'entendait pas le latin).

LE PROCESSUS DE CRÉATION

Reprenant ce qu'il a établi précédemment, Jouvet retrace dans ce texte les différentes étapes qui, à partir de la découverte du rôle, au cours de « cette phase douloureuse et pénible de la recherche » permet à l'acteur de se laisser envahir par le personnage, sa création devenant alors un acte unique et inimitable.

IL FAUT ENTRER DANS L'OBSCUR, L'INEXPRIMABLE ET L'ININTELLIGIBLE

L'invention s'accomplit dans le nuageux, l'obscur, l'inintelligible et presque le contradictoire.

Sentiment de mordre sur l'inconnu : dans une trouée lumineuse des formes s'ébauchent, des lueurs paraissent, recouvertes bientôt de brumes ; explosions de jours, suivies de retours de nuit. On se sent riche de promesses, au-delà des cercles familiers, des formules connues. Aube de découverte, on vit cette vision sans pouvoir la parler. Il ne faut pas s'arrêter pour fixer un résultat partiel, ou critiquer, tout s'effondrerait, se brouillerait, s'effacerait. Il faut s'abandonner aux ténèbres fécondes où se déploie l'action intérieure. Un souci malencontreux de rigueur ou de précision stérilise et rend impuissant plus que l'absence de méthode. Il faut entrer dans l'obscur, l'inexprimable et l'inintelligible.

Une conclusion neuve peut sortir d'un raisonnement faux. Un ensemble peut être vrai ou neuf, dont chaque élément est une erreur. Il ne faut pas avoir une conscience trop claire de ce qu'on fait, de l'œuvre en cours d'étude.

« À raconter la suite de mes pensées dans une recherche, je passerais pour un imbécile ou pour un fou. » (Faraday)

« La contradiction est signe de vérité » (Renan).

L'intelligibilité est étroitement liée à l'habitude plus ou moins grande qu'on a des choses. Toute nouveauté ou découverte se trouve immédiatement accusée ou incomprise.

Le devenir, l'évolution, la durée, l'expérience, dans une œuvre classique, sont les seuls points de vue qui comptent. L'esprit, la pensée ou la raison ne suffisent pas.

L'acteur a l'habitude de vivre à la surface de lui-même (préalable à l'intuition). Substitution de formes intelligibles, meilleures, à celles que par habitude on tenait pour constitutives de l'esprit : « [...] naturellement cela vous fera croire et vous abêtira », dit Pascal.

Plasticité des classiques : ajustement toujours renouvelé à des situations toujours nouvelles. Le fond, la substance, ou la situation – ce rapport entre les paroles et les actions – sont d'une humanité permanente, mais la situation est toujours nouvelle car elle prend à chaque époque un relief, une coloration, un poids différent par l'allusion qu'elle fait à nos façons nouvelles d'agir. Au fur et à mesure que les époques passent et qu'elle est approfondie par chaque génération, elle prend un poids humain, une densité plus grande. Elle est de plus en plus humaine, sa signification est plus lourde et plus générale. C'est dans ce sens qu'il faut aller et non dans une adaptation.

Le Misanthrope : il faut rendre l'œuvre humaine, pour l'humanité du XXe siècle. Il faut la généraliser dans l'esprit ou l'époque avec son humanisme spécial.

Évidemment elle est romantique en 1830, avec Musset et Schopenhauer, positiviste en 1880, réaliste avec Antoine.

Attitude à trouver. Technique à inventer. Recette d'exécution d'après les règles des prédécesseurs modifiées, adaptées.

Il y a l'identique et le changement associés : c'est la tradition.

Rien de solidifié ou de cristallisé dans une œuvre théâtrale classique.

Nouvelles conditions d'intelligibilité, obtenues par une méditation longue, une attitude soutenue.

Plasticité d'une œuvre : faculté de l'accommoder ; possibilités de concordance, d'adaptation, de modification.

Recherche. Inquiétude, tristesse, obscurité, nuit, angoisse de cette recherche du sens. Tous les bouts par lesquels on cherche à aborder, à pénétrer une œuvre, renoncement et trahison, contradictions nécessaires, refus de la connaissance critique. Il faut se dégager des routines, sacrifier les lumières que l'on possédait. Sentiment du néant d'impuissance et de stagnation – lassitude, sécheresse, désespoir, incompréhension, déchirement de soi-même – quelquefois une « grossesse nerveuse » : rien ne vient. Soudain l'éclair jaillit, un détail, une lueur, on rétablit une évidence nouvelle.

Deuxième phase de la recherche : sens critique, *essai de l'invention.*

Le sentiment qu'on est dans le fantastique, le chimérique, qu'on voit des fantômes, ne doit pas nous décourager ; le sentiment que c'est irréalisable ne doit point faire renoncer, au contraire, ce qui dans la logique d'une invention ordinaire paraît anormal ou monstrueux, est ici au théâtre le signe que l'invention, la vision est heureuse. Rien au théâtre n'est intéressant si une conception, une vision *est facilement réalisable.* Il faut en quelque façon que, trouvée dans un éclair d'intuition, *à partir de certaines contingences techniques*, elle paraisse, elle soit, dans une certaine mesure impossible, car le théâtre doit d'abord être dans ce domaine de l'inatteignable, du supérieur, de l'anormalité, de l'excessif. C'est l'impalpable – et le vertige – de l'esprit.

Le contrôle de cette invention ne peut pas suivre l'invention, c'est le domaine de l'imaginaire et la particularité des inventions de théâtre. Il faut donc que le départ de ces imaginations se fasse depuis les éléments constitutifs : détails techniques, distribution, salle, public, puis il faut passer à la découverte, dans le vertige du recueillement.

Il n'y a de vérification qu'à l'essai. Mais il faut être hardi et rejeter toutes les formules didactiques, critiques et tous les souvenirs – le déjà-vu.

Souvent d'ailleurs, l'invention, la source de l'invention se produit, par une *opposition*, une *contradiction* avec ces formules ou ces souvenirs, par *un approfondissement critique de ces premières données, une attitude contre, ou inversement une attitude pour*, c'est-à-dire un prolongement, une amplification des données que l'on possède déjà par la critique ou les exécutions auxquelles on a assisté. C'est le départ depuis une anecdote insignifiante, un jeu de scène, une critique, une méthode antérieurement acquise.

Cette attitude d'esprit est juste. Il ne se peut pas que toute cette soi-disant tradition n'ait dévié ; ne serait-ce que pour contrôler son authenticité, l'étude historique de la pièce, la recherche d'une compréhension moderne, actuelle, *nécessite l'examen de la tradition.* C'est ce que j'ai souvent tâché de faire, malgré les difficultés que présente un tel travail. Les conceptions successives s'opposent ou se suivent – du moins en apparence – l'examen méditatif de ces conceptions (dans la mesure où l'on peut y accéder par des documents, faits, anecdotes, critiques) oblige à un approfondissement qui devient fécond pour l'imagination et le sens dramatique.

C'est une « *réinspiration* » que l'on obtient. L'essentiel est d'arriver dans cette remontée à *l'inspiration originelle, le sens premier*, non pas dans la réinvention de la première représentation [Lyonnet[118]] mais dans l'intuition par les conditions de cette représentation, du sens originel de cet horoscope spirituel qui est à la naissance d'une œuvre ; et de réorienter ce sens premier dans l'actualité de notre époque, en tenant compte des altérations, des amplifications, prolongements que les représentations successives et postérieures lui ont donnés.

C'est une adaptation, par l'étude de l'œuvre, sa connaissance obtenue par son historique, dans laquelle le sens dramatique se nourrit et finit par choisir une tendance, un sentiment plus parfait, à l'aide de retouches et d'agrandissements.

Cette méthode que j'indique, que j'ai pratiquée, n'est qu'un résultat. Ce n'est point une conclusion logique, si je l'explique logiquement, c'est parce que je l'ai pratiquée.

L'originalité eût été de poser le problème, – il n'y en a au théâtre qu'un seul – le succès.

Le problème du théâtre, du classique, est permanent.

Cette méthode est la critique, et l'application des découvertes antérieures, des représentations que l'on a faites avant nous.

Il faut savoir *s'étonner*, *remarquer* et *tirer parti.*

Une incubation prolongée est nécessaire, période préparatoire, longue, complexe, laborieuse.

Il faut *contracter des habitudes intellectuelles.* Monter par avance des « mécanismes », des états sensibles, prêts à jouer d'eux-mêmes, schématiser, résumer des discours en sentiments, favoriser des sensations, s'entraîner à des gestes, des attitudes, des pensées, pour qu'ils se mettent en branle au moindre signe, force sensible en état de disponibilité. Nécessité des lectures, des attitudes dans la vie.

Ce mécanisme, cet automatisme, cette préparation méthodique, cette discipline, cette plaque sensibilisée est nécessaire à une création, à la liberté de la création, à la descente, visite du sentiment vrai, du personnage pur, à une véritable incarnation.

118 Henry Lyonnet (de son vrai nom Alfred Copin, 1853-1933) est un homme de lettres, connu pour ses travaux sur l'histoire du théâtre. Jouvet fait allusions à ses ouvrages *Les Premières de Molière* (1921), *Les Premières de P. Corneille* (1923), *Les Premières de* J. Racine (1924) et *Les Premières d'Alfred de Musset* (1927). Lyonnet est également l'auteur d'un dictionnaire des comédiens.

C'est un mécanisme préposé à un mécanisme supérieur : celui du rôle, qui va trouver dans ce premier état, une amorce, pour se mettre à fonctionner lui-même dans le rythme du personnage, en libérant l'acteur de cette phase douloureuse et pénible de la recherche.

Il faut dans ce mécanisme préparatoire, décalquer, copier, imiter, pasticher, dans une méditation qui essaye sur le texte, compare, cherche un unisson, pour s'imprégner, s'exhorter, se faire la main, c'est-à-dire le cœur et l'esprit, et prendre soudain un élan.

L'invention de l'acteur, c'est d'abord percevoir, se souvenir ; pratiquer ce premier *mimétisme du texte* ; s'ajuster au texte et obtenir par lui le mimétisme supérieur qui fait découvrir le sentiment. Longues pensées préparatoires, prévision qui permettent de choisir, de modifier au dernier moment, de conditionner l'exécution aux difficultés ; esprit d'à-propos, sensibilité éveillée qui permet de transposer une exécution. Exemple d'accident qui arrive lorsqu'un partenaire modifie son jeu[119].

Trop souvent l'acteur ne fait que copier hâtivement son professeur, le comédien qu'il préfère, celui qui l'a impressionné et ne réalise pas assez profondément ce travail préparatoire qui est sa méditation, active et sensible. C'est pour cela que sa « création », son « invention » ne sont pas fécondes.

L'acteur se satisfait uniquement dans le fait d'avoir un nouveau rôle. Il ne mesure pas l'effort nécessaire à faire, l'attitude à trouver. Il se satisfait par le plaisir du nouveau rôle, les préoccupations qu'il apporte, le désir même d'y atteindre le font négliger la réflexion sensible. L'ignorance aussi dans laquelle il est, l'isolement où il est dans la pièce que l'on va jouer et dont il ne sait pas plus que le metteur en scène souvent, le sens et le ton qu'elle va prendre. Le goût de l'aventure le laisse trop inerte par ailleurs et il agit automatiquement, il sait d'ailleurs déjà le rôle,

119 Cet « accident » est arrivé à Jouvet à la première de *Jean de la Lune* de Marcel Achard, lorsque Michel Simon est entré en scène en développant un jeu totalement différent de celui qui était prévu en répétition : « Le soir de la générale vint enfin. Jouvet, dans sa première scène avec la bonne, avait merveilleusement indiqué son rôle tout en demi-teintes et en finesses exquises. La porte s'ouvrit et Cloclo entra. Pas le bafouilleur amnésique des répétitions. Une force de la nature. Un garçon qui savait parfaitement son rôle et en connaissait toutes les possibilités. Chaque mot qu'il disait soulevait les rires. C'est à ce moment-là que Jouvet fit réellement voir quel extraordinaire comédien il était. Déconcerté un instant par l'éruption de ce volcan comique, il se reprit très vite, opéra un redressement prodigieux, et, rectifiant insensiblement l'interprétation qu'il avait établie, se mit au diapason et obtint à son tour un véritable triomphe. » Marcel Achard, « Les grandes premières, *Jean de la Lune* », in *Les Annales*, Nouvelle série n° 30 – avril 1953, p. 56 *sq.*

il est pressé, il en dit le texte aussitôt, trop tôt, il travaille trop tôt, *il anticipe déjà sur le personnage* ; et le personnage n'ayant plus à répondre à une sollicitation, à l'évocation nécessaire, fuit et disparaît, au moins se fige, se contracte dans une grimace. *Ce n'est plus qu'un masque.*

Ce n'est plus chez l'acteur qu'*un vagabondage*, sans ordre ni discipline, où sa sensibilité se répand, où sa raison intervient trop tôt, sa pensée s'anime déjà sans précaution, maladroitement, sans crainte d'effaroucher un être plus vivant que lui. Ceux-là ne joueront jamais rien, à peine eux-mêmes. Le rôle (fantaisie, un vagabondage personnel sans ordre ni discipline) est obtenu sans le rite nécessaire à cette évocation, à cette sorcellerie. Il faut aller prudemment, lentement avec défiance de soi-même surtout, s'enrichir longuement avec patience, chercher toutes les occasions favorables, amasser les matériaux sensibles nécessaires, faire d'innombrables tentatives, *favoriser les chances de rencontres avec le texte.* C'est une conjuration de la sensibilité.

Puis il faut *choisir par contrôle, juxtaposition, réflexion sensible, ordonner ses documents, les vivre*, y incorporer toute l'énergie de son corps et de son âme, pour les graver, les classer en soi-même.

Par l'attention, le contrôle, le dédoublement, une introspection attentive, où luit déjà un sens premier de l'intuition, une première pensée intuitive, une lueur, accompagne ce travail de recherche qui s'oriente peu à peu, *sorte de contemplation entre soi et le rôle*, où l'on commence à distinguer les deux pôles de ce phénomène qui sera l'exécution créatrice. L'attention et la contemplation ne sont possibles qu'après ce premier travail, cet exercice où l'on s'efforce de s'enrichir, et se documenter spirituellement et sensiblement.

– Ensuite efforcement supérieur, vers une unité obtenue par des découvertes successives, le sentiment qu'on approche, que *le mouvement*, la vie vont naître. Animation soudaine de longs fragments du rôle.

– Puis problèmes de détails, jeux de scène introuvables. *La difficulté extrême doit donner une preuve intérieure que la voie où l'on se trouve est la vraie, ou la bonne.*

– La concentration et le recueillement augmentent (alternés avec encore des découragements) mais avec un sentiment de bonheur, de récompense, *d'adhésion du personnage qui donne pour lui une sympathie efficace*, obtenue de lui, un sentiment d'accord, qui est l'aboutissement de *l'attitude d'amitié voulue et déférente qu'on lui a d'abord accordée et qui est capitale.* Sentiment d'intérêt passionné, réalisation proche, espérance de succès, d'originalité – L'attention de l'acteur est alors facile, elle est heureuse – *contrôle des répétitions*, nouvelles tortures et angoisses.

– Introduction au sein même de l'œuvre par méditation ; à ce moment la moindre circonstance, le moindre choc, détail, ébranlent et éveillent l'esprit et la sensibilité et deviennent invention, nouveauté, création, *état libre et personnel obtenu par une digestion des difficultés premières ou des souvenirs, des jeux de scènes qui ont servi au départ.*

– C'est une acquisition de pouvoir de synthèse, mais pénétré par une analyse méditative, obscure, longue, pénible.

– Besoin de l'esprit, tendance vers quelque chose, dans un intense désir de création, d'exercice de vie. *C'est encore le retour à la sensation pure.*

– *Étincelle inspiratrice, produite, reçue, et qui est le mystère de l'intuition.*

C'est une aptitude, résultat d'un apprentissage, assouplissement, entraînement spontané ou réfléchi.

Une sensibilité plus vive, une habitude plus déliée en sont les moyens.

C'est une attitude de l'esprit, une attitude orientée de certains états, d'un naturel acquis ou développé.

Dissociation, puis association, voilà les deux phases.

Dissociation, dissolution des habitudes, des routines, des combinaisons ordinaires, démontage des mécaniques sues, morcelage jusqu'aux matériaux primitifs, *jusqu'à cette indétermination mobile*, cette incertitude nécessaire, pour libérer l'esprit.

Et pour cela multiplier les idées, les essais, les points de vue, exercice à l'infini de l'imagination, jusqu'au paradoxe même, faire la guerre à tout ce que l'on sait, connaît, aux formules, aux axiomes, aux évidences, aux expériences antérieures, aux traditions, créer en soi le doute, susciter le mystère.

Se prêter à l'expérience, s'y donner, mais pour voir, accueillir pour pouvoir repousser.

Le but n'est pas de douter mais de comprendre.

Ce travail d'ailleurs est quelquefois l'œuvre d'une époque ou de plusieurs et c'est là où nous en sommes pour Molière. Son œuvre est si contredite et contradictoire qu'il faut bien dans cette absence de signification sûre adopter cette attitude de suspicion.

Puis après la dissociation, cette ruine volontaire, cette destruction, détérioration systématique pour décomposer les éléments, cette désagrégation vient l'*association, la synthèse* : une construction.

C'est là que naissent la faculté d'étonnement, la nouveauté, les aventures exploratrices, les ébauches, les amorces du travail de répétition, les essais, les rêves, les tentatives, les imaginations, le commencement d'une mise en action.

– Association à des enchaînements de scènes, un jeu de puzzle, de reconstruction ; c'est *la découverte du rôle*, les répliques doivent s'assembler dans une continuité : les trous vont se combler des répliques des partenaires. Le rôle se fera par une nouvelle plasticité, où l'acteur commandera ou non – autre difficulté ; la dépendance du protagoniste ou sa supériorité sera fonction de l'écriture de la scène. Les idées, les sensations s'accrochent. Juxtaposition ou appel de sentiments – engrènements, *jusqu'à ce que naisse une continuité où le rythme déjà s'éprouve*, se devine et force à atteindre un but cherché, un ton, une première découverte, un premier état – *l'esprit s'est renouvelé. Il est libéré de la tyrannie des idées toutes faites*, des principes routiniers, d'où naissent l'automatisme dans le jugement et les systèmes a priori. On a oublié ce qu'on savait, on s'est refait un esprit neuf. On a vu *la réalité* d'un texte.

C'est alors que se produit *la crise*, repos, calme, paix qui succède aux angoisses de la recherche. Puis sorte d'absorption intuitive – entrée dans le rôle, sentiment d'une nouvelle phase, donc initiation neuve, extase sensible (passivité obtenue vis-à-vis du rôle), *purification de la sensibilité.* On se sent fort, il y a adhérence au sujet, au rôle, éveil d'une puissance d'action – ressort – goût d'agir.

La fine pointe, le centre de l'âme des mystiques sont ici concernés, *supra-conscience* : *la vie animale, physique et la vie spirituelle – sensibilité disjointes jouant séparément – se rejoignent.*

Il y a création d'images, mais l'inflexion, le geste pensés, ne sont que des mouvements de vie intérieure – certains rythmes de la respiration profonde – qui mettent la sensibilité en branle.

Le réel véhiculé dans l'abstraction, c'est l'intuition aussi et la poésie. C'est le « sens intérieur » du texte, son rythme.

Résumé de ce travail de recherche :

1) Être homme d'action réaliste. N'avoir point de préjugés, s'affranchir de l'érudition livresque, éliminer toute forme interposée entre le rôle et l'esprit, se libérer des théories habituelles. Pas de principes absolus, pas

de convictions a priori, pas de dogmes formulés, pas de méthodes passe-partout ; mais des idées modestes, humblement militantes, proches des choses, variables d'un cas à l'autre, prêtes à se transformer au besoin, n'ayant de fixe en elles qu'une tendance, une direction, un idéal, un sens du mouvement. C'est sur des cas particuliers qu'on invente.

2) Faire en sorte que cette marqueterie décomposante passe à l'état d'unité et soit un moment de conscience.

3) Viser à la mise en pratique, à l'aboutissement.

4) Avoir la faculté de discernement et d'identification. *Contracter de nouvelles habitudes d'imagination*, seul moyen de vaincre celles qui, épuisées ou superficielles, enlisent dans la routine ou asservissent dans la banalité. De là le caractère confus, obscur, compliqué, presque inintelligible, parfois contradictoire ou absurde que présentent les « aubes d'intuitions ».

Mais il faut être *un héros de la vie intérieure*.

LE TEXTE

« C'est du texte qu'il faut toujours partir, pour tout » écrit Jouvet et il ajoute « mais encore faut-il savoir s'en servir. » : ce n'est pas la lettre du texte qui guide l'acteur, mais sa forme, son écriture ; ainsi l'acteur ne doit pas se fixer pour mission première de faire comprendre le sens du texte, mais d'en trouver la respiration, le rythme, le phrasé, l'élocution. « Un texte est d'abord une respiration écrit Jouvet, l'art du comédien est de vouloir s'égaler au poète par un simulacre respiratoire qui, par instant, s'identifie au souffle créateur[1]. » Pour prendre tout son sens, un texte devrait dans l'idéal être respiré comme il a été écrit. Le texte devient alors une partition musicale, où l'acteur, semblable en cela au musicien, trouve les rythmes, les sons et le phrasé de son interprétation personnelle.

CONSEILS À SOPHIE MOULAERT[2]

Louis Jouvet à Sophie, *12 avril 1940*

Je n'ai guère de conseils à vous donner. Évidemment, vous avez raison de vouloir passer votre bachot. Il faut aussi énormément lire ; lire du théâtre, lire des romans, des poésies. Il faut encore beaucoup rêver, inventer des personnages, en composer d'autres d'après vos lectures. Tout cela est facile ; vous n'avez qu'à suivre votre penchant. Mais il y a une chose que je peux vous dire, une pratique que je peux vous conseiller. Faites de la diction. Prenez un texte (du Molière, du Musset) et lisez-le cette fois sans chercher à interpréter, sans y mettre aucun sentiment, aucune sensibilité, simplement en vous efforçant de « dire » ce texte et de le dire

1 Louis Jouvet, *Prestiges et perspectives du théâtre français*, Paris, Gallimard, 1945, p. 54.

2 Sophie est la fille de René Moulaert (1901-1965), décorateur belge, concepteur pour Jouvet des décors de *Judith* de Jean Giraudoux (1931), du *Roi masqué* de Jules Romains (1931), de *La Pâtissière du village* d'Alfred Savoir (1932) au Théâtre Pigalle, de *La Margrave* d'Alfred Savoir (1932) à la Comédie des Champs-Élysées et de *Tessa* de Jean Giraudoux au Théâtre de l'Athénée (1934).

dans le rythme qui lui convient. C'est cela qui est difficile. L'acteur doit pouvoir retrouver exactement le rythme dans lequel un morceau a été composé par son auteur. Cela va vous paraître obscur quand vous lirez cette lettre, mais, un texte en main, je crois que vous comprendrez ce que je veux dire. Vous devez aussi exercer votre mémoire, apprendre par cœur ces morceaux (toujours sans y introduire de sensibilité). Il faut que vous vous habituiez à déchiffrer un texte, comme un musicien solfie un morceau : ce n'est que lorsqu'il le possède parfaitement, quand il l'a bien dans les doigts qu'il se permet d'y mettre son accord personnel, ce n'est qu'alors quand il en connaît parfaitement le mécanisme, qu'il peut se permettre de l'interpréter.

Ce que je vous demande là, c'est un peu de la culture physique, un exercice de mémoire, d'articulation, de respiration.

UN TEXTE N'EST PAS UNE DENRÉE MAIS UNE FORCE

Extrait de la conférence prononcée à l'Institut Mexicano-Européen de Relations Culturelles, à Mexico, le 16 avril 1944.

Il me faut parler de ce qui est essentiel dans l'Art dramatique... de l'écriture d'une œuvre, de son texte.

Le sujet d'une pièce de théâtre n'est pas l'essentiel de l'œuvre, comme vous pourriez le croire, c'est son texte. Les mêmes sujets ont été repris, réécrits, par des auteurs différents, à chaque époque... Ce qui rend ces pièces dissemblables, ce n'est pas l'angle particulier sous lequel l'auteur a vu le sujet, c'est-à-dire le thème qu'il a exploité dans l'action ou l'anecdote choisie ; ce qui fait leur originalité, leur valeur, c'est leur texte.

Quand Giraudoux m'a donné, en 1930, son *Amphitryon*, j'ai lu sur le manuscrit, de son écriture légère : *Amphitryon 38* et, naïvement, je lui ai demandé : Pourquoi 38, nous sommes en 30 ? » Il m'a répondu : « Cher Ami, ce n'est pas une question de millésime, c'est que j'imagine que depuis Plaute, il y a eu 37 confrères avant moi, y compris Molière, qui ont traité ce sujet ». Renseignements pris par amusement, nous en avons trouvé 75.

Non, le sujet d'une pièce n'est pas l'essentiel d'une œuvre ; ce n'est pas l'imagination qui fait un grand auteur dramatique et Racine dit dans sa préface de *Bérénice* : « Toute l'invention consiste à faire quelque chose de rien ».

Dans ce sens, l'invention, c'est l'inspiration de l'écrivain et pour dire plus simplement encore, je dirai que l'inspiration de l'écrivain, c'est l'écriture de son œuvre, que l'invention et que l'inspiration de l'auteur sont contenues, incluses, dans le texte d'une pièce.

L'Amour veille, cette comédie charmante de Robert de Flers[3] traite exactement le même sujet que l'*Andromaque* de Racine. Sophie Bernier aime Ernest, qui aime Jacqueline, laquelle aime André de Juvigny. De même qu'Oreste aime Hermione qui aime Pyrrhus lequel aime Andromaque. Vous ne vous en doutiez pas. Il n'y a entre ces deux pièces que cette différence que l'une est écrite dans un langage ordinaire alors que le texte de l'autre est l'expression des sentiments humains portés à la plus haute tension.

Le miracle d'une pièce s'opère d'abord par la vertu de son texte…, et le seul problème du théâtre, je le répète, est dans l'écriture d'une œuvre, dans son pouvoir d'éloquence ; c'est-à-dire aussi de diction ou de déclamation. Tous les autres problèmes sont secondaires à celui qui est le problème spirituel du théâtre.

L'art du théâtre, l'art du metteur en scène, l'art de l'auteur et du décorateur, je dirai surtout la participation du spectateur, sont internes au texte.

Le texte, c'est-à-dire les paroles écrites, imprimées, l'ensemble des répliques, discours, monologues, et duos des acteurs, par quoi se fait sur la scène une conversation. Le débat des entreparleurs, ainsi qu'on appelait autrefois les comédiens. Ces petits paquets de signes noirs sur blanc, imprimés sur le papier, que sont les phrases, le texte, est de l'énergie humaine dans sa forme la plus parfaite de dessiccation[4] et de conservation, et les mots d'une phrase ou d'un vers sont les traces, les

---

3 Robert de Flers, marquis de La Motte-Lézeau, comte de Flers (1872-1927) est auteur dramatique et librettiste ; il a écrit avec Gaston Arman de Caillavet des vaudevilles et des comédies spirituelles, telles que *L'Amour veille* (1907), citée par Jouvet, ou *Miquette et sa mère* (1906) dont Henri-Georges Clouzot a tiré en 1949 un film dans lequel Jouvet jouait aux côtés de Danièle Delorme et de Bourvil.

4 Littéralement : action de dessécher. Ici Jouvet donne manifestement au terme le sens de dessèchement.

cicatrices des sentiments du poète. De ce point de vue, tout devient différent et les questions de syntaxe, de style, de rhétorique ou de prosodie, deviennent secondaires, et pour faire un peu de paradoxe, le sens de la phrase elle-même n'est pas tellement essentiel, puisque nous avons vu s'intéresser et s'émouvoir des spectateurs qui n'entendaient pas la langue que nous parlons.

Cette interprétation du théâtre peut paraître excessive, elle n'en est pas moins certaine. Mais nos habitudes, cet usage immodéré que nous voulons faire en certains domaines de notre faculté de comprendre, ne nous permet pas de l'admettre tout de suite.

Quand il est sur les bancs de l'école, hélas, le futur spectateur ne reçoit pas une éducation conforme à ce point de vue, vous le savez tous, et c'est par la raison, et par la logique qu'on essaie de lui faire entendre le théâtre et la poésie. C'est par dissertations, compositions et démonstrations qu'on veut qu'il comprenne la beauté d'un vers de Corneille ou de Racine.

« Le jour n'est pas plus pur que le fond de mon cœur[5] », dit Hippolyte à Thésée, son père, pour crier son innocence.

« Admirez ce vers, Messieurs, dit le professeur, on ne peut pas changer un mot : c'est admirable ! » Et l'élève reste béat de stupéfaction dans une totale bonne volonté.

« Le jour n'est pas plus pur que le fond de mon cœur. » Et le professeur s'exténue à commenter et persuader, par forme logique, ce qui ne relève que de la sensibilité…

On ne peut pas changer un mot, donc c'est admirable. Cette déduction est fausse, je dirai même : elle est bête ! Elle est bête, parce qu'elle n'explique rien, que l'explication n'est pas là, l'explication est ailleurs, elle est au rebours de la phrase et il serait plus juste de dire : « C'est admirable, parce qu'on ne peut pas changer un mot, parce que, à cause que, pour la raison que, on ne peut pas changer un mot.

Cette inversion n'est pas comme « chou vert » et « vert chou » car on ne peut pas changer un mot est une constatation et je le répète, ce n'est pas parce qu'on ne peut pas changer un mot que c'est admirable.

C'est admirable parce que l'expression de l'écrivain est telle, d'une telle puissance, d'une telle perfection, qu'on ne peut pas, qu'on ne peut plus changer un mot, qu'il n'est plus possible de changer un mot, et c'est

5 Racine, *Phèdre*, avec IV, scène 2.

par cette perfection interne et de sensibilité que le vers est admirable et qu'il est parfait.

Ceci n'est pas une querelle, c'est une mise au point, disons une remise au point de la question.

Pour nous, comédiens, acteurs, cette déduction n'a pas d'intérêt ; qu'on ne puisse pas changer un mot est une évidence qui ne transporte pas, qui ne renseigne pas, au contraire même je dirai que c'est une constatation ennuyeuse. On ne peut pas changer un mot, c'est désespérant, c'est triste, il n'y a pas moyen de rien changer. On est bien obligé de le savoir par cœur, ce vers ! On ne peut pas changer un mot. Ce n'est pas cela qui est admirable. Et ce n'est pas parce qu'on répétera inlassablement, à chaque vers parfait, et Dieu sait qu'il y en a dans Racine, cette constatation que l'on entrera dans le secret de ce métier et de cet art.

Le secret… c'est le secret de la fabrication du vers et que le poète soit arrivé à cette extraordinaire altitude dans le sentiment, à cette plénitude d'expression, à cette perfection en soi-même, pour écrire ce vers à quoi on ne peut pas changer un mot, à quoi l'on ne peut plus rien changer.

Ce qui est admirable, c'est l'écriture du vers à ce moment-là, dans le moment où le poète l'a écrit, et non pas le vers lui-même, c'est le sentiment qu'il contient en puissance, ce vers, et non pas les mots dont il est formé, ils n'en sont que l'écorce ou la pelure, ce qui est admirable est que ce vers contient l'inspiration de l'auteur, c'est-à-dire les sensations, les sentiments qui le lui ont fait écrire ; qui l'ont étreint au moment où il l'écrivait et qui, pour l'acteur, quand celui-ci sonorise, profère, déclame ce vers, atteignent ensuite le public par un incompréhensible envoi dans lequel l'intelligibilité n'est plus en question.

Le secret du théâtre, de l'art dramatique est dans l'ordre, l'opération de l'écriture d'une pièce et donc dans la préséance, la primauté du poète dramatique. Un texte n'est pas une denrée, mais une force. Pour le comédien, pour l'acteur, ce vers, quand il le profère, quand il doit le dire, c'est avant tout pour lui un état à atteindre, un point culminant dans l'expression auquel il faut qu'il arrive, par une sensibilité telle qu'elle lui fasse dire ce vers dans cette plénitude où il a été écrit, dans cette plénitude où l'on ne peut rien changer. Et qu'il le dise si parfaitement que ce soit comme s'il le trouvait, comme s'il l'inventait, comme s'il le créait lui-même, que ce soit comme si l'auteur l'écrivait de nouveau à cet instant même.

Et alors, de même manière, le spectateur entend le vers, non plus dans une signification abstraite, dans sa syntaxe et son sens immédiat, mais dans la puissance créatrice du sentiment où il a été écrit. Il le reçoit, comme à l'instant où ce vers a jailli du cœur et du cerveau de l'écrivain.

« Et alors, dit le poète, l'âme du spectateur s'élève comme transportée au-dessus d'elle-même et se remplit d'une espèce de joie orgueilleuse, comme si elle avait produit ce qu'elle vient d'entendre. »

Cette facilité de sentir ainsi, c'est la partie active du spectateur au théâtre et c'est aussi sa récompense, car le spectateur n'a pas besoin de suivre toutes les nuances des idées que comporte une phrase, en pesant le poids de chaque mot. Le spectateur qui aurait cette prétention me ferait penser à celui qui, en musique, voudrait, à la première audition, suivre le détail de chaque instrument et son rapport avec l'ensemble, entendre la mélodie et la phrase dans sa cadence et sa mesure, se laisser aller en même temps à ses rêveries personnelles, cependant qu'il croirait boire à source vive de la métaphysique des sons, celui-là en veut trop et se trompe. Le théâtre, dans ce sens, comme la musique, est poésie.

Et la poésie des sons, comme celle des mots, est à la portée de tout le monde, mais à condition de se donner à elle, sans volontés intellectuelles.

Et si telle phrase, telle tirade, dans une pièce, paraît inaccessible au spectateur, c'est qu'il y cherche, avec une intelligence trop terre à terre (trop à lui, hélas !) un sens qu'il ne peut trouver que par sa sensibilité. *C'est une question d'attitude*, tout ici est question d'attitude et de comportement intérieur, attitude de l'auteur pour se laisser pénétrer par l'inspiration, attitude du comédien pour se soumettre à son personnage. Enfin, attitude du public, pour écouter.

Il faut que le spectateur, l'auditeur, sache qu'une sorte de modestie intellectuelle, un abandon, sont nécessaires, qu'il se laisse aller au texte, qu'il fasse confiance à l'auteur et à l'acteur, quelle que soit la difficulté qu'il ait à suivre le sens ou les idées, car la soif qu'il a de comprendre tout et tout de suite arrête en lui ce pouvoir d'émotion supérieure qui est le fait même de la poésie.

Il y avait à Medellin, seconde ville de Colombie, une dizaine de Français et quelques Antiochéniens, ce qui faisait à peu près une cinquantaine de spectateurs qui comprenaient le français. Néanmoins, le théâtre était plein et le « poulailler », les galeries supérieures, regorgeaient tous les soirs d'étudiants. L'un d'entre eux qui ne comprenait pas un mot de notre langue assistait cependant à tous nos spectacles. Quelques-uns de ses camarades, moins intéressés par nos exercices, se moquaient de lui. « Ils disaient que je ne comprenais rien, m'expliquait-il, mais moi je sais bien que je comprends tout… » Et muni du petit résumé de la pièce, traduit et imprimé sur le programme pour se mettre au fait de l'action, il se laissait aller ensuite à l'audition de la pièce. « Tu es idiot ! Tu vas au théâtre français tous les soirs et tu ne comprends rien ! » lui dit un jour un de ses camarades.

« Et toi, répondit-il, tu vas à la messe le dimanche, est-ce que tu comprends le latin ? »

L'art dramatique, aussi, a dans son mystère des formes cultuelles, et je citerai dans ce sens, ce mot d'un excellent théologien catholique qui me disait un jour, au cours d'une discussion où nous parlions du théâtre : « Au fond, oui, je vous concède, il y a dans le théâtre une manière de culte, en ce sens que le culte des grands sentiments est encore une façon d'honorer le Seigneur… mais, ajouta-t-il vivement, je n'irai pas plus loin ».

LE TEXTE PREND SON SENS UNIQUEMENT LORSQU'ON LE DIT

Le texte prend son sens uniquement lorsqu'on le dit, quand on le prononce, en scène ou ailleurs. Mais seulement lorsqu'on le dit et lorsqu'on l'écrit. *Lire, même à voix basse, un texte de théâtre, c'est un contresens.*

Écouter une scène du *Misanthrope* au Conservatoire, le matin – et Dieu sait si je l'ai entendue ! – mais ce matin l'élève ne m'intéresse guère, c'est un paresseux et j'écoute le texte pour moi. Sans entendre l'élève qui ne me donnera que du dépit, j'écoute uniquement le texte de Molière proféré à haute voix, ce pourquoi Molière l'a écrit, et mon humeur trouve dans ce texte un sens particulier ce matin, nouveau. Toutes sortes d'associations d'idées me viennent en l'entendant. Il a un sens spécial à mon humeur, à mon état d'esprit, et je ne reviens à l'élève que de temps en temps. C'est un vaniteux en plus de sa paresse, et je « le » regarde et je l'entends dire : « Quel avantage a-t-on, qu'un homme[6]... ». Résonance personnelle du texte, suivant les *incidences* où on l'entend – Boverio[7].

Le texte n'a un sens que lorsqu'on l'adresse à quelqu'un : partenaire ou public.

Le texte, c'est comme Dieu, à chaque fois qu'on le cherche ou qu'on pense à Lui, il a un sens différent – une figuration différente, une sensibilité, une amitié particulières – et toujours approprié, sympathique ou non, mais *existant* et *répondant.*

La lecture n'est pas suffisante. C'est un contact trop particulier. Il est étranglé, filtré, rétréci par une intimité trop intellectuelle. C'est une fleur coupée de son rosier. C'est un isolement. *Le texte est abstrait.*

Répétitions sur les marches d'escalier du théâtre Bolivar à Medellin, la situation, l'à-propos des paroles prononcées, suffisent à rendre ce texte vivant sur des tons très différents, familiers, transposés à notre répétition, notre humeur. Denise[8] passe et je lui adresse les propos de la tirade du IVe acte, et elle s'arrête pour écouter et le texte a un sens qu'il n'aura jamais dans une classe de rhétorique ou dans les réflexions que peut faire un lecteur, car à ce moment il appelle les annotations et les astérisques, mais il perd toute finalité, toute raison d'être. Il perd son sens et son utilité.

Boverio durant les répétitions de *L'Impromptu*[9], quand je dis : « *On ne peut pas s'attacher aux éphémères* » prend cette réplique pour lui, s'imagine parce que je me tourne de son côté que je la lui décoche.

6 *Le Misanthrope*, acte I, scène 1. La phrase est dite par Alceste.

7 Auguste Boverio (1886-1950) était un comédien de la troupe de Louis Jouvet, distribué notamment dans plusieurs pièces de Jean Giraudoux. Dans son cours non publié du 28 novembre 1950, Jouvet tient sur lui des propos qui précisent son affirmation : « Auguste Boverio, qui vient de mourir, présentait dès sa jeunesse des phénomènes de conscience extraordinaires, à ce point que parfois en scène, il en était distrait, il s'arrêtait au milieu d'une tirade, sur un mot, et s'étonnait d'être là. »

8 Denise Delavigne jouait des petits rôles lors de la tournée en Amérique du Sud, sans pourtant faire partie de la troupe. Elle a écrit un livre sur sa rencontre avec Jouvet, *Chances d'une vie*, Genève, La Louve éditions, 1979.

9 *L'impromptu de Paris* de Jean Giraudoux, créé le 4 décembre 1937 au Théâtre de l'Athénée dans une mise en scène de Louis Jouvet.

Le moindre incident dans la journée avec un partenaire du soir fait que le texte qu'il dit a une *signification nouvelle ce soir-là.* Il semble qu'il le dise avec intention et qu'il cherche à détourner le sens de temps en temps au bénéfice de l'incident de l'après-midi. De même, deux jours après, quand on lui fait part de ce qu'on a éprouvé, il avoue lui-même qu'il a entendu ce soir-là certaines de vos répliques d'une façon qui témoignait de votre animosité ; il lui semblait que vous faisiez allusion, ce soir-là, en disant votre texte, à cet incident, et il nie avoir eu, pour sa part, dans l'esprit le moindre sous-entendu en disant les répliques qu'il a semblé vous adresser avec intention.

Le texte s'adresse à quelqu'un. Le texte a une vie qu'il ne prend que lorsqu'il est dit à haute voix et pour une « adresse », lorsqu'il est décoché, envoyé, parlé à quelqu'un. La phrase, le texte simplement écrit et lu n'a pas de valeur dramatiquement.

TEXTE. JEU. INTUITION

Le texte sert d'abord à l'acteur pour s'animer lui-même. Il s'anime en lisant le texte, comme tout lecteur (ou tout spectateur) mais son animation, son désir de participation est plus vif, plus égoïste, moins objectif. Il reçoit moins qu'un autre. Il est provoqué en lui-même et il se sert du texte pour un jeu personnel. C'est le mirage de la sincérité.

S'il réfléchit, il ne saurait manquer de le faire après quelque temps d'exercice, quelques conversations, quelques colloques avec lui-même, quelques brusques atteintes en lui-même, pendant qu'il joue, quelques rires moqueurs… il sent que cette sincérité doit être calculée, utilisée avec précaution, mise en œuvre.

Deux tendances se précisent en lui : ou il se joue lui-même dans une sincérité composée, adaptée pour sa propre satisfaction et son succès, ou il se dépersonnalise pour se mettre au service d'un rôle ou d'un personnage (c'est l'entrée en la religion des héros du théâtre).

À ce moment le texte a une valeur différente. Il est *la trace*, l'effet d'une action et des sentiments d'un personnage.

L'acteur a aussi découvert que ce personnage est fait pour le public en même temps que pour lui. Son égoïsme cesse ou se tempère nécessairement. Il accommode sa subjectivité.

L'acteur dit le texte avec une sorte de circonspection, de prudence où il fait entrer la nécessité de se faire entendre ou comprendre, de se faire voir. Il corrige son erreur première et découvre *l'exécution*, son insuffisance par ses moyens personnels (ridicule d'un costume chez un débutant, l'enthousiasme, sa personnalité excessive, le ridicule qu'il frise ou dans lequel il tombe sans le savoir.)

Apprentissage de présence et d'autorité au contact du public et par le développement d'une science personnelle et l'utilisation de *ses moyens*.

État supérieur, où il sait que le texte doit servir d'une certaine façon ; *le texte est un résultat. Il faut le retrouver à l'état naissant*, car ce qui importe, c'est l'acte, l'action, non le propos ou la tirade démonstrative, convaincante par raisonnement ou élan artificiel (romantisme, autre sincérité montée à la hauteur d'un procédé de l'excessivisme constant, exaspération voulue).

Le texte apporte un sentiment, un état que l'acteur doit éprouver ; puis il faut dire le texte aidé par ce ton, cette humeur obtenue par le sentiment, mais sans la sincérité première, comme le musicien qui ayant trouvé le ton, pousse la note juste avec application.

L'expression sera d'autant plus juste qu'elle sera contrôlée, consciente. Il faut retrouver le texte à l'état naissant, ne jamais mettre le sentiment dans le texte. Le musicien fait danser le danseur, le comédien fait dire le personnage.

Le texte provoque un état qu'il faut contrôler, aménager en vue de l'exécution. L'acteur a gagné la possibilité, la nécessité de se voir et de s'entendre, je dirais l'inquiétude de se juger, de s'apprécier soi-même.

C'est par ce jugement que se produit *l'attitude de l'acteur*, ce qu'il y a de plus important dans la biologie, la psychologie, l'évolution professionnelle de l'acteur, s'il se juge servant ou s'il se croit investi, s'il est par présomption assez naïf de se croire le personnage. La puissance de ses moyens, son pouvoir d'action sur le public, ses succès, peuvent le tromper, lui donner de lui-même et par conséquent du métier une idée fausse. Je crois pour ma part que la meilleure qualité, la plus habile, la plus honnête est dans ce sens la modestie, l'humilité de se mettre derrière le personnage et de lui laisser sa responsabilité en ne prenant qu'avec circonspection, une participation à sa vie réelle, que la meilleure façon est de penser à son pouvoir personnel, à sa vie spécifique, à l'animation individuelle du rôle, écrit, contenu dans ce rôle, à se croire soi-même exécutant, chargé d'exécuter, commissionnaire, interprète et truchement. C'est l'appréciation, la définition du *rôle* du comédien dans *le rôle* qu'il doit jouer. Et *le rôle* pour le comédien, c'est la façon dont il se comporte dans un texte et non la somme de répliques ou de phrases qu'il a à dire.

C'est son *attitude.*

Le rôle de l'acteur, c'est l'attitude, la position qu'il prend, la conception, le service, tel qu'il le conçoit sur scène pour un personnage à jouer.

C'est sa qualité d'interprétation, son attitude spirituelle, corporelle, *la réserve et la communion avec des sentiments qui ne sont pas les siens*, sa participation à un personnage, la façon dont il utilise un texte, et non pas le nombre de lignes ou de répliques qu'il a à dire.

C'est le comportement de l'acteur, du joueur, dans une action, par rapport à un personnage, qui lui sert de prétexte ou d'occasion, ou qu'il considère comme une identité supérieure à lui ou une abstraction qu'il doit représenter ou expliquer ou démontrer ou vivre devant autrui.

Le rôle est la fonction, la définition de la fonction, ce n'est pas le texte, ni le personnage. C'est désigner aussi la cause ou l'effet. C'est la façon dont il se tient entre ces deux extrémités de son action. Le rôle est l'action elle-même.

Le texte et son utilisation.

C'est du texte qu'il faut partir toujours, pour tout. Il n'y a rien d'autre, rien de plus sûr, mais encore faut-il savoir s'en servir.

L'acteur commence toujours trop tôt par le sentiment.

Tout n'est d'abord que physique.

Un texte est d'abord un indice, un graphique respiratoire, où sont liés *la diction*, *l'articulation* (différences entre Racine et Claudel, Molière et Giraudoux). La *prononciation orthographique* est nécessaire étant donné les confusions orthophoniques, les particularités grammaticales, profération, énonciation dirigée, *inflexion*, position auditive de la phrase pour un sens sommaire immédiat.

Comparaison avec les pas dans la neige ou le sable. Pas, arrêt, précipitation, chute ; puis élan de nouveau, qui se ralentit, se reprécipite, arrêt brusque, retour lent, pas irréguliers, appuyés, hâtifs peut-être.

Victoire ou défaite, gain, burin lourd, ou anéantissement physique et désespoir.

Toutes ces traces, au lieu de les parcourir sans penser, le comédien veut en trouver *le sens*, tout de suite. Erreur. Ce n'est d'ailleurs qu'un *sens* restreint. Par cette interprétation hâtive, intelligente, immédiate, tout ce qu'il y a d'*imprécis*, de multiple, l'acteur le donnera en laissant à son exécution des sens nombreux. Pour chaque spectateur, ils seront différents.

COMMENT DOIT-ON CONSIDÉRER UNE PIÈCE IMPRIMÉE ?

Est-ce le résultat d'une action ? Je veux dire la trace, les marques spéciales, d'une certaine représentation, d'une cérémonie dramatique.

Ou est-ce le point de départ d'une action dramatique ?

Considérée dans Molière, la question appelle une explication.

L'œuvre écrite et jouée par Molière et l'œuvre imprimée n'ont pas un rapport d'identité.

Est-ce un résultat ou est-ce un point de départ ?

C'est *le résultat* d'une inspiration :

A/ première opération : écriture, *le point de départ* d'un exorcisme, d'une provocation, d'une communication, d'une conversation, d'un message.

B/ *Deuxième* opération : exécution.

Ici s'arrête le théâtre ; ici commence la littérature.

Le *résultat* de cet exercice qu'un libraire imprime, conserve non pour les gens de théâtre mais pour des lecteurs – auditeur personnel, individuel, auditeur de soi-même, prétexte à réflexion, à se confronter individuellement, à se distraire, à s'intéresser, mais non point exercice dramatique – et que l'auteur arrange, corrige selon son gré, dans un souci littéraire généralement (telles les pièces de Molière imprimées).

C/ Opérations adventices, point de départ de la critique, des doctrines.

Montevideo, 24 octobre 1942

Selon la manière dont on la considère, la pièce de théâtre est un commencement ou une fin, un point de départ ou un résultat.

Point de départ : elle ne l'est que pour les gens de théâtre, pour l'exécution elle permet tout, elle est variable à l'extrême et c'est cette *variabilité* qui témoigne de sa valeur dramatique.

En tant que *fin*, on peut lui appliquer toutes les critiques ou toutes les louanges, celles-ci également inutiles à connaître ou à formuler.

Morale et philosophie, esthétique et grammaire, poésie et prose n'intéressent pas le théâtre et ne sont que des conséquences d'un autre *art, unique, secret, où il n'y a pas de règles*, où celles d'Aristote admises par les uns, rejetées par les autres avec leur résultat aussi magnifique, ne sont que des propositions, des aménagements pour faire réagir l'inspiration et provoquer la liberté ou la soumission des adhérents, ce qui est en définitive la même chose. C'est un consentement qui s'exprime, une foi qui se déclare. C'est le cristal d'amorce qui provoque un système à droite ou à gauche.

En tant que résultat, c'est le point de vue des gens de théâtre qui seul compte. Considéré comme résidu d'une opération – de l'opération essentielle de l'action dramatique – les traces de cette opération qu'est la représentation sont retravaillées, hélas modifiées, remodelées par endroits.

Une pièce imprimée dans un livre est à une représentation ce que la plante desséchée émondée, arrangée, présentée et parée dans l'herbier est à l'herbe vive en pleine terre.

C'est une promenade à travers la campagne, l'empreinte des pas du promeneur sur le chemin parcouru est effacée, et le paysage n'apparaît presque plus. Le livre n'offre plus que ce ruban du chemin avec ses traces, ce rouleau sur lequel se peut lire une cadence, un rythme, cette surface qui s'allonge avec ses empreintes plus longues ou plus courtes selon la marche du promeneur, selon ses sentiments, qu'il poursuive, qu'il s'arrête, qu'il revienne sur ses pas, qu'il s'égare, qu'il accélère ou retarde : c'est la pièce. Pas plus que les mots, les pas ne donnent tout le sens dans ce jeu.

Les paroles que dit le comédien n'ont pas plus de sens pour lui quand il les profère que le marcheur n'accorde de sens à ses pieds, mais le rythme dans lequel il les déplace, décèle le changement de ses sentiments : si le comédien prononce ces mots, c'est à cause du sentiment qu'il éprouve. Si les traces changent de rythme, de proportion, si ici l'empreinte du talon disparaît alors que plus loin les traces sont largement appuyées, c'est que l'état d'âme du marcheur a changé et ainsi la pièce vaut non pas dans ce sens littéraire, par ces phrases que pressurent les commentateurs, mais dans les sentiments qu'exigent ces phrases pour être dites, dans l'état d'âme de celui qui exécute.

Précision : le théâtre art double, exige aussi le spectateur et c'est ici qu'intervient le second partenaire, dans cette conjugaison, cette union : c'est le mariage spirituel et sensible de l'acteur et du spectateur. Car l'état d'âme de l'acteur est provoqué, suscité à la fois par l'œuvre, certes, mais aussi par le spectateur qui, grâce aux mots utilisés seulement par l'acteur, réinvente, devine et parfois *interprète* à son tour, avec des prolongements qui lui sont personnels, ce que le premier interprète, le comédien, exprime par les mots.

Et c'est en quoi auteurs et comédiens reflètent, témoignent de leur époque, de la société où ils ont vécu. *Les conversations* (pièces) qu'ils ont eues et les *interlocuteurs* (comédiens) qui les ont tenues, laissent imaginer facilement la société, l'auditoire qui les accueillait et les écoutait.

Considérer le texte (le langage expire à sa source) :

1) Auteur. Provocation ou suscitation du texte, sa naissance ;

2) Public. Effets qu'il produit chez l'auditeur ou le lecteur. Effets différents.

3/ Acteur. Effets qu'il produit chez l'acteur. C'est entre ces deux premiers points qu'est placé *l'acteur*, c'est ici que se pose la question de l'utilisation du texte.

Montevideo, 2 novembre 1942.

Le Misanthrope. Seul répétant.

Je sens que la diction du vers doit être surtout d'intelligence et de pensée, ce qui est contraire au métier du comédien, mais dans quelque temps, cette *pensée appliquée* fera place à un mouvement, à des mouvements de sentiments, à une humeur qui rendront moins nécessaire, sinon presque inutile la préoccupation de penser les mots (jusqu'ici, il est évident qu'on a joué *Hernani* ou la grandeur humaine).

LES PHASES D'APPRENTISSAGE DU TEXTE

Deux phrases avec ajustement rapide *ou trois avec travail de méditation physique.*

Pour le comédien tout l'art dramatique se résume dans une opération en trois phases : *apprendre un texte, se l'approprier, puis le restituer.*

A) Mémoriser un texte. Mémoire des sons et des mots.

B) L'utiliser pour soi, dans l'intention de l'offrir aux autres.

C) L'utiliser pour autrui.

En fait, les trois phases sont mêlées.

Il faut d'abord considérer la partie mécanique de cette opération (*apprendre*), et les différentes façons d'apprendre : par lecture, par répétition, par juxtaposition aux gestes (comme font encore les acteurs espagnols).

Dans cette première phase, il y a déjà souvent appropriation et utilisation personnelle L'imprégnation du texte, le plaisir qu'il procure, font que l'acteur passe tout de suite, et sans s'en douter, directement à la seconde phrase. C'est dans ce passage que se trouve le secret. Agissant à la manière d'un filtre, d'un transformateur ou d'un amplificateur, l'acteur est à ce moment un instrument. Ses qualités ou ses défauts de personnalité ou d'impersonnalité jouent d'une façon capitale.

La restitution au public est la troisième phase de cette opération.

Il est possible de caractériser les acteurs et les œuvres, c'est-à-dire les textes, par cette analyse, car elle permet de comprendre les réactions qui se produisent entre la substance dramatique du texte et ceux – l'ouvrier, l'instrument – qui l'utilisent.

Le résultat de ce travail est *l'interprétation.* On dit que l'acteur « anime » le texte. C'est une façon de dire qui résume mais qui n'est pas juste. À peine s'anime-t-il lui-même ; tout au plus, il s'émeut, et souvent pour d'autres raisons que celles que lui offre le texte. *Jamais il n'incarne*, jamais il ne peut être dans la peau du rôle (sauf réalisme et romantisme).

Le jeune comédien ne connaît point ces trois aspects et certains ne les connaissent jamais.

Apprendre un texte, c'est déjà le jouer en germe.

Ils sont assez rares ceux chez qui se révèle la seconde phase, ceux chez qui le sentiment dramatique exprimé est de seconde main, est le produit déjà d'un travail. Travail d'humilité et d'impersonnalité.

Répétons-le, on n'est pas le personnage.

À la deuxième phase, le texte met le comédien *hors de soi-même* par l'effet qu'il produit. C'est la phase de dépossession, mais elle ne saurait être accomplie et parfaite sans un retour sur soi, une façon de rentrer en soi par un contrôle et une mesure où il s'équilibre pour un dédoublement nécessaire.

Agir hors de soi et en soi, c'est à cet instant et seulement dans cet état physique que l'acteur peut méditer, réfléchir. Hors de là, il pense mal, il raisonne comme tout le monde et se trompe, car il est hors de cette excitation, de cet état où la sensation et le sentiment doivent être concomitants pour qu'il puisse lui-même se juxtaposer ou s'intégrer au texte, être directement en contact et se parasiter lui-même.

C'est la grande qualité naturelle du comédien. Naïveté, générosité dans la traduction directe.

Si l'on considère la sensibilité (ou le sentiment) du comédien dans cette opération, elle joue différemment suivant les moments de l'opération. C'est elle, hélas, qui intervient le plus vite, et c'est elle toujours la cause des erreurs commises ; c'est elle qui détourne le sens des œuvres de théâtre et les fait varier constamment, mais c'est elle aussi le moteur.

Il n'y a pas ici de création, c'est d'une *re-création* qu'il s'agit.

De là vient la variabilité des pièces dans l'impression qu'elles produisent.

L'exécution d'une pièce, d'un rôle, est une re-création momentanée, temporaire occasionnelle.

Une transmission qui ne peut se faire que par cette re-création physique, laquelle, à chaque fois, altère et nuance l'œuvre dans son expression.

Il s'agit surtout dans la première phase, qui est d'apprendre un texte, c'est-à-dire le fixer dans l'esprit, en acquérir les signes, l'assimiler mécaniquement, de ne pas aller trop vite pour le faire sien avant de l'éprouver, s'en imprégner, l'utiliser pour soi-même. De ne pas trop vite passer à cette seconde opération ou, du moins, de contrôler aussitôt que possible les réactions que peut produire la première phase : la lecture. Ce travail est déjà un plaisir ou un dégoût qui se prolonge sur la deuxième phase. Parfois même, on la saute et l'on va directement à la troisième ; ainsi sont définis des modes de fonctionnement et des types d'acteurs et des genres de textes, par les effets que crée le texte chez le comédien ou par l'emploi qu'il en fait. Il faut noter que le vers rime, rythme et facilite le jeu, les trois opérations du comédien en facilitant aussi l'audition.

Le texte, matière plastique qu'il faut ramollir pour la rendre malléable à la chaleur de son sentiment. Empreinte physique d'un personnage, dont les autres empreintes sont volatilisées, effacées. Moyen pour atteindre à des sons, des intensités, des positions du corps, et donc de la sensibilité. Trace physique, sa valeur idéologique est secondaire.

Mais l'idée crée aussi la sensation, l'état physique, cercle, circuit fermés.

Chaque trace est différente. Aucun texte n'est le même.

Le texte est *une matière précieuse* à l'état brut pour le comédien.

Matières dont les propriétés diffèrent suivant leur origine, leur auteur, car elles sont une sécrétion spéciale de l'auteur, qui contient tout de lui : intelligence, sensations, toutes les facultés qu'énumèrent les philosophes et qu'on a dénombrées et étiquetées depuis des siècles sans parvenir à les rendre simples.

Matières aussi différentes que l'est le bois par ses essences, les tissus par la texture de leur chaîne ou de leur trame, les vins par leur bouquet ou leur saveur, les pierres précieuses par leur éclat, leur couleur, leur densité ; comme les voix sont différentes. Il y a des voix qui ne vont pas à des textes. Un texte de Mirabeau ou de Robespierre demande des poumons différents, des articulations différentes, des publics différents. Il y a une valeur physique et une valeur dramatique qui vont de pair.

Réservoir est le texte.

Accumulateur est l'acteur qui se charge et se décharge.

Le texte, pour le comédien, est à la fois un point de départ et un résultat, un commencement et une fin. Point de départ de son travail, point de départ de sa sensation, de son sentiment, parce que provocation en lui, et cependant *résultat* – en tant qu'effet produit en lui-même par l'éveil sensible qu'il communique, un émoi. Le texte est *résultat encore, c'est le plus important, du sentiment ou de la sensation qui fait dire au personnage ce texte*, et qui l'a d'abord fait écrire par l'auteur et qui est la fin même du jeu.

Dans le texte, résultat, l'acteur s'affronte et se compare au personnage. C'est un combat – ou une alliance – une appropriation ou une expropriation de l'un ou de l'autre.

L'étude du texte et de son utilisation résume et contient presque toutes les questions de l'art du théâtre.

Il y a des comédiens qui savent le sens des mots de leurs phrases et de leurs répliques et qui peuvent les changer (Moreno[10]).

Il y en a d'autres – et c'est la plupart – qui sont incapables de dire le sens de ce qu'ils déclament, et même de le comprendre.

La mémoire est généralement profonde, superficielle, *mécanique, parfois uniquement rythmique et respiratoire.*

Le texte peut être considéré comme une sécrétion de l'écriture, comme une *trace cicatricielle d'un sentiment*, et donc d'une sensation, d'un état physique, comme *un ferment desséché de sentiments et de sensations*, comme *une action en puissance*, un acte desséché qu'on peut revivifier, comme l'aiguille du phonographe réveille le sillon du disque.

LA DICTION. RETROUVER PAR LE CORPS L'ÉTAT D'ESPRIT DU CRÉATEUR

En considérant ces difficultés qu'on ne peut nier, ces *formulations innombrables*, parce qu'inépuisables comme nous le prouve l'histoire du théâtre, de ses auteurs, de ses comédiens, de ses publics, en considérant *ces interprétations successives et simultanées à la fois*, qui ne sont que des formulations partielles d'une seule et même chose initiale, sentiment ou idée, je conclus, pour ma part, *que ce qui paraît important* ou essentiel dans ce jeu, ce libre jeu, ce libre échange des sensations, des sentiments et des idées, n'est pas l'invention dramatique proprement dite, le fonds, l'action et ses péripéties, si renouvelées soient-elles, *mais la forme*, c'est-à-dire *le texte, les discours*, les propos, les façons d'exprimer et de dire utilisés par les personnages pour cette action.

C'est, me semble-t-il, *ce qu'il y a de plus stable et de plus variable* à la fois dans une œuvre dramatique. C'est du texte et de sa diction qu'en définitive il s'agit.

---

10 Marguerite Moreno (1871-1948), célèbre actrice de théâtre et de cinéma, avait triomphé aux côtés de Louis Jouvet en 1945 dans le rôle d'Aurélie de *La Folle de Chaillot* que Jean Giraudoux avait écrit pour elle.

Toutes les variations viennent de lui, de la diction d'un texte et de son audition. Il y a autant de *dictions* qu'on voudra pour un texte donné. Une seule est bonne, celle qui satisfait physiquement l'auteur qui l'a écrite, une coïncidence physique entre le diseur et le créateur, qui, dans l'ensemble, s'équivalent, s'égalisent, celle qui redonne à l'auteur des sensations perdues, sublimées dans le sentiment ou l'idée du texte cependant qu'il l'écrivait.

C'est là un contrôle sûr. C'est *retrouver par le corps, l'état d'esprit du créateur*, seul point de départ certain.

Je parle en ce moment d'une recherche de certitude dans l'incertitude où l'on se trouve, où moi, comédien, je me trouve devant tant d'analyses, de résidus, d'extraits analytiques, tant d'interprétations, et la constatation que je viens de faire que tout ici vacille, oscille de l'un à l'autre des participants, sans qu'on puisse s'appuyer, faire fonds sur un principe, trouver un point stable pour se livrer à cet exercice : représenter Molière.

Et ma thèse, mon point de vue, est que cette *diction* essentielle est première de tous autres points de vue d'exécution, et que *cette forme sonore du texte est une recherche d'abord physique* (l'expression seule compte à partir de l'auteur) car *la forme, l'écriture, le texte*, sont les résultats de l'effort pour exprimer (la belle œuvre est fille de la forme).

– Retrouver cet effort – juste – par l'effort physique.

– Retrouver *l'état de l'auteur quand il écrivait.*

– C'est, direz-vous, une manière d'exercitation spirite.

– Mais par un travail tout physique d'abord, à partir de cette « *matière* » (le texte) produite par l'auteur dans un certain état (difficile à deviner).

– Le texte est une cicatrice, une trace physique – il est fait pour un exercice physique – et ceci est capital dans le raisonnement.

– Et tout est d'abord ou ensuite physique de ce qui s'élabore en nous.

Le raisonnement que je fais, les affirmations que je donne, sont peut-être faux. On peut me démontrer le contraire. Je n'ai cherché qu'un moyen, une méthode – fût-elle fausse – assurée (et je la sens intuitivement pour Molière qui était d'abord comédien) de trouver un point de départ, un biais pratique loin de toute idéologie et de critique, pour un travail pratique, physique. Ce n'est point une théorie, mais un procédé commode de travail qui s'avère ici (pour Molière) défendable. Je n'ai pas prétendu à plus profond.

J'ai renoncé à définir, à expliquer la création dramatique. Je me borne à ce qui m'incombe et qui me préoccupe dans cette question où mon rôle est grave et difficile.

Il n'y a aucune loi exacte qui puisse différencier dans le langage la simple conversation (le bavardage d'une conversation) de l'éloquence d'un discours ou de la tirade poétique. Je parle du texte.

Quelles sont les différences ? Il faut ouvrir le livre et lire. Aussitôt les yeux ou les oreilles sont atteints par des caractéristiques qui mettent l'esprit, et donc le corps, dans un certain état plus ou moins proche de celui qui a écrit ce texte.

Il s'agit de se mettre à l'unisson, intellectuellement, sensiblement, mais surtout physiquement.

Il y a des textes à lire au bain, en ribouldinguant les pieds dans les poches.

Il y a des textes qu'on ne peut pas lire dans certaines conditions physiques.

Le lecteur subit un état physique ; le spectateur captivé devient un auditeur docile. Le comédien est contraint par le texte, par des raisonnements, des argumentations critiques, il cherche ailleurs, il s'en va, il s'échappe. Seule la méditation physique, la recherche de l'état d'équivalence physique, l'exercitation peut le guider, l'aider à trouver.

Plus que tous les autres, l'auteur du propos subit cet état physique. Il le reconnaît quand on le lui restitue (Giraudoux). Il l'a subi à son insu, surtout s'il est entré dans l'inconscience, le délire de l'inspiration.

– *Le texte produit une musique ; c'est un langage international.*

– *Il y a un mimétisme de ressemblance, d'imitation purement physique* qui est le premier élément, moyen de communication (de compréhension) entre les hommes.

– Ce langage physique du corps, puis la gesticulation élaborée, la pantomime... Les mots sont une matière que l'écrivain façonne comme le sculpteur.

Ce qui importe, c'est le *tout* d'une pièce.

Par ses poètes et ses décorateurs, le théâtre est une autre nature. Il me dispense de recourir à celle qui nous entoure.

La musique (le sens d'un mot) est pour ainsi dire à un point d'intersection ; elle résulte *d'une part* de la relation du mot avec ceux qui le précèdent et le suivent immédiatement, puis, d'une façon plus vague, avec le reste du contexte ; d'autre part, du rapport que la signification première de ce mot dans un texte entretient avec toutes les significations qui lui furent prêtées par des contextes différents. La musique d'un mot dépend de sa richesse en association.

Une combinaison musicale de sons et une combinaison musicale de significations secondes des mots qui le composent, ces deux combinaisons ne font qu'une indissolublement.

Sophocle mourut en récitant son *Antigone*, faute de pouvoir respirer en prononçant de suite une longue période.

Le langage : un dessin qui impose une respiration (Coran[11]).

Le poème précède la forme. La forme naît de l'effort à exprimer.

Un discours (la masse, l'influx) se réalise d'abord sous la forme d'un rythme, d'une respiration, d'*une cadence respiratoire*, et le rythme est susceptible d'engendrer *idée et image*.

Il faut entendre parler au théâtre des êtres humains qui sont nos contemporains.

Le langage oscille continuellement entre le langage parlé et le chant ou la musique.

Un beau texte quand on le dit bien, un beau langage, vous mettent tout de suite plus près de Dieu.

---

11 À son retour d'Amérique du Sud, lors d'une escale au Maroc, Jouvet avait eu l'occasion de voir un des premiers exemplaires du Coran : « J'ai gagné une certitude émerveillée de l'importance respiratoire d'un texte, lorsque nous sommes arrivés au Maroc et que j'ai eu la faveur de voir les premières copies du Coran à l'époque de l'Hégire. Je demandais ce que signifiaient au milieu de ces pages couvertes d'une écriture vermicellée, de grosses et de petites taches jaunes semblables à des tournesols qui se reproduisaient tout au long du manuscrit : "Les grosses taches, expliqua le bibliothécaire, sont la marque des versets, les petites sont la marque des respirations. Ainsi que vous le savez, ajouta-t-il, un texte n'a pas la même signification ni la même efficacité s'il n'est pas respiré comme il a été écrit." » Et Jouvet précise : « Le texte, les paroles écrites, imprimées, l'ensemble des répliques, monologues et duos des acteurs par quoi se fait sur la scène une conversation, ces petits paquets de signes noirs sur blanc, sur papier, que sont les phrases, le texte, est de l'énergie humaine dans sa forme la plus parfaite de dessiccation et de conservation. » Louis Jouvet, *Découverte du théâtre en Amérique latine*, conférence inédite prononcée à la Sorbonne, le 26 avril 1945.

Vivre pendant quatre années dans des lieux dont l'aspect n'éveille en vous aucun souvenir passé, aucune histoire, dans le terrible besoin qu'on avait d'en vivre, alourdit, agrandit, creuse une solitude terrible. Et quand les spectateurs venaient nous voir et nous entendre, nous sentions bien qu'ils retrouvaient, eux, quelque chose en nous ; ils retrouvaient ce que nous avions perdu, notre pays.

La France est deux fois une patrie.

Le secret de l'avenir est le secret du style. L'Europe et le monde seront ce que sera la langue de demain. J. Giraudoux.

DÉCLAMATION, RESPIRATION

Déclamation : position de la phrase pour l'audition. Timbre et hauteur du son, déroulé linéaire de la phrase. Infléchissement de la finale. Détails, agréments à l'intérieur de la phrase. Relief des mots, sonorité, qui s'inscrivent dans un état respiratoire, qui le commande ou le provoque ou qui en sont la conséquence. Sorte de réactions intérieures dans le comédien, reçues, subies, accueillies, qui commandent, qu'il utilise, qui le servent pour se guider dans son état d'exécution, ou pour s'efforcer, ou dont il se sert pour agir sur son public.

L'art de prononcer, l'art de dire, conjointement à l'art de respirer ; l'art de laisser monter en soi le sentiment, l'art de s'écouter, l'art de s'entendre en même temps, pour atteindre une diction tempérée, soutenue, maintenue dans un sentiment qu'on parvient à surveiller consciemment et à répandre comme il le faut pour le bénéfice exclusif d'un texte, si c'en est un, qu'on a à dire. En tous cas, il faut toujours dire comme le texte est écrit.

Comment un texte est-il écrit ? Quelle est la nature du sentiment de l'écrivain ? C'est une question à laquelle, si l'on a affaire à un poète, on ne peut donner de réponse qu'après de longues répétitions, de longs exercices, où il faut savoir s'entendre et s'écouter – identification du sentiment *subi* par le comédien, créé dans le poète, éprouvé par les spectateurs. C'est la coïncidence, l'unisson parfait.

IMPORTANCE DES EXCLAMATIONS, INTERJECTIONS, LOCUTIONS ADVERBIALES, JUREMENTS, APOSTROPHES[12]

Cris, monosyllabes, onomatopées, expressions courantes, dont le sens change suivant l'inflexion qu'on donne, ou l'occasion (situation).

Mots ou phrases passe-partout.

Ce qui est le plus près du langage primitif, le plus commode, le plus condensé, *expressions* sans signification propre, *bonnes à tout dire*, brièvement.

C'est le sentiment qui les teinte d'expression et leur donne un sens. Le langage le plus conventionnel, le plus international.

Hé! dit le petit Larousse, interjection qui sert à appeler, provoquer l'attention, exprimer la surprise, le regret et, répétée, le consentement.

Parbleu. Corruption de Par Dieu, sorte de jurement exprimant souvent l'approbation, l'assentiment. Êtes-vous honnête homme ? Parbleu.

Palsambleu. Palsangué, Palsanguiene.

Ha. Marque la surprise, ou répétée figure le rire. Ha, Monsieur est Persan. Ha, Ha !

Ho. Appel, témoigne l'étonnement, l'admiration, l'indignation.

Ah ! Marque la joie, la douleur, l'admiration, commisération, impatience.

Hélas ! Plainte (insuffisant, Agnès de *L'école des femmes*)

Hé là ? *Las*.

Hein. Interrogation, surprise.

En diable. Extrêmement.

Au diable. Loin.

Morbleu. Impatience et colère.

Chère interjection, dans les dix parties du discours elle est la dernière ; dans ces catégories grammaticales où l'on range les mots, l'interjection est la dernière. Et c'est cependant la clef du sentiment et le rudiment du langage.

Nom, *article*, *adjectif*, *pronom*, *verbe*, *participe*, *adverbe*, *préposition*, *conjonction*, passent avant elle, et cependant elle les résume tous ; elle les dépasse ; elle

12 Voir dans les documents annexes (p. 423-426) les listes d'exclamations et d'interjections dans *Le Misanthrope* et dans *Tartuffe*.

pourrait être unique, elle n'a pas besoin d'eux, elles ont toutes besoin les unes des autres, ces catégories.

Au fond, on l'a mise dernière parce qu'elle les couronne et dépasse tous.

Exclamations, cris de joie, de surprise, d'indignation.

Interjections, exclamations qui servent dans un discours à exprimer les différents mouvements de l'âme. Ah ! Hélas ! Chut ! Bravo !

Apostrophe. Figure de rhétorique par laquelle on s'adresse directement et brusquement aux présents, aux absents, aux êtres animés et inanimés. (Ciel !)

Expressions d'un sentiment, d'un état d'âme.

Phrase qui n'est pas exprimée ? Non, c'est un état du corps, et le sens idéologique est inutile ; la phrase ne fait que développer, expliquer, mais tout est dans l'exclamation, tout y est déjà contenu. Ce sont les clefs des trous différents qui appellent des idées différentes, des développements différents, des explications que l'on se donne, à soi-même, à un partenaire, à un autre que soi, ou au public, directement par soi ou indirectement par un autre.

Il y a un sens *phonétiquement*. C'est le *phonème*, élément sonore du langage (son ou articulation), et le *phonétisme*, la représentation par l'écriture de sons vocaux.

Une réplique est une note plus ou moins prolongée, tenue, dans une gamme de sentiments, qui correspond à des sensations, des états du corps, et son émission peut se sténographier par un son soutenu, une exclamation prolongée, tout est dans son jaillissement.

Chaque réplique a son expression par ce ressort et la qualité de ses sensations. Le Hélas ! ou le Ah ! sont d'expression différente suivant le sentiment qui les colore (qui les teint), la sensation qui les fait exclamer.

Interjection, c'est une onomatopée particulière.

Mot formé par harmonie imitative. Création d'un mot reproduisant dans ses éléments sonores *le bruit auquel il s'applique* et l'on peut dire *l'état de l'âme ou des sens qu'il veut traduire.*

L'interjection est un « *mot invariable, isolé, complet par lui-même*, qui n'a aucune espèce de relation avec les autres mots, entre lesquels il est comme *jeté* pour exprimer les mouvements vifs et subits de l'âme. Certains mots peuvent devenir accidentellement des interjections. *Alerte, Allons, Ciel, Courage, Dieu, Malheur, Miséricorde, Silence.* » (Encyclopédie).

L'orateur, le poète cèdent à un élan spontané, *élèvent tout à coup la voix*, et se livrent à un vif mouvement de surprise, admiration, crainte, joie, fureur, etc., donnent libre cours à leurs sentiments.

LES BLANCS DU TEXTE

Dans toute exécution, il me semble que ce sont les « blancs », les *temps*, qui sont les plus difficiles. Le mouvement se trouve dans le texte et le rythme. Il y a entre la disposition typographique et la diction, une comparaison frappante. L'une et l'autre d'ailleurs s'opposent : celle-ci est pour l'œil et l'autre pour l'oreille.

TEXTES, NATURE DES TEXTES, MÉMOIRE, SENS, DICTION

Giraudoux : impossible de savoir les mots, le sens des mots, et la phrase quand elle atteint sa pleine inspiration n'est plus qu'un rythme respiratoire que l'on subit, qui vous emprisonne. On n'a de mémoire que par ce phrasé de la respiration. Les mots ne peuvent pas s'inscrire dans l'esprit ; ils n'y sont d'aucun secours. On ne peut appuyer sur aucun. Ils n'aident pas, on ne les sait jamais.

Claudel : phrase dont la force, le souffle inégal, point du tout en nappe comme Giraudoux. Ce n'est plus cette musique égale, mais une succession d'efforts, de raisonnements où les mots se heurtent, où l'habitude du parler est constamment contrariée ; les mots ont un pouvoir mnémonique. Certains sont rares, violents, inaccoutumés, surtout. Le rythme respiratoire est toujours rapide et long, entre des phrases courtes, la tirade nécessaire, violente ; c'est une mémoire incertaine encore, car ce texte est trop original dans son vocabulaire et inusité comme rythme.

Classique, Molière : à cause sans doute du vieillissement, les mots ont une nécessité, une force. On les *pense* obligatoirement. Ils aident la mémoire et le sens. On est obligé d'entendre le sens, dans Bossuet aussi, plus encore que dans Claudel. La mémoire est aidée par le sens, souvent parfois on a cependant des fléchissements de mémoire à cause de la fatigue que donne la nécessité de penser le texte, tout le temps, et que le sentiment, l'effort corporel n'est pas de niveau. Ou à cause d'un mot qui vous étonne ou qui a vieilli, à cause d'une cheville ou d'une rareté, désabusée, dépaysée.

Et comme la mémoire est différente en chacun de ces exercices ! Il semble que la syllabisation et le rythme respiratoire seulement vous permettent de retrouver les mots avec l'aide de quelques gestes, mouvements, regards et attitudes, qui deviennent les virgules, les points, la ponctuation obligée du débit.

Un oubli, un manque, une interrogation même sur ces habitudes mécaniques, créent un trouble d'autant plus grand qu'il est soudain, vous donne un sentiment de brusque vertige et menace de vous anéantir.

C'est ici qu'il faut expliquer le souffleur, qui articule tout le texte, le suit dans la même intensité du jeu et qui doit être capable de prononcer à haute voix le mot ou la phrase manquante – suppléant, ange gardien, premier de tous les acteurs qui sont sur scène, démiurge de la récitation et de l'action, comme il est le premier de tous les spectateurs par son attention, sa bonne volonté et sa participation.

NOTES DE GIDE SUR L'INTERPRÉTATION DU RÔLE DE PHÈDRE

À rapprocher des explications qu'a écrites Larive[13], qui sont d'un point de vue plus pratique, et faire des commentaires sur l'action d'abord, et non sur le texte. Gide proscrit le ton pompeux ou élégiaque.

Les mêmes indications prises à la lettre par deux acteurs différents ne donneront pas les mêmes résultats.

Il souligne le « rire tragique, strident, atroce », et pourquoi pas une sorte de stupeur horrible qui exprime le désespoir et l'incompréhension du héros.

« Mais Seigneur en un jour ce serait trop de joie[14] »

« Grâces aux Dieux mon malheur passe mon espérance[15] »

et parle de l'introduction du « sourire » dans ce rôle, et du « rire tragique » dans la scène du IVe acte.

« Que de soins m'eut coûtés cette tête charmante[16] »,

sourire indécis, prometteur.

Il appelle Hippolyte « Joseph »

Il faut partir de l'action. Il faut décrire l'action dans la précision des gestes et des faits, sans l'expliquer, sans en donner les causes. Il faut que l'action soit d'abord étonnante, stupéfiante, charmante, horrifiante, tout ce qu'on voudra, mais qu'elle atteigne, saisisse. Toutes les explications ne viennent qu'après, et on saura, on tâchera de démêler après les causes de cette efficacité.

Rien n'existe dans le texte et tout existe dans l'âme et le cœur du comédien… C'est de ce qui est dans le texte, de sa substance qu'il faut parler. De quoi est faite cette substance ? Qu'est-ce qui remplit les mots ? De quoi sont-ils fourrés ? Ce ne sont pas les idées qui importent. L'idée est une déduction abstraite, une agrégation qui se formule dans le cérébral.

---

13 Entré à la Comédie-Française en 1770, Larive (de son vrai nom Jean Mauduit, 1747-1827), y fait une brillante carrière de tragédien et devient le successeur de Lekain après la mort de ce dernier en 1778. Il quitte la scène en 1800 pour se consacrer à l'enseignement ; il est l'auteur de *Réflexions sur l'art théâtral* (1801) et de *Cours de déclamation* (1804, 1810).

14 Racine, *Andromaque*, acte IV, scène 5, réplique dite par Hermione.

15 *Ibid.*, acte V, scène 5, réplique dite par Oreste.

16 Racine, *Phèdre*, acte II, scène 5, réplique dite par Phèdre.

La phrase et ses mots sont une évacuation obligée, nécessaire. C'est cette nécessité, commande impérieuse qui est essentielle, qui est l'origine, la cause des mots, des phrases et du ton, de l'inflexion. Causalité du texte pour le comédien. Pas plus. Le texte ne vient qu'après dans l'importance.

C'est la vertu d'un texte dramatique de contenir la nécessité d'être dit, prononcé, et que les mots aient une sonorité particulière, différente des mots de la vie.

Le texte est dit, émis par le personnage (comédien), et c'est lui la cause, mais c'est au fond – logiquement – le texte qui agit le personnage. Le personnage (comédien) est agi par les sources de son texte. C'est une création, un rapport fondamental, vital, qu'on ne peut dissocier sans tuer ce qu'il y a de vivant (à l'état desséché, abstrait, conservé dans les lettres et les mots imprimés, dans ce sens qui n'est encore que livresque et cérébral). La vivisection est impossible. Le comédien n'existe que par le texte qu'il dit – le texte est une nécessité pour lui, mais c'est le personnage qui le profère ; c'est son besoin de dire qui est ce qu'il y a de plus essentiel.

Le texte est un besoin.

« Une seule chose est nécessaire, la solitude… Aller en soi-même et ne rencontrer durant des heures, personne, c'est à cela qu'il faut parvenir » (Rilke).

Si le personnage existe d'abord par le sentiment ou la sensation intérieure qu'il éprouve, au premier degré, il peut être mimé au second ; il peut dire. Mais il faut que ce soit une nécessité.

On ne peut partir du texte pour jouer que comme d'un « renseignement ». C'est l'interprétation, l'utilisation de ce renseignement suivant un certain nombre de lois, d'usages qui est le métier du comédien, dirigé par le metteur en scène.

C'est derrière les images des mots, leur son, dans l'action de la pièce et les gestes des acteurs – comme dans une glace. Le virtuel qui existe. Et les prolongements suscités, et les déformations produites ; ce qu'il y a de dissemblable, de différent.

Celui qui jette un coup d'œil dans sa glace et s'en va, ne se doute pas de la différence qu'il y a entre l'idée qu'il vient de prendre de lui-même et celle qu'il en donne aux autres, aux spectateurs.

« Place entre toi et aujourd'hui, au moins l'épaisseur de trois siècles » (Nietzsche).

Ce qu'il faut chercher, c'est pour aujourd'hui, et l'usuel et le quotidien, l'*inactuel* et l'*inusité.*

« *Rien n'existe de ce qu'on lit ou chante*, alors que tout existe de ce qu'on ne dit jamais à personne, de ce que personne ne saura jamais, ni ici ni plus loin. » (Fargue).

Rien n'existe et le texte est déjà tout plein, dégoulinant, chargé, gonflé de tout ce qu'on a éprouvé à son sujet, de ce que chacun a éprouvé – depuis si longtemps, et c'est comme une sécrétion par accroissement extérieur – qui lui fait une gangue de sensibilité – mortelle.

L'atteinte légère et vague, l'imprécision du sentiment au fond de soi – l'inexprimé et l'inexprimable ; c'est cela que le théâtre doit provoquer, jusqu'à cette ivresse, cette révélation aveugle encore qu'on appelle le sublime, où le spectateur croit soudain, où il a une foi étrange, anormale – subit un état pour lequel il lui semble être fait, où il éprouve des sentiments qu'il s'étonne de ne pas ressentir toujours, et qui lui semblent enfin être ceux normaux de son bonheur, pour une vie souhaitée.

Et aussi enfin, une communication avec les autres, une sympathie qui est un lien, une relation – supérieure, aisée – où il n'y aura ni malentendu, ni difficultés pour se comprendre l'un l'autre.

Stase et extase – exorcisme de tout le quotidien qui pèse et gêne et assombrit et inquiète. L'homme passe dans une inquiétude supérieure où il est enfin consentant à ce qui va lui arriver – où une confiance s'établit dans un incertain acceptable, forme d'un état mystique, clef de la vie par suite d'une nécessité intérieure – il est comblé – il n'y a plus de contradictions.

VARIATIONS

*LE TEXTE A UNE SONORITÉ INTÉRIEURE…**

Les sorciers africains ont beaucoup de mots dépourvus de sens. Il en est ainsi dans la Kabale (mots faits de trois syllabes hébraïques suivies de trois syllabes grecques). *L'incompréhensible facilité, la conjuration.* « *Ces mots, dit Agrippa, possèdent plus de pouvoir pour l'œuvre magique que les mots ayant un sens* ». À rapprocher des recherches actuelles en poésie.

Le texte a une sonorité intérieure, avant de prendre celle des mots et du langage.

Qu'est-ce que le style, après tout ?

Entre les trois grands styles de la prose au XVIIe siècle, Pascal, Retz et Saint-Simon, Pascal est le style de la *pensée*, Saint-Simon celui du *peintre*, et le cardinal celui de l'*action*.

Qu'est-ce que le style, après tout ? L'âme à nu du génie, son ingénuité coulée dans la matière d'un art (le génie coule dans la matière des mots). André Suarès[17].

Pénétration du texte dans le public, dans le comédien.

Apprendre est un mot vague. Étymologiquement, *saisir par l'esprit* : ce n'est justement pas cela pour le comédien.

Prendre, saisir, acquérir, s'informer soi-même, mettre à la disposition de sa connaissance, s'enseigner, c'est apprendre. Ce n'est pas le contraire d'oublier. « Tu n'as pas appris ton texte » n'est pas la même chose que « Tu n'as pas appris ta leçon. » Ça ne s'apprend pas de la même façon.

Apprendre, c'est assimiler, s'assimiler un texte d'une façon particulière (surtout *particulière à ce texte*) pour un usage spécial qu'on en doit faire. C'est posséder pour soi, et ensuite pour les autres. C'est apprendre et auparavant se « *modifier* », pour restituer.

Apprendre des vers ou de la prose, c'est déjà différent. Apprendre du Claudel, de l'Hervieu, du Giraudoux, plus différent encore.

---

17 André Suarès (1868-1948), poète et écrivain français, auteur notamment du *Voyage du condottière* (1932), proche dans sa jeunesse de Romain Rolland et de Maurice Pottecher a été, à partir de 1912 un des principaux animateurs de la Nouvelle Revue française avec Paul Claudel, André Gide et Paul Valéry. Il eut des liens avec de nombreux intellectuels et artistes de son époque, comme Jacques Copeau ou Louis Jouvet.

Si ça ne s'apprend pas bien, c'est qu'il y a quelqu'un, le comédien ou l'auteur, qui a tort, ou que le comédien, cet être organisé, n'est pas fait pour ce texte, pour cet auteur. Ses organes ne sont pas faits pour cette fonction, que ce soit la bouche, la langue, les poumons, ou alors cela vient du manque d'habitude, d'entraînement. Ou bien ce sont la construction grammaticale, la ponctuation ou le rythme qui sont en question,

Apprendre, assimiler le texte :

La façon excellente d'apprendre est de *situer les mots d'un texte*, les phrases d'un texte. *Situer*, je veux dire mettre, placer, loger en soi, dans un certain sentiment, dans une humeur, un état particulier que le texte nous inspire ou nous communique, qu'il nous procure par une réaction. Ce texte est à la fois effet, cause et moyen. Cause, atteinte indirecte après réflexion, introspection réfléchie, ou effet directement éprouvé, spontanément traduit, ou moyen incompréhensiblement utilisé jusqu'à ce qu'il devienne efficace dans l'inconscience de l'exécution.

Il y a des *Phases de texte* qui sont sensibles, d'autres intelligibles, d'autres physiques, d'autres obscures, mais tout est physiquement exprimé.

Par répétition, massage, sorte d'échauffement, il y a dégel et communication. Ce qui était sensible seulement, confusément, devient clair à l'esprit, et cette sensibilité passe dans l'intelligible, et dans les zones neutres circule un sens, une vitalité qui n'y était pas auparavant, une sève par laquelle le comédien vit le texte, par laquelle il le dit aisément. Il y participe dans une opération spéciale où tout de lui est en jeu sans que rien particulièrement ne soit concerné. *C'est tout lui-même qui vit dans ce texte.* C'est créer une habitude, une répétition, en un certain sens.

Il y a des textes qui ne se disent pas (Hervieu). Il y a aussi *des textes qui ne s'apprennent pas*. Ils ne sont pas dramatiques. Le texte dramatique doit d'abord s'apprendre et produire dans le comédien une altération. Altération physique. Il sensibilise le comédien.

Il y a des comédiens – ce que je dis plus haut – qui ne sont pas sensibilisés par certains textes.

Apprendre, s'assimiler, faire sien un texte, le saisir, le pénétrer d'une certaine façon, cela est différent pour chaque texte, pour chaque comédien.

Ces textes pénètrent, *modifient différemment le comédien* : il les *porte* différemment. Ils *reviennent* différemment, ils *s'oublient* différemment.

Il y a des modifications foncières par les textes. Il en est, de ces modifications, qui sont définitives. Mounet-Sully ne respirait, ne parlait qu'en alexandrins. Mais chacun possède différemment : Coquelin était un comédien-relai, haut-parleur, amplificateur, comédien altéré, trop altéré.

Le comédien ne sait pas son texte ; c'est son texte qui le possède ; il est mécanisé par lui. C'est un moyen pour le comédien de se mettre en état de jeu. Il ne le sait pas.

Le comédien au-dessus du texte ou au-dessous du texte, être de niveau, dans un équilibre où l'on peut *user du texte*, s'en servir, ayant d'abord délimité, soupesé en soi, contrôlé *l'usage, la façon d'en user* au mieux pour l'auteur et pour le public, *dans un dosage changeant de toutes ses facultés. Le comédien se modifie à mesure qu'il dit le texte*, qu'il anime le texte, le rend vivant, lui donne une compréhension bien différente de celle que donne une lecture.

– Il y a un échauffement physique ici, une sorte de *consommation vivante* à laquelle participe aussi l'auditeur et qui fait qu'on ne peut comparer en aucune façon le texte dit au texte imprimé sur lequel se font faussement les débats habituels.

– Proféré, animé physiquement et sensiblement, sonorisé et entendu en même temps, *ce texte n'est plus comparable au texte imprimé.*

– *Le texte se situe dans l'interprète par une opération particulière différente pour chaque interprète, où tout en lui est impliqué*, tout de lui participe dans un mécanisme particulier, dans une proportion, un dosage de ses facultés et moyens, différent pour chacun et variable aussi constamment dans les parties de ce texte.

– *Cette vivification du texte, la façon dont elle se fait est un des problèmes essentiels du théâtre.*

– « Le jour n'est pas plus pur que le fond de mon cœur[18] » est une phrase qui relève de la grammaire, de la syntaxe, de la logique, de la rhétorique tant qu'elle n'a pas été dite, proférée. Elle est différente, complètement, à ce moment. Cet instrument qu'est le comédien utilise alors le texte, pour lui, à son usage, en vue de lui faire rendre, donner, son expression parfaite, sa parfaite utilisation.

– Sa prononciation, son rythme, le ton pris, l'inflexion, l'accentuation d'un mot bouleverse tout, change tout : le masque qui le dit, le bras qui accompagne la phrase, la silhouette, le costume qui servent le diseur sont prédominants. *Tout est plus important que le sens*, la définition, la scolie.

– *Il faut penser, sentir et dire en même temps dans un dosage difficile.* Et le comédien est une mesure ; il est le fléau d'une balance qui pèse, l'impondérable de l'intelligence et de la sensibilité pour une compréhension intuitive du public. *Certains pensent, certains sentent, certains disent* au public. Les uns disent pour eux ; les autres font sentir, c'est-à-dire comprendre.

– Chaque texte, de quelque manière, a une vie, une puissance, une valeur, une efficacité dramatique. Le texte dramatique crée un intérêt, un émoi. Il va du simple au composé, de l'intelligible au sensible. Mais les textes dits par deux comédiens qui ne se sont jamais entendus, présentent, s'ils sont à peu près correctement dits, les mêmes respirations, les mêmes inflexions.

---

18 Jean Racine, *Phèdre*, acte IV, scène 2. Le vers est dit par Hippolyte.

– Un texte est une sève. Il contient une sève ; c'est son sens desséché dans l'impression. Il s'agit de lui rendre sa circulation, de le remettre en mouvement.

– La lecture ne lui donne qu'un sens restreint, incomplet. Il faut la profération et l'audition pour qu'il prenne sa valeur, qu'il remplisse son rôle, qu'il atteigne son but.

– Et il a besoin du comédien pour cela, et de spectateurs.

Exemple : « Le sens de l'ouïe se rapporte à celui du parler et se tiennent ensemble d'une cousture naturelle, en façon que ce que nous parlons, *il faut que nous le parlions premièrement en nous* et que nous le fassions sonner au-dedans à nos oreilles avant que de l'envoyer aux estrangières[19] ».

Il n'y a qu'un sens qui compte, c'est le sens dramatique : c'est la manière dramatique. Ce sens est différent en chacun. Là est le malentendu et la cause des débats. C'est *la libre interprétation*, il faut chercher la plus féconde, la plus provocatrice, la plus actuelle.

Il est différent en chacun ; il se modifie et *s'altère à chaque époque.*

Qu'est-ce que *le sens dramatique* ? C'est celui qui néglige tous les autres points de vue, littéraire, philosophique, et ne cherche dans un texte que *les sensations ou les sentiments* pour pouvoir le dire, le récrire à l'instant, lui redonner *son instantanéité, un usage immédiat et temporaire* et qui ne compte, ne prend les paroles que comme conséquence, aboutissement, résultat. Ici est le mécanisme difficile. Il faut prendre le texte dans *le vif du sentiment* et non dans une signification idéologique.

Avant toute autre chose, le texte est le support des passions, des humeurs, des sentiments.

On est plus près des sentiments d'un homme du XVIIe que de ses idées. C'est là qu'est le génie de Molière, *son universalité* dans cette permanence.

Son *immortalité* dans cette éternité des sentiments humains.

La représentation d'une œuvre de Molière n'est pas un mémorial de Molière, de la vie de Molière, ne peut pas être une célébration de Molière, un service molièresque. Alceste n'est pas un sacrement molièresque.

---

19 Michel de Montaigne, *Les Essais*, livre II, chapitre XII.

*RECRÉER EN SOI L'ÉTAT PHYSIQUE PRIMITIF D'OÙ EST NÉ LE TEXTE**

On doit considérer, étudier l'acteur dans son rôle d'intermédiaire, d'utilisateur et de dispensateur, avec les qualités et les défauts de sa nature individuelle, dans son fonctionnement instrumental par rapport au texte. Chaque acteur est un instrument différent.

Il y a des périodes où les acteurs sont presque semblables dans ce fonctionnement. Il y a des époques où, par la similitude des textes, les comédiens se ressemblent dans leur façon d'interpréter.

Il y a aussi des acteurs déformés par des textes, par des systèmes de sensibilité ou de diction.

Si l'on saute la phase médiane de l'opération qui est trop complexe, trop diverse dans chaque sujet, trop difficile à analyser aussi, l'important est le point de départ, *le fait d'apprendre, de mémoriser d'une certaine façon* suivant les textes, et ensuite dire, restituer, déclamer, jouer. L'important est le départ et l'arrivée de l'opération. En expérimentant des textes, on doit pouvoir déduire certaines règles de jeu et de déclamation.

On peut étudier tous les problèmes du théâtre, des points de vue les plus différents : construction d'une pièce, peinture des caractères, diversité des scènes, déplacement de l'action, (son unité, sa duplicité), pièces complexes, implexes ou simples, moralité ou philosophie de l'œuvre, qualité de l'intrigue ou des situations. On peut étudier les problèmes du théâtre en partant du public ou de l'auteur, des problèmes de présentation, de décoration, d'architecture, bref tous les procédés utilisés pour la représentation, audition, vision du jeu.

Tout au théâtre se tient, se pénètre, toutes les questions sont mêlées et dépendantes comme les mailles d'un filet, comme un réseau nerveux dont on ne saurait toucher la plus mince partie sans ébranler tout le système.

C'est pourquoi le théâtre reste si sujet à controverse, à l'étude ; c'est pourquoi il fait couler tant d'encre et qu'il agite tant les esprits. Il est le lieu le plus parfait pour la discussion, l'interprétation ; le temple de la controverse et du commentaire. Mais aucun de tous ces problèmes n'est important. Quand on a fait le tour de toutes les questions et qu'on a cherché à en approfondir quelques-unes, et que l'on a une fois considéré le texte dramatique, on a trouvé la clef et le secret de tous les autres problèmes, le point de départ. Car le texte est le seul élément stable, le plus important, et c'est par lui que tout peut être étudié, appris. C'est lui le plus nécessaire, pour l'apprentissage du métier et la connaissance du théâtre.

Tout est variable, sauf le texte qui est immuable. Et toutes les variations d'une œuvre ne s'obtiennent raisonnablement qu'en partant du texte.

Pour être clair, il faut d'abord dire que tout sentiment ou état sensible est lié à un état physique correspondant.

Celui qui peut, *par un moyen*, provoquer en lui l'état physique, retrouve du même coup l'état sensible ou sentimental correspondant.

Cette constatation que tout le monde peut faire, cette particularité dont tout le monde est capable, est le fait particulier, le don de l'acteur, ce à quoi il s'exerce jusqu'à en faire un art.

Le texte de théâtre est au premier chef le résultat, la conséquence, l'aboutissement de l'état sentimental ou sensible d'un personnage ou la gangue dans quoi il réside, statue muette. Le texte de théâtre – hors de cette considération – n'a d'existence qu'intellectuellement, dans l'esprit de celui qui le lit ; quelle que soit son imagination, il ne saurait lui conférer toute sa puissance et son action. Il ne peut y atteindre que dans certaines œuvres qu'il a déjà vu représenter, par souvenir ou par une faculté d'imagination physique et qui est celle de certains acteurs ou hommes de théâtre éminents. C'est une vive et puissante représentation de l'action et du jeu qui est parfois aussi totale dans l'esprit de ce lecteur-acteur que dans l'esprit de l'auteur.

Médiateur, catalyseur, interprète, transformateur, amplificateur, filtre, commissionnaire ou messager, reflet ou image, transposition ou traduction, tout ce qui peut exprimer *une transmission avec toutes ses altérations*, *une communication avec toutes les interférences*, interpositions, c'est un instrument *d'enregistrement et de retransmission.* Tous les types d'acteurs se rencontrent dans leur fonctionnement, suivant *les particularités de leur tempérament* ou *les particularités des textes*, tous les genres de textes avec les diverses possibilités de les traduire, c'est-à-dire les faire passer sensiblement par l'instrument d'exécution qu'est le comédien.

Quand l'acteur apprend, il est comme Cortot[20] qui voit picturalement et transpose les sons en couleurs ; cette particularité est connue. Ressouvenirs d'enfance sur des textes appris, sensations qui se fixent, le texte semble les pomper et les fixer dans la mémoire sensible. Suite de sensations qui ont un rapport plus ou moins juste, rigoureux, exact, avec le sens dramatique ou le sens littéraire.

Ignorant et illettré, analphabète autrefois, le comédien était meilleur ouvrier. *Il savait l'action avant le texte au* XVIIe, et quand il répète les répliques

20 Alfred Cortot (1871-1962) était un célèbre pianiste, reconnu au niveau international pour la richesse sonore de ses interprétations : il est le fondateur de l'École normale de musique de Paris, où il promeut un enseignement musical au croisement de toutes les disciplines artistiques.

qu'on lui souffle pour les lui apprendre au fur et à mesure qu'il s'exerce, pour les fixer en lui, il a le sens de *la situation dramatique* où ce texte se fixe à chaud, d'une façon plus vivante, plus juste qu'aujourd'hui, où il apprend en cherchant à penser (Penser à quoi !).

Ce n'est pas penser qu'il faut dire : c'est sentir. L'acteur d'aujourd'hui est au-dessus de son métier ; une sorte de prétention le fait s'égarer dans des recherches superflues ou superficielles.

Supériorité de l'acteur illettré, *supériorité d'une interprétation toute physique* où l'action seule importe, sans qu'interviennent d'autres préoccupations, donc explication et justification de cette absence d'intelligence ou de sens supérieur du texte.

Même sa valeur poétique ne s'obtient pas mieux par méditation sensible, mais plutôt par exercice physique et mécanique. Comme le recommande Valéry : *recherche, d'abord, du rythme et de la respiration.*

Des recherches, des raffinements sur les *inflexions.* Erreur de cette division, juste d'ailleurs, *de la diction correcte, orthographique et grammaticale, de la diction rythmique et de la diction expressive.* L'expression vient naturellement du rythme, et le rythme ne peut venir que d'une diction correcte.

Si l'acteur ne donne pas le sens juste, il suffit de le lui souffler ; il vaut mieux qu'il ne s'en préoccupe pas. Le sens des phrases, pour la scène qu'il joue, est moins important que *le ton* pour les dire. Traduction la plus directe, la plus importante, et qui est l'essentiel de son art.

– En somme, c'est *une méthode que tu découvres ?*

– Non, c'est celle qui a prévalu jusqu'à aujourd'hui et les comédiens jouent tout aujourd'hui dans une sorte de ton et de manière de dire et de jouer qui est omnibus comme la sauce des buffets de gare ou des banquets.

Giraudoux essaye un acteur. Il lui importe seulement d'entendre sa voix et sa diction sur son texte, et la personne de l'acteur traduit aussitôt en même temps ses facultés de ressemblance ou de similitude avec le personnage et ses différences, ses oppositions, ou ses incompatibilités, en dix minutes à peu près ! (Il se peut qu'il y ait des surprises à l'usage comme dans l'amitié, mais il est rare qu'elles soient rédhibitoires).

CORRESPONDANCES PHYSIQUES ACTEUR ET AUTEUR*

Le texte de l'auteur est pour le comédien une transcription physique, il cesse d'être un texte littéraire. Le texte, sa lecture, met l'acteur dans un état physique, enthousiasme ou prostration, qui est préalable à toute autre considération. Cet état physique est une véritable possession.

Le texte serait alors une formule de conjuration ou d'exorcisme que l'auteur a trouvée pour se libérer, mais dont il ne peut se servir lui-même. Son pouvoir, sa puissance magique s'arrêtent à cette écriture, c'est un magicien incomplet. Il a écrit une incantation qu'il ne peut pas prononcer lui-même, il ne peut réaliser les conditions nécessaires à son émission, à sa communication, pour qu'elle soit efficace et l'auteur souffre de ne pas pouvoir prononcer cette incantation, de son impuissance à la rendre effective, de ne pas en voir les effets, de ne pas la voir se matérialiser. L'action avec ses personnages, ou plutôt les personnages avec les actions qu'ils ont envie et besoin de commettre – cette formule morte jusque-là – le travaille et le torture. Les esprits des personnages travaillent en lui comme des fantômes qui veulent prendre corps, *des pensées qui cherchent des âmes* (Dante), dans les limbes où ils sont.

Dépossession de l'auteur qui a fini sa pièce, panique de l'auteur qui écrit et se sent envahi, apeuré.

Alors vient l'acteur : et la lecture du texte met l'auteur dans une sorte de transe, un état physique qui le délivre lorsqu'il assiste à cet exercice. Au profond de lui-même, il reconnaît, il éprouve avec soulagement ou contrariété, suivant que l'acteur est juste ou non, la délivrance d'un état physique qui l'oppressait, le gênait.

Cette formule magique, ce texte, ces propos tenus par l'acteur dans ses répliques libèrent l'auteur, plus ou moins complètement, de ses personnages, de ses idées, de ses sentiments. C'est l'acteur qui opère ce transit, ce transfert, cet exorcisme à son bénéfice ou maléfice. L'acteur en « *s'incarnant* » prête son corps au personnage. Ce qui importe est alors que l'âme, les idées du personnage viennent rejoindre ce corps, que les sentiments de l'auteur correspondent aux sensations que l'acteur éprouve par ce texte, et que celui-ci laisse le temps et la place en lui pour que des idées étrangères ou personnelles, autres que celles de l'auteur, ne corrompent pas, n'altèrent pas, ne brisent pas la magie de la formule. C'est le problème de l'interprétation.

Une fois la sensation physique obtenue, il faut laisser venir habiter l'âme du personnage et surtout opérer avec lenteur, sans brusquerie ; l'essaimage des idées et des sentiments de l'auteur chez l'acteur est fragile. Puis encore, il faut une accommodation, la façon, dont, locataire, le personnage va vivre chez ce nouveau propriétaire. L'hospitalité donnée et reçue a pour conséquence la qualité de l'interprétation, le perfectionnement du comédien dans son art et dans sa nature humaine, qui vont de pair, le rayonnement qui pénètre l'œuvre et descend jusqu'au public.

Le comédien pratique sur l'auteur quand il dit son texte ou ses répliques une sorte d'exorcisme des personnages que celui-ci porte en lui et qui ne sont pas encore délivrés. Cette délivrance s'opère par la « possession » du comédien. C'est en somme un passage, un transit de personnage, à l'état de fantôme chez l'auteur qui prennent corps dans le comédien. L'auteur ne crée que les idées. Les sensations et les personnages qu'elles habitent ne peuvent sortir de ce texte que par l'incarnation physique du comédien. La « possession » de l'acteur s'accompagne de cette dépossession, de cet exorcisme, du soulagement, de la délivrance de l'auteur.

Dualité acteur-auteur

Il y a les mêmes façons de faire et d'être chez le comédien et chez l'auteur ; c'est cela parfois qui crée les difficultés d'exécution pour le comédien. Le fin du fin est d'arriver à deviner, ou découvrir toutes ces intrigues, désuètes, que le personnage a eues avec l'auteur – Quelles ont été leurs relations. – Il doit y avoir aussi des personnages avec des « envies », des enfants contrariés, il y a eu aussi des personnages rebelles, certains qui ont été pris à l'Assistance publique. D'autres pour lesquels, sans le savoir, l'auteur a été injuste, marâtre ou mauvais père, qu'on a chargés de besogne, et qui n'ont pas eu la part belle, certains qui se sont révoltés et ont agi à leur guise contredisant ce qu'on a voulu leur faire faire, et puis aussi ceux qu'on a sacrifiés au public, ou à leurs partenaires. Il est évident que, dans *Le Misanthrope*, l'amitié d'Alceste et de Philinte n'est pas exprimée complètement mais une plus ample expression de cette amitié en ferait une autre pièce. Dans le classique tout est contenu parce que tout y est à l'état de naissance pour l'expression dramatique.

C'est d'ailleurs dans la mesure où il y a de ces lacunes ou de ces manques dans une œuvre, que cette œuvre est complexe, qu'elle est sujette à interprétation, qu'elle se plie à des exécutions chaque fois nouvelles, qu'elle peut s'offrir à notre réflexion sous un aspect différent pour chaque spectateur, chaque acteur, ou chaque critique.

Ce qu'on appelle l'inachevé, ce qui reste à développer, ce qui reste libre (voir Baudelaire, le fait et le fini[21]).

---

21 « Les critiques ignorent, dit Baudelaire à propos de Corot, qu'il y a une grande différence entre un morceau *fait* et un morceau *fini* – qu'en général, ce qui est *fait* n'est pas *fini*, et qu'une chose très *finie* peut n'être pas *faite* du tout – que la valeur d'une touche spirituelle, importante et bien placée est énorme… » « Salon de 1845 », in Charles Baudelaire, *Œuvres complètes* II, texte établi par Claude Pichois, Paris, Gallimard (La Pléiade), 1976, p. 390.

CRITIQUE – LECTURE D'UNE PIÈCE*

En lisant une pièce de théâtre, on la fait bouillir au feu de son esprit. La pièce se détrempe et se désagrège, et de ce pot-au-feu où abondent raisons, causes psychologiques, philosophiques, remarques et points de vue, chacun écume des idées, des impressions abstraites avec quoi il veut expliquer l'œuvre et se l'approprier. Elle reste intacte. Elle ne cède rien et n'agit qu'extérieurement. Sa vertu n'est pas de lecture. Il faut une autre participation. Spectateur ou acteur, il faut s'y tremper soi-même, en subir l'action, l'éprouver par les moyens mêmes que la pièce présente. Il faut l'écouter ou l'agir. C'est une pénétration différente que celle qui se fait par l'esprit seulement et par la lecture. Il faut participer à la pièce autrement que par ces reflets discursifs. La pièce est un mécanisme qui doit se mouvoir, et l'imagination et la pensée n'y suffisent pas si elles ne sont excitées par le secours des sensations.

L'esprit seul, l'analyse, ne peut rien expliquer d'une œuvre, car on éprouve une pièce de théâtre par son audition, sa vision, sa représentation, par l'exercice même de ses moyens, et elle est écrite pour le comédien, c'est-à-dire pour être jouée, incarnée, sonorisée et visualisée.

La lecture n'a pas d'effet profond. On peut la recommencer cent fois et trouver cent raisons ou explications différentes. Seules comptent la célébration de la pièce, sa mise en œuvre et les impressions qu'elle produit (toute autre opération est particulière), l'exécution, l'incarnation, le texte animé, agi, les personnages incarnés.

Mais, direz-vous, l'impression change à chaque nouvelle distribution. Oui, il y a aussi cent pièces différentes en jouant la même, tout autant qu'il y a cent façons de lire la pièce. Mais ces variations ne sont pas les mêmes, ce sont les vraies, elles proviennent de l'action, non d'une conception de la pièce. Jouée, la pièce prend un sens par son action. Elle se découvre elle-même. Elle prend son sens par elle-même et non par l'angle d'incidence où l'esprit s'est placé pour la lire. *Et l'on est étonné que ce sens, à l'exécution, soit si simple et si éblouissant, si multiple et si universel parmi tous les autres sens, et qu'il les contienne tous dans sa signification totale.*

Le sens immédiat, accidentel, que découvre l'esprit, est différent de celui que contient le fonctionnement de la pièce dans tous les rapports de ses organes comme dans un mécanisme : la mise en marche de son intrigue, de son action, les répliques dites, échangées, chargées d'inflexions, de tons, de gestes, d'intentions qu'y apportent les exécutants. Par cette exécution seulement s'obtient cette compréhension suprême, totale, multiforme, que chaque époque, chaque génération modifie ou utilise tendancieusement, suivant ses habitudes, son esprit, ses modes, tout comme le lecteur individuel ; mais ici c'est une société qui s'y réfléchit et non pas, si éminent soit-il, l'esprit d'un lecteur solitaire. Cette collaboration n'est pas inutile, mais il faut savoir s'en défier, même lorsqu'elle est la plus séduisante, car c'est ajouter aux déformations obligées, aux inclinaisons, aux gauchissements de l'exécution, des déformations qui sont toujours trop intellectuelles et rétrécissent particulièrement l'œuvre.

Chercher une expression neuve, plus adaptée, plus claire, moins tendancieuse, loin de la politique ou de la morale. Rendre la pièce plus attrayante à chaque fois par le jeu, la représentation devant un public : de l'identique qui soit nouveau.

*LES TEXTES, UNE SÉRIE DE RYTHMES**

Les manuels de théâtre de diction sont bêtes à lire, ils ne seront jamais assez pauvres, niais, humbles. C'est de cette pauvreté qu'il faut parler pour s'exalter. La beauté de ces études est dans leur humilité. Si ces six sangsues…

Le difficile est d'être éloquent sur une matière spirituelle, qui se présente dans un état brut, inanimé. La phrase de Bossuet ou de Claudel pour moi n'est que dans sa sonorité et son émission, le port, la voix, le masque de celui qui la dit, qui la transmet après s'en être gorgé.

Les textes, une série de rythmes comme ruisseaux rencontrés et suivis dans la campagne, dont le mouvement (sonore) se modifie au fur et à mesure des accidents de son lit, cadences diversifiées comme une respiration qui s'altère ; vibrations différentes, mécanique sensible. La phrase du poète n'est pas différente.

C'est cette phrase dite qui est la matière animée comme l'argile n'est matière spirituelle que lorsqu'elle a été pétrie avec âme, avec la chaleur sensible des mains de celui qui cherche la forme, *l'argile brute n'est pas plus pauvre qu'un texte imprimé.* C'est peut-être un peu loin aller, mais il faut *différencier les matières.* Matières du théâtre, le texte. Bêtise de ce siècle XIXe, où l'esprit souffle, où *les parleurs* ont raison, où l'on s'est mépris sur le théâtre. Musset, Mérimée, Balzac ont dû céder le pas à Hugo… et Émile Augier.

L'AUTEUR, L'ACTEUR, LE SPECTATEUR

La « convention dramatique »

DES DEUX CÔTÉS DU RIDEAU

Ce texte a été rédigé au retour de l'Amérique du Sud.

Lorsqu'il vient au théâtre, le public apporte avec lui tout ce qu'il est, à son insu, et d'abord son inconscience.

Malgré la sienne – qui est immense – l'acteur quand il se rend le soir au théâtre pour exercer son métier, sait qu'il va devoir cesser d'être ce monsieur pressé qui termine un repas ou cet autre monsieur pressé qui attend un tramway, cesser d'être tout ce qu'extérieurement il est, pour devenir acteur.

Il va devoir, une fois entré dans sa loge, déshabiller le monsieur pressé et le couvrir d'un vêtement neutre et passager – le peignoir de l'acteur qui se maquille, qu'il échangera, ensuite, contre l'autre vêtement, le vrai : celui du personnage qu'il est chargé de représenter.

Cette phase transitoire et quotidienne, ce pont jeté entre le « monsieur » et le personnage, ce laps de temps consacré à la préparation est en réalité l'heure mystique de la journée de l'acteur. C'est le temps du noviciat. Car ce temps pendant lequel les mains de l'acteur s'occupent, à l'aide des fards, à substituer à son visage le masque plus ou moins ressemblant d'un autre, c'est le temps aussi qui le trouve physiquement dégagé de lui-même, en état de se rapprocher, jusqu'à croire l'atteindre, de l'insaisissable de son métier.

Évidemment, le plus souvent, l'acteur ignore son état de grâce.

Il va tout simplement « se mettre du gras sur la figure » oui bien « se déguiser en polichinelle » mais il sait qu'il va d'une manière ou d'une autre « se préparer ».

Le spectateur, lui, ignore, sauf s'il est très jeune ou tout à fait vieux, qu'il va devoir subir une transformation. Pris individuellement, il n'est qu'un autre monsieur pressé, qui, celui-ci, désire assister dans les meilleures conditions possibles à une représentation.

Il ne pressent pas qu'une fois aggloméré à cet ensemble de spectateurs qui devient, fatalement, le public, il va devoir y participer. À l'heure où l'acteur dans sa loge, finit d'endosser pour la soirée, son rôle et son costume, les spectateurs peu à peu rassemblés dans la salle, isolés en commun, sont envahis par un sentiment d'attente qui fait le vide en eux. Une légère fébrilité les gagne, un espoir vague les agite tous ensemble. Leurs réflexes personnels s'abolissent sans qu'ils y prennent garde, remplacés par des réflexes de masse.

Quand le rideau se lève sur la pièce, voici que, dans la salle, prêt à prendre une part active au débat qui va suivre, le Monstre aux Cent visages est né.

Il a ses exigences, ses goûts, ses habitudes qui, si on les examine, ne concordent pas toujours avec ceux des spectateurs, pris en particulier.

Il arrive, par exemple, de jouer parfois des pièces sur lesquelles les critiques et les spectateurs les plus divers ne tarissent pas d'éloges, qui sont applaudies, chaque soir, avec chaleur, qui bénéficient d'une bonne présentation, d'une publicité suffisante, que tous les gens de votre connaissance apprécient et veulent revoir, que votre concierge a estimé rudement « bien tapées » et « jouées aux petits oignons » et où elle a envoyé sa belle-sœur, et qui pourtant n'obtiennent jamais cette espèce d'auréole que donne le succès et qui finissent par sombrer dans l'oubli. Ce sont des pièces qui – alors qu'elles enchantent tout le monde – ne plaisent pas au public. On n'en connaîtra jamais les raisons. Au moment où on l'interroge, un membre du public est redevenu un spectateur et son comportement peut être à l'opposé de ce qu'il était quelques minutes plus tôt. Il vous est certainement arrivé de voir, au spectacle, le même monsieur qui a manifesté toute la soirée le plaisir le plus vif, se transformer à l'ouïe de la dernière réplique, en naufragé qui cherche à gagner le premier un canot de sauvetage. Il écrase pour arriver à la porte les pieds de ceux qui, plus lents à sortir du rêve, restent encore assis. Il se précipite, bousculant tout le monde, vers le vestiaire et, s'il ne possède pas de voiture, refuse à sa femme de prendre un taxi en déclarant « qu'il a bien assez dépensé comme ça pour ce que ça vaut ».

Avidité du public, ingratitude du spectateur.

Quand une représentation s'est déroulée du début à la fin devant un « bon public » et qu'à la pensée de l'auteur, transmise par lui, la salle donnait une complète et joyeuse adhésion, que la conversation convenue entre eux a gardé toute la soirée sa chaleur et qu'il voit ainsi au baisser du rideau, les spectateurs d'un seul coup se déprendre, le comédien ressent à chaque fois une grande tristesse.

C'est le seul moment où une certaine phrase, qui retentit à toutes les occasions dans les coulisses produit l'exact sentiment de l'action : « Je me demande pourquoi je fais ce métier ». À ce seul moment où l'acteur est désemparé par l'abandon, cette exclamation signifie non pas : « Je n'aime pas répéter le matin » ou « L'essayage de mon costume m'embête, etc., etc. », mais bien le vrai chagrin ingénu qui s'exprime par le « Qu'est-ce que j'ai fait » des enfants et des amants malheureux. « Qu'est-ce que j'ai fait pour que le public qui ce soir aimait tellement la pièce, m'aimait tellement, s'en aille ainsi, comme s'il était fâché ? » « Je me demande pourquoi je fais ce métier » puisque – sans doute par ma faute – l'auteur et le public se séparent sans se serrer la main ?

Et l'acteur remonte dans sa loge en maudissant une famille innocente qui ne l'a pas « collé de force dans le commerce » et le jour où lui-même a eu « l'idée imbécile de faire ce métier ».

Quand après une représentation, qui n'a pas répondu à son goût, et durant laquelle il a montré peu de plaisir, le spectateur se hâte de quitter une salle où il regrettera d'être venu, rien de plus compréhensible. Mais quels peuvent être les moteurs de cette précipitation, les soirs où son plaisir s'y est manifesté avec enthousiasme ? En Europe, on attribue, à tort ou à raison, ce phénomène à l'heure plus ou moins tardive où se termine le spectacle et à l'obligation où est le spectateur de tenir compte de l'horaire des moyens de transport. D'ailleurs, pour peu qu'ils habitent loin du théâtre, on voit à mesure que la pièce avance le « souci du dernier métro » tourmenter même certains acteurs qui dotent alors d'une surprenante vivacité les dénouements les plus languissants. Ce même souci distrait parfois le public le plus attentif.

Mais ce phénomène de désaffection subite, d'écoulement précipité, nous l'avons retrouvé en Amérique du Sud. À Buenos Aires où métros, autobus, collectifs, etc., etc. fonctionnent toute la nuit, la dernière réplique amenait dans la salle un brouhaha et une fuite de récréation.

Le côté international de ses réactions fait supposer qu'elle a ses causes profondes et n'est pas strictement soumise aux caprices des moyens de transport en commun. On goûte parfois, il est vrai, un grand plaisir à quitter ce qui plaît. Le public serait-il périodiquement atteint par une épidémie de délectation morose ?

Cette passade, qu'il vient d'avoir avec le théâtre, est-il impatient de s'isoler pour la revivre en pensée ou désireux d'en parler à ses amis ? Est-il agacé de voir soudain le saluer, avec des ruines, les porte-paroles de ce cadavre qui, de son vivant, lui a donné du plaisir et qui vient de s'éteindre en emportant le sien ? Ne serait-ce pas plutôt que tout cela, une crainte superstitieuse qui le presse de quitter un lieu un peu magique, où déjà le spectre d'un rêve installe sa poussière ? Qui le fait courir vers le dehors, là où il redeviendra lui-même et pourra chasser de son cœur ces mots, tous ces mots d'un absent qu'on suscite, et les remplacer par des mots, mots à lui, épais, charnus, connus, familiers et un peu bêtes mais dont il n'aura pas à redouter l'écho.

REGARDER LE PUBLIC

Joie, curiosité de regarder le public pendant une représentation, de le voir s'abstraire, s'étonner, s'épanouir, s'oublier, sentir et réagir différemment de l'acteur qui joue. Étonnement et émerveillement de voir ces réactions secrètes du public, où il s'ignore lui-même et se trahit. De le voir tâcher de comprendre. De le voir ne comprenant pas, de le voir ému, bouleversé, de le retrouver tout concentré ou tout agité de ce qu'il vient d'entendre et de voir.

On peut rapprocher cela du comédien, de l'homme qui s'efface en scène et qui se libère dès qu'il a atteint le couloir et qu'il remonte dans sa loge, chantant, se dépouillant de ses sentiments comme de ses costumes.

Contraste et opposition de ces deux cas, possession, dépossession.

Exercice pratique qu'est le théâtre, purification des sentiments par leur passage dans ces corridors, ces conduits secrets où le mènent les personnages et l'action qu'ils représentent.

LES PUBLICS
25 juin 1949.

Curieuse impression, difficile à décrire, de gens attentifs, polis ou distraits, bruyants, cordiaux ou maussades, d'humeur aimable ou bougonne. Un résultat et l'amplification de ces impressions et de cet état. Public amorphe, renfrogné, calme ou remuant ; public tout de suite acquis qui vous met en confiance, à l'aise ; public muet, d'un silence inquiétant ; public qui se modifie peu à peu ; public qui se hérisse et semble se désaffecter de plus en plus.

LE PUBLIC SELON LES ÉPOQUES
16 janvier 1950.

La participation du public est à définir, à expliquer. L'état d'âme des audiences varie selon les époques. Quelle différence entre l'auditoire du mélodrame, celui d'il y a vingt ans et celui d'aujourd'hui ! Là est toute l'histoire de la mise en scène, de la proposition faite, de l'utilisation de l'œuvre dramatique. Ne parlons pas de théories ou de conceptions, c'est niais et vaniteux, tout le métier se résume à cette appropriation de la sensibilité : de sa sensibilité, qui est résultat de l'époque où l'on vit, à la sensibilité du public. C'est s'accorder aux autres, les deviner, les comprendre, à l'aide d'une œuvre humaine, classique, universelle, indéfiniment adaptable, c'est par cette œuvre, atteindre ses contemporains, les rencontrer, les exhorter, fraterniser : c'est communication humaine.

Nous ne ferions pas de mise en scène pour le public du XVIIIe ou du XVIIe, pas plus que nous ne supporterions les présentations ou exécutions qu'ils faisaient des œuvres dramatiques à cette époque. Nous n'en serions pas capables. C'est que nous ne sommes plus de ce *temps*, de cette époque, notre sensibilité n'est plus accordée à ces moments.

ATTITUDE DE L'ACTEUR VIS-À-VIS DU PUBLIC
Buenos Aires, 5 août 1941.

C'est toute l'histoire de l'exécution, depuis le premier qui fut acteur jusqu'à nous, depuis Thespis jusqu'à Mounet-Sully.

Mais il y a aussi *l'attitude de l'acteur vis-à-vis du public* qui permettrait de montrer l'influence des publics, et aussi *la façon pour l'acteur d'envisager le succès*, sa façon de le comprendre, la façon dont il est *obligé d'être glorieux* ce qui peut lui faire perdre ses vertus morales et sa personne morale. Ce n'est pas le métier lui-même, cette exécution qui le perd et le déforme, non, c'est la façon dont le public l'oblige et le force à *une attitude, vis-à-vis de lui* (non pas l'attitude vis-à-vis du rôle) *vis-à-vis de lui public.* C'est le côté chien savant et *cette attitude est grave pour l'acteur lui-même par répercussion.*

Diderot est le premier qui ait compris *le dédoublement.* Jusque-là, cette particularité, ce caractère n'avait préoccupé personne.

De la *sincérité*, de ses différentes formes et de sa définition.

C'est un rapport entre la sincérité du public et celle de l'auteur, celle de l'acteur est fonction de ces deux-là.

À l'époque de Talma, il n'y a pas d'auteur, pas de sentiment dramatique nouveau. Le public ne vit que dans un équilibre, un à peu près, dans lequel le théâtre est un jeu gratuit, une spécialité. Ce sont des amateurs qui se passionnent pour les modes et les formes, et l'acteur, dans la tragédie, s'en donne à cœur joie de son omnipotence, de son importance ; il prend le fin du fin de ses nuances ou de ses intentions comme la règle du jeu. Il n'y a plus de jeu ni d'enjeu. C'est une discussion inutile, oiseuse, sur des façons de jouer, une préciosité, un renchérissement sur le mode d'exécution parce qu'il n'y a plus de matière dramatique.

Et c'est là que se place l'*approfondissement de l'exécution.* La pièce se gauchit, s'alourdit comme un vin qui décante ou plutôt comme une sève qui s'épaissit et forme des cals, des gommes.

– Ce qu'on trouvera plus tard dans Giraudoux.

– Ce qu'il n'y avait pas dans Molière à l'origine.

Les sens perdus, la signification, la résonance, le sens de l'époque et *le sens actuel.*

La tradition, ce qu'on croit la tradition et qui n'est qu'une surcharge, un épaississement.

C'est aussi l'attitude *vis-à-vis de soi-même, que le poète dramatique l'oblige à prendre pour exécuter.* Victor Hugo peut rendre fous et idiots ses exécutants, Marivaux les rendrait désabusés ou pervers, Musset, Beaumarchais, c'est l'âne porteur de reliques.

Ceci est la base et la source *des principes moraux du théâtre pour le comédien*, de sa dépendance et servitude à l'égard du public, de son indépendance à l'intérieur de son métier, sa soumission au personnage, sa supériorité au rôle lorsqu'il est passé maître, qu'il utilise sa maîtrise ou son prestige. Il atteint au sacerdoce et à la vocation à la fin de sa carrière (au lieu du début, étrange renversement) il a sur le public une véritable influence par ses attitudes compensées, par un résultat final.

Le comédien n'atteint au métier que par une perfection finale qu'il a cherchée tout au long de sa carrière et le secret qu'il découvre au moment où ses moyens le quittent ou passent de mode. Son style, son genre, ne sont plus utilisables pour les autres. Il ne peut qu'en décrire le mécanisme dans la mesure où il croit l'avoir trouvé en lui-même. C'est une philosophie de son métier qu'il peut écrire, confesser et comme toutes les philosophies, toutes les explications, elle ne peut servir à celui qui la pénétrerait qu'à s'en faire une nouvelle. Mais les principes sont essentiels et leur découverte fondamentale.

SUIVRE L'HUMEUR DU PUBLIC

On ne joue pas tous les soirs, la machine ne tourne pas tous les soirs au même rythme, soit que les acteurs ne soient pas les mêmes, soit que les spectateurs soient différents. Il faut savoir s'écouter, écouter le rythme. Il y a des publics qui permettent de jouer plus vite, d'autres qui demandent d'être un peu plus lent. Cet accord de vibration, de correspondance est ce qu'il y a de plus subtil, de plus difficile.

L'impression vient en jouant, suivant l'humeur du public, son attention, sa vivacité, sa présence.

On joue comme on dirige une barque suivant ou selon le courant. *Il y a des jours où il faut ramer*, parfois, il n'y a qu'à se laisser aller. Certains soirs, le courant est presque contraire, il faut réagir, jouer dans le comique ou le dramatique, le public est à contresens, contrecourant.

SENSATION CHEZ L'AUTEUR ET CHEZ LE COMÉDIEN

Bage, 17-18 juin 1941.

Je suis assis dans le bar. Le bateau roule et tangue et j'aperçois dans la porte du fond le mât qui oscille et se déplace. Il est tout blanc. Il fait beau, la sirène vient de mugir qu'il est midi en face de moi… Je bois du pernod. Sensation, puis sorte d'effluves, de sentiments, d'idées qui se mêlent, s'entrecroisent, sortent l'une de l'autre, comme dans un cauchemar, état physique, et je comprends à cet instant la différence qu'il y a entre l'écrivain et le comédien. Celui-ci utilise sa sensation pour la décrire, l'expliquer et la fixer en mots précis ou flous, la développer en phrases, en idées, en comparaisons et chaque figure de rhétorique est utilisée par lui comme le geste par l'acteur.

Pour l'acteur, au contraire, la sensation devient tout de suite attitude, même l'idée appelle chez lui un mimétisme latent ; l'état physique ici est essentiel, non pour être décrit, mais pour être agi, consommé. L'idée ne vient qu'après l'acte. C'est une réflexion pour lui et il explique ses sensations en lisant l'écrivain ou le poète. Il ne fait qu'éprouver.

Il ne saurait y avoir contrôle, tout comme chez l'écrivain. *L'écrivain ne contrôle pas plus sa sensation que le comédien ne contrôle l'idée qu'elle traduit*, exactement.

L'idée fleurit de la sensation chez l'écrivain. Chez l'acteur, l'idée se transforme en sensation mais la sensation ignore ce qu'elle signifie.

Celui qui veut traduire des idées par des sensations, en plus de la diction, s'aveugle. Une sorte de sens général grossier, diffus l'envahit et il se précipite sur le texte avec cette sensation passe-partout. Le goût de s'entendre soi-même, d'atteindre l'interlocuteur et le public, le fait s'oublier complètement et il parle sans s'entendre.

Je dis sensation pour l'acteur. C'est aussi sentiment. La sensation physique est liée à un état sentimental. C'est une équation, dont le résultat est expression écrite chez l'auteur, expression dite, mimée, sonorisée chez l'acteur.

Le sens, l'idée, naissent chez le poète du sentiment ; le comédien rétrograde, il remonte à la source et, sautant par-dessus l'idée et le sens par ses propres moyens – par un mécanisme long, personnel et varié – il retourne à la sensation. Et son sentiment *faux au départ*, arrive souvent à une sensation vraie, plus *vraie* que l'idée exprimée, que l'expression trouvée par l'écrivain, que celle-ci soit douteuse dans le sens ou pauvre dans son essence et sa sève.

ACTEUR ET SPECTATEUR

Ce potentiel de l'acteur a une correspondance, un état de réceptivité dans le spectateur, mais c'est une réceptivité active.

Le spectateur est un acteur passif, mais agissant à sa manière, par collaboration, réponse, participation. Son attitude, cette façon d'assister au spectacle, d'y collaborer, son apport et sa réceptivité, c'est le problème du spectateur comme celui de l'acteur.

Ce problème, cette mentalité, cet état, ce comportement, il faut le voir, l'envisager, l'étudier à chaque époque : le Moyen-Âge, la Renaissance, le XVIIe, le XVIIIe, la Révolution, l'Empire, le Second Empire et la IIIe République.

Entre ces deux pôles, la littérature dramatique se piège en s'exerçant. Elle se juge par son exercice, son efficacité entre les deux. Il faut faire un historique de ces périodes. L'imagination familière d'une salle du XVIIe, de ses acteurs et de ses spectateurs, c'est cela qui peut nous redonner Molière. Nos spectateurs anémiés, indolents diffèrent de ceux du XVIIe, ardents, rappelant à nos mémoires d'acteurs la force fruste, violente et la hardiesse du jeu de l'époque, cette abstraction obtenue parce qu'il y a de fort et de sommaire dans le jeu, de brutal, de primaire, d'inachevé, d'accents, de fautes de mémoire, de diction et de prononciation : le jeu est fait pour atteindre un public – que Bruscambille[1] nous décrit – et qui est toujours exigeant.

Rapport, dépendance, attitude, état physique du spectateur et de l'acteur à travers la pièce aux différentes époques, deviner, évoquer ces deux pôles, c'est définir la littérature dramatique de chaque époque.

À Santiago, la salle est d'une obscurité bleue avec les lampes de secours jaunes très lointaines, très voilées, parce qu'elles sont situées très en dessous des balcons et au fond des loges, contre les murs du théâtre, et donnent l'impression d'un ciel étoilé, d'une nuit ou luiraient doucement dans un ciel brumeux des étoiles couleurs de miel. Pourquoi à Santiago et à La Chaux-de-Fonds la température est-elle chaude ?

Ce sentiment de notre disposition ce soir et de celle des spectateurs, cette relation différente chaque soir, on a envie de la mesurer, de trouver un appareil pour la mesurer, pour en connaître les raisons, pour en noter les capacités différentes aux différents moments du spectacle et pour en donner une explication.

Ces stases subies en jouant, ces différences dans l'audition, l'attitude d'une salle, la qualité de son silence, ces comparaisons nous viennent d'un « entreparleur » massif, total, d'un partenaire à têtes d'hydres dont l'humeur change.

Ces effets subis, incompréhensiblement, ces états éprouvés et manifestes, cette constante préoccupation de ce milieu, de ce corps gigantesque, vers lequel on tend continuellement une nageoire de sensibilité, pour s'y orienter, pour en déceler la réaction, tandis qu'on se propulse par d'autres moteurs dans le milieu de la pièce. Effluves sur lesquels on est poussé, lancé avec cette conscience sensible de cet autre corps, corps des acteurs, corps des spectateurs entre lesquels circule l'œuvre agie.

Véritable liquide, sève qui baigne, irrigue ce double corps. Ces deux organes ont des rapports, l'idée en nous se précise et l'on finit par comprendre que leurs relations ont des rapports plus subtils et plus essentiels, qu'une fonction mathématique.

---

1 Bruscambille, de son vrai nom Jean Gracieux (1575-1634) était un acteur de l'Hôtel de Bourgogne, spécialisé dans la farce et dans la comédie (où il jouait sous le nom de Nicolas Deslauriers). Les « prologues facétieux » qu'il destinait au public étaient très appréciés.

LE SEUL POINT DE VUE INTÉRESSANT AUJOURD'HUI, C'EST CELUI DU PUBLIC
(1944)

Questions que l'on m'a posées, interrogations incessantes qui montent, s'élèvent à chaque jour, à chaque œuvre nouvelle, dont j'essaie de réduire le champ, que je cherche à ramener à quelques-unes essentielles.

Qu'est-ce que faire du théâtre ? Aller au théâtre ? Qu'est-ce qu'un homme de théâtre ? – L'auteur qui écrit, le comédien qui représente, ou l'amateur qui assiste aux représentations ?

La pratique de mon métier m'a conduit peu à peu à me tourner vers ce dernier, comme le but essentiel, le point stable, le seul à considérer (aboutissement, finalité).

L'auteur et le comédien, considérés en eux-mêmes, n'offrent que vaines discussions, et rien ne s'éclaire que par celui-là auquel ils s'adressent, auquel ils se consacrent : le public.

Et l'homme de théâtre pour moi est d'abord, ou enfin, incontestablement, celui qui va au théâtre (ou l'homme du théâtre). Que vient-il y faire ? Comment s'y comporte-t-il ? Qu'y cherche-t-il ? Aux différentes époques. Nouvelles questions qui reportent l'esprit vers les deux premiers participants ; du moins se place-t-on à un point de vue rationnel, commode en partant de cette utilité. Je n'ai pas d'autre ambition que de trouver cette utilité et cette utilisation.

Se distraire, s'amuser, se divertir en quelque façon, s'émouvoir, s'interroger sur lui-même et sur les autres ; rechercher dans une « évasion », une multiplication de sensations, une amplification de soi, une provocation. Inconsciente dans ses buts, elle ne peut s'organiser que par une sorte de généralisation de l'époque qui traduit, exprime cette époque. Le théâtre est le miroir du monde et l'histoire des peuples. Le comédien n'est qu'un spectateur actif. Quant à l'auteur, s'il n'est de son époque, il ne compte guère ; et le comédien et l'auteur viennent sur le même plan que le public. L'étude de l'auteur ou du comédien ne permet aucune conclusion, ne donne aucun renseignement sur le théâtre, si l'on n'y joint l'étude de ce troisième élément qui approuve ou qui reflète les travaux des deux premiers.

Le succès ne prouve rien – L'adhésion est moins probante que le refus. Par le public, le théâtre est un art de collectivité, et la pièce et l'auteur sont l'expression de cette collectivité.

Le seul point de vue aujourd'hui qui me paraisse intéressant – dans le rabâchage des problèmes par lesquels on veut exprimer le théâtre et le définir – c'est le point de vue du consommateur, du public.

C'est au fond le point de vue auquel nous sommes condamnés, c'est notre indignité, notre servitude, et, en même temps, la beauté de notre mission ; c'est le point de vue le plus stable, le plus constant.

D'OÙ VIENT LE POÈTE ?

D'où vient le poète ? Qui l'inspire ? Qui l'a marqué ?

Il est la manifestation de l'*être*, dans ses manifestations, dans une sorte de communication plus ou moins totale, plus ou moins haute, suivant l'époque, suivant l'appel qu'il reçoit des hommes et des esprits. Il est la manifestation d'un au-delà (Platon, Rabelais). Et le théâtre apparaît comme la plus parfaite, la plus haute création des hommes quand elle n'est pas la plus basse.

Seul reflet du paradis terrestre, c'est le paradis artificiel que les hommes ont le pouvoir de se refaire. Théorie religieuse dans sa conclusion.

Le théâtre apparaît comme le culte le plus religieux par le culte des héros ; « la meilleure façon d'honorer le seigneur est le culte de ses héros ».

Le théâtre apparaît, dans sa manifestation commune à tous les hommes, comme une religion en soi, provisoire ou définitive, dont le but est l'entretien de l'homme vers ses préoccupations les plus hautes – comme une liberté, un libre-arbitre des hommes. L'usage qu'ils en font témoigne de leurs préoccupations, de leur esprit, de leurs sociétés, de leurs climats, de leurs mœurs, de leurs politiques.

Miroir du monde et de l'humanité, le théâtre apparaît plus parfaitement à cause des impuretés qui y sont attachées, plus complet, plus vivant qu'un chef-d'œuvre de la sculpture ou de la peinture. Ses œuvres sont vivantes au-delà de toutes créations humaines. Molière est plus accessible, sans ses commentateurs, que ne l'est Notre-Dame de Paris à l'œil. Ses poètes sont plus grands que tous les autres, plus nécessaires.

Toutes ces conclusions sont absurdes. Il ne faut pas les faire sinon en forme interrogative, en laissant à chacun de choisir.

L'ACTEUR SERVANT DU POÈTE DRAMATIQUE

Je suis l'homme du monde le plus embarrassé lorsqu'il me faut prendre la parole, faire un discours, y répondre. Je ne sais comment sortir de ces difficultés.

Cette impuissance ne me déplaît pas, elle accuse notre rang à nous autres comédiens qui avons l'air si éloquents avec les propos des autres.

Nous sommes les servants, les domestiques des poètes dramatiques.

Les compliments qu'on nous décerne me font souvent penser à cet animal aux longues oreilles, chargé de reliques dans la fable.

C'est occasion de modestie ; la gloire des comédiens a quelque chose d'excessif. Redistribuer équitablement les éloges à tous les autres participants du spectacle, comédiens, techniciens, public enfin, et surtout aux auteurs.

C'est leur entretien qui fait notre gloire, c'est leur gloire qui fait la nôtre, ce choix seul nous honore, mais là est notre gloire.

Tout bien considéré, je ne vois ici que l'occasion de parler de sympathie humaine et de nous féliciter d'aimer en commun des œuvres qui, par l'esprit et l'âme qui ont présidé à leur création, honorent avec ceux qui les ont produites ceux qui les aiment et les révèrent.

L'INTERPRÉTATION

C'est tout le théâtre. Tout est interprétation – auteur, acteur, public – du rôle de l'interprétation. *Comment il faut que chacun interprète*, c'est un chapitre de la convention, suite à l'étude de la convention.

Introduction à l'interprétation, à l'art du et à la pratique de l'Art du mensonge. Savoir être poète, savoir si l'on est poète, savoir être acteur, savoir être spectateur, savoir être critique.

Le théâtre n'est qu'un art d'interprétation. Vaste entreprise et commerce d'interprétation, étude des monnaies d'échange. Variation de leurs cours. Abaissement ou dévalorisation de la monnaie non pas intrinsèquement – c'est toujours la même valeur, mais par rapport à une baisse du goût en l'esprit.

L'acteur organe et fonction de la santé publique et de la littérature. Le théâtre résultat de cette santé générale du public et de ses écrivains. Les acteurs, suivant cette bonne ou mauvaise santé, sont comme certains organes dans le corps, qui atteignent une hypertrophie de fonctionnement ou à un appauvrissement de la fonction.

Le public fait l'acteur chaque soir mais le public envisagé, pris pendant une période importante, une époque, a une action qui, totalisée, équivaut à celle que nous donne chaque soir, et qui est un peu différente de la veille ou du lendemain. Tantôt excellent et facile, tantôt revêche et pauvre, tantôt spirituel, tantôt stupide.

Le plus beau métier est ce besoin de jouer du génial ; ces quatre heures qu'on passe au théâtre on ne les retrouve jamais dans la vie ordinaire.

Les voix : la voix de coton qui sort des oreilles, de mirliton qui vient du nez, la voix de tonneau, la voix de tonnerre, épaisse, éparse, coupante, ondulée, lourde, basse, aigre, aiguë, la voix glacée, pédante, bonhomme, suffisante, sourde, satisfaite, fluente, saccadée, compassée, humble, orgueilleuse, tumultueuse, égrillarde, pâteuse, trouble, vague, pâle, colorée, caverneuse, gonflée, sèche, triste, gaie, prometteuse, russe, anglaise, suisse, chantante, glapissante, vaniteuse, bourrue, paysanne, brûlante, d'airain, dure, ou de cuivre, fusante, glougloutante, rancunière, haineuse, fouettante, claquante, pétante, flatulente, édentée, courte ou longue, brisée, basse, grave, claire, désordonnée, bavarde, incompréhensible, sonore, tiède froide, chaude, nourrie, de vitres et de vitrier, ronde, amicale, harangueuse et d'harengère.

Les acteurs : toutes les explications sont quasi inutiles. Il n'y a que des cas particuliers, des cas d'espèces. Il est impossible de faire une psychologie de l'acteur, car à la base de ce métier il y a une sorte d'*irresponsabilité*, qui est le signe de toute vocation et l'équivalence de la poésie.

Cette inconscience suprême.

Note adventice. Il y a dans toute œuvre dramatique deux éléments, deux parts. L'une est *la matière littéraire*, l'élément fixe, c'est-à-dire le thème choisi par l'écrivain, le plan spirituel sur lequel ce thème est placé et son écriture. L'autre est *la part théâtrale proprement dite, ou la part mobile d'une œuvre.* Celle qui permet à une œuvre classique d'être représentée, mise en scène, jouée et décorée dans des lieux très différents, à des époques différentes et avec une diversité qui explique en partie les gloses, commentaires, débats et controverses que provoquent les arts *d'exécution* dans leur rapport avec la *conception*.

Les thèmes sont presque toujours les mêmes. L'écriture différencie les œuvres littéraires suivant que leur éloquence s'égale ou non au thème. Par le thème comme par l'écriture, une œuvre reflète l'époque dans laquelle elle a été pensée ou écrite, le souffle ou le climat spirituel dans lequel un écrivain délivre un message à ses contemporains. Cet écrivain est le délégué le plus représentatif de son époque, à moins qu'au contraire en opposition avec elle, il tire son inspiration d'une révolte et qu'il soit un précurseur.

On conçoit donc l'importance de l'étude de *la partie variable ou mobile d'une œuvre* par l'étude des changements successifs que les générations font subir à cette œuvre.

De l'influence que peut avoir sur la partie littéraire l'élément fixe d'une œuvre, les possibilités d'adaptation, c'est-à-dire le jeu de la partie mobile.

Au théâtre, la mobilité d'une œuvre, sa faculté d'accommodation est ce qu'on appelle, par antinomie, *la tradition*, perpétuelle adaptation, éternel changement que l'histoire de la mise en scène et de la critique permet aisément de rendre évidente. Autant parler de tradition entre les équidés ptérodactyles de l'époque primitive et les solipèdes actuels. La tradition n'est qu'une constante *évolution*.

L'auteur : un auteur dramatique, sa pièce faite, ne sait pas ce qu'il a écrit. C'est une affirmation dont le ridicule ou l'insolence de la part d'un acteur peut se traduire ainsi : un auteur dramatique est un apprenti sorcier, un homme qui écrit une œuvre en sachant que toutes ses intentions seront dépassées par l'opération à laquelle il se livre. Ce dépassement, cet au-delà, donne à l'œuvre un caractère d'impénétrabilité :

– pour l'acteur qui va tendre à en approcher. Son talent est fait d'une attitude soumise dans une perpétuelle tension vers ces hauteurs :

– pour le public dont l'impression, suite d'oscillations sensibles, est en définitive inexplicable ;

– pour le critique conscient ou non de ce mystère, que ce sentiment d'inexplicable, éprouvé ou subi, porte justement à vouloir expliquer ou commenter. C'est en quoi on se perd. L'œuvre va au-delà de ce qu'a voulu ou cru faire l'auteur, et c'est dans cet au-delà indéfinissable que tout le monde vit, s'agite, respire, pense et patauge : acteur, public, critique.

C'est ce dépassement qui engendre l'altération, la trahison, la déformation, en un mot l'interprétation.

VARIATIONS

*L'ACTE S'ACCOMPLIT À TROIS**
2 octobre 1946.

Nous sommes contemporains du plus grand changement qui ait eu lieu dans l'art dramatique depuis vingt-cinq siècles. Il vient de se produire et nous n'en savons rien.

Premier concerné par ce phénomène unique, le spectateur ne s'en doute pas. Il continue à être spectateur, sans réfléchir à sa condition, ses droits ou ses devoirs de spectateur, sans avoir plus qu'avant le goût de s'interroger sur cette passion essentielle à sa vie ; sans se douter de la modification profonde qu'il est en train de subir.

Statistique du spectateur – extension de l'art dramatique – unicité de l'art dramatique puis sa fragmentation en des genres et modes divers et nouvelle unicité aujourd'hui par le cinéma.

Entre Éleusis et aujourd'hui, le caractère religieux de l'art dramatique a évolué. Mystique et universelle, cette célébration tend aujourd'hui à devenir une industrie internationale dirigée.

Le spectateur n'a jamais conscience de sa qualité, de l'altération qu'il subit.

Le JE est un autre – c'est le JE, le SOI, qui est concerné et s'enrichit. L'art dramatique attire le spectateur par tout ce qui le divertit, par un vide provoqué, une dissociation du moi et du soi, qu'on appelle improprement une évasion.

Pas plus que le spectateur, le comédien et l'auteur ne sont avisés ou renseignés. Ils sont dans le même état : *une provocation subie*. Ils se débattent et se libèrent par *le commentaire*. Ils noient l'effet subi, leur passion, leur activité dans du propos, commentaire ou explication, études (critiques) qui sont toujours trop techniques et utilisent une terminologie qui augmente les confusions.

Il faut trouver un accord préalable pour s'affranchir des palabres nés des malentendus de conversation.

Le spectateur est un poète sans mots, impuissant à se traduire.

Chez l'auteur il y a culture du double. Le double existe aussi, inconscient et non délivré, chez le spectateur, mais il en vit lui aussi.

Le dédoublement de l'écrivain est le plus grand, le plus total ; le double du comédien, de nécessité pratique, c'est une culture technique ; celui du spectateur, inconscient ; celui du comédien, inclus dans son exercice.

L'effet dramatique se disperse, se volatilise, s'atténue en propos. Il est le premier effet, l'effet direct produit sur les participants : *la commentation de soi-même.*

Auteur, acteur, spectateur avouent ce qui n'est pas important, l'effet extérieur. Il y a un effet intérieur, un dédoublement.

C'est de l'intérieur qu'il faut se placer pour parler du théâtre.

Le spectateur est dédoublé en deux personnes distinctes, dont l'une est sur scène et l'autre regarde. Le comédien se débat dans un dédoublement inextricable. Seul l'auteur vit le dédoublement, il en est la première victime.

Pour les mêmes raisons, spectateur, acteur et auteur *font* du théâtre, utilisent, pétrissent, secrètent le dramatique. Mais leur position, *leur participation à l'acte n'est pas la même*, l'effet intérieur n'est pas le même, en dépit d'une similitude apparente : délégation qu'ils se font les uns aux autres, qualités qu'ils s'attribuent, qu'ils s'offrent les uns aux autres.

L'acte s'accomplit à trois. Il n'est pas effectué par un élément isolé, même si celui-ci a la faculté de suppléer aux deux autres, ce qui est fréquemment observable par effet de l'imagination : c'est du dramatique non célébré, non théâtralisé (un enfant joue. Histoire de Charlotte et de la Polonaise à Ravensbrück[2]). Il n'y a pas ici d'acte dramatique, l'acte dramatique demande à être pratiqué par une association ternaire. L'acte dramatique n'est facilement, parfaitement accompli que par une participation tierce, où chacun des participants se différencie par une attitude, une action particulière.

Néanmoins, il n'y a rien de communautaire dans la représentation. Cet acte commun, en dépit de certains moments de communion, *est un acte solitaire.*

Il n'y a pas de communion théâtrale. Il y a délivrance, soulagement, par transmission, délégation. On est délivré parce qu'on se décharge sur un double,

2 Charlotte Delbo était partie avec la troupe de Jouvet en Amérique du Sud. Elle retourne en France en 1941 pour rejoindre son mari Georges Dudach, un résistant communiste. Arrêtés l'un et l'autre, Georges Dudach est fusillé au Mont Valérien le 23 mai 1942 ; Charlotte Delbo est transférée à la prison de la Santé puis elle est déportée en janvier 1943 à Auschwitz et enfin à Ravensbrück jusqu'à la libération du camp, le 23 avril 1945. Alors qu'elle est dans ce camp, égarée dans un groupe de Russes et Polonaises qui n'est pas celui de ses codétenues et que les gardiens ont rassemblées de force pour les emmener elle ne sait où, le souvenir de conseils de Jouvet à ses élèves lui sauve la vie. Voir son témoignage, p. 413-414.

et le théâtre provoque l'apparition du double. La confession aussi, comme le théâtre, décharge et provoque le double.

Là est la fausseté du théâtre et son mensonge, dans cette *prétendue communion*, cette apparence de communauté, ou de sympathie. Là réside *l'illusion dramatique*, *l'apparence*, dans ce miroitement où se trouvent les participants, dans l'effusion qu'ils éprouvent, la sympathie qu'ils ressentent, dans un état de dédoublement.

La preuve de la solitude des participants, de l'impossibilité de communication effective, est dans la diversité des effets de la représentation. Rien ne coïncide, ni des effets, ni des souvenirs, de l'auteur, de l'acteur et des spectateurs. L'un « imagine » l'autre et pas une représentation ne se ressemble, d'une époque à l'autre, d'un jour à l'autre.

Rien n'est réel de cet acte. *Tout est vraiment factice.* Là est le faux du théâtre. Là est aussi sa vérité.

« Rien n'est vrai que l'imaginaire »

La vérité de l'acte dramatique est dans l'intime solitude du cœur et de l'esprit de chaque individu. En dépit de tout ce qu'on sait, de tout ce qu'on voit au théâtre, en dépit de l'unanimité unique, exceptionnelle, dont témoigne la célébration dramatique, la représentation est *un acte intérieur et solitaire.* On peut même dire qu'*il révèle et accuse la solitude des participants, et leur besoin de communication.*

La vertu de certaines œuvres vient de ce pouvoir d'efficacité solitaire, individuel, de leur permanente pratique, de l'humanisme que ces œuvres développent, mais qui reste spécifique à l'individu, comme celui de toutes les théories, systèmes ou doctrines.

Le reste est mode, convention, aménagement, engouement, snobisme, au total, perte d'individualité que traduisent la réussite ou le succès : une adhésion superficielle. L'unanimité est son caractère essentiel. La vérité, la valeur d'une œuvre doit se contrôler, se vérifier par de nouvelles et durables expériences. Mais cette valeur est encore fonction au second degré de la *réussite de l'exécutant* et de *l'opportunité de la rencontre* de l'œuvre avec le public. Tout est *solitude* dans cet acte commun.

Il y a un culte théâtral : la religion des héros.

*LA COMMUNION IMAGINAIRE**
3 octobre 1947[3].

Solitude : il n'y a pas d'échappatoire à la solitude, à l'étreinte de l'âme individuelle sur elle-même. *Le monde est composé de solitudes impénétrables*, sans communication entre elles.

Communion, communauté, communication, n'existent pas en dehors des mots. Les mots ne recouvrent aucune réalité, tout au moins aucune réalité atteignable en l'état où nous sommes, dans notre condition d'hommes.

Les mots sont un dénominateur commun, rien de plus. En employant un terme semblable pour désigner des états ressentis individuellement, intérieurement, qui ne peuvent s'extérioriser (et par conséquent de l'identité objective de laquelle il n'y a pas d'évidence) *les hommes ont fini par s'imaginer qu'il y avait une identité, qu'elle existait vraiment.*

La communion est du même domaine que *les idées platoniciennes.*

État de perfection que nul jamais n'a pu atteindre par aucun moyen : ni la religion, ni l'amour, ni aucun art. Surtout pas par la religion.

Le fait mystique sépare, n'unit pas.

Mais il y a des moments, des états de communion, des étapes sur la voie de la communion. Le théâtre en est un, dans la mesure où une communion est possible, existe, parce que justement il comporte des « phases accordées : catalyses, précipités », c'est-à-dire des états de communion ou moments dramatiques.

Et parce qu'il est communion, il est culte. Nécessairement.

Seul le culte crée la communion, fait d'expérience. Le culte et la confiance qu'on fait au culte. C'est le cas du spectateur qui vient au théâtre et de l'acteur. La cérémonie théâtrale exige une crédulité, une confiance…

Le théâtre est un culte. Vrai historiquement dans les faits. Vrai historiquement dans la psychologie.

Le théâtre et le culte, c'est la même chose. La religion, le culte religieux, est un théâtre qui s'est spécialisé, une évolution facile à suivre dans le théâtre grec. Déspécialisation du religieux, émancipation.

Vu de l'extérieur, une fois enlevée la signification de la cérémonie, l'esprit s'en détachant, l'ignorant, il n'y a pas de différence visible entre la performance dramatique et la religieuse.

La cérémonie religieuse atteint un degré de symbolisme, de hiératisme, de permanence que la cérémonie théâtrale n'atteint pas (le théâtre chinois,

3 Le texte qui suit a été dicté et non directement écrit par Jouvet.

japonais), un degré de dépouillement, de spiritualisation qui est l'objet de la recherche d'une partie du théâtre contemporain (exemple, *Notre petite ville*[4]). De l'incantatoire, d'une provocation neuve dans le théâtre étranger. Cérémonie religieuse : chaque geste représente l'invisible, l'imaginaire.

La cérémonie religieuse tire ses rites d'un objet transcendant, invariable, extérieur. Les rites du théâtre dépendent des hommes qui le pratiquent. Ses rites, ses règles sont remises en question plusieurs fois par siècle (les trois unités).

Le théâtre et la religion relèvent mêmement de l'imaginaire, création avec effort d'un monde imaginaire, d'images, plus satisfaisant, plus cohérent à nos passions profondes, par la production d'un effet intérieur (on retombe sur la catharsis).

La communion spectateur-acteur-auteur est au second degré, elle n'est ni directe, ni réelle. Il n'y a pas de communion, réelle, effective, vécue, de contact entre les uns et les autres. On communie avec une image née de l'œuvre dramatique et, pour le spectateur, née à la fois de l'œuvre et de sa représentation. Image différente pour chacun, mais provoquée par le même objet, d'où conclusion à l'identité des images en nous, d'où conclusion à la communion.

La communion est un acte solitaire d'adhésion, une communauté avec une image, une illusion, avec de l'imaginaire.

La communion est l'acte que l'on accomplit seul, par définition, par essence. Paradoxe. On ne l'accomplit bien que recueilli en soi. Et cependant il y faut la présence de la foule et le cérémonial.

Une représentation dramatique organisée pour un seul ne se conçoit pas. Une pièce faite pour la lecture n'est pas une pièce.

Un culte demande l'effort de tous ses participants, même un effort physique (quand ce ne serait que l'effort du spectateur pour se rendre au temple) un effort physique et mental. Rompre avec des habitudes de vraisemblance, de critique (Accepter les ingénues de 50 ans, ou Burbage[5]).

Cette communion imaginaire nous suffit parce que nous sommes incapables d'en atteindre une autre. Le théâtre la réalise pleinement.

Solitude de l'auteur : celle même de Dieu en face d'une création qu'il ne reconnaît pas et qui lui échappe. Solitude de Dieu dans l'extase mystique (Dieu n'est ni atteint, ni compris, ni perçu puisque ses images sont subjectives). Solitude la plus haute, la plus pure, la plus inexpugnable, la plus profonde.

---

4 Jouvet fait allusion à la pièce de Thornton Wilder, *Notre petite ville* (1938).

5 Les Burbage étaient une famille d'acteurs anglais à l'époque élisabéthaine. Jouvet fait certainement allusion à Richard Burbage (1568-1619), membre de la troupe de Shakespeare, il a été l'interprète dans ses pièces de personnages d'âges très différents : Hamlet, Othello, Le Roi Lear, Richard III et peut-être aussi Roméo.

Projections successives qui lui arrachent sa création et le laissent plus seul : texte – texte parlé, joué par le comédien – texte entendu, vu par les spectateurs.

L'acte dramatique est le même depuis toujours.

Il n'y a aucune différence entre les mystères d'Éleusis et les célébrations théâtrales des camps de prisonniers, quant à leurs *effets* et leur *essence.* Il n'y a que des modalités différentes, des incidences, des particularités, des structures, des conditions spéciales.

Il n'y a aucune différence entre un vaudeville du Palais-Royal et une tragédie grecque : du point de vue du *besoin* qui les crée, les nourrit, les entretient. Besoin de divertissement.

L'ACTEUR – LE COMÉDIEN

LE COMÉDIEN PEUT JOUER TOUS LES RÔLES

Il faut, dès l'abord, établir une distinction professionnelle entre acteur et comédien, termes que l'on emploie, indifféremment dans le langage courant. L'acteur ne peut jouer que certains rôles ; il déforme les autres selon sa personnalité. Le comédien, lui, peut jouer tous les rôles. L'acteur habite un personnage, le comédien est habité par lui. Garrick[1] fut un comédien : il pouvait interpréter avec la même puissance et la même vérité des rôles tragiques et des rôles comiques. La confusion du langage quotidien peut s'expliquer par le fait que l'opposition entre le comédien et l'acteur n'est jamais rigoureuse. Nous précisons la différence dès l'abord, pour pouvoir expliquer le mécanisme du métier, mais il y a des acteurs qui sont comédiens, et des comédiens qui sont acteurs.

Un tragédien est toujours un acteur, c'est-à-dire un interprète dont la personnalité est tellement forte, tellement évidente, que le mimétisme le laisse toujours – même lorsqu'il intervient pour une grande part – en possession de sa personnalité.

Le mimétisme est un instinct humain qu'on trouve dès la plus jeune enfance. Un comédien parfait pourrait donc être celui qui porterait au maximum le développement de cet instinct. En tout cas, c'est du point de vue humain qu'il convient d'étudier la vocation et la profession du comédien. Ce sont les qualités d'adaptation de l'être humain qui, orientées et développées dans un but précis, font le comédien de profession.

---

1 David Garrick (1717-1779) est un comédien et auteur dramatique anglais. Acteur au Drury Lane Theatre, dont il a assumé longtemps la direction, il brillait dans tous les rôles avec le même talent. Il s'est interrogé sur le métier de comédien dans sa correspondance avec Diderot ou Mme Riccoboni.

La principale différence entre le comédien et l'acteur se trouve dans ce mimétisme dont l'acteur n'est pas capable au même degré que le comédien. De la façon dont un artiste interprète un rôle, du processus suivant lequel il arrive à composer son personnage, on déduit la part de l'acteur et celle du comédien : l'acteur se substitue au personnage et le comédien opère par pénétration et insinuation.

Lorsqu'à l'instinct de mimétisme vient s'ajouter un besoin persistant d'évasion, d'incarnation, il y a vocation. Vocation qui se manifeste généralement de très bonne heure impérieusement, vocation qui doit surmonter l'idée de l'ignominie de la profession de comédien. Mais on peut aussi discerner, dans cette vocation, le goût de plaire porté à un très haut degré, une manière de sociabilité qui s'exaspère. Un véritable comédien exerce un état. Le théâtre, plus qu'une profession, est une passion.

Il est difficile de dégager les règles du métier, sauf pour quelques lois techniques, parce que : 1e c'est un métier empirique ; 2e le comédien est un instrumentiste qui est son propre instrument. Un seul artiste se trouve à peu près dans le même cas, c'est le chanteur ; 3e l'étude du théâtre est une science comparée qui part de la notion de collectivité. Il y a trois sortes d'acteurs étroitement interdépendantes : l'acteur-*auteur*, l'acteur-*comédien*, l'acteur-*public*. Il faut toujours tenir compte de l'osmose qui se produit entre ces trois éléments ; 4e l'exercice du métier de comédien est une perpétuelle adaptation ; l'art théâtral, plus improvisé que les autres arts, subit l'atmosphère d'une époque et il est soumis à la mode. Les indications qu'on peut donner n'ont donc qu'une valeur relative[2].

2 Ce texte a été publié dans l'*Encyclopédie française*, tome XVII, N° 1764, décembre 1935, p. 10-12 sous le titre « L'Art du comédien » et repris dans *Réflexions du comédien*, Paris, Édition de la Nouvelle Revue Critique, 1938, p. 141-143, dans un chapitre intitulé « Avant-propos sur le métier de comédien » (chapitre qui ne figure pas dans la réédition de 1941 à la Librairie théâtrale).

INCARNÉ COMME L'ACTEUR OU DÉSINCARNÉ COMME LE COMÉDIEN

Incarné comme l'acteur, c'est-à-dire amplifié de soi-même et par soi-même, étant son propre résonateur ; ou désincarné comme le comédien.

Tu n'es plus toi-même ; tu ne saurais l'être dans l'un et l'autre cas ; alors comment penserais-tu ?

Que pourrais-tu dire ? Gonflé de toi jusqu'à la congestion, ou vidé de toi-même et traversé comme une bobine par un courant, un corridor par les vents… que pourrais-tu expliquer du théâtre et de toi-même ?

Comment penserais-tu ?

Ce que tu expliques là n'est qu'un mécanisme personnel, d'ailleurs.

Il importe peu qu'il soit exceptionnel, ce qu'il a d'unique le rend intéressant. Il n'est qu'un moyen pour que tu t'expliques à ton tour, ou que tu réfléchisses. Par quoi existes-tu sur scène ?

L'acteur agit par dépossession, propriété du personnage – « Ôte toi de là que je m'y mette ». L'acteur veut témoigner tout de suite et de lui-même d'abord.

Le comédien opère par une approche, une amitié, une lente insinuation où tout de lui affectueusement s'offre et va jusqu'à se substituer généreusement, libéralement, pour aller ensuite en témoigner publiquement, loyalement.

Le rôle doit servir à se désincarner de soi-même. Ce n'est que par et dans cet état qu'on atteint au personnage.

C'est le cas d'un comédien.

L'acteur, lui, donne l'impression, l'illusion du personnage.

Le comédien réalise un effort de sensibilité et de spiritualité, par une sorte de discipline dans les moments de préparation et d'exécution.

L'acteur est un comédien négatif par des qualités toutes d'apparence extérieure, par un prestige où la voix, le geste, la prestance lui donnent tout de suite une priorité, une sympathie, une confiance par lesquelles le public accède plus aisément à l'illusion. L'acteur acquiert ou conquiert le public par le subterfuge de ses dons physiques, de son autorité, de sa réputation, l'illusion nécessaire au public et que celui-ci lui accorde aussitôt.

Le comédien doit tout produire, par des moyens artificiels. C'est le véritable acteur – adaptation de son physique, mais surtout état intérieur sensible, qui se hausse jusqu'à une certaine attitude dans les sensations et les sentiments, jusqu'à une zone où d'ordinaire respirent les personnages.

Je ne parle pas de ceux de Brieux[3] qui vivent dans les épiceries de village, ou de ceux de Bataille[4] qui respirent les parfums à la mode.

L'acteur, lui, ne se désincarne jamais. Son talent est d'être très incarné de lui d'abord en lui-même ; et le public exige de lui qu'il se ressemble. Le vide auquel aspire et atteint le comédien le rendrait inexistant. Il n'existe que par lui.

Le comédien n'existe que par efforcement et discipline, imagination vive, règle de vie pour ses pensées et pour son corps, il n'existe, enfin, que par le personnage auquel il cherche à se conformer, à se présenter non dans le miroir de sa chambre mais dans une vive imagination qui lui est propre : s'approcher d'Alceste en esprit et se mesurer à lui ; se demander en quelle façon on peut témoigner pour lui, le représenter, s'offrir à lui, à force d'amitié et d'admiration. Travail de modestie, d'effacement, d'affection, il ne s'agit plus ici d'être dans la peau – c'est une expression. C'est la seconde opération – l'incarnation pour le comédien, c'est de redescendre dans le rôle après cette ascension ; une redescente contrôlable ; tout redescend dans les jambes, tout vient lentement dans l'oreille. Le miroir à ce moment ne sera plus qu'un contrôle, un moyen de renseignement, et non plus un procédé de flatterie de soi, l'accessoire essentiel de Narcisse, le complaisant qui s'applaudit, où l'on devient le centre de toutes les illusions et surtout le centre de sa vanité et de sa suffisance.

Évidemment, l'acteur est vide. Vide – dépossédé de lui-même, c'est-à-dire qu'il n'est pas maître de lui tout à fait. Il subit les contraintes ; mais dans cette dépossession de lui-même, il y a encore une possession de ce qu'il est devenu de nouveau par ces contraintes. C'est son soi et son moi.

3 Eugène Brieux (1858-1932) a traité dans ses pièces des problèmes sociaux de son temps ; il était un des auteurs dramatiques préférés du théâtre-Libre d'Antoine.

4 Le théâtre d'Henry Bataille (1872-1922) propose une peinture complaisante des mœurs dissolues de son époque dans un style qui verse souvent dans le sentimental et le pathétique.

L'acteur joue avec un MOI immense, où le soi asphyxié n'a plus que le rôle de flatteur, d'appréciateur, de justificateur, à peine de critique.

Le comédien joue avec son SOI, composé du moi qu'il utilise pour un exercice véritable et efficace, une vie intérieure neuve, profonde et haute. Le moi ne se réintroduit en lui que lorsqu'il est assuré par le dedans, par l'intime de la révélation obtenue par une transfiguration spirituelle, sentimentale, que lorsqu'il peut aider sans provoquer d'erreur, de chevauchement de propriété de personne au travail du soi.

Qu'est-ce que le moi ? C'est tout de suite ce que tu es, ce qui parle tout de suite et haut. Qu'est-ce que le soi ? C'est l'autre que tu n'écoutes pas en toi, celui qui parle tout bas ; c'est l'oreille intérieure avec laquelle on écoute un personnage. Le moi est épiderme et le soi est ramification profonde.

L'acteur désincarné, le comédien, revit par l'exécution, une nouvelle possession.

Il y a deux sortes d'exécutants : ceux qui restent soudés à eux-mêmes et ceux qui se dissocient ; ceux qui ne progressent que par accroissement de poids, d'autorité, d'argent ou de succès, et ceux qui progressent par une sorte de distillation de soi, d'insinuation intérieure, de méditation, qui est comme une semence, et gagnent une perfection qui est liée à leur vie intérieure, qui leur donne une vie intérieure, qui est à l'inverse de celle de l'acteur.

De ce point de vue qui est tout théorique, il faut dire qu'il y a certains exécutants qui sont amphibies, parfois acteur, parfois comédien – dans le même rôle – par moments ou par époques.

LUCIEN GUITRY DANS *TARTUFFE*

Tout le monde se souvient de l'inoubliable interprétation du Misanthrope donnée l'année dernière par Lucien Guitry[5]. Le grand comédien s'est laissé tenter par un autre personnage de Molière, Tartuffe. C'est au public de Bruxelles qu'il a réservé cette primeur, mais il jouera bientôt le rôle à Paris. Comment il céda aux instances

5 Lucien Guitry avait interprété le rôle d'Alceste au Théâtre Édouard VII en 1922.

de ses amis et quelle conception entièrement originale et fort curieuse il se fait de Tartuffe, c'est ce qu'il explique lui-même dans les lignes suivantes :

« Après la belle épreuve du *Misanthrope* l'année dernière, j'ai été sollicité de la façon la plus flatteuse, pressante, je dirais même comminatoire d'avoir à jouer *Tartuffe*. Oui, j'ai été l'objet d'amicales et très pressantes sollicitations qui toutes s'expriment de la sorte : « Il faut que vous nous donniez *Tartuffe* ».

Il faut. Le fallait-il vraiment ? Je n'en voyais pas la nécessité absolue. Il faut que vous nous donniez *Tartuffe*. Vous nous devez *Tartuffe*, vous nous le devez, répétait-on.

Je suis à l'âge où l'on paie ses dettes et surtout à l'âge où on ne peut plus en supporter. J'envisageai donc le paiement de cette dette.

Tartuffe, que je connais entièrement par cœur et depuis l'enfance, *Tartuffe*, m'avait toujours semblé quand j'y pensais, et cela m'arrivait souvent, être le drame le plus effroyable, le plus poignant peut-être. Le chef de famille corrompu par une idée fausse que lui avait insufflée un malfaiteur, devenant abruti, abêti, ahuri, aboli, parvenu à la méchanceté, à l'inhumanité, se faisant gloire d'en être arrivé au détachement absolu des siens, avouant qu'il verrait mourir toute sa famille, s'en souciant comme de ça ! Traitant son fils de coquin, exigeant qu'il demande pardon au traître qu'il vient de dénoncer, menaçant ce fils du bâton, le chassant de la maison, lui donnant sa malédiction et se prenant à regretter de ne l'avoir pas assommé sur place, puis voulant marier sa fille de force à l'imposteur, au voyou et malgré les supplications de la petite, maintenant sa décision si durement, déshéritant tout le monde, apportant la désolation et la ruine, massacrant tout avec une sorte d'ivresse.

Oui. Je voyais là un drame effroyable. Je pensais à jouer Orgon.

Ah ! Ce fut de beaux cris de mes amis, qui prétendaient que non seulement je devais *Tartuffe*, mais que je leur devais le rôle de Tartuffe.

Eh, bien, regardons Tartuffe. Pour moi, Tartuffe, le voilà ; il est paysan, c'est un paysan, c'est un homme de la terre ; sa petite ville n'est point grande. Il y a Madame la Baillive et Mme l'Élue qui offriront un siège pliant à Marianne, la grand'bande de sa petite ville, c'est-à-dire la fanfare, la musique qui se compose de deux musettes ; on fait danser sur la place les marionnettes et Fagotin, c'est-à-dire Guignol et le singe enrubanné. Oui, c'est une toute petite ville, c'est-à-dire un bourg. Il a eu assez de la charrue à quatorze ans, le séminaire l'a rejeté dans la vie à vingt ans. Il s'est montré un sujet assez curieux, dur, robuste. Ce n'est pas un gringalet, non, non, ni cauteleux ni papelard, mais trousseur et… détrousseur.

Bon, bon reste le parler. Ah ! Le parler ! Cet homme ne parle pas comme tout le monde.

Bon, il est régional. Quelle est sa région ? Picard, Breton, Normand ? Franc-comtois ?

Non, non.

Oh, tant pis, je leur devrai Tartuffe éternellement.

Et sans plus me soucier de cet imposteur, je me mets en marche et me voilà, uniquement pour mon plaisir, en route à travers la France.

Un matin, vers l'heure du déjeuner, au beau milieu d'un petit village dont le nom blanc se détachant sur une plaque bleue me séduisit beaucoup.

Il y avait justement là une petite auberge, au bord de la route, une table sous une treille. Ce ne pouvait pas être bien mauvais. Je m'arrêtai là, je pris place à table, on me mit un couvert et je commençai à déjeuner.

Au bout de deux minutes, on vint placer devant moi un autre couvert. Bon. Il n'y a qu'une table, il y a deux voyageurs, on les met vis-à-vis. Quoi de plus naturel.

Et peu après vint un voyageur. C'était un religieux et tout ce que je peux vous dire, c'est que ce n'était pas un prêtre. À quel ordre, quelle communauté, quelle maison appartenait-il ? Je vous demanderai la permission de le taire. C'était un religieux. Il me fit un beau salut de cérémonie, je répondis de même. Il s'assit en face de moi après avoir ébauché le signe qui lui était familier, déplia sa serviette dont il se borda et bien assis sur chaque extrémité de cette serviette, il se mit en devoir d'attaquer les hors d'œuvres.

Ce fut lui qui rompit le premier le silence en disant : « Ne trouvez-vous pas Monsieur que che chauchichon est de premier ordre » avec un magnifique accent cadurcien, gascon, auvergnat, albigeois réunis.

Et je me dis tout à coup : « Qui est-ce ? Je le connais, qui est-ce ? », lorsqu'il ajouta : « Et che chauchichon n'est que le prrélude d'un bon rrepas, carr je chais pertinemment que nous jalons javoir du gigot en hachis. »

Je pensais : « Mais je le connais, cet homme ».

« Pour finir, j'ai vu tout à l'heure chur la brroche deux perrdrix dont nous ne cherons pas embarrachés avec deux ou trois bons coups de vin ». « C'est lui, c'est lui » (c'était Tartuffe à n'en pas douter).

À compter de cette minute, il se confondit avec l'homme de Molière, et si bien, si bien que tout en mangeant je lui fis dans ma pensée jouer tout le personnage.

J'exagère bien entendu. Ce n'était pas exactement le menu, mais puisque je l'ai oublié je le remplace par celui que la bonne suivante donne au premier acte de la pièce.

Mais depuis « Laurent » qui est le premier mot qu'il prononce, jusqu'au mot « prison » qui termine son rôle, tout y passa, à son insu, cependant qu'il agrémentait notre repas de réflexions savoureuses prononcées à sa manière qui était irrésistible.

Je me dis : « Ah ! ce Tartuffe, oui, je veux bien. Et pourquoi pas d'ailleurs ? «

J'avais toujours trouvé Tartuffe triste, ennuyeux, sinistre, vide. À ce déjeuner, je l'ai vu, pour moi.

À ce déjeuner-là je l'ai vu pour moi, plein d'attraits.

Oui, c'est lui.

Si je construis un triangle dont la base est une ligne droite naturellement, dont les deux points opposés sont Rome et Tolède et dont la tête est Paris, si je prends le centre de ce triangle, je tombe en plein Massif central, entre l'Aigoual et le Puy de Dôme, entre La Chaise-Dieu et Rodez. C'est de là que je tire mon bonhomme. Vous pensez bien qu'une raison chez moi a dominé tout.

Ce qui a dominé, la balistique, la pénétration, la force persuasive, la meilleure conductibilité – Oui, et ce n'est pas parce qu'un Cadurcien, Ruthénois, Cévenol ou Saint-Flourais m'est apparu un beau matin à une table d'auberge que, à l'aveuglette j'ai donné son accent à mon personnage. Non, mes raisons sont très sérieuses et très profondes. Il me serait maintenant impossible de jouer Tartuffe autrement. Non seulement ça me semblerait impossible, mais ça m'ennuierait. Je sais bien ce que je fais dans la circonstance et je vais vous le dire.

Je n'ai pas fait de mon Tartuffe un étranger ou même un être inexistant. Il existe et il reste du pays d'Orgon.

Et à ce propos, il faut que je vous dise quelle est la petite ville de France où j'ai rencontré Tartuffe à une table d'auberge. C'est sur le chemin de Plassans dont Zola écrivit la splendide conquête, une petite ville située entre Avignon et Aix en Provence, et elle s'appelle tout simplement Orgon. »

Voilà tout est dit, et l'histoire de cette conception sans concept, toute de fantaisie ridicule, d'invention niaise, à propos d'un pauvre frère qui sort de là sans embarras et sans atteinte – qui ne fait que témoigner de la vanité du créateur, qui nie Molière et sa tradition, d'un anticléricalisme sans esprit, d'une astuce de cabotin – qui vient de ce que s'arrêtant à Orgon il a soudain pensé à Tartuffe, et je ne sais quelle aberration et quelle grossière vanité lui a fait penser, à propos d'un pauvre frère qui lui a demandé l'aumône avec l'accent auvergnat – que ce serait curieux, que ce serait drôle, que ce serait amusant, de jouer ainsi Tartuffe, de se débarrasser de cette dette, comme il dit – de représenter enfin ce personnage « vide, ennuyeux, sinistre et triste » et de donner la vraie interprétation de ce personnage, qui serait enfin amusant dans ce sombre drame, où l'on voit un père entêté, entiché d'un aigrefin ou d'un écornifleur, sur qui chacun peut se faire une opinion à son gré, sans avoir d'autres jugements à porter que sur soi-même et sur la question de savoir si la religion, comme toutes les opinions, toutes les idées, ne fait pas appel elle aussi à un peu de bon sens et d'équilibre.

Mais où est le bon sens ? La question reste entière. Comment s'entendre sur ces matières ? Le problème reste posé jusqu'à la fin des siècles.

Et Lucien Guitry en jouant ainsi Tartuffe, pour des raisons qui ne l'honorent pas, ni lui ni le public, ni Molière qui écrivit cette œuvre française, autrement que par le Puy de Dôme et Saint-Flour, a commis une erreur ; il a fait pour notre bénéfice la démonstration la plus exemplaire de l'erreur que commettent tous les interprétateurs.

Il nous donne pour *Tartuffe* une leçon, non d'intelligence mais en faveur de l'intelligence, qui est autre chose que l'intellectualité, qui est autre chose que la fantaisie.

Il nous permet de comprendre peut-être, d'en parler en tout cas, de parler des œuvres classiques, du théâtre, d'une manière où l'acteur ne se prend pas pour le centre de cette opération mystérieuse et où l'œuvre du poète doit être considérée, même dans les trahisons nécessaires, obligées que l'on en a fait à chaque époque, comme l'essentiel. Il nous enseigne à considérer l'œuvre classique de points de vue différents du sien.

Cependant que je copie *L'Illustration* du 17 février 1923, il me regarde attentif dans son expression de Tartuffe, rasé au boulet Bernot[6], l'œil repu, la bouche molle et sans les convoitises dont il parle. C'est une pose pour photographe.

Lettre qu'il m'a écrite – admiration qu'on lui doit pour son époque – pas plus : satisfecit que l'histoire du théâtre lui accordera pour avoir bien joué Bernstein[7], Donnay[8], Porto-Riche[9] et Zola[10] ; mais non pour avoir bien joué Molière.

---

6 Boulet d'aggloméré de charbon (la Maison Bernot était une entreprise de livraison de ces boulets).

7 Lucien Guitry a été l'interprète d'Henri Bernstein au Théâtre de la Renaissance successivement dans *La Griffe* en 1906 (reprise au Théâtre de la Porte-Saint-Martin en1909), *Le Voleur* en 1906, *Samson* en 1907 ; il a ensuite joué dans *L'Assaut* au Théâtre du Gymnase en 1912.

8 Maurice Donnay (1859-1945) a d'abord composé des chansons pour le Chat Noir, avec Alphonse Allais. En tant qu'auteur dramatique, ses pièces d'un style souvent léger et enlevé ont été jouées essentiellement sur le boulevard. Il eut pour interprètes des actrices et des acteurs célèbres : Réjane, Cécile Sorel, Lucien Guitry (*Lysistrata* au Grand théâtre en 1892, *Amants* au Théâtre de la Renaissance en 1895, *Georgette Lemeunier* au Théâtre du Vaudeville en 1898, *L'Escalade* au Théâtre du Gymnase en 1904).

9 Georges de Porto-Riche (1849-1930) a été souvent joué au Théâtre-Libre d'Antoine ; ses pièces psychologiques qui traitent de passions et de rapports sentimentaux tranchent avec le théâtre politique et social qui dominait alors la production. Lucien Guitry a joué dans sa pièce *Amoureuse* à trois reprises (1891 à l'Odéon, 1899 au Théâtre du Vaudeville et 1904 au Théâtre de la Renaissance) et dans *Les Malefilâtre* (1904 au Théâtre de la Renaissance).

10 Lucien Guitry a joué dans *L'Assommoir* au Théâtre de la Porte-Saint-Martin en 1900.

VARIATIONS

BOBARDS SUR L'ACTEUR ET LE THÉÂTRE*

Talma tirait parti de tout pour son art ; en toute situation il observait la nature.

Lorsqu'on exécuta les quatre sergents de La Rochelle[11], il habitait Brunoy et y venait de Paris presque tous les jours. La famille Duveyrier habitait alors ce qu'on appelait le petit château. Talma passait devant quand il revenait de Paris. Il y entra ce jour-là. On était dans l'attente après le jugement. Tu parles ! Dès que Talma entra, M. Duveyrier père lui demanda : « Eh bien, les quatre de La Rochelle ? » « Exécutés d'hier » répondit Talma. Une grande tristesse s'empara de toutes les personnes présentes, la conversation n'alla plus que par monosyllabes. On était sérieusement patriote en ce temps-là. *Tout d'un coup*, se levant et sortant sans dire adieu, Talma se retourna au seuil de la porte et lança de son verbe le plus tragique ces admirables vers du rôle d'Auguste qu'il étudiait pour le moment et qu'il s'apprêtait à représenter. Il y donna l'accent le plus actuel, le plus pénétré, s'inspirant du sentiment de la situation même, et faisant de cette noble emphase cornélienne la plus saisissante des réalités :

> Mais quoi, toujours du sang et toujours des supplices
> Une cruauté se lasse et ne peut s'arrêter.
> Je veux me faire craindre et ne fais qu'irriter.
> Rome a pour ma ruine une hydre trop fertile,
> Une tête coupée en fait renaître mille,
> Et le sang répandu de mille conjurés
> Rend mes jours plus maudits et non plus assurés[12].

Et il sortit sans dire un mot de plus.

---

11 Les quatre sergents de La Rochelle sont de jeunes militaires bonapartistes accusés sous la Restauration d'avoir tenté de renverser la monarchie et guillotinés le 21 septembre 1822.

12 Pierre Corneille, *Cinna ou La Clémence d'Auguste*, acte IV, scène 2.

*LE COMÉDIEN EST ACTIF, L'ACTEUR EST PASSIF**

Acteur et comédien. Un acteur est passif ou négatif par rapport à un comédien ; le public, lui, est actif.

Le comédien par rapport à l'acteur est actif, positif. Le public, lui, est réceptif et négatif, mais sa réputation, son autorité, sa présence mettent celui-ci bientôt dans la même situation privilégiée du premier. L'acteur a toujours un ton d'époque, pas le comédien. Max Dearly[13] comédien. Guy[14] acteur, l'un est sans époque, général pour n'importe quel texte, l'autre est typiquement de 1900.

De même pour les auteurs, ceux qui sont d'époque et d'un ton de leur époque et ceux qui sont au-delà de ce ton.

Guitry acteur et Sarah comédienne ; et plus encore comédienne, Réjane.

Le comédien joue le texte pour les autres. L'acteur pour lui d'abord.

Disproportion, désaccord obligé entre le tempérament et le physique.

Chez l'acteur, le physique domine ; il s'impose d'abord par ses qualités extérieures, beau et laid, par la vue.

Tout comédien présente un désaccord, un déséquilibre entre son tempérament, ce qu'on pourrait appeler sa force vitale, et son physique. Madeleine[15] transparente et frêle est douée d'une puissance physique et morale presque redoutables.

*POUR FAIRE UN ACTEUR…**

« *Pour faire un acteur,* cela se fait à meilleur compte qu'on ne croit. Il y a tout ce qu'il a vu, senti, touché, manié, flairé, regardé, goûté, bu, monté, souffert, vomi, couché avec, soupçonné, observé, rimé, haï, convoité, craint, détesté, admiré, pris en dégoût, détruit.

Il y a toutes ses aspirations, ses désirs, ses ambitions, ses goûts et ses dégoûts. »

---

13 Max Dearly (1874-1943) est un comédien de revue et de vaudeville qui a également fait carrière au cinéma.

14 Guillaume Guy (1859-1917) acteur et chanteur, a été l'interprète notamment de pièces de Georges Feydeau, Sacha Guitry et d'opérettes de Jacques Offenbach.

15 Madeleine Ozeray.

Il y a une voix, un visage, un port, une apparence générale faite d'apparences plus ou moins accordées, un *total physique.*

Un don de sympathie lui est accordé. Un pouvoir d'intervenir ou non, de rendre attentif, d'être charmant ou grotesque.

Mais tout cela n'est du *talent* que lorsque cela a été affiné, contrôlé par des textes, par des rôles, dans une longue pratique, dans une conscience de soi – ô combien relative. Il ne s'agit pas ici de philosophie, de psychologie, il s'agit d'un art *réfléchi* (pour le comédien) et tous les autres (les acteurs) sont des fantoches, bouchons sur l'eau, même pas des marionnettes mais du matériel humain aussi périssable que les décors de carton dans lesquels ils s'agitent. C'est un art mineur que le théâtre pour les comédiens.

*TALENT / DISPOSITION NATIVE**

Acteur. Comédien. Talent génie de l'acteur. Non, c'est habitude, travail, métier sur un goût donné (acteur) et des dispositions natives (comédien). Le talent, c'est une attitude dans le travail, c'est *la méditation* des rôles à longueur de journée et jusqu'à la fatigue.

Le comédien a une *dissociation* naturelle ; pas l'acteur. Cette dissociation n'est que contrôle de lui-même, de son « moi » mais non de son « soi ».

LE RÔLE, LE PERSONNAGE, LE HÉROS

SUR LE PERSONNAGE

Avec Knock, avec Arnolphe, avec Alceste, je défie l'esprit le plus intelligent d'avoir une conversation, j'entends de les faire parler, de tirer d'eux – pas plus que d'un esprit – la moindre confidence. Il est facile de parler pour eux et de leur faire dire ce qu'on pense soi-même, plus facile encore de les expliquer, de les décrire et de faire à leur sujet des théories originales ou séduisantes ; elles seront toujours incomplètes, sinon pauvres. Il est facile de les représenter charnellement, mais leur incarnation spirituelle, la seule qui importe pour moi, est un phénomène dont l'imagination fait frissonner.

Ce phénomène prend sa source dans un état physique préalablement nécessaire et protecteur, mais l'opération même présente des dangers aussi grands que l'envoûtement ou l'hypnotisme.

Le théâtre est heureusement un jeu. Le comédien retourne à lui-même grâce à sa pesanteur, grâce aux contingences dans lesquelles il pratique ce rite d'incarnation, grâce à l'état d'esprit de ceux qui l'assistent. C'est une habitude que nous avons prise.

Il y a – on le sent à le pratiquer – des moments possibles de destruction foudroyants au cours de l'exécution d'un rôle, mais il y a des destructions lentes aussi, on en voit dans notre profession.

Étranges occupations où chevauchent en liberté nos facultés imaginatives. Le chapitre de philosophie qui traite avec une lucide tranquillité de l'imagination (comme de la sensibilité, du plaisir et de la douleur) et que je lisais au collège, me semble aujourd'hui une niaiserie désespérante.

Et cependant ces personnages ne sont, en apparence, qu'un des nombreux rôles du théâtre.

Est-ce à sa vérité actuelle ou historique que le personnage doit ses vertus ? C'est à son abstraction spirituelle – c'est à une vérité supérieure, générique de toute idée de médecine (pour Knock).

Ce n'est pas assez. À tous les remous qu'il fait dans l'âme des spectateurs, souvenirs personnels, sur eux-mêmes et sur les autres, justesse d'observation, vengeance de leurs craintes évanouies, moquerie de la maladie qu'on ne craint plus à ce moment et de ses inquiétudes de laquelle libère le rire.

Non, il y a, à jouer le personnage, à ressentir même dans les effets comiques ou inquiétants qu'il produit sur le public, une interrogation qui persiste (est-ce la mienne ?) sur la métaphysique de ce jeu de la médecine et des hommes. Cette interrogation que se fait le comédien, comme n'importe quel spectateur réfléchi peut le faire, porte sur un pouvoir, une puissance intérieure que donne ce texte dit, une fois qu'on l'a animé par un système d'inflexions, de gestes, d'évolutions sur scène. Une vie propre, profonde, éprouvée tout le temps que dure cet exercice et qui, parfois, pour d'autres personnages, revient en écho dans votre existence journalière, subsiste, qu'on devine, qui s'insinue, si on l'observe bien, comme un enchantement dont on garderait encore des effets, une contamination qui laisse des traces dans l'organisme après un long temps, bref une opération vraiment spirituelle avec toutes ses conséquences.

C'est le problème de l'âme (Platon).

Il suffit de partir de l'explication de Socrate pour développer ces idées et la Divinité qui préside à ces jeux n'aura plus qu'à être décelée, touchée et montrée, pour conclure avec la citation platonicienne de Rabelais ; tout en allant, on développera une façon de concevoir le théâtre à l'usage de ceux qui s'y intéressent.

D'autres plus savants, détruiront ces propos par quelques remarques philosophiques toutes simples. Je ne me pique pas de dire ici dans une forme éclairée des vérités ou de donner des explications, je l'ai dit, mais de communiquer des réflexions (*Réflexions du comédien*[1]) en forme d'interrogations et non en théories ou conclusions.

Je sais en tous cas que pour répondre à ces réflexions et aux interrogations peut-être puériles mais persistantes que j'en tire, chacun

1 Il s'agit de l'ouvrage mentionné plus haut, *Réflexions du comédien*, Paris, Édition de la Nouvelle Revue Critique, 1938.

répondra avec des arguments qui différeront, et, eût-on déjà posé ces questions (elles l'ont été, et le Moyen-Âge, plus soucieux que nous, l'a déjà fait), elles auraient été résolues par des arguments différents de ceux d'aujourd'hui.

Les explications sont relatives. Ces interrogations toutes relatives dans leur forme à cause de mon esprit, sont celles que se posent ceux qui pratiquent vraiment le théâtre.

Il faut noter que jamais un auteur dramatique ne s'est posé ce problème de l'interprétation. La réponse est que celui-ci est le premier envoûté et que le comédien n'est pour lui (si estimé qu'il soit par lui) qu'un instrument de délivrance à son inspiration, c'est-à-dire à ce saisissement, à cette emprise qu'il subit.

Le mot est dit, le théâtre est une emprise – du corps, des sens, de l'esprit. Et s'il y a une âme ici que devient-elle ?

Est-ce pour cela que l'Église surveille attentivement ces divertissements, quand elle ne les condamne pas ?

C'est que ce jeu, ce sortilège, est un jeu créé tout entier par les hommes et que tout dogme y est une création entière, or les dogmes varient dangereusement, car les dogmes au théâtre – les écoles dramatiques différentes – sont le résultat d'une âme collective dont le poète est l'apôtre et le prêtre.

LA REPRÉSENTATION DOIT ÊTRE UNE CRÉATION

Définir un héros de théâtre, c'est l'amoindrir, c'est lui enlever son abstraction, sa totalité.

Chaque fois qu'on joue un héros, on l'humanise, on précise des petits côtés ; que le critique s'exerce là-dessus ; le comédien doit se garder de tout ce qui est orientation trop précise, c'est-à-dire d'intentions démonstratives. Il doit tenter d'exécuter dans une sorte d'impartialité, en laissant au héros, dans les moments mêmes où celui-ci est le plus déterminé, le plus avoué, une sorte de halo psychologique, d'indécision, d'irréflexion, de nébulosité.

Il ne saurait y avoir *création* actuellement avec le classique. Tout doit devenir surprenant en élan admissible mais inexplicable, c'est-à-dire que chacun doit avoir ses explications propres. *Il doit être impossible de tomber d'accord sur quoi que ce soit.*

C'est une amplification de l'inexplicable, de l'énigme. Cette interrogation, c'est notre vie, et nous-mêmes, c'est la nourriture et l'étoffe de nos existences et de nos êtres.

LE PERSONNAGE : FINALITÉ DE L'ACTE DRAMATIQUE 5 janvier 1947

Désincarnation des spectateurs.

Ils sont vides. Ils sont débarrassés du quotidien et de ce qu'ils sont eux-mêmes dans le quotidien. *Ils attendent.* Ils n'existent qu'en fonction de cette attente. Ils attendent et ils sont dans le sommeil, parce qu'ils ne sont pas réveillés à la vie. Un sommeil où il n'y a pas encore de rêves. Ils attendent des rêves. Des rêves dont (la) substance sera plus belle et plus vraie que la réalité. Ils ont laissé tout le superflu et n'ont apporté que l'essentiel de leur humanité, le seul pouvoir qu'ils ne partagent pas avec les autres ordres de l'univers, la seule faculté qui soit absolument étrangère au reste de la nature, la clef qui permet d'accéder au supranaturel et au surnaturel, l'instrument qui permet de découvrir, comprendre et recréer ce qui était caché, secret, réservé aux dieux : l'imagination. Ils sont des imaginaires.

Ces imaginaires attendent parce qu'ils espèrent. Attendre, espérer, c'est la même chose : le théâtre, avant le lever du rideau, est une espérance et une *promesse* ; il va se passer quelque chose, il va apparaître quelqu'un qui ne ressortira pas à la vie ordinaire, qui sera exceptionnel – *un miracle*, un changement dans la condition d'homme.

Rencontre avec les personnages.

Le rendez-vous de cette attente, le comblement de cet espoir, la réalisation de ce miracle, l'accomplissement de ce changement, c'est la rencontre des imaginaires qui dorment dans la salle avec les imaginaires qui viennent vivre sur la scène : les Personnages. « L'attente comblée par une présence, un défilé, une procession, à un degré plus haut un personnage qui parle au public, à un degré plus haut encore, plus raffiné, des personnages qui représentent une action, plus haut encore, une célébration où le personnage devient un héros, ou un dieu, et à un degré d'abstraction qui en fait un symbole ».

Ce qui naît, vit, parle, au théâtre, nous prend, nous bouleverse, nous transporte, nous révèle à nous-mêmes, nous recrée, ce sont les Personnages. Ce sont les dieux qui dans les religions nous émeuvent.

« Le dramatique commence dans l'attente du personnage. Il s'achève et se consomme dans le personnage. »

Les personnages sont la substance, l'âme et la vie du théâtre. Le reste n'en est que l'accident, l'apparence, le périssable, l'extérieur. Moyens d'atteindre les personnages, de les cerner, de les saisir, de les capturer ou bien effets, sous-produits de son action. Ce n'est pas cela que nous cherchons au théâtre. Cela peut se trouver ailleurs. Le théâtre commence et finit au personnage.

Que reste-t-il de la représentation ? Des souvenirs – fragmentaires souvent – mais toujours rattachés au personnage. Ce sont les seuls souvenirs vivants, efficaces, que nous gardions. Le reste se dissout en poussière et se dépose sous forme de matière morte au fond de la mémoire.

Que demeure-t-il du théâtre à travers les âges ? Que surgit-il en nous quand on prononce le mot « théâtre » ? Les noms des personnages. L'histoire du théâtre, c'est l'histoire de ses personnages. Les plus grands noms d'auteurs dramatiques ne sont pas ceux des plus habiles mais ceux des gens qui ont créé le plus et le mieux les personnages. On ne sait rien de Sophocle et d'Aristophane, cela n'a pas d'importance. Comme pour les acteurs. On a représenté *Œdipe* ou *L'Avare* avec la plus grande pauvreté ou la plus grande richesse, devant les publics les plus variés (époques, latitudes) : tout a changé sauf les Personnages.

L'histoire, la situation : on a sans doute exploité toutes les combinaisons possibles des trente-six situations dramatiques de Gozzi[2] et elles ne peuvent rien nous apprendre.

---

2 Dans son ouvrage *Les trente-six situations dramatiques*, Georges Polti (1867-1946) affirme que seules trente-six situations dramatiques peuvent servir de fondement à toutes les pièces de théâtre. Ses travaux sont inspirés de ceux de Carlo Gozzi (1720-1806) et de Goethe (1745-1832). Jouvet conteste par ailleurs qu'il puisse n'exister que trente-six situations dramatiques.

Ce sont les personnages que nous venons voir, entendre, absorber autant qu'ils nous absorbent, et juger en même temps.

Le Personnage répond à tout ce que l'homme attend au théâtre. Tout ce qu'il cherche, tout ce qu'il reçoit, c'est par le Personnage, dans le Personnage, avec le Personnage. Le Personnage répond à l'attente :

– il est un pacte avec l'imaginaire

– il permet de fuir la solitude.

Le correspondant, l'autre, c'est le personnage.

– Communion : on ne se rejoint jamais, il n'y a pas de point de contact en dehors du moment où le moi devient le personnage, ou plutôt tend à s'identifier avec lui.

– Adoubement : le JE demeure mais le MOI est relégué dans les limbes pour céder la place à la substance du personnage.

– Révélation de soi, en soi. Conscience supérieure, totale, qui perd le souvenir de ses limites.

– Connaissance des autres : élargissement jusqu'aux frontières de l'humain.

– Métamorphose, goût de la métamorphose, « forme de l'élan vital » (Bergson).

– Refus d'accepter le monde et la vie tels qu'ils sont. L'homme, plus grand que sa vie, la nostalgie d'une condition plus parfaite (exemple : le théâtre des camps). Refus de la mort : se perdre dans ce qui ne passe point. La survie, c'est l'imaginaire.

Le théâtre, ce sont les personnages : depuis l'effigie jusqu'aux dieux, hiérarchie des personnages. Création étrange, incompréhensible.

Les Personnages sont informés, incarnés, naissent à l'intérieur du triangle dramatique, auteur-acteur-spectateur.

Personne ne peut dire exactement ce qui se passe au théâtre. Il n'y a pas de point de vue total. Auteur, acteur, spectateur, ce sont des angles de vision limités. Ce sont des points de vue extérieurs.

– Ce qui se passe, ce sont des personnages qui vivent à l'intérieur de ce triangle formé par les trois participants et nul ne peut y pénétrer vraiment. C'est le royaume réservé des personnages.

Les trois participants sont nécessaires.

Part de chacun : l'auteur donne son âme, sa révélation ; le comédien prête sa personne et sa personnalité ; le public donne au personnage sa chair, sa tangibilité d'exister réellement en lui apportant sa foi, sa croyance. Il existe parce qu'on y croit.

Force de l'illusion collective. Le public est le côté objectif du personnage. Le personnage assure la permanence, l'identité, l'unité entre les genres, les formes et les époques dramatiques : il n'y a pas de différence de structure, de base entre Éleusis et aujourd'hui, entre la tragédie grecque et le Palais-Royal.

Origine des personnages – aussi vieille que le monde ou l'enfance (le totem, la poupée) – nés virtuellement dans l'imaginaire avec les dieux et les mythes de la « fonction fabulatrice ».

Leur première matérialisation, essai d'incarnation est dans le jeu. Le théâtre est le seul jeu d'ailleurs qui grandisse avec l'homme.

Les personnages viennent de la vie, de l'histoire, de la légende, du rêve, « cet immense réservoir des formes ». Ils deviennent vraiment des personnages au théâtre. Ils ne trouvent pas leur incarnation en dehors de lui : le roman, le cinéma fournissent des personnes, non des personnages.

Caractéristiques des personnages :

– Ils sont plus vivants, plus réels, plus remplis d'énergie, ils laissent des impressions plus durables, ils sont plus humains que les hommes. Ils vivent plus longtemps. Ils sont des paroxysmes, des condensations ou des symboles d'humanité.

– Leur vérité, c'est la vraisemblance et qu'est-ce que le vrai à côté de ce « réservoir de possible qu'est le mensonge ».

– Ils sont à chaque époque l'expression des vérités, des idées, des aspirations, des sentiments, etc. de l'époque. Une évaporation d'humanité ? L'incarnation des idées qui sont dans l'air ? Pourquoi trouvent-ils à certaines époques plusieurs poètes ?

– Ils sont l'expression vivante, animée, convaincante, agissante, dramatique de vérités, de métaphysiques abstraites, inanimées.

– Ils sont les messages et les symboles des révélations et de l'invisible.

– Vie intense : ils ne sont pas distraits.

– Fluidité, plasticité, généralité.

– En même temps, ils gardent une identité à travers toutes les fluctuations, toutes les mutations (comme les espèces) qui forment leur évolution, leur vie.

– Ils meurent comme les dieux quand on n'a plus besoin d'eux. Mais ils renaissent. Ils sont au fond immortels.

– Nationaux et universels.

– Inépuisables, incompréhensibles comme la vie.

– Créés par les hommes, ils leur échappent : lucifèrisme, autonomie. Ils créent à leur tour : influence, attraction, attirance que leur pouvoir de refléter exerce plus que ce qu'ils reflètent.

– Les dieux se survivent dans les personnages. Toutes les divinités refoulées des cultes constitués trouvent refuge au théâtre. C'est pourquoi les dogmatiques condamnent le théâtre.

– Les personnages au-delà de la nature, d'essence spirituelle, donc inaccessible ; l'identification que nous cherchons avec eux, si elle aboutissait, détruirait l'homme et le personnage (comme dans l'état mystique). Le personnage est une créature véritable, métaphysique :

– Mythe de la caverne.

– Vie réelle dans la fiction. Quel est le plus réel ?

– Preuve d'un monde spirituel. « Le vaudeville le plus obscène imite un geste divin ».

– Compensation pour le paradis perdu. Moyen d'y rentrer par derrière.

Le théâtre est le culte des personnages.

Dévotion des personnages.

Et le théâtre qu'est-ce de plus ? Sinon cette considération, cette dévotion aux personnages. Qu'en reste-t-il sinon cette empreinte, ce souvenir vivace, qui par-delà les années nous laisse la forme d'une silhouette ou l'écho lointain d'une voix. Un geste, un sentiment tendre donne un parfum, un émoi étrange, saisissement en soi, un écho dans l'âme et dans l'esprit, une interrogation en soi, une tendresse inexplicable ou un mépris, où tout de soi s'est livré, s'est donné et s'est perdu. Où tout de soi s'est révélé et se révèle encore lorsqu'on y pense, un attachement incompréhensible, une mémoire plus vive que de n'importe quel personnage réel.

Transmutation de soi, enfin présence en soi et de soi de quelqu'un d'autre, délivrance de soi-même, certitude d'une existence de soi dans ce déportement.

Toutes les explications que l'on donne du théâtre, sans lien entre elles et sans relations, s'ordonnent tout à coup dans une hiérarchie qui commence par une effigie, dans un masque, par une voix ou un geste, par un costume, par le simulacre extérieur d'abord et puis l'existence, la personnification corps, âme, mouvement, discours, action, de métaphysiques ou de faux semblants, de choses et d'êtres inanimés, qui deviennent plus vrais que le réel par le personnage, ce résonateur à travers quoi l'invisible nous atteint, par quoi se réveille en nous tout ce qui dort, tout ce qui s'angoisse et s'interroge, se calme et s'apaise.

Le personnage, comment l'interpréter.

Sur la différence entre : savoir comment interpréter un personnage et l'interpréter soi-même.

Un metteur en scène qui n'est pas comédien est très capable de montrer à un comédien comment jouer ; il peut très bien le diriger, l'aider à trouver l'état dans lequel il doit se mettre pour le jouer. Mais c'est le comédien qui, en lui-même, trouve cet état. Le comédien comme le violoniste, prolonge et projette et applique sa sensibilité sur un instrument, mais le comédien est à lui-même son propre instrument. Sa sensibilité, faculté motrice et créatrice, trouve en elle-même son outil. C'est aussi dans cette possibilité qu'est sa limite.

Fait théâtral.

– Il n'y a de fait théâtral qu'au contact des personnages.

– Il n'y a atteinte du personnage qu'au résultat d'une pureté et d'une disponibilité difficiles à obtenir donc insolites, donc extraordinaires.

– Il n'y a disponibilité que par un exercice prolongé (conduit dans l'inconscient) de modestie humaine, de discrétion, d'humilité ou d'une parfaite destruction volontaire du « je » (désincarnation).

Quelles que soient les apparences, quels que soient les dons incidents que le théâtre prodigue aux irréfléchis et aux protagonistes du hasard, le jeu théâtral et ses vertus ne se découvrent complètement qu'aux volontaires, car le personnage est au-delà des apparences de l'être ; sa délivrance, ses vertus, les vertus du jeu théâtral dans lequel il est impliqué et par lequel il est sensible, se fondent, se perpétuent par le seul volontariat, par une vocation infuse d'accomplissement qui paraît caractéristique de l'âme humaine (« se réaliser pleinement »).

Vocation permanente.

Volontariat dont les prémisses s'improvisent lorsqu'ils ne peuvent imiter, quelles que soient les circonstances politiques et sociales, quel que soit le degré de faveur dont jouissent les institutions théâtrales, quel que soit leur état (ou l'absence d'état des institutions, l'inexistence du théâtre à certaines époques), une tendance irrépressible conduit les hommes à retrouver par tâtonnements, à retrouver en balbutiant l'opération incomparable.

Et toute l'histoire dramatique avec ses périodes d'intense éclat, ses épaisseurs nocturnes, ses irradiations, ses fulgurances, ses éclipses prolongées, illustre cette poussée continue, cette action qu'une volonté claire ordonne et objective.

Acte qui invente ou réinvente le théâtre, quand il est disparu, oublié ou entièrement corrompu. Exceptionnelle fidélité à une plénitude perdue et désirée (explication métaphysique), instinct profond d'un remembrement de la nature de l'homme, quête du personnage, tout dans l'histoire du théâtre est chronique de l'intuition :

– humaine avant d'être, cette crise, cet accès de révélation, cette publication merveilleuse de la pluralité des êtres souligne la perfection de leur fusion dans le personnage.

– par de patients cheminements, par élans, par bonds, ou encore, par une acuité qui semble géniale, quelques poètes se trouvent habilités de siècle en siècle pour trouver et fixer les lieux familiers des personnages, pour les déterminer à y paraître, à y parler.

Et les paroles recueillies, seules notations possibles de l'essence intime des personnages, seuls témoignages de leurs visites, de leurs passages, de leur confiance, serviront intarissablement, inépuisablement aux comédiens et aux lecteurs pour qu'ils puissent devenir les auditeurs et les spectateurs de leur passage, pour les évoquer, les recomposer, jusqu'au moment exceptionnel où les personnages viendront s'incarner, égalant un instant ces participants au poète. Ainsi les convocations de personnages se font-elles par nous à partir de textes.

Expression achevée d'une existence accomplie, aboutissement formulé d'une essence supérieure, la parole du personnage est son seul dépôt saisissable.

Pour nous, comédiens, le personnage est d'abord un texte. En partant de ce texte, par les dispositions, les opérations déjà écrites, nous nous mettons peu à peu en état de délivrer les paroles du gel de l'écriture, de les laisser circuler en nous.

Que notre être devienne à leur contact un sol meuble, que notre être meure, s'abolisse et nous débarrasse laissant cette translucide enveloppe où viendra peut-être le personnage, que notre être devienne ce non-être où le personnage s'incarnera radieusement dans un grand éclair éphémère nous laissant dévastés et dotés inépuisablement, intarissablement. À ce moment, la dotation que nous recevons, la connaissance qui nous est affirmée, l'élargissement prodigieux de notre vue, l'expérience seconde qui comble soudain des secteurs entiers de notre soif d'expérience et d'action au-delà de nos expériences et de nos actions, l'enseignement qui comble notre vie des enseignements de vies non vécues, plus ardemment éprouvées cependant que cette vie, plus généreuses aussi, tous ces signes matériels, ces marques physiques et morales du passage du personnage imposent la poésie dramatique et le théâtre au premier rang de nos pratiques.

Ils révèlent leurs pouvoirs : *établir une synthèse supérieure et féconde de l'existence des esprits, épanouir dans l'universel le terrestre et l'individuel.*

Nous ne pouvons désormais hésiter sur le caractère des distractions fallacieuses qui emplissent le monde, sur la nature des semblances de théâtre que peuvent être les films, les pièces radiophoniques, les formes projetées de reproduction mécanique que nous connaîtrons demain.

Ni le studio de prises de vue, ni le studio d'émission ne sont *des lieux à personnages.* Ce sont des lieux clos privés de communications, ce sont des lieux secs, ce sont des lieux vides, ce sont des hangars à appareils. Les personnages n'y peuvent venir. Les auteurs ne peuvent les y attirer.

Pour descendre jusqu'à nous les personnages ont besoin d'une aimantation humaine multiple, de cette circulation intense qui passe des poètes aux comédiens, des comédiens aux spectateurs, les rendant également acteurs, participants d'une délivrance extraordinaire et indivise. Ils s'adressent d'abord aux poètes, discernent en eux les êtres privilégiés, les êtres désignés, attentifs au monde ambiant, fraternels, débordant d'affectueuses sollicitudes pour cette humanité dont ils s'instituent les délégués puisqu'ils sont ses premiers témoins. Nos poètes sont les élus et les favoris d'une imagination et d'une confiance qui ne sont pas notre imagination et notre confiance mais l'imagination et la confiance des personnages.

Les seuls imaginaires de notre royaume sont les personnages.

Et c'est cette imagination des personnages qui dotent nos poètes avant de nous doter.

Les personnages ne s'approchent des auteurs, ne se confient à eux que dans une perspective de disponibilité et d'effusion collectives, que dans l'imagination attentive d'une offrande mutuelle. Le poète seul les gagne et peut recevoir leur confidence, total d'attention et de vénération à l'universel, rassembleur d'amitié et d'attente généreuse. Par cet intermédiaire sûr, par cet organisateur de lieux et de délivrances, les personnages sont certains de leurs atteintes et de leurs incarnations. Hors de la poésie dramatique et du théâtre ils se refusent.

Les auteurs. Dépourvus dans la sécheresse et la solitude de leurs lieux de suscitation, de cette atmosphère de disponibilité, de don spontané, de circulation des émotions humaines, lauréats aveugles de compétitions où la faculté de se représenter à soi – et de représenter aux autres – objets et sentiments, se trouve confondue avec la faculté de les créer, seuls, épouvantablement seuls en face d'instruments qui fixent des images, des paroles et les envoient au loin, les projettent dans l'inconnu, dans le vide.

Les auteurs de films, les auteurs d'œuvres radiophoniques ne peuvent plus être que des informateurs.

Privés d'un public immédiat, d'un public volontaire, dont la présence oriente et anime l'action ; privés de cette communauté admirable faite à l'image de la communauté tout entière et recrutée parmi les plus sensibles, les plus épris, les plus affamés ; privés du monde en *gestation*, des êtres en *gestation*, les auteurs de films, les auteurs d'œuvres radiophoniques, les romanciers, ne peuvent plus saisir leur immense public.

Contraints d'investir à tous coups par des préoccupations qui sont d'ordre économique et non pas d'ordre spirituel, abandonnés par les personnages que leur dénuement et leurs volontés éloignent, les auteurs s'adressent à la seconde tendance collective de l'humanité : *l'intelligence dominatrice.* Ils domestiquent de l'humain.

Les gens viennent au théâtre accomplir leur œuvre de créateur.

Le théâtre est une création : triangle dramatique à l'intérieur duquel se crée un *monde* autonome et en même temps dépendant où s'éveillent des créatures qui participent elles aussi d'une puissance créatrice.

Le personnage assure l'identité, la permanence, la pérennité, des genres et des formes et des époques dramatiques : « le vaudeville le plus obscène imite un geste divin ».

Le Théâtre et la religion, à l'exclusion de tout autre, créent des personnages. Le cinéma, le roman ne créent que des personnes (avec l'exception de Don Quichotte). Prométhée, Œdipe, Dom Juan, Alceste, Phèdre ont eu autant d'effet et d'influence que Socrate, Napoléon ou Jeanne d'Arc.

C'est du personnage, me semble-t-il, qu'il faut faire le centre de l'étude du théâtre.

À DÉFAUT D'UNE CONCLUSION

Il n'existe aucun texte dans les notes de Jouvet qui ait un caractère franchement conclusif sur la question du métier de comédien. Cela ne signifie pas que la recherche de Jouvet n'avait pas abouti, mais qu'il se gardait de tout ce qui aurait pu lui donner un aspect définitif ou être considéré comme un cahier de recettes. L'essentiel n'est pas le résultat mais la démarche. Sont rassemblés en cette fin de volume quelques textes qui, reprennant des points essentiels, peuvent néanmoins faire figure de résumé.

ÉLOGE DU THÉÂTRE

Rio, dimanche 31 janvier1942

Il y a deux sortes d'humains, ceux qui aiment et comprennent le théâtre et ceux qui ne le comprennent pas. Faire l'éloge de ceux qui l'aiment serait trop facile et dire tout le mal qu'on pense de ceux qui ne l'aiment pas serait trop cruel. Ils sont semblables à ces jeûneurs qui n'ont jamais connu l'amour et vivent dans l'abstinence et le célibat. Ils sont organiquement infirmes et leur dégoût du théâtre tient à une mauvaise conformation mentale ou sensible ou encore à une funeste expérience.

Aimer le théâtre, c'est le définir, c'est se dire, spectateur, acteur ou auteur, ces états supérieurs dans la distraction, le rêve et la poésie, qu'il crée en celui qui pratique cette religion de l'esprit et du cœur. L'idée qu'on se fait du théâtre si c'est pour le dénigrer n'est qu'une idée partiale ou ridicule, c'est qu'on n'en a pas senti ou aperçu la grandeur.

Au-dessus du Ciel il y a l'Olympe, au-dessus de Dieu la mythologie, au-dessous du Créateur et de l'Éternel, les créations de l'esprit et du cœur, le royaume de l'au-delà dramatique.

Rêver, rêve. D'où viendraient donc toutes ces figures, ces fantômes (Platon) et où retourneraient-ils ? Ne sont-ils que ces mécaniques à l'usage des spécialistes de l'humanité ? Comment naîtraient-ils ? Comment l'esprit pourrait-il les enfanter ? Où en est la semence ? Et le sperme ? Et comment ne s'aperçoit-on pas qu'ils sont les mêmes, à part deux ou trois, ils sont tous *unis par une parenté et une filiation qui les rend tous héréditaires*, et comment ne meurent-ils pas ? Semblables à nous comédiens sur la scène, le personnage dans l'Olympe dramatique joue plusieurs rôles ; à chaque époque comme nous à chaque saison, l'un de ces personnages s'incarne dans un autre qui a l'air nouveau, mais toute la différence est dans le costume, la voix nouvelle et l'allure physique.

Apollon premier *Jupiter – premier des comédiens* – mais ses métamorphoses sont-elles du même ordre, du même plaisir et de la même fin ? Mais c'est plaisir de Dieu. Le théâtre est juste au niveau de Dieu – juste au-dessous ; et le ciel doit être, disent les Pères – à l'idée qui me vient – un immense amphithéâtre où le plaisir des yeux et de l'ouïe sont tels qu'ils sont définitivement célestes.

Convention théâtrale, ridicule, bienheureux les pauvres d'esprit car le royaume des cieux est à eux.

POUR QUOI EST FAIT LE THÉÂTRE ?
08 juin 1949

Le théâtre est fait pour apprendre aux gens qu'il y a autre chose que ce qui se passe autour d'eux, que ce qu'ils croient voir ou entendre, qu'il y a un envers à ce qu'ils croient être l'endroit des choses et des êtres, pour les révéler à eux-mêmes, pour leur faire deviner qu'ils ont un esprit et une âme immortelle.

Comment ? De quelle façon ? Ceci ne me regarde plus, ou plutôt cela me regarde mais en tant qu'intermédiaire.

Au moins, le théâtre est fait pour qu'on se mystifie soi-même et mystifie les autres. J'entends non pas abuser de la crédulité pour amusement mais créer la contemplation, l'extase et la méditation, pour s'initier aux mystères qui nous entourent et que nous portons en nous (mystagogie). Mystère, dogme ou fait religieux inaccessible à la raison, secret.

LES QUESTIONS INNOMBRABLES QUE LE THÉÂTRE SOULÈVE EN NOUS

Dire que le théâtre est don de soi, perte de soi, que l'aboutissement, le but est la poésie, qu'il est une effusion d'amour, recherche ou accomplissement d'une solitude, assouvissement d'un sentiment du dramatique ; c'est se contenter, s'ennoblir.

C'est à travers Pascal, Claudel et Giraudoux, satisfaire, calmer les questions innombrables que le théâtre soulève en nous. Ce n'est pas connaître assez. Ce n'est pas suffisant pour pratiquer son métier avec quelque certitude pour s'y ajuster en toute tranquillité. Y a-t-il un dogme possible ? Personne n'a jamais expliqué la naissance du théâtre.

Magie primitive, religion et théâtre vont de pair. La vérité du théâtre n'est sans doute, comme toutes les vérités, qu'une explication approximative, une hypothèse satisfaisante provisoirement. Elle nous est aujourd'hui plus nécessaire que jamais. Toutes les vérités que nous connaissions jusqu'ici, que nous avons débattues sont caduques, desséchées, sans usage. Les événements, l'époque, exigent *une vérité nouvelle*, plus appropriée, plus efficace. L'expérience pratiquée jusqu'ici, *mon* expérience, sans conclusion, sans aboutissement, dont les préoccupations sont toujours les mêmes, aggrave encore pour moi ce sentiment de désarroi, augmente en moi le besoin de faire le point, de trouver une vérité nouvelle.

Au moins renouveler la conversation. Hélas, comment faire ? Hélas, comment connaître ? L'obscurité croît à mesure que l'on s'avance, tout est immédiatement *mêlé* et *changeant*, on ne peut traiter une question sans entrer dans une autre – l'interrogation, que l'on formule dévoile des énigmes – immense réseau embrouillé, labyrinthe ; rien n'est isolé, ni isolable, rien n'est analysable.

– Le spectateur n'est qu'un acteur passif.

– Le comédien, spectateur lui-même, se regarde et s'écoute.

– L'auteur à son insu agit et entend ce qu'il écrit.

– Action et contemplation – provocation de soi – possession et dépossession – solitude et communion.

– Où se place, chez lequel des participants peut-on accorder une « sincérité » ?

– C'est toujours duplicité ou complicité de soi et des autres.

– Personne ne sait se voir, s'expliquer ou s'entendre.

Si on veut le tenter, on parle indéfiniment dans une abondance de propos, études, notes, conversations, enquêtes, confidences, analyses, qui s'annulent et se contredisent, comme si le théâtre n'avait d'autre but que de provoquer cette confusion et que toute tentative pour s'éclairer soit condamnée à cette punition, à cette dérision. On ne verra jamais clair là-dedans.

Le fin du fin est perte d'identité, est-ce là la spiritualité du théâtre ?

On ne démontera pas le théâtre comme une montre, comme un horloger le fait d'une pendule. Tout est imbriqué, emmêlé, compénétré, indissociable. La terminologie aide à cette confusion, on traite des idées essentielles par des questions accessoires ou inversement. Ne peut-on trouver un biais, un point fixe, pour considérer et débattre ?

Ne peut-on déplacer les points de vue ? Il y a deux affirmations qui me viennent : 1) les animaux n'ont pas de théâtre ; 2) Il n'y a jamais de théâtre contre ou contraire.

On part d'un point accessoire et on se perd aussitôt dans des divergences, des ramifications. Il faudrait trouver un point essentiel : rien qui soit opposable à… rien qui soit « théorifiable » ou systématique.

Il y a *l'extérieur* et *l'intérieur* du théâtre, ce qui est intérieur seulement importe. Solitude humaine, conscient ou inconscient ou subconscient, imaginaire, rêve, vérité dramatique, illusion, création dramatique, ressouvenir, compensation à la chute originelle, etc., etc.

Il n'y a d'essentiel que l'acte et il est inexplicable, dans l'acte ce qui reste est la création d'une effigie, rôle, personnage, héros.

On ne tirera jamais au clair l'idée principale. Il faut s'accrocher quelque part à un endroit commode, sûr et pratique pour avancer, dans la pratique et non pour discuter et avoir raison.

Inlassablement, toutes les époques, toutes les écoles, toutes les sociétés, organisent et perfectionnent les actes du théâtre. Il faut savoir qu'on ne trouvera jamais la solution. Mais il en faut une provisoire, actuelle, opportune. L'important est de ne pas prendre le détail pour l'essentiel.

Il faudrait pouvoir cerner l'endroit où est le secret, le point à méditer :

– un indestructible instinct de métamorphose ?…

– la recherche d'une *révélation de soi-même* ?…

On ne peut parler d'une question sans toucher à toutes les autres. Cette impuissance doit nous décider de faire le choix d'une question, d'un point spécial et de tâcher de soulever par ce point-là tous les autres problèmes, à traiter par ce point toutes les autres questions.

Faire de cette difficulté une commodité.

Le théâtre : jeu réel et de l'apparence. C'est un fait que le réel est d'autant plus vrai qu'il y est factice, et tout ce qui veut gagner les apparences, accuse, découvre une plate réalité, mieux : la réalité se présente *sous deux aspects* dont l'un s'affirme exactement dans la mesure où l'autre s'efface ou s'estompe. Nous croyons d'autant mieux que cela est faux : cela nous paraît d'autant plus vrai. Nous cherchons constamment une vérité. C'est une continuelle oscillation entre la réalité et le symbole. Il y a toujours plus ou moins dépassement par l'un des participants, exagération.

COMMENTAIRE DU COMÉDIEN

Entre tous les commentateurs qui gravitent autour d'une pièce classique, le comédien en est un, particulier, privilégié, gravement responsable, il est en titre, par sa fonction, le premier de tous les commentateurs. Mais il ignore qu'il en est un et que sa profession étant d'interpréter, c'est un commentaire qu'il fait quand il joue son rôle.

Mais son commentaire unique, essentiel à l'œuvre, est différent de tous les autres commentaires parce qu'il est d'ordre physique, et d'un procédé ou mécanisme spécialement compliqué ; chaque comédien a le sien, chacun d'entre eux opère à sa manière, à son mécanisme, pour ce commentaire physique et corporel de la représentation.

Jouer une pièce, c'est donc la commenter, mais commenter n'est pas jouer.

Et le commentaire du comédien ne se fait que par une *suscitation, physique, intuitive* des sentiments et des idées contenus dans une œuvre. *Le comédien ne part que de la sensation.* Quel que soit son mécanisme personnel, il ne peut jouer, faire son commentaire qu'après avoir réduit, *remis en sensations* toutes les phrases du texte, toutes les répliques de son rôle : son commentaire est une remise en sensations. C'est le procédé inverse de la critique.

Le comédien est aussi un *traducteur.*

Le comédien ne fait pas une étude, n'a pas de jugement à produire ; pour faire son commentaire, il n'a besoin que de son plaisir ou d'une affection particulière pour son métier, pour cet exercice, pour son rôle ou pour la pièce, il n'a aucune restriction à apporter ; il veut faire triompher la pièce ; c'est un état d'esprit différent ; c'est ce qui sépare la critique de l'apologétique.

Le comédien est un apologiste-gymnique. Me voilà lancé, il faut que je continue.

Pour aller où ? Démontrer quoi ?

Analyser, démonter, décomposer par le jeu du comédien ? Mais ils sont tous différents ; en me dépeignant moi-même je n'en montre qu'un.

Pour établir des principes ? Découvrir des directives pour enseigner ?

On n'a jamais rien enseigné dans une profession où chacun est son maître et son élève, où l'instrumentiste, l'exécutant fait corps avec son instrument et n'agit que pour son plaisir.

Ne serait-ce pas pour combattre la critique, la critiquer ? J'avoue qu'elle m'a longtemps contrebattu moi-même dans les efforts que je faisais pour apprendre le théâtre et connaître les classiques.

Ne serait-ce pas aussi pour me justifier ? Si j'en suis réduit à cette question, c'est que je n'en vois pas d'autre à me poser, et après réflexion si je me dois de répondre affirmativement, je crois que je n'en aurai pas plus de honte que quiconque.

Une pièce s'offre à tous, elle appartient à tous, spécialement la pièce classique. C'est cette possession autorisée, ces possessions, ces appropriations justifiables qui m'intéressent, et des différentes manières de les pratiquer.

Occupez-vous donc de votre manière de posséder et de vous approprier la pièce, et laissez les autres tranquilles. Malheureusement je ne puis m'occuper de notre possession à nous, gens de théâtre – j'entends les comédiens et non les critiques – sans empiéter sur le domaine des autres commentateurs, *sans parler du théâtre et de la pièce.*

La pièce elle-même est déjà un commentaire, le premier, et c'est elle qui les engendre tous.

Elle est un commentaire de soi-même, fait, écrit par l'auteur et *tout est commentaire dans le théâtre*, il faut les différencier et les séparer.

Les mains font des figures ou des silhouettes d'ombre diverses sur un mur. Suivant la façon dont elles sont placées devant une lumière, cygne, chat, chèvre, âne, cheval ou éléphant, les figures varient selon l'agencement et la disposition des doigts.

De même, une pièce de théâtre prend maintes significations différentes suivant la façon dont on l'utilise et dont on la traite, et suivant l'agencement et la disposition où elle est mise, elle barrit, hennit, braie, bêle, miaule ou chante diversement à nos oreilles.

Pour chaque pièce, à chaque époque, les amateurs de théâtre recommencent la conversation d'Hamlet et de Polonius devant le nuage qu'ils contemplent :

C'est un chameau !
C'est une belette !
Non, c'est une baleine[1] ! !

Suivant le lieu où on le mange, le pâtisson s'appelle bonnet de prêtre, couronne impériale, artichaut d'Espagne ou de Jérusalem.

Pour chaque pièce, à chaque époque, chacun ressent, entend et juge d'une manière différente une même œuvre, selon son tempérament, ses idées ou ses tendances.

Le comédien, comme tous les autres amateurs, malgré lui-même, injecte un rôle et la pièce de sa propre substance.

Cette particularité, cette faculté de dépossession et de repossession définit un ouvrage de théâtre.

---

1 William Shakespeare, *Hamlet*, acte III, scène 2.

C'est sa vertu et son défaut.
C'est la nature même de ce jeu.
Son excellence et sa misère.

Ce droit de possession, chacun l'exerce à sa manière, le pratique à sa façon. Seul le comédien est responsable et autorisé.

C'est de cela, de cette responsabilité que j'ai voulu parler, c'est cela qui m'importe.
C'est un souci professionnel qui me préoccupe.

Et ce n'est pas parce que je suis comédien que je veux me justifier ou accuser.
Si je voulais trouver d'autres raisons à ces propos, je dirais que *mon souci professionnel va aussi bien qu'il peut aller* et que *c'est le souci d'un bien national*, commun, banal, qui m'occupe, *c'est son usage*, car le théâtre classique est une possession nationale. Je dis que le mésusage du théâtre classique menace le théâtre, parce qu'il est encore aujourd'hui le principe et la règle de notre profession (menacée par le cinéma).
Je dis que le mésusage du théâtre classique d'autre part menace la nation.
À moins que ces œuvres n'aient plus que l'intérêt qu'on trouve aux ouvrages classiques latins, qui servent dans les collèges, dans les classes, on peut sans présomption du point de vue qui m'intéresse au premier chef – à savoir *l'utilisation, l'usage du théâtre classique – songer à sa défense et à son illustration.*

Baudelaire dit : « Il y a pour moi un petit nombre d'œuvres dramatiques qui dépassent toute mode et toute époque et qui suffiraient à *porter ou restaurer* une civilisation tout entière. »
« Il ne s'agit pas (ajoute-t-il comme s'il pensait à nous autres, comédiens, ou peut-être à ces introspecteurs dramatiques) des doctrines ou des théories qu'elles contiennent, mais *de l'âme* qui réside dans ces œuvres et dans *leur esprit* ».

Et d'abord une pièce n'est pas faite pour être lue, mais vue et entendue. Montée, vue, entendue, représentée devant un auditoire dans l'infinie fragmentation de ses spectateurs ; et c'est cette intercommunication entre eux qui lui recompose un sens immédiat et à chaque fois nouveau. Une œuvre de théâtre, une pièce n'a aucun rapport avec l'œuvre imprimée, lue, méditée ou même imaginée.

Dans la lecture elle prend des prolongements intellectuels exceptionnels, dont l'exécution abolit toutes les traces au profit d'un *sens* global, total, purement émotif.

Divertissement, jeu, ou cérémonie, évocation, sortilège ou message, comme on voudra la prendre et la définir.

Un auteur n'écrit pas pour les *libraires*, mais pour les *comédiens*, il n'écrit pas pour une *lecture*, si savante soit-elle, mais pour une *représentation*, non pour un commentaire personnel, mais un commentaire collectif.

L'auteur écrit pour le jeu, l'exercice des comédiens et les prestiges de la scène. Il n'a pas en vue *le déchiffrage mitigé* que le lecteur fait pour son propre compte, mais cette opération compliquée, élaborée par cent moyens, violente, publique, qu'est une *représentation*, pour le plaisir parfait des yeux et des oreilles d'une assemblée, collective, unanime avec ceux qui sont chargés de représenter, d'incarner sa pièce.

La pièce n'est pas faite pour une *absorption individuelle* personnelle, mais pour une *générale communion* entre les comédiens et les spectateurs.

Et l'intelligence, et toutes les facultés d'un lecteur si sensible, si excellent soit-il, ne peuvent donner à l'œuvre qu'*une vie individuelle, incomplète, insuffisante*; toutes ses facultés ne peuvent lui donner *la vie*.

C'est *de vie dramatique* qu'il est question.

La pièce n'est pas destinée à l'impression, pas plus qu'à la lecture, au libraire, pas plus qu'à l'imprimeur.

L'auteur en l'écrivant ne pense pas à des *lecteurs* mais à des *acteurs*, à du *public de théâtre.*

Lorsqu'elle aura été représentée, et qu'il faudra songer à ces collaborateurs extra-dramatiques qui sont les lecteurs, ceux qui lisent au lieu d'écouter et de regarder, lorsqu'il devra donner le bon à tirer à l'imprimeur, à peine fera-t-il quelques corrections, ajouts ou coupures pour cet usage supplémentaire, et cette supplémentaire gloire.

C'est d'une lecture à haute voix qu'il s'agit, complétée, magnifiée, amplifiée, ornée des prestiges et des illusions de la scène et dont l'exercice appartient aux comédiens.

Il y a un droit de propriété et de possession qu'il faut établir, reconnaître ;

en reconnaissant que, dans cette propriété,
les comédiens sont les premiers,
par filiation – je parle de Molière ;
par fonction – il s'agit d'un métier.

Toutes les interprétations, tous les commentaires, toutes les conceptions sont justifiables, toutes sont autorisées.

L'imprimerie et le succès justifiant tout, et tout le monde.

Interprétateurs, commentateurs libres et contraints, indépendants et dépendants, individuels ou collectifs ; commentateurs intellectuels, imaginatifs, reconstructeurs, raffineurs, contre-disants, opposants, metteurs au point, déduisants ou contrecarrants, commentateurs par le corps ou par l'esprit, antérieurs, préalables ou postérieurs et conséquents.

Tous les commentateurs, toutes les façons de commenter, par propos ou par gestes, par science ou inscience, par périphrases, métaphores, ou par clin d'œil, sont toujours des *paraphrases* ou des *métaphrases*.

C'est toujours dilettantisme ou amateurisme du comédien, du critique ou du lecteur.

Une pièce contient à la fois : des *idées*, des *sentiments*, des *sensations*.

– l'intellectuel se nourrit d'idée, il travaille par l'esprit, le chef du corps ;
– le comédien vit des sensations, il ne travaille que de son corps ;
– entre ces deux extrémités sont les sentiments.

La sensation engendre le sentiment qui engendre des idées qui engendrent la critique.

Le comédien ne peut pas plus vivre dans les idées que le critique n'est capable de vivre de sensations.

Mais hélas, la critique peut se développer et proliférer exclusivement avec des idées.

Aérobie[2], le critique a besoin de la surface de la pièce, du point d'affleurement des idées.

Anaérobie, le comédien vit dans la profondeur des sensations.

---

2 Le terme aérobie s'applique à un système, un micro-organisme ou un individu qui a besoin d'air ou d'oxygène pour fonctionner, à l'inverse de l'anaérobie qui peut s'en passer.

Hélas, le comédien est dépourvu d'idées, sauf celles que l'exercice critique lui impose en naissant.

La pièce en a-t-elle besoin ?
Là est la question essentielle.
Elle en a besoin pour vivre.
Elle n'en a pas besoin pour être jouée.
Je dirai même que les idées lui sont nuisibles.

Chacun cherche par un point extrême et opposé, par idée ou par sensation.

C'est le spectateur qui tient le milieu, il se nourrit des sentiments qui en résultent, des impressions qu'il reçoit, et suivant sa fortune d'esprit ou ses besoins physiques, il monnaie en idées ou en sensations les impressions reçues.

Et l'auteur déjà fait ainsi le premier.

L'auteur est plus près du spectateur que de n'importe quel autre participant.

Mais la pièce qu'il écrit, destinée au public, il doit l'offrir d'abord aux comédiens.

Il s'agit de s'entendre et de s'accorder ; tout le théâtre est dans cette autre remarque nécessaire, dans cette nécessité.

Les commentaires des comédiens.

Quel chapitre ! Quelles tristes confidences, quelle pauvreté, mais quelle ingénuité, quel secret intérieur, quelles bonnes volontés, quelles tendresses, quelles prétentions, quelle simplicité, quel mystère intérieur, quels exemples (en comprenant Diderot), quelle nuit !

Mon ami, si j'en parle avec toi, c'est parce qu'il faut que j'en parle. Je n'ai personne à qui en parler, et avec qui en parlerai-je si ce n'est avec ceux qui s'intéressent le plus à notre profession, à l'art dramatique ?

Et si j'en parle avec cette toute apparente animosité, cela tient à mon caractère, à ma façon d'être ; je voudrais pouvoir te parler avec la douceur de Saint François, avec la bonhomie de Montaigne, la jovialité de Rabelais, mais étant comédien, c'est-à-dire infirme d'esprit, écorché de sensations, excuse ma vivacité et réajuste ma façon de dire ou de répliquer, et prends mes indignations et mes colères pour animer nos propos, en manière d'amusement, car il n'y a rien de plus sérieux, de plus important et de plus vain au monde que les sujets que nous traitons.

Les idées ne valent qu'autant qu'elles sont l'expression des sentiments, qu'autant qu'elles sont liées à des sentiments ou à des sensations – sinon elles gagnent la maladie d'abstraction.

SI DONC J'ARRIVE À UNE CONCLUSION

Si donc j'arrive à une conclusion, à la suite de cet examen personnel des observations que j'ai faites et que j'ai interprétées, ce qui importe, ce n'est pas tant cette conclusion même. Ce qui est essentiel, ce n'est pas le terme de mon raisonnement, mais la description d'un procédé pour se connaître soi-même. C'est aussi une nécessité dans la profession de comédien d'atteindre par soi-même et en soi-même à une manière de faire et de se comporter, de pouvoir se soustraire à des influences extérieures, soit à celles que l'on reçoit des livres par les commentateurs, soit même aux influences que l'on subit de la troupe avec laquelle on joue, ou des auteurs qu'on interprète.

C'est une nécessité de pouvoir se retrouver soi-même en face de cette exaltation qui est le point de départ, la récompense et le sommet de notre métier ; de cette flamme dont la pureté, la couleur et la lumière sont essentielles pour éclairer ce qu'on fait.

C'est à cette connaissance professionnelle de soi-même que l'acteur doit atteindre. Et cette conscience de son métier, il ne l'acquerra que par cette vertu d'intuition qui est celle de toutes les professions, de tous les métiers exercés.

Le potier qui, après vingt ans de pratique, tourne un vase, sait mieux que ne pourrait le lui enseigner aucune théorie, quel tour de main, quelle inflexion du pouce imprimeront au vase son vrai galbe, son vrai sens. Il tiendra sur son travail des propos dont la justesse, la précision, le savoir ne sont pas l'effet de l'intelligence ni du raisonnement, mais du sentiment presque physique de son travail et de la conscience qu'il en a pris (mais il faut avant tout avoir été potier).

De même il me semble qu'il ne serait pas sans intérêt pour le chimiste qui surveille la fusion de deux métaux afin de la décrire, de pouvoir recueillir le témoignage du plomb ou de l'antimoine en travail. Ce témoignage interne au phénomène éclairerait sa tâche d'une tout autre lumière.

C'est dans ce sens qu'il faut interpréter ces notes. Ce sont les impressions du plomb ou de l'antimoine en fusion qu'elles apportent.

ANNEXE I

Témoignage – Giorgio Strehler : lettre à Louis Jouvet

Lettre fictive que Giorgio Strehler adresse à Louis Jouvet alors qu'il est en train de monter en italien le texte du spectacle de Brigitte Jaques-Wajeman *Elvire Jouvet 40*[1]

Cher Patron,

Je vous écris une lettre après une répétition pendant laquelle j'ai dit vos mots. Je les ai dits à moi-même, à Guilia qui incarnait Claudia, aux jeunes gens, et enfin à un public encore imaginaire.

Nous nous sommes nourris avec une grande émotion, et une énorme gratitude, de vos pensées et moi, cette nuit, je suis incapable de vous en dire davantage.

Comme toujours, les pensées et les paroles sont confuses mais les sensations demeurent nettes et claires. C'est vous qui m'avez appris à ne pas chercher à comprendre « trop » au théâtre. C'est vous qui m'avez dit : « L'intelligence pour un acteur c'est de sentir très fort ». Et c'est vous encore qui m'avez dit : « L'arbre qui pousse ne pense pas qu'il grandit. Il grandit et c'est tout ».

Et pourtant, en moi aussi, comme en vous, il y a ce besoin de comprendre, de penser au théâtre, à notre métier.

« Comment peut-on faire du théâtre sans penser au théâtre », disiez-vous. Moi, j'ai envie d'écrire : comment peut-on résister pendant tant d'années dans ce métier qui a toujours, en soi, quelque chose d'infâme et d'indigne, de vain et d'inutile ?

---

1 Ce texte a été publié dans la *Revue d'histoire du théâtre*. Avril-juin 1988.

Vous avez résisté, vous, jusqu'à la fin. Je suis moi aussi en train de résister.

Aujourd'hui peut-être j'ai enfin réussi à comprendre ce que vous vouliez me laisser entendre lorsqu'un soir vous m'avez dit, après une présentation de *Dom Juan*, lors d'une rencontre informelle que je n'oublierai jamais : « Les acteurs n'ont pas la vocation. Si elle vient pour eux, c'est après. Elle arrive à la fin »

Dans l'enthousiasme de ma jeunesse, je vous écoutais, et je comprenais certaines choses. Mais cela, je ne pouvais pas le comprendre. Je me sentais « absolument voué » à ce moment-là au théâtre. J'étais follement plein de « vocation théâtrale », d'étonnement, d'amour pour le théâtre, de passion théâtrale. Pourquoi, pourquoi aurais-je dû attendre « la fin » ?

Des années et des années de pratique sont passées.

Et je vous écris pour vous faire savoir que maintenant, seulement maintenant, j'ai compris. Maintenant je sais ce qu'est non pas la « passion théâtrale », mais la « vocation théâtrale » qui est pierre et sang.

Patron, je suis en train de vivre, à côté de vous, la dernière épreuve d'amour que le théâtre me demande. Je suis enfin totalement dépossédé de moi-même. Il ne me reste plus que Lui, ce feu qui brûle avec une fulgurance insoutenable, sans flamme. Et sans cendre.

Comme un astre qui répand ses atomes dans l'univers.

Giorgio Strehler. 1986.

ANNEXE II

Témoignage – La voix de Jouvet par Charlotte Delbo[1]

Pourquoi ce jour-là, me suis-je trouvée seule dans une rue du camp ? Nous ne circulions jamais qu'en groupe, l'œil et l'oreille aux aguets. Pourquoi étais-je seule ce jour-là au moment où des coups de sifflet éclatent de toutes parts, où des Politzei forment des chaînes au bout de chaque rue ? Sans même savoir comment cela s'était produit, me voilà dans une colonne que des femelles SS mettent en place à coups de botte, que des kapos maintiennent en place à coups de bâton. Comment me suis-je laissé prendre si bêtement ? Stupide que je suis. Oh ! Que c'est bête, bête !

Me voilà au milieu de ces visages inconnus. Des Russes, des Polonaises, personne qu'il me souvienne avoir déjà vu, personne qui parle français. Lentement, à force de coups et de cris, la colonne se stabilise. Elle ne se défait plus. Tout le monde s'est résigné peut-être. Mon dépit redouble. Et mon anxiété. Je ne reverrai pas les camarades. Où va-t-on ? On ne le sait jamais. Dans quelle sorte d'usine ? On ne le sait jamais. Je suis au bord du rang, je regarde, je scrute, je cherche une issue possible. Des kapos gardent les alentours, assez nonchalantes maintenant. Elles sont fatiguées d'avoir couru et joué du bâton. Deux SS femelles nous surveillent, vont et viennent d'un bout de la colonne à l'autre. On attend Pflaum, dit « le marchand d'esclaves », parce que c'est lui qui s'occupe des transports, parce que c'est avec lui que traitent les industriels preneurs de main d'œuvre. Quand il arrivera, on relèvera les numéros, on formera le convoi. Nous partirons. Je partirai et mes camarades ne sauront pas où je suis. On attend. Survient une troisième SS qui rejoint ses deux pareilles, et toutes les trois s'arrêtent. Je les regarde. Je ne les

1 Extrait de Charlotte Delbo, *Une connaissance inutile*, Paris, Les Éditions de Minuit, 1970, p. 132-135.

quitte pas des yeux. Il suffirait qu'elles s'intéressent tout à coup à quelque chose, à l'autre bout de la colonne par exemple, pour que… J'observe surtout celle qui me tourne le dos. À la façon dont elle se plante sur ses jambes, j'ai l'impression qu'elle déplace son attention et, soudain, dans un de ces éclairs comme on en a dans les rêves, j'entends la voix de Jouvet, à sa classe au Conservatoire, Jouvet disant à un élève qui avance sur l'estrade et attaque une scène : « Non. Recommence. Tu n'es pas entré. Entre. Et attends. Voilà. Mets-toi en place. Bien. Ne bouge plus. Installe-toi. Tu es en place. Maintenant, tu peux parler. Et nous, nous savons que tu as quelque chose à dire. Maintenant on va t'écouter. Maintenant, on sait que tu vas parler. Mets-toi en place. Installe-toi. » Les trois SS étaient en place. À leur dos, à leurs bottes, à leurs épaules, j'ai su qu'elles entamaient une conversation et qu'elles ne bougeraient pas. Elles étaient installées. Alors, vite, je bondis hors du rang. De toutes mes jambes, je m'engage dans une rue en face de moi, je cours et ma course fait surgir une Politzer que je bouscule, je cours, je cours jusqu'au fond du camp, jusqu'à notre baraque où j'arrive hors d'haleine, épuisée d'avoir tant couru, d'avoir couru si vite, d'avoir eu si peur, et je m'abats dans le groupe de mes camarades qui m'ouvrent les bras. « Où étais-tu ? Tu avais été prise ? Quand nous avons entendu les sifflets et vu que tu n'étais pas là, nous avons eu peur. Oh, ce que nous avons eu peur ! » Moi aussi j'ai eu peur. Il m'a fallu longtemps pour reprendre ma respiration, pour entendre s'espacer les battements de mon cœur.

ANNEXE III

Témoignage – Interview de Dominique Blanchar par Marc Véron

30 octobre 1998

Un beau jour, place du Panthéon, au déjeuner, mon père a reçu, au moment du café, un télégraphiste qui apportait un pneumatique, un petit bleu dans lequel Jouvet lui disait :

« J'ai vu Minou hier soir et l'idée me vient qu'elle pourrait reprendre le rôle d'Agnès dans *L'École des femmes* ; cela pourrait être, pour elle, la préparation à des débuts. »

Mon père a été tellement sidéré par cette proposition qu'il n'a pas répondu.

On pourrait se dire qu'il aurait pu sauter sur le téléphone afin d'appeler Jouvet, qu'il connaissait très bien. Il était tellement effaré à l'idée que Jouvet pouvait penser à moi pour un rôle.

C'est un rôle extraordinaire, immense. Il ne voulait pas lui dire : « Elle peut venir auditionner ». Il ne voulait pas le lui dire.

Tout ça restait en suspens. Et c'est resté en suspens quand même quelques jours. Je comprenais les hésitations de mon père. Je ne disais rien mais j'en mourrais d'envie.

Il fallait imaginer ce qu'était Jouvet. C'était quelqu'un d'immense.

Je me souviens d'un soir… Nous devions aller dîner chez des amis avec mon père. C'était dans le quartier de Villiers. Le printemps s'annonçait ; il faisait très beau et nous n'avions pas reparlé d'Agnès. J'étais un peu intimidée. Je n'osais pas en parler à mon père. Cela traînait depuis plusieurs jours. On marchait sur le trottoir et je dis à mon père : « Tu sais, Jouvet souhaite m'entendre. Étant au Conservatoire où il a une classe, je pourrais passer une audition. Il me connaîtrait et… miracle, miracle, s'il me prenait dans sa classe. »

Un rendez-vous a donc été pris. J'ai auditionné un lundi, je m'en souviens… Le plateau était nu on avait déplanté le décor de *La Folle de Chaillot*. Il y avait un cercle d'acteurs sur la scène qui faisaient une italienne de Knock.

Nous sommes d'abord allés dans son bureau ; j'étais dans un état de trouille invraisemblable et, lui, il a été extraordinaire, liant, vif, très gai, très gentil, d'une très grande gentillesse. Il savait que j'étais une jeune fille très intimidée.

« Voulez-vous que nous commencions ici, ou bien voulez-vous aller sur le plateau ? », me dit-il.

Je souhaitais aller tout de suite sur le plateau.

Il a décroché son téléphone ; il a parlé avec la régie et nous sommes donc descendus.

Nous avons retrouvé tous les comédiens en cercle et il leur a dit : « Je voudrais que vous nous laissiez seuls, car je dois faire passer une audition. »

Nous nous sommes retrouvés seuls sur le plateau nu. Il m'a demandé si je souhaitais un peu de rampe ; la rampe a, pour moi, hélas, disparu. C'était un halo de lumière qui rendait la salle irréelle. C'était très agréable dans cette circonstance.

Il s'est déplacé vers la salle, au milieu de l'orchestre, avec mon père. La salle était sombre ; ils sont allés s'asseoir au milieu de l'orchestre et Jouvet a dit : « Vous commencez quand vous le voulez, prenez votre temps. »

Je crois que le morceau choisi était le monologue de Psyché : « Où suis-je ? Et dans un lieu que je croyais barbare… »

« Je ne vous regarde pas », me dit-il.

Je suis alors entrée et j'ai commencé.

À la fin, je les ai entendus chuchoter et au bout d'un moment Jouvet me dit : « Ne restez pas là, descendez, venez. »

Je suis donc descendue dans la salle et il m'a dit : « C'est très bien comme ça, c'est bien, c'est bien. Pouvez-vous revenir dans huit jours en ayant appris le deuxième acte de *L'École des femmes* ? »

Pour moi, c'était plutôt bon signe puisque j'avais un second rendez-vous avec lui.

Marc Véron
Il n'a pas cherché à décortiquer ce que vous vouliez faire ? Il vous a dit « c'est bien » ?

Dominique Blanchar
Non, non, il a parlé beaucoup avec mon père mais je n'ai jamais su ce qu'ils s'étaient dit.

Je suis donc revenue huit jours après. Mon père m'avait dit que, pour cette deuxième entrevue, j'irai seule.

Ce jour-là, c'était le décor de *La Folle de Chaillot* qui était planté : la terrasse du café Chez Francis, premier acte. C'est donc dans les chaises du café que j'ai passé la fameuse scène des révérences, avec un comédien qui me donnait la réplique et puis Jouvet qui était seul dans la salle.

La scène des révérences… toute la scène des révérences, la rencontre avec Horace.

Puis il est venu au bord de la rampe, et alors que jusqu'ici il m'avait toujours vouvoyée, il m'a regardée et là, tout à coup, il m'a tutoyée : « As-tu envie de le jouer ? »

Pour qu'il me demande ça, pensai-je !

J'ai commencé à pleurer et à lui dire : « Oui, pour l'envie de jouer, mais j'ai aussi envie de dire non car j'ai très peur. C'est une responsabilité extraordinaire de jouer avec vous. »

Il m'a dit : « C'est plutôt oui quand même ? »

« C'est plutôt oui », lui ai-je dit.

« Ça tombe bien car nous allons la jouer ensemble », me dit-il.

C'était extraordinaire, un conte de fées !

Bien sûr, lorsque je suis sortie de l'Athénée je volais, je ne marchais pas sur le trottoir, j'étais à trente centimètres du sol.

N'étant jamais montée sur une scène de théâtre, très jeune, totalement inexpérimentée, j'ai toujours eu conscience que ce qui m'arrivait était magique.

Ce n'est pas lorsque Jouvet est mort que j'en ai pris conscience, c'est évidemment à chaque moment.

J'ai vécu ça en le savourant, en savourant ce conte de fées, je peux le dire maintenant que je suis une vieille dame.

La pièce a eu un succès immédiat. Mes débuts ont été tout de suite remarqués et remarquables (presse de l'époque).

Heureusement, j'étais une fille très équilibrée, ça ne m'est pas monté à la tête je n'ai pas été grisée. Je savais très bien que ça ne serait pas facile et qu'il fallait travailler beaucoup.

À partir de ce moment, Jouvet m'a gardée dans sa troupe et nous avons créé ensemble *L'Apollon de Marsac*, ensuite appelé *Apollon de Bellac*, à cause de la ville natale de Giraudoux.

ANNEXE IV

Document – Conservatoire.
Classe du 2 octobre 1940

Bajazet, acte II, scène 1
Paula Dehelly[1] dans le rôle de Roxane

Même si Jouvet avait déjà engagé sa réflexion sur l'art du comédien avant 1934, date de son engagement comme professeur au Conservatoire, sa pensée murit et s'approfondit au contact de ses élèves. On reconnait dans les observations qu'il fait ici à Paula Dehelly, des points essentiels développés dans ses notes. On y retrouve aussi son exigence face aux impératifs du métier d'acteur. Il loue Paula Dehelly pour sa maîtrise technique dans l'exécution du rôle de Roxane et, dans le même mouvement, lui montre qu'elle ne peut en rester à ce stade si elle veut donner un plein développement à sa carrière.

Louis Jouvet : C'est bien, c'est très bien, du point de vue exécution, c'est très bien. Ton truc est bien en place. Je trouve cela très bien.

Ce que je voudrais vous apprendre ici, ce n'est pas absolument à faire ce que tu as fait là, tu sais le faire toute seule d'ailleurs. Tout ce que tu as fait est très bien. Je ne te le dis pas pour te faire ensuite des restrictions. Quand on te voit donner une scène comme celle-là, on se dit : « C'est une actrice, il n'y a pas d'erreur » et si je te voyais pour la première fois, je dirais : « C'est quelqu'un d'intéressant, je veux l'avoir. »

1 Paula Dehelly (1917-2008) travaillait également avec Jouvet le rôle d'Elvire dans le *Dom Juan* de Molière, acte IV, scène 6. Ces cours, dactylographiés avec d'autres par Charlotte Delbo ont été publiés dans Louis *Jouvet, Molière et la comédie classique*, *op. cit.* C'est sur ces cours qu'est fondé le spectacle de Brigitte Jaques-Wajeman *Elvire Jouvet 40*, créé en 1986 au Théâtre National de Strasbourg et dont le texte a été publié chez Beba en 1986 et chez Solin en 1992.

On épouse une femme, on choisit un comédien ou une comédienne, on met des années avant de les connaître, c'est quelquefois très long, on se trompe, on se méprend sur quelqu'un ; c'est le fait du jugement téméraire qu'on porte sur un passant, sur sa femme, sur son ami, qui fait qu'on va toujours trop vite, et qu'on a des surprises ensuite. Ce n'est que par une longue introspection en soi-même, une observation juste des choses qu'on arrive à connaître les gens. Je te dis cela parce qu'au fond, je ne te connais pas. Si je te voyais pour la première fois, je dirais : « C'est très bien, nous allons renouveler l'expérience, lui changer son emploi, étudier à la fois sa sensibilité, son caractère… » Je crois – ce que je t'ai déjà dit sous d'autres formes – que, dans ce sens, le morceau en question est très bien, mais je n'augure pas bien de la façon dont tu travailles actuellement par rapport à ton avenir. Il y a dans la scène, comme tu viens de l'exécuter, un très grand métier, une très grande technique, qui, si je ne te connaissais pas, me ferait dire : « C'est une fille… Je l'embarque tout de suite. » Dans toute ta scène, quand on l'observe bien, il y a des moments où la sensation physique de l'actrice n'est pas vraie. C'est un morceau, tu dois en convenir, qui est extrêmement difficile. Il y a des moments où la sensation physique n'est pas vraie et que tu recouvres avec un poncif de déclamation. C'est difficile à dire ce que je vais te dire. Je n'appelle pas ça du truc, j'appelle ça exactement le poncif. C'est quelque chose à quoi aucun d'entre nous n'est insensible. Si je voulais donner une définition de cette diction, je dirais que c'est un poncif Comédie-Française parce qu'évidemment il n'y a qu'à la Comédie-Française qu'on joue la tragédie. On pourrait à l'analyse déceler une diction de Madame Delvair[2], une série de dictions que tu as entendues, et qui pour toi comme pour tout le monde finit par influencer sur les jeunes comédiens, et que malgré soi on utilise. Avec l'utilisation de ce procédé, de ce poncif, tes qualités de comédienne, qui sont des qualités constructives, font que tu exécutes cette scène… qui est une scène qui défie une actrice de ton âge. Je ne connais pas de comédienne de ton âge qui puisse jouer ça, ou alors on jouera ça romantique et on dira elle a un bon tempérament. Toi, tu as joué la scène, tu l'as exécutée d'un bout à l'autre, mais il y a des moments où la sensation physique n'est pas vraie, où tu la recouvres avec un cliché.

2 Jeanne Delvair (de son vrai nom Louise Deluermoz, 1877-1949) était entrée à la Comédie-Française en 1899, élue sociétaire en 1910, elle interprétait les grands rôles de la tragédie.

Paula : D'ailleurs je l'ai senti, je n'avais pas accroché pour toute la première partie.

Louis Jouvet : Je voudrais que tu comprennes ce que je te dis en ce moment, parce que c'est la clé de ta carrière. Suivant ce que tu comprendras ou ne comprendras pas de ce que je te dis, tu peux continuer à travailler dans ce poncif, dans cette science que tu as du théâtre, et si tu ne rencontres pas de bonnes conditions dans lesquelles tu vas te perfectionner, tu continueras dans ce poncif et tu ne vas pas fleurir, tu ne vas pas secréter cette sensibilité dans laquelle l'acteur doit vivre, alors tu te dessécheras sans t'en rendre compte. Que tu passes trois ans à l'Odéon dans l'état où tu es – je dis l'Odéon parce que c'est un endroit où on travaille un peu au hasard… « Je joue Hermione après-demain et dans trois jours je joue… » – et tu feras ce métier, tu ne pourras pas résister, tu te sauveras par d'autres côtés ; mais ton métier t'asphyxiera et te tuera lentement du point de vue de la sensibilité.

Je te mets en garde contre la réussite que tu viens de faire, le tour de force extraordinaire que tu viens de faire, de nous donner une scène qui auditivement, visuellement, non seulement est supportable mais qui est intéressante. Comme professeur, c'est ta sensibilité qui m'intéresse à l'heure actuelle, beaucoup plus que tu ne penses, parce qu'ici, dans ce laboratoire, c'est l'échantillonnage de cette sensibilité, c'est sa vertu, ce sont ses pouvoirs actifs qui m'intéressent, moi professeur, et c'est dans la mesure où je puis en juger que je suis votre professeur au Conservatoire.

Paula : Je l'ai compris, je crois.

Louis Jouvet : Là, c'est tellement frappant ! Parce que tu es arrivée à un point de perfection technique où il n'y a plus rien à te dire…

Au point de vue examen, c'est parfait. Mais moi, je suis ton professeur, je t'aime bien. Si je ne prenais pas à cœur mon travail ici, je dirais : « Parfait, mon enfant », mais il y a autre chose, il y a un cas personnel et ce cas personnel, si on développe le sujet, ce serait le cas de l'acteur proprement dit. Tu peux faire illusion. Il y a quinze ou vingt ans, tu aurais travaillé comme ça, tu aurais été engagée à la Comédie-Française tout de suite. À l'heure actuelle, tu ne seras pas engagée parce qu'ils n'ont pas besoin de toi. Tu aurais fait une carrière avec ces qualités de technique, cette tradition qui est le mauvais sens du mot tradition. On disait : « C'est quelqu'un qui rentre dans le cadre, qui va jouer comme… dans une conception de la technique ». Mais cette technique est périmée, elle est dangereuse pour toi, et je souhaite pour des lendemains que tu verras toi, que tu tiennes compte de ce que je te dis en ce moment-ci. Car dans dix ans, il y aura un théâtre nouveau, et si tu joues alors comme on jouait à la Comédie-Française il y a trente ans, tu t'étonneras qu'on ne t'apprécie pas. Ce sera une question d'éducation technique, d'éducation de la sensibilité et de la sensation. Pour toi, à titre de directeur de conscience je te dis cela et je te jure que j'ai raison.

Maurice Escande[3] : D'ailleurs tous les acteurs doivent penser et chercher cela.

Louis Jouvet : C'est la connaissance de soi-même et le degré de participation à ce qu'on fait. Tout le problème de l'acteur pourrait être posé uniquement sur l'attitude et le comportement de l'acteur vis-à-vis du personnage, à condition que l'acteur sache ce que c'est qu'un personnage, mais on peut aussi le poser sur le plan de « la consommation du personnage par l'acteur », la participation d'un acteur au personnage.

Il y a des types d'acteurs infinis, qui se différencient par ces deux points : par l'attitude qu'ils ont vis-à-vis du personnage, ou par la façon dont ils s'associent, dont ils vivent sur le personnage. En tout cas, tout cela n'est pas mal, c'est plus intéressant que cette dernière matinée de samedi où tu n'étais pas, mon cher Maurice, ce qui a été quelque chose de navrant.

3 Maurice Escande (1892-1973) était sociétaire de la Comédie-Française. Ami de Jouvet de longue date, il suppléait à sa demande comme professeur au Conservatoire.

ANNEXE V

Document – Exclamations, interjections, apostrophes…

Jouvet faisait relever les exclamations, interjections, apostrophes dans les textes classiques qu'il montait. Elles lui fournissaient en effet une précieuse indication comme il l'indique dans le bref texte suivant.

Étrange occupation, bizarre divertissement, direz-vous, que ce travail, cette statistique digne d'un savant allemand. Comment cela m'est venu, je vais le dire.

Scène 4 du *Misanthrope*, l'entrée d'Alceste. L'élève la manque chaque fois. Elle est difficile. Je la cherchais moi-même à chaque fois que je la voyais répéter.

Un jour, un élève s'est raccroché à une exclamation pour reprendre son souffle. J'avais bien souvent corrigé leur diction, leur demandant de faire valoir les interjections. Je ne savais pas que cela était la clef de la scène. De l'humeur, c'est-à-dire de l'état physique.

Et puis, en jouant le rôle, on sent l'importance de ces « « éclats ».

Pour respirer, sers-toi de l'exclamation d'abord.

Tableau des interjections, exclamations, apostrophes du *Misanthrope*

Ier acte 29	Alceste	17
	Oronte	3
	Philinte	9
IIe acte 34	Alceste	13
	Célimène	16
	Acaste	3
	Clitandre	2
IIIe acte 18	Alceste	3
	Célimène	4
	Acaste	5
	Clitandre	1
	Arsinoé	5
IVe acte 37	Alceste	30
	Célimène	4
	Dubois	1
	Éliante	2
V^e^ acte 21	Alceste	11
	Célimène	2
	Arsinoé	2
	Philinte	2
	Oronte	4
Total		139

Exclamations dans *Tartuffe*[1]

	ACTE I	ACTE II	ACTE III	ACTE IV	ACTE V	TOTAL
Orgon	8	3	17	9	10	47
Dorine	2	16	3	1	2	24
Marianne		16		1		17
Elmire			2	9	2	13
Tartuffe			9	2		11
Cléante	4			2	3	9
Damis	1		5		2	8
Pernelle	5				1	6
Valère		6				6
Loyal						
L'Exempt						
	20	41	36	24	20	141

Exclamations et expressions exclamatives dans *Tartuffe*

Ah	28 fois	Ma pauvre fille	1 fois
Quoi	19	À la bonne heure	1
Mon Dieu	9	Holà	1
Hélas	8	À l'autre	1
Hé bien *ou* Eh bien	8	Diantre, He diantre	1
Le pauvre homme	6	Oh ça	1
Hé *et* Eh	5	Plût à dieu qu'il fût vrai	1
Allez	3	Ouf	1
Mais quoi	3	Tais-toi, peste maudite	1
Hé quoi	2	Tais-toi, pendard	1

1 Ce tableau et le suivant ont été établis par Marthe Herlin.

Le Ciel en soit loué	2	Infâme	1
Chansons	2	Ingrat	1
Moi	2	Coquin	1
Tout doux	2	Qu'importe	1
J'enrage	2	Contes en l'air	1
Paix	2	Quel homme	1
O Ciel	2	Comment	1
Las	2	L'imposteur	1
Ah mon Dieu	2	Favorable succès	1
Hé merci de ma vie	1		
Allons, vous, allons	1	Total	138
Jour de Dieu	1		
Oh	1		
Parbleu	1		
Quoi donc	1		
Ouais	1		
Quelque sotte, ma foi	1		
Monsieur Tartuffe oh ! oh !	1		

ANNEXE VI

Document – Jouvet comédien selon Bernard Dort

Extrait de l'article de Bernard Dort « Sur deux comédiens : Louis Jouvet et Jean Vilar[1] »

Sans doute est-ce Louis Jouvet qui, en Arnolphe, dans *L'École des femmes*, me fit, le premier, prendre la mesure de ce que peut être et faire un grand acteur. Certes, je connaissais Louis Jouvet par le cinéma. Du clergyman libidineux du *Drôle de drame* au professeur du Conservatoire d'*Entrée des artistes* (un rôle qu'il jouait aussi dans la vie) en passant par le pittoresque compagnon d'Arletty dans *Hôtel du Nord* et l'aristocrate décavé des *Bas-fonds*… Il était une silhouette un peu trop familière des films français. Une sorte d'automate de haute précision, de machine à débiter des mots d'auteur, presque indifféremment, qu'ils soient signés Jacques Prévert ou Henri Jeanson. Je n'en attendais donc guère de surprise : au théâtre aussi Jouvet allait être Jouvet, identique sous tous les déguisements, le geste rare, la réplique prompte, l'œil s'allumant par éclairs mesurés, toujours tranquille et narquois. Je lui préférais, de loin, Michel Simon dans *Boudu sauvé des eaux*, bien sûr, mais même dans *La Fin du jour* : lui, au moins, il prenait des risques, il se compromettait, larmes et sueurs comprises, dans ses personnages et ne les manipulait pas du bout des doigts comme Jouvet me paraissait s'en contenter. Enfin, ni la reprise d'*Ondine*, ni la brève présentation d'une calamiteuse *Annonce faite à Marie* (curieux que le catholique Jouvet ait à ce point raté cette pièce de Claudel !) où l'Anne Vercors de Jouvet, composé comme un Saint Joseph de livre de messe (jusqu'à sa barbe qui paraissait postiche…) frôlait la caricature, ne m'avaient appris grand-chose sur l'acteur

1 In *Cahiers théâtre Louvain* n° 37, mars 1979, p. 29-32.

Jouvet. : elles m'avaient seulement permis d'entendre vraiment sa voix, plus modulée, plus charnelle aussi, sur la scène que dans les films – je dirais une voix de violoncelle si l'expression n'était un cliché, mais dans son cas, elle retrouvait un sens littéral (avec aussi le sentimentalisme et la virtuosité ostentatoire que permet voire qu'appelle cet instrument jouant en soliste).

Avec *L'École des femmes*, tout change : certes, Jouvet y jouait encore sur la mécanique, sur le pantin. Ce vieillard emperruqué, à tête de clown, couvert de rubans et de fanfreluches, il nous le présentait, d'emblée, comme une marionnette. Mais cette marionnette était bouffie de satisfaction à interpréter son grand personnage : celui d'Arnolphe, précisément, qui croit avoir mis tous les atouts de son côté et qui affiche son assurance, non sans quelque excès, à la manière d'un comédien de second rang qui jouerait un roi de tragédie (peut-être était-ce ainsi que Molière jouait Nicomède ?) : avec des rengorgements nobles, des complaisances pour ses propres formules et ses propres aptitudes, des rires de dédain, voire de mépris, à l'égard des autres qui sonnaient haut, trop haut pour le diapason d'un tuteur. Puis progressivement la marionnette se défaisait, par sursauts, et les rires se figeaient en de longs, douloureux et burlesques hoquets. Arnolphe commençait à transpirer : la sueur coulait sur son visage de parade, en délayant le blanc et le rouge – et Jouvet de tirer de dessous ses chausses un grand mouchoir blanc, de se tamponner le visage, de le passer sous sa perruque. Il se tâtait même sur tout le corps, en dérangeant ses vêtements de parade, comme pour s'assurer qu'il existait encore, qu'il était toujours celui qu'il croyait être. Du reste, le spectateur lui non plus, ne savait plus très bien à qui, d'Arnolphe triomphant ou d'Arnolphe déconfit, il avait affaire, à moins que ce ne soit à Jouvet lui-même assistant à la déroute de son propre personnage… Il y avait là quelque chose de proprement vertigineux. Non seulement une oscillation, un va-et-vient continuel entre le tragique et le comique, entre le pathétique et le burlesque, mais encore un perpétuel échange entre le héros et l'acteur, entre le passé et le présent, le texte et le corps, la maîtrise et l'abandon. Cela ne tenait pas qu'à la conception du personnage en tant que castrateur-castré. J'ai vu l'Arnolphe de Pierre Dux dans *L'École des femmes* montée par Jean-Paul Roussillon à la Comédie-Française : il venait, pour ce qui est de l'intelligence du personnage, en droite ligne de celui de Jouvet. Pierre Dux prenait aussi Arnolphe au sérieux : il n'en faisait pas d'emblée un grotesque, le barbon trompé. Il essayait même de conserver à Arnolphe une ambiguïté : c'était un tyran (Roussillon ne suggérait-il pas qu'Arnolphe aurait pu être, ou devenir, quelqu'un dans le genre d'Hitler !), mais un tyran sincère. Pourtant, théâtralement, cet Arnolphe ne fonctionnait pas. Il restait plat et gris. On avait du mal à s'intéresser à ce petit dictateur domestique. Sa volonté de puissance, comme son délabrement final me laissèrent de glace. Pierre Dux tirait *L'École des femmes* vers le drame bourgeois. Jouvet, au contraire, jouait sur les dimensions, sur les virtualités théâtrales du personnage. Et sur son propre rapport, à lui qui était une vedette, une figure dont les manières et les tics étaient connus de tous, avec des personnages du XVIIe siècle. Ici, il ne suffisait plus de parler d'interprétation. L'Arnolphe de Jouvet n'était pas ceci ou cela : un bouffon ou un bourgeois, un tyran ou une victime, un comique ou un tragique. Il était tout ensemble, plus autre chose – plus l'acteur Jouvet se jouant lui-même dans un rôle où, sans doute, l'acteur et l'auteur Molière s'était aussi joué lui-même, à la fois époux trompé, père abusif et tragédien raté.

Dans cette *École des femmes*, sur la scène de l'Athénée, tout au long de cette mise à nu (qui était aussi une mise à mort) d'Arnolphe-Jouvet, rythmée par l'ouverture et la fermeture du petit jardin sur chariots roulants qu'avait peint, sur les indications de Jouvet, Christian Bérard, avait lieu, pour nous, devant nos yeux, quelque chose qui n'aurait pu se produire nulle part ailleurs qu'au théâtre : non la construction d'un personnage à partir d'un texte, mais un jeu multiple, fascinant, entre un acteur, son image et les mille et une virtualités d'un personnage. On ne voyait pas l'Arnolphe de Molière joué par Jouvet ; on le saisissait en quelque sorte de tous les côtés à la fois. Et on s'en trouvait submergé – sans perdre toutefois le sentiment de notre distance à son égard : un sentiment qui pouvait aller jusqu'à la répulsion.

Je retrouvai le même plaisir et la même répulsion au Tartuffe de Jouvet (je n'ai malheureusement pas vu son Dom Juan). Je sais : la conception que Jouvet se faisait du personnage était celle d'un Tartuffe sincère, d'un vrai dévot trahi par sa chair et par ses ambitions, bref d'un Tartuffe existentiel (nous étions en 1950 : Sartre régnait encore sans conteste et Jouvet allait, peu après, monter – plus semble-t-il par estime pour Sartre que par admiration pour l'œuvre *Le Diable et le Bon Dieu*). Mais à cette conception, le Tartuffe de Jouvet ne pouvait, en aucune manière, se réduire. Il était bien plus que cela : le comédien, de nouveau, l'emportait sur l'interprète, il montrait certes, un Tartuffe sincère, mais le montrant, le jouant ainsi, il jetait un doute sur cette sincérité. Celle-ci n'était plus la vérité de Tartuffe. Elle entrait aussi dans son jeu. Jouvet jouait insincèrement (du reste, comment faire autrement ?) un Tartuffe sincère. L'acteur se délectait à dire, à détailler les discours de Tartuffe à Elmire. Ils y gagnaient la dimension inattendue d'une idéologie religieuse qui parlait par la bouche de Tartuffe, plutôt que celui-ci n'en employait, hypocritement, la terminologie. Et la liberté du comédien s'accroissait de ce qu'elle nous faisait voir Tartuffe pris à son propre piège (au piège aussi du langage de l'époque). Ne voyons là-dedans nul cabotinage – au moins au sens péjoratif du mot – ni l'étalage d'une supériorité un peu trop histrionique d'un acteur qui sait sur le personnage qui ne sait pas, mais, de nouveau, ce jeu multiple où acteur et personnage se prêtent assistance – voire se compromettent. Car parfois, aussi, celui-ci semblait prendre le pas sur celui-là. Jouvet ne risquait-il pas de demeurer prisonnier de Tartuffe ? Entre eux, s'instaurait une sorte de lutte pour la vie (ce qui veut dire aussi sous peine de mort). Je n'irai pas jusqu'à dire que Jouvet transformât Tartuffe en Kean. Un tel combat n'avait rien de romantique. Il ne boursoufflait pas le jeu. Au contraire : il lui donnait comme un espace plus large où se déployer. Il creusait, au cœur de la représentation même et de son enracinement dans le corps du comédien, un vertige proprement théâtral sur la possibilité sinon d'être Tartuffe du moins de jouer effectivement le rôle de Tartuffe, hier et aujourd'hui, au milieu d'une solide famille bourgeoise, évoquée avec un luxe qui n'avait rien d'ostentatoire (les décors de Braque y étaient pour beaucoup : ils se réduisaient pourtant à trois parois de couleur).

Sans doute était-ce cela – cette relation de travail, et de jeu, à la fois claire et obscure, entre l'acteur et le personnage – que Jouvet, qui venait de mettre en répétition une adaptation, par Pierre Bost, de *La Puissance et la Gloire* de Graham Greene, s'efforçait de formuler dans sa lettre à Pierre Renoir, datée du 10 août 1951, qui n'arrivera à son destinataire qu'après la mort de Louis Jouvet, le 14 août 1951.

J'ai commencé à mettre en scène le I – sans pouvoir encore répéter moi-même – car, comme tu l'as senti, c'est un rôle difficile et je ne sais pas par quel côté il faut le prendre. – Ce n'est pas du tout du théâtre habituel… À part quelques passages, le dialogue a un pathétique froid, presque impossible à ressentir en soi-même en le jouant sans « boursouffler ». – Je pense à Mérimée – je pense à un théâtre objectif, descriptif. – un mélodrame dont l'exécution serait démonstrative sans participation – (je veux dire la participation habituelle du comédien qui cherche à « incarner » le personnage.)

Il me semble que le secret ici est plus que jamais de témoigner sans prendre à son compte – de décrire pour le spectateur. – Il y a dans ces dialogues un peu d'un art en parties doubles, comme on dit en comptabilité – qui est commun avec le cinéma. – C'est un théâtre froid et démonstratif – épique – en ce sens qu'il raconte plus qu'il n'essaie de faire communier dans un même sentiment l'acteur et le spectateur…

D'après cette manière de voir, la distribution est très particulière et appelle plus pour les comédiens une représentation physique qu'une scène de sensibilité, – que des vertus habituelles d'exécution. – L'art de jouer ici devient différent. – La vérité du jeu change. – À part quelques passages assez courts, ce dialogue ne peut se jouer ni dans un mouvement ou un rythme – ni dans une situation, – ni l'un ni l'autre ne sont nécessaires au contraire. – Le ton et le souci de décrire des personnages est prédominant. – À aucun moment il n'y a cette « nécessité », cette précipitation qui emporte acteurs et spectateurs…

Autrement dit – le comédien doit faire, et dire, mais sans chercher une incarnation, un état d'âme total. – Il doit garder par-dessus tout le souci d'une composition lucide, explicative et détachée de lui. On approche ici à un jeu un peu abstrait.

Est-ce que je me trompe ?

Et tout ceci est bien difficile à dire. Il y a là un peu de ce que Brecht appelle le « théâtre d'aliénation », le théâtre non pathétique dont le souci est bien plus de susciter un jugement, une appréciation, une réaction dans l'esprit du spectateur et donc de l'« engager » dans l'histoire, plutôt que de le porter, de le faire participer, et communier avec les sentiments et les sensations que les acteurs expriment (et pour leur compte) dans un paroxysme, où acteurs et spectateurs finissent par vivre à l'unisson. Dans ce dernier cas, le spectateur a perdu toute faculté de jugement et son esprit escamoté au profit de sa sensibilité… n'apprécie plus, ne voit plus, ne juge plus et ne saurait avoir aucune participation… aux idées – aux thèmes de l'œuvre.

Excuse-moi de te dire tout cela, mais je tâche d'y voir clair.

Le point délicat est de savoir si le spectateur suivra…

Jusqu'ici le texte est d'un intérêt réel et sans un mot de trop…

Enfin je suis impatient et angoissé[2].

2 *Cf. Revue d'Histoire du Théâtre*, numéro spécial consacré à Louis Jouvet, 1952, I-II, Paris, p. 85-86. (Note de Bernard Dort).

S'il est singulier que, à un moment où il se préparait à monter une pièce délibérément catholique, centrée sur un personnage de prêtre (ivrogne, il est vrai), Jouvet se tourne vers Brecht – un Brecht alors presque inconnu –, il est encore plus remarquable que Jouvet ait formulé ainsi, près de vingt ans à l'avance, l'ambition majeure de l'acteur aujourd'hui : sa transformation, de simple interprète de personnages définis une fois pour toutes, en un comédien qui aurait, au-delà de l'incarnation du personnage, la charge du récit théâtral.

INDEX DES PERSONNES

Cet index contient tous les noms de personnes citées dans le texte ou dans les notes, à l'exception des auteurs d'ouvrages critiques.

TABLE DES MATIÈRES[1]

L'ART DU THÉÂTRE
LE MÉTIER DE COMÉDIEN

1 L'astérisque indique que le texte figure parmi les « variations ».

COLLECTION
« CLASSIQUES JAUNES »

Depuis 1896, la célèbre collection « Jaune » des Classiques Garnier publie les œuvres des grandes littératures du monde. Ces éditions se caractérisent par un établissement du texte rigoureux, des appareils critiques assurés par les meilleurs spécialistes, une présentation soignée imprimée en Garamond. La collection « Classiques Jaunes » s'enrichit chaque année de nombreuses nouveautés.

Retrouvez tous les titres de la collection en scannant ce code QR :

Et pour recevoir nos dernières actualités, abonnez-vous ici :

IMPRIM'VERT®

Achevé d'imprimer par Corlet,
Condé-en-Normandie (Calvados),
en Juin 2025
N° d'impression : 188273 - dépôt légal : Juin 2025
Imprimé en France